本书出版受兰州大学管理学院教师学术出版基金和兰州大学中央高校基本科研业务费专项资金资助。本书为甘肃政法大学 2016 年智库项目"'放、管、服'改革中的县级政府执行力研究"（2016XZK14）的结项成果。

西部地区治理研究丛书

西部地区县级政府
治理能力现代化

以 H 县为例

陆喜元 丁志刚 著

STUDY ON THE MODERNIZATION OF
COUNTY GOVERNMENT GOVERNANCE CAPABILITY
IN WESTERN CHINA

A Case of H County

社会科学文献出版社
SOCIAL SCIENCES ACADEMIC PRESS (CHINA)

目　录

导　论

　　全面深化改革总目标蕴含着丰富的内涵：中国特色社会主义制度是国家治理现代化的前提，国家治理能力现代化是国家治理现代化的重点，政府治理能力现代化是国家治理能力现代化的关键。但由于治理环境及政府层级的不同，政府治理能力有结构性差异。西部地区发展的相对滞后性、不充分和不平衡性、地域和民族因素作用的复杂性以及县级政府本身具有的"接点性""执行性"特点，决定了县级政府在推进西部地区治理现代化进程中的"元治理"作用更加突出，西部地区县级政府治理能力现代化问题更应该受到高度重视。

一　研究缘起

　　研究县级政府治理能力现代化，是理论和实践两个层面对县级政府提出的新要求。理论层面，县级政府在国家治理框架下居何位？有何能？如何理解其治理能力？实践层面，西部地区县级政府如何执行国家政策？如何治理县域社会？如何转变自身职能？如何提高治理能力？

（一）治理之要

　　党的十八届三中全会提出的全面深化改革的总目标包括如下内涵：中国特色社会主义制度是国家治理现代化的前提，国家治理能力现代化是国家治理现代化的重点，政府治理能力现代化是国家治理能力现代化的关键。

1. 中国特色社会主义制度是国家治理现代化的前提

　　党的十八大把中国特色社会主义制度定位为党和人民九十多年奋

斗、创造、积累的三大根本成就之一，并指出这个制度包括根本制度、基本制度和具体制度等层次和体系。正是在这个基本前提下，党的十八届三中全会决定提出了通过推进国家治理体系现代化和治理能力现代化来完善和发展中国特色社会主义制度。国家治理体系和治理能力集中体现国家制度和制度执行能力，因此，推进国家治理现代化，既要从完善国家治理体系入手，也要提高国家治理能力。由此可见，中国特色社会主义制度是国家治理现代化的前提。那么，国家治理现代化的重点究竟是什么？

2. 国家治理现代化的重点是国家治理能力现代化

"近几年来，越来越多的人开始谈论国家治理能力的话题，国家建构、国家能力等概念成为官学两界普遍关注的一些概念"①，40 多年的治理变革，"展示了一幅从一元治理到多元治理、从集权到分权、从人治到法治、从封闭到公开、从管制政府到服务政府、从党内民主到社会民主的清晰路线图"②。但随着改革的逐渐深入，中国国家治理体系和治理能力面临诸多挑战和危机，有学者判断，"我国的落后……是治理体系和治理能力的落后"③，更有学者指出，"我们确实存在明显的局部性治理危机"④，"与国家治理体系现代化相比，我们在提高治理能力上需要下更大气力"⑤。因此，国家治理现代化的重点是国家治理能力现代化。那么，国家治理能力现代化的阻滞因素有哪些？破解这些阻滞因素的关键是什么？

3. 政府治理能力现代化是国家治理能力现代化的关键

尽管"国家治理主要表现为政府治理但又不能完全等同于政府治理"⑥，但很多研究者坚定地认为，政府在国家治理中扮演"元治理"的角色，在社会管理网络中被视为"同辈中的长者"。有学者特别指出，"善政是通向善治的关键；欲达到善治，首先必须实现善政"⑦。可见，政府治理能力现

---

① 汪仕凯：《论政治体制的能力与国家治理》，《社会主义研究》2016 年第 2 期。
② 俞可平：《论国家治理现代化》，社会科学文献出版社，2014。
③ 杨振武：《准确把握国家治理及其现代化》，《国家治理》2014 年第 1 期。
④ 俞可平：《论国家治理现代化》，社会科学文献出版社，2014。
⑤ 本报评论员：《准确把握国家治理现代化》，《人民日报》2014 年 2 月 20 日第 1 版。
⑥ 何增科：《政府治理现代化与政府治理改革》，《行政科学论坛》2014 年第 2 期。
⑦ 俞可平：《论国家治理现代化》，社会科学文献出版社，2014。

代化是国家治理现代化的关键。那么，不同区域（或不同地区）、不同层级的政府如何推进其治理能力现代化？

（二）西部之困

由于地域、经济形态、文化观念等的差异，中国东中西部之间具有典型的历史性、地域性差异；经济改革战略的非均衡性特点，一定程度上扩大了地区性差异；由于层级、规模等的差异，中国政府间能力也出现了结构性差异。

1."西部大开发"战略与西部地区治理成就

自实施西部大开发战略以来，西部地区多方面的建设取得了很大成就。据统计，2014 年和 2000 年相比，西部地区 GDP 增长 8.3 倍，地区财政支出增长 14.9 倍，固定资产投资增长 21.1 倍，社会消费品零售总额增长 8.3 倍。[①]"十二五"期间，西部地区除宁夏外，其他省、自治区、直辖市的 GDP 平均增速都在 10% 以上，其中重庆和贵州的 GDP 平均增速分别达 12.83% 和 12.51%。

2. 西部地区治理仍然是国家治理现代化的短板

与全国比较，西部地区治理仍然是国家治理现代化的短板。

就经济治理而言，尽管西部地区的经济治理水平有较大幅度的提升，但没有改变总体落后的局面。以 2014 年为例，西部地区 GDP 为东部地区的 39.44%，为全国的 21.70%，GDP 健康度差异显著[②]。从整体情况看，西部地区经济治理指数不仅低于国家平均水平，而且总体上落后于中部地区，和东部地区差距更大（见图 0 - 1）。

西部地区在社会治理方面与全国有较大差距。据测算，在中国四大区域的社会治理能力方面，西部地区社会治理能力明显低于全国平均水平（见图 0 - 2）。

---

① 杨庆育：《我国西部开发政策轨迹及其效应》，《改革》2016 年第 5 期。
② 人民论坛测评中心 2015 年的测评结果显示：GDP 健康度排前 10 位的省份，西部占半壁江山（广西、四川、陕西、云南、宁夏在全国 31 个省份的排名分别是 1、7、8、9、10）；GDP 健康度排后 10 位的省份，西部同样占有更多席位（新疆、重庆、内蒙古、贵州、甘肃在全国 31 个省份的排名分别是 24、25、26、29、30）。参见栾大鹏、赵帆《哪个省的 GDP 更健康？桂鲁琼名列三甲　西部省份差异显著——31 省份 GDP 健康度测评及排名（2015）》，《国家治理》2015 年第 15 期。

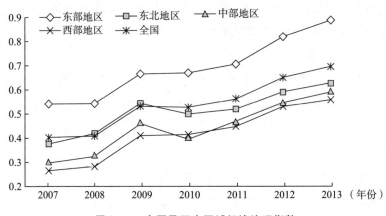

图0-1 全国及四大区域经济治理指数

资料来源：田发、周武星《经济治理能力指标体系的构建及测算——基于公共财政的视角》，《西安财经学院学报》2016年第3期。

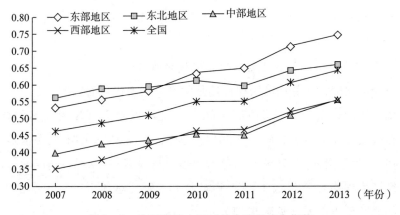

图0-2 全国及四大区域社会治理能力指数

资料来源：周武星、田发《公共财政视角下的社会治理能力评估》，《重庆社会科学》2015年第4期。

西部地区省际差距也有拉大的趋势。研究显示，在西部地区生态治理方面，内蒙古、新疆、四川生态环境综合排名居前三，青海、甘肃、宁夏生态禀赋欠佳，云南、西藏、广西的生态禀赋良好，陕西、重庆、贵州综合排名靠后。①

----

① 方兰等：《西部地区生态环境评价与分析报告》，载姚慧琴、徐璋勇主编《中国西部发展报告（2014）》，社会科学文献出版社，2014。

西部地区的差距集中体现在县域。据统计，至 2014 年 1 月 29 日，中国共有 592 个贫困区县，其中，西部有 375 个，占全部贫困区县的 63.34%[①]。在西部，贫困区县较多的是西藏（全境 74 个区县均为贫困区县）和云南（73 个），最少的是宁夏（8 个），贵州、陕西、甘肃三省贫困区县数量均超过 40 个（见表 0 - 1）。由此可见，全面建成小康社会的难点在西部地区贫困区县，国家治理现代化的短板也在西部地区贫困区县。

表 0 - 1　西部地区贫困区县分布情况

单位：个

指标	四川	重庆	云南	贵州	西藏	陕西	甘肃	宁夏	青海	新疆	内蒙古	广西
贫困区县数量	36	14	73	50	74	50	43	8	15	27	31	28

资料来源：《中国首个扶贫日，592 个国家级贫困县名单》，人民网，http://politics.people.com.cn/n/2014/1017/c1026 - 25854065.html。

3. "一带一路"倡议与西部发展的新机遇

《推动共建丝绸之路经济带和 21 世纪海上丝绸之路的愿景与行动》在分析中国各地开放态势时客观分析了西部地区各省份的优势，并提出了其在"一带一路"倡议框架下的发展思路和战略定位，如把新疆打造为"丝绸之路经济带核心区"，在陕甘宁青形成"面向中亚、南亚、西亚国家的通道、商贸物流枢纽、重要产业和人文交流基地"，把云南"建设成为面向南亚、东南亚的辐射中心"等[②]。由此可见，西部地区在"一带一路"倡议框架下具有新的政策机遇和发展优势。

尽管西部大开发取得了非常大的成就，但与全国其他地区相比，西部地区治理仍然是国家治理现代化的短板。因此，如何更好实施"西部大开发"战略，如何借助"一带一路"倡议新机遇，如何发挥自身优势，是西部地区各级政府必须面对的重大课题，而县级政府及其治理能力现代化显得尤为重要。

---

① 资料来源：《中国贫困县数量 27 年只增未减　六成分布在西部》，中国新闻网，http://www.chinanews.com/gn/2014/01 - 29/5797938.shtml。

② 参见《国家发展改革委、外交部、商务部联合发布〈推动共建丝绸之路经济带和 21 世纪海上丝绸之路的愿景与行动〉》，中华人民共和国商务部网站，http://www.mofcom.gov.cn/article/resume/n/201504/20150400929655.shtml。

（三）县治之重

客观地看，推进国家治理现代化，政府治理能力现代化是关键，而西部地区县级政府治理能力现代化则是重中之重。

1. 县治是国治之基①

在中国国家治理结构中，县级政府居于非常重要的位置，扮演着不可替代的角色。从历史角度看，"上有千条线，下有一根针"，郡县是中国历史上最稳定和最重要的地方政府，是沟通国家与社会的关键层级，有"郡县治，天下安"之说。从现实角度看，县级政府数量多、覆盖面广、服务对象多，是工农、城乡、中央与地方、宏观与微观、间接与直接、中心与边缘、传统与现代的"接点"②，是落实中央政策、加强行政管理的"前沿"，具有承上启下、连接城乡、沟通条块、上下结合的作用。与此同时，县级政府与县级党委、县级人大、县级政协、县级监委构成了县域政权的"五大家"③，是县域政权体系的核心部门。可见，县治是国家治理的重要抓手和国家治理现代化的基础。

2. 县级政府治理现代化是贯彻落实"四个全面"战略布局的关键

县级政府既"接天线"又"接地气"。壮大县域经济、维护县域稳定、实现县域和谐、繁荣县域文化、保护县域生态，是全面建成小康社会对县级政府的要求。发展县域经济、推动县域改革，核心是处理好县级政府和县域市场的关系，县级政府经济治理现代化要求市场在县域资源配置中起决定性作用，以更好发挥县级政府在县域经济中的宏观调控作用。建设法治中国关键在于建设法治政府，建设法治政府关键在于深入推进依法行政，县级政府是依法行政的前沿阵地，县级政府政治治理现代化程度，关系县级政权的合法性、权威性、公信力和执行力，关系全面依法治国战略的落实。全面从严治党要求政府在党的领导下协调推进各项工作，县级政府要协调好党的领导和政府主导之间的关系。因此，县级政府治理现代化是贯彻落实"四个全面"战略布局的关键。

---

① 丁志刚、陆喜元：《论县级政府治理能力现代化》，《甘肃社会科学》2016 年第 4 期。
② 徐勇：《"接点政治"：农村群体性事件的县域分析——一个分析框架及以若干个案为例》，《华中师范大学学报》（人文社会科学版）2009 年第 6 期。
③ 杨雪冬：《论"县"：对一个中观分析单位的分析》，《复旦政治学评论》2006 年第 1 期。

3. 县级政府治理能力现代化有助于构建良好的县域治理格局

县级政府治理能力现代化包括经济、政治、文化、社会、生态治理能力现代化。县级政府经济治理能力现代化的实质是县级政府协调好"有形之手"和"无形之手"的关系，进而发展县域经济的能力；县级政府政治治理能力现代化的实质是构建合理的县级政府与上级政府、县级政府和县域其他政治主体权能关系，进而维护政府公信力和权威性的能力。县级政府文化治理能力现代化的实质是县级政府发展县域文化事业和县域文化产业，进而推动用社会主义先进文化引领县域文化发展方向的能力。县级政府社会治理能力现代化的实质是县级政府充分调动县域社会积极性，进而构建和谐的县域社会关系的能力。县级政府生态治理能力现代化的实质是县级政府开发县域自然资源、保护县域生态环境、协调县域人口资源环境关系，进而实现县域可持续发展的能力。因此，县级政府治理能力现代化有助于构建良好的县域治理格局。

二 文献综述

围绕治理能力、政府治理、西部地区、县级政府等研究主题，对国内外已有文献进行系统梳理，有助于把握学界对本领域及相关问题的研究现状，进而确定本书的研究对象、研究重点等。

（一）国外研究

目前，国外与本书主题直接相关的研究比较少，但相似研究比较多。国外学者关于地方（含县级）政府及其治理的研究，很多成果集中在发达国家地方政府及其治理理念、治理背景、治理过程、治理差异的原因、治理主体之间的关系、治理的工具、治理的绩效、治理的经验（模式或范式）等方面，但对地方政府治理能力的研究较少，特别是对中国西部地区县级政府治理能力几乎没有研究。可以根据已有成果中研究对象的国别差异，将其成果分为两个方面：一是对国外地方（含县级）政府及其治理的研究，二是对中国地方（含县级）政府及其治理的研究。就第一个方面而言，代表性的成果有：理查德·B.宾厄姆等的《美国地方政府的管理：实践中的公共行政》、罗伯特·D.帕特南的《使民主运转起来：现代意大利的公民传统》、文森特·奥斯特罗姆等的《美国地方政府》、埃里克·阿尔贝克等的《北欧地方政府：战后发展趋势与改革》、赫尔穆特·沃尔曼的《德国地方政府》、理查德·廷德尔等的《加拿大地方政府》①、Ronald J. Oakerson 的 Governing Local Public Economies：Creating the Civil Metropolis、Robert Agranoff 和 Michael McGuir 的 Collaborative Public Mangement：New Strateges Local Governments、布莱恩·多莱里的《重塑澳大利亚地方政府——财政、治理与改革》、戴维·威尔逊和克里斯·盖姆的《英国地方政府（第三版）》②、让-皮埃尔·戈丹的《何谓治理》、约翰·克莱顿·托马斯的《公共决策中的公民参与：公共管理者的新技能与新策略》、B. 盖伊·彼得斯的《政府未来的治理模式（中文修订版）》等。就第二个方面而言，代表性的成果有：Vivienne Shue 的 The Reach of the State：Sketches of the Chinese Body Politic、Sidney D. Gamble 的 Ting Hsien：A North China Rural Community、Blecher Marc 和 Shue Vivienne 的 Tethered Deer：Government and Economy in a Chinese County、弗里曼等的《中国乡村，社会主义国家》、曹诗弟的《文化县：从山东邹平的乡村学校看二十世纪的中国》。

研究政府治理能力，基础是政府职能，主线是政府、市场和社会关系，核心问题是公共资源配置，关键是政府转型，敏感区域是公共权力。当然，在政府治理的基础理论研究方面，西方学者似乎一度掌控了话语权。国外关于政府职能或政府作用的研究可以追溯到亚里士多德的《政治学》，随后不同的学者不断丰富这一方面的理论。资本主义兴起以后，"前治理"理论时代（20 世纪 80 年代以前）关于政府职能研究的基本假设和人性前提有"道德人""经济人""守夜人"等，在这个前提下，各种管理理论和制度设计"粉墨登场"。从政府和市场关系的角度看，对政府职能的设定围绕"管还是不管"和"管多还是管少"等问题，在认识上经历了否定之否定的过程，与此同时形成了两种对立的代表性主张："政府干预主义"和"经济自由主义"。在理论上主要经历了重商主义、自由主义、干预主义和公共选

---

① 该书对加拿大地方政府的历史、运作的经济和政治背景、代议角色和服务分配角色问题进行了讨论。

② 该书围绕英国地方政府的主题和议题、政治与人民、现代化，对其治理与合作、地方选举、央地关系、压力集团、民主的复兴等问题进行了研究。

择理论等几个阶段。然而到了 20 世纪 80 年代，西方传统管理或统治面临前所未有的挑战，出现了"公共行政合法性危机"，这样，"新公共行政""新公共管理"以制度经济学和管理主义为基本的学术支持，主张打造企业式政府，"政府再造"等理论应运而生。在应对挑战的过程中，地方治理逐渐取代了传统政府统治，人类社会迎来了治理时代，政府能力、政府治理开始受到西方政治家和学界的重视。此处列举一些代表性成果：如詹姆斯·N. 罗西瑙的《没有政府的治理》①、让－皮埃尔·戈丹的《何谓治理》、约翰·克莱顿·托马斯的《公共决策中的公民参与：公共管理者的新技能与新策略》、B. 盖伊·彼得斯的《政府未来的治理模式（中文修订版）》等。

（二）国内研究

国内关于县级政府治理相关理论研究的专著非常丰富，代表性的有：叶维钧和潘小娟的《中国县级政府机构改革》、张春根的《县域论》、杨雪冬的《市场发育、社会生长和公共权力构建——以县为微观分析单位》、周庆智的《中国县级行政结构及其运行——对 W 县的社会学考察》、彭国甫和颜佳华的《县级政府管理模式创新研究》、王圣诵的《县级政府管理模式创新探讨》、胡伟的《制度变迁中的县级政府行为》、阎刚平的《县域科学发展方法论》、武磊的《县区级地方服务型政府建设研究——以河南焦作市解放区为个案》、刘福刚的《县域统筹与统筹县域：中国县域经济十年发展报告》、吴金群的《省管县体制改革现状评估及推进策略》、范逢春的《县级政府社会治理质量测度标准研究》等。以上研究，就主题而言，主要围绕现阶段县域治理中的重大现实问题，如县域科学发展、县域政府结构及运行、县级政府管理、县级政府行为、县级政府机构改革、县域经济、"省管县"体制改革、服务型政府、县级政府社会治理等。就研究视角而言，从服务型政府、现代国家建构②、制度变迁、法理学、县域经济、政治社会学等不同视角进行③。就研究方法而言，个案研究法、比较研究法、系统分

---

① 该书考察了"没有政府的治理"的核心特征，探讨了世界上不同治理模式的哲学基础、行为模式和制度安排。
② 杨雪冬：《市场发育、社会生长和公共权力构建——以县为微观分析单位》，河南人民出版社，2002。
③ 周庆智：《中国县级行政结构及其运行——对 W 县的社会学考察》，贵州人民出版社，2004。

析法以及规范研究、实证研究等多学科方法得以采用①。

研究县级政府治理，离不开对乡村治理的研究，这方面的代表性著作有：费孝通的《乡土中国》和《乡土重建》、徐勇的《中国农村村民自治》、金太军和施从美的《乡村关系与村民自治》、赵秀玲的《中国乡里制度》、贺雪峰的《乡村治理的社会基础》、吴理财的《从"管治"到"服务"乡镇政府职能转变研究》、赵树凯的《乡镇治理与政府制度化》、邓正来的《当代中国基层制度个案研究》、雷志宇的《中国县乡政府间关系研究——以J县为个案》、刘超的《县级政府决策力生成场域研究》、于建嵘的《岳村政治：转型期中国乡村政治结构的变迁》、朱新山的《基层政治与地方治理》等。

国内直接研究地方或县级政府治理能力的论文日益增加。根据与本书主题的相关性，笔者于2019年2月27日对甘肃政法学院图书馆购置的中国知网（CNKI）的全部文献通过对"篇名"中可能涉及的关键词从两个层面进行了跨库检索（包括期刊、特色期刊、博士、硕士、国内会议、国际会议、报纸、学术辑刊、商业评论九个库）。其中，第一个层面涉及的关键词主要是"县政"、"县级政府"和"县域治理"（检索了2009～2018年的文献）；第二个层面涉及的关键词主要是"西部地区"、"政府"和"治理"（检索了全部文献）。两个层面的检索结果分别见表0-2和表0-3。

检索发现，"政府"和"治理"的研究成果丰硕，"国家治理"和"政府治理"的研究较多，而"县"以及具体的某个领域的治理，如"经济治理""政治治理""文化治理""社会治理""生态治理"的研究较少，具体主体特别是县级政府"治理能力"的研究则更少。中国学界对治理相关问题的研究始于20世纪80年代末90年代初，这与治理理论兴起以及流行的时间是吻合的。而中国学界对治理相关问题的研究在2007～2011年（中国共产党十七大前后至十八大召开前）达到一个小高潮，据笔者判断，这是学术研究与中国共产党政策走向以及社会关注的热点相互作用的结果。换句话说，这也是中国现代治理的一种典型表现形态（政界、学界、社会各界互动）。而在2013年党的十八届三中全会决定提出全面深化改革的目标

---

① 阎刚平：《县域科学发展方法论》，中共中央党校出版社，2009。范逢春：《县级政府社会治理质量测度标准研究》，中国人民大学出版社，2015。

后，无论是与本书主题相关的宏观领域还是微观领域，也无论是基础理论研究方面还是应用研究方面，成果数量都开始大幅增加。在国内各级各类项目、课题的资助中，相关研究的比例大幅度提升。以2015年国家社科基金项目为例，当年立项中，题目中关键词涉及"治理"的达到185项，占当年立项总量的6.7%。在政界，中央全面深化改革领导小组（委员会）召开的会议已经有45次（截至2018年底）。治理领域研究的知名专家对此问题一直乐此不疲，很多高质量的硕博论文也渐次出现。这说明，本书的研究内容已经有较好的基础理论。但根据党的十八届三中全会决定提出的"推进国家治理体系和治理能力现代化"这一全面深化改革的目标，专门对西部地区县级政府治理能力进行实证性研究的博士学位论文只有陆喜元撰写的《中国西部县级政府治理能力现代化研究》，这意味着本书的研究是可行的。

表0-2　第一个层面的检索结果

单位：篇

关键词	2009年	2010年	2011年	2012年	2013年	2014年	2015年	2016年	2017年	2018年
县政	33	27	24	8	14	10	14	14	12	14
县治	7	4	6	8	8	13	11	11	11	7
县域治理	11	8	14	12	21	50	52	57	72	58
县域政府	18	31	36	29	26	33	34	37	32	23
县级政府	131	118	177	195	182	156	143	137	130	100
县政府治理	0	0	0	0	2	1	2	1	1	0
县级政府治理	4	4	4	8	3	7	12	12	9	14
县级政府治理能力	1	2	0	1	2	1	4	5	3	7
县级政府治理能力现代化	0	0	0	0	0	0	2	2	0	1

注：查询范围是甘肃政法学院图书馆购置的CNKI 2009~2018年的文献，查询日期是2019年2月27日。

表0-3　第二个层面的检索结果

单位：篇

关键词	文献量	关键词	文献量
治理	540443	全球治理	5908
治理体系	7805	国家治理	10046

关键词	文献量	关键词	文献量
治理能力	3940	政府治理	10503
治理现代化	6097	地方治理	3999
治理理论	4927	地方政府治理	4135
治理模式	45184	县乡治理	28
治理模型	1726	县政府治理	8
治理绩效	3441	基层治理	4107
治理变迁	1291	乡镇治理	945
治理体制	2751	乡村治理	3908
治理机制	9363	村级治理	301
政府	340445	西部	84408
地方政府	37226	西部地区	23237
县乡政府	173	中西部	8401
县级政府	2082	中西部地区	2866
基层政府	9085	西北	51945
乡政府	477	西北地区	9437
乡镇政府	3048	西南	33972
县乡关系	1394	西南地区	7660
国外地方政府	2364	欠发达地区	13479
经济治理	5383	国家治理能力	1148
政治治理	2341	政府治理能力	699
文化治理	488	地方政府治理能力	2446
社会治理	9461	县级政府治理能力	26
生态治理	3174	乡镇政府治理能力	23

注：查询范围是甘肃政法学院图书馆购置的 CNKI 的全部网上文献，查询日期是 2019 年 2 月 27 日。

关于县级政府治理能力，就研究的视角而言，有从纯理论视角进行的，也有从治理现代化、"省管县"体制改革、社会治理体制改革等现实视角进行的，如丁志刚和陆喜元的《论县级政府治理能力现代化》以及丁志刚等的《论民族自治县政府治理能力现代化建设》、唐天伟等的《地方政府治理现代化的内涵、特征及其测度指标体系》、范逢春的《县级政府社会治理质量价值取向及其测评指标构建——基于社会质量理论的视角》、陈伍文的

《省管县体制下县级政府治理模式的研究》、罗晓敏的《扩权强县视域下县级政府治理模式研究》等。不过，据统计，大多数研究者尽管研究的侧重点不尽相同，但更加注重实证性研究，有从财政角度进行研究的，如王敬尧的《财政与庶政：县级政府治理能力研究》；有专门研究县级政府某一方面能力的，如禹华松的《试论县级政府综合环境治理的能力——从绥宁县创优经济发展软环境说起》、刘程利的《我国县级政府乡村环境治理能力探析》、李林倬的《基层政府的文件治理——以县级政府为例》、张鸣的《服务理念、治理绩效抑或行政过程？——治理转型背景下县级政府公信力影响因素研究》、刘毅的博士学位论文《整体性治理视角下的县级政府社会管理体制创新研究》、陶勇的《县级政府提供基本公共服务的困境——基于地方政府治理结构的视角》；有预测性或理想化研究的，如周根才的《走向软治理：基层政府治理能力建构的路向》；有对策性研究的，如贾俊雪等的《财政分权、政府治理结构与县级财政解困》等。另外还有综合性研究的，如王艳红的硕士学位论文《县级政府治理的探讨——以右玉县为例》、何政的硕士学位论文《县域治理与县级政府职能调整研究》等。

关于政府治理现代化的研究，大多是在中国共产党十八届三中全会后，其成果多以论文的形式出现，如杨光斌的《用"国家治理"引领时代的话语权——"国家治理体系与治理能力现代化"的世界政治意义》、娄成武的《浅议国家治理体系和治理能力现代化》、何增科的《政府治理现代化与政府治理改革》、严书翰的《以改革总目标为指引 实现国家治理体系和治理能力现代化》、辛向阳的《推进国家治理体系和治理能力现代化的三大路径》和《推进国家治理体系和治理能力现代化的三个基本问题》、杜飞进的《中国现代化的一个全新维度——论国家治理体系和治理能力现代化》、钟哲明的《用科学理论引领国家治理体系和治理能力现代化》等。

关于县级政府治理或政府治理能力的测评，影响较大的有国家统计局的"百强县"评比（2007年以前）、中郡所的"百强县"名单、工信部中国电子信息产业发展研究院的"县域经济100强"排名，人民论坛测评中心的"中国县域科学发展评价指标体系"调研，以及该中心的中国县市治理能力测评体系。另外，周平的《县级政府能力的构成和评估》、唐天伟等构建的地方政府治理现代化测度指标体系①，在理念上比较符合国家治理现代化视角下研究地方政府治理能力的要求。宋洁的博士学位论文《县级政府能力及其评价体系研究》及其专著《当代中国县级政府能力及其评估的实证研究》中设计出了一套兼具效度和指导度的县级政府能力评价体系②。甘肃省社会科学院的"甘肃蓝皮书"系列也涉及相关研究。

（三）简要评价

就国外研究而言，学界在治理的基础理论研究方面总体处于领先地位，他们对政府治理的一般理论有比较系统和深入的研究。政府治理能力的依据、要素、评估、提升多方面的理论和实证研究成果都比较丰富。但国外学者对中国尤其是中国西北地区的研究较少，几乎没有对西部地方政府的研究。国外对地方政府（含县级）治理的研究，就研究视角而言，有的从集体行动和社会资本的视角切入③，有的从多元化的视角分析④，有的从府际关系或府际合作的视角论证⑤，有的从治理过程差异性的视角比较⑥，有的从政府与市场合作的视角探讨⑦，还有的从国家建构和政治实践的视角进行立论⑧；就研究的具体方法而言，制度分析法⑨、历史分析法⑩、系统分析法、结构—功能法、国家—社会二分法、综合分析和多学科交叉法等被

---

① 唐天伟、曹清华、郑争文：《地方政府治理现代化的内涵、特征及其测度指标体系》，《中国行政管理》2014 年第 10 期。

② 宋洁：《当代中国县级政府能力及其评估的实证研究》，光明日报出版社，2016。

③ 〔美〕罗伯特·D. 帕特南：《使民主运转起来：现代意大利的公民传统》，王列等译，中国人民大学出版社，2015。

④ 〔美〕文森特·奥斯特罗姆等：《美国地方政府》，井敏、陈幽泓译，北京大学出版社，2004。

⑤ 〔丹〕埃里克·阿尔贝克：《北欧地方政府：战后发展趋势与改革》，常志霄、张志强译，北京大学出版社，2005。〔美〕罗伯特·阿格拉诺夫、〔美〕迈克尔·麦圭尔：《协作性公共管理：地方政府新战略》，李玲玲、鄞益奋译，北京大学出版社，2007。

⑥ 〔美〕理查德·D. 宾厄姆：《美国地方政府的管理：实践中的公共行政》，九洲译，北京大学出版社，1997。

⑦ 〔美〕罗纳德·J. 奥克森：《治理地方公共经济》，万鹏飞译，北京大学出版社，2005。该书强调通过市场和政府的合作进行城市治理，重点关注二者合作的前提和条件，如制度安排、政策工具等。

⑧ 〔美〕弗朗西斯·福山：《国家构建：21 世纪的国家治理与世界秩序》，黄胜强等译，中国社会科学出版社，2007。

⑨ 〔德〕赫尔穆特·沃尔曼：《德国地方政府》，陈伟、段德敏译，北京大学出版社，2005。

⑩ 〔美〕弗里曼等：《中国乡村，社会主义国家》，陶鹤山译，社会科学文献出版社，2002。

不同的学者使用①。因此，这些成果中，一般性理论对我们研究治理问题具有一定参考价值，应用型的研究大多基于发达国家，具有典型的国别特色和强烈的时代特点，故不能直接搬用。

就国内研究而言，在治理的基础理论研究方面，可以党的十八届三中全会为界，分为两个时段：20 世纪 80 年代以来至党的十八届三中全会前，学界比较注重对国外治理理论的译介，同时对治理的价值和原则、村民自治等问题进行了比较系统的研究，出现了一大批相关成果。当然在这一时期，学界也注重对中国传统政治文化和历史实践中的治理因素进行挖掘。党的十八届三中全会后，由于"国家治理"和"治理现代化"由学界正式走入政界，随后逐渐形成了学界和政界互动关注治理问题的"井喷"格局，全球治理、国家治理、政府治理、社会治理、基层治理一致成为学界和政界共同关注的焦点。这种学界和政界的互动，本身就是中国现代治理的一种最好注解。国内关于政府能力的研究，就研究领域而言，最初在公共经济学领域，后来逐渐拓展到政治学、行政管理学、社会学等领域。而且往往是最初研究政府具体某方面的能力，后来逐渐丰富到政府体系，涉及多种具体能力。就研究方法而言，首先是对治理理论的介绍，后结合中国国情及经济社会转型，结合中国政府对治理模式的探究，再从实践层面进一步对政府治理能力理论加以阐述或丰富。就研究对象而言，宏观上多在经济社会转型的背景下研究国家和中央政府治理转型，微观上从治理理论出发，结合地方治理等，针对地方政府面临的治理环境进行相关分析。在县级政府研究方面，党的十八届三中全会前，学界比较重视对县级政府行为、管理模式、管理绩效、科学发展、经济发展能力等问题的研究，并一度出现了"政府绩效评价"和"县域经济"研究热。党的十八届三中全会以来，学界对县级政府的研究随着"国家"或"中央"权力下移（如"放管服"改革）而特别关注县级政权建设和治理能力提升，也出现了学界和政界两者在"县域治理"上较强互动的局面。"县政""乡治""基层""地方"等成为县级政府研究的几个重要维度，"经济治理""社会治理""生态治理"

---

① 〔澳〕布莱恩·多莱里：《重塑澳大利亚地方政府——财政、治理与改革》，刘杰等译，北京大学出版社，2008。〔丹〕曹诗弟：《文化县：从山东邹平的乡村学校看二十世纪的中国》，泥安儒译，山东大学出版社，2005。

成为学界对县级政府治理研究的重点。

综上所述，国内外已有的研究成果为本书的写作提供了丰富的基础理论，多样的研究视角和多学科、多层次的研究方法。但笔者发现，一是在基础理论研究方面，学者们在界定治理的概念时各抒己见，特别在治理概念的"出场"、治理实践的"出场"、治理和现代化的关系、治理的价值取向和效果、治理过程中要不要政府、治理研究的路径或途径等方面分歧较多。二是在治理体系和治理能力的研究中，重体系轻能力、重国家治理现代化轻中国特色社会主义、重宏观轻微观、重高层轻基层、重工具轻价值、重技术轻过程、重广义政府轻狭义政府等现象比较普遍。三是在县级政府治理的理论研究中，重模仿西方轻本土创新、重部分领域治理轻整体治理（如重经济、社会，轻政治、法治、文化、生态）、重一般研究轻区域和个案研究的情况较多。四是在县级政府治理能力的实证研究中，重中东部发达（或较发达）地区轻西部贫困地区，指标体系的设计中重客观轻主观，研究过程重量化轻质化、重政府（精英）轻民众，重排名比较轻政府治理能力的系统提升、重横向比较轻纵深挖掘、重体制改革轻公务员素质能力建设和人的现代化等问题在一定程度上存在。

三 研究对象和基本概念

本书的选题是"西部地区县级政府治理能力现代化——以 H 县为例"，旨在既关注中国特色社会主义制度下的国家治理实践，又着力于西部地区个案县政府治理能力提升（或推进其治理能力现代化）的内在逻辑探索。

（一）研究对象

本书的研究对象为西部地区的一个贫困县的县级政府，基于学术研究的规范性，将其命名为 H 县。H 县隶属于西部地区 S 省 Y 市，位于 S 省中部，Y 市南端，总面积为 6439 平方公里，辖 4 乡、24 镇，总人口为 57.61 万人（2018 年初），境内有汉族、回族、撒拉族、东乡族等 7 个民族。H 县是一个比较典型的"国扶贫困县"，干旱缺水和贫困是 H 县的两个基本情况。改革开放以来，H 县在贫困治理方面取得了一定的成绩，其教育扶贫和劳务输出在西部地区具有一定的影响力和代表性，但仍然存在水的制约因素大、贫困面大且程度深、现代化进程慢等问题。因此，选择 H 县作为本书的研究对象，对于研究西部地区治理而言具有较好的代表性。

在政府治理方面，H 县是国家、相关部委和 S 省很多改革工作的试点县，如第三批国家新型城镇化综合试点地区、国家科技富民强县专项行动计划试点县、国家坡耕地水土流失综合治理试点县、国务院扶贫办"雨露计划"改革试点县、中央财政小型农田水利建设重点县、卫生部—联合国儿童基金会综合试点县和财政省直管县、S 省首批退耕还林示范县、新型农村合作医疗试点县、新型农村社会养老保险试点县等。因此，选择 H 县政府，可以更好地观测其在各项试点工作中的治理能力。另外，近年来笔者集中于对 H 县政府治理能力的观察和研究，掌握了比较多的关于 H 县政府治理方面的资料，为研究其现代化进程做了较好的前期准备。

（二）基本概念

根据学术研究的规范性要求，结合研究选题和研究对象，本书使用的基本概念是西部地区、县级政府、县级政府治理能力等。

1. 西部地区

西部地区首先是一个行政区划概念。根据现行的国家行政区划，中国西部地区是在中华人民共和国版图上的一个行政区划集合（又可以划分为西北地区和西南地区等构件），其土地面积为 681 万平方公里，占全国总面积的 71%；人口约为 3.5 亿人（2017 年），占全国总人口的 28%；包括 12 个省级行政建制，130 个市级行政建制，1085 个县级行政建制，15848 个乡级行政建制（见表 0 - 4）。西部地区还是一个区域经济概念，就现阶段而言，西部地区在经济发展程度上大体处于欠发达水平，总体上和中国东部、中部和东北地区有一定差距，但又与其他几个地区的经济互补性很强，进而构成了统一的国家经济体。从国家治理角度看，西部地区是"西部大开发"战略和"一带一路"倡议实施的特殊区域，是国家治理的重点区域之一。和其他区域相比，西部地区的优势和劣势都很明显：一是地域辽阔但地形、气候条件差异大，二是接壤国家多、大陆边境线和海岸线长且治理难度大，三是人口密度小但少数民族人口、贫困人口最集中，四是自然资源丰富但经济欠发达，五是传统文化深厚但现代性有待提升。

表0-4 西部地区各级行政区划数统计

单位：个

级别	西部地区各级行政区划												数量
	四川	重庆	云南	贵州	西藏	陕西	甘肃	宁夏	青海	新疆	内蒙古	广西	12
市级	21	0	16	9	7	10	14	5	8	14	12	14	130
县级	183	38	129	88	74	107	86	22	43	103	102	110	1085
乡级	4648	1023	1389	1396	694	1420	1351	237	399	1038	1010	1243	15848

资料来源：《中国统计年鉴2015》，中华人民共和国国家统计局网站，http://www.stats.gov.cn/tjsj/2015/indexch.htm。

2. 县级政府

本书所讲的县级政府，指中国现阶段的县级政府。根据《中华人民共和国地方各级人民代表大会和地方各级人民政府组织法》，广义县级政府可理解为包括县（自治县、不设区的市或县级市、市辖区）的党委、人大、司法、政府、政协、监委等在内的县域国家机关体系。狭义县级政府是行政级别上相当于县一级的行政机关，主要包括县、自治县（旗）、不设区的市或县级市、市辖区的人民政府（本书用狭义概念）。最狭义的县级政府是由县长、副县长（市长、副市长，区长、副区长）和局长、科长等组成的行政班子。县级政府是在中国政权组织形式、国家行政区划和《中华人民共和国地方各级人民代表大会和地方各级人民政府组织法》中设定的、级别上居于"县级"和管辖空间辐射到"县域"的国家公共权力的执行机构。"县级"强调政权在国家权力体系中的层次级别或管辖可能，其上级一般包括市级、省级和中央级三个层次，其下级为乡（镇）级。"县域"强调政权辐射的空间范围或地理区域，一般是在历史上形成又经过国家行政区划（行政建制）确认，有正式合法名称，有一定人口、资源等客观条件的区域。县级政府中县政的核心是"农政"，县政的综合性强、独立性突出，不是基层却接近基层[1]，具有"准基层"特点。

国家统计局的统计资料显示，2014年，中国有2854个县级区划，其中

---

① 江易华：《县级政府基本公共服务绩效评估指标体系的理论构建与实证检测研究——基于社会公正的研究视角》，华中师范大学博士学位论文，2009。

包括 897 个市辖区，361 个县级市，1425 个县，117 个自治县。其中，县占全国县级区划的 49.9%。自治县占民族自治地方县级区划的 16.6%，占全国县级区划的 4.1%（见表 0 - 5）。

表 0 - 5　中国县级行政区划数（2010 ~ 2014 年）

单位：个

指标	2014 年	2013 年	2012 年	2011 年	2010 年
县级区划数	2854	2853	2852	2853	2856
市辖区数	897	872	860	857	853
县级市数	361	368	368	369	370
县数	1425	1442	1453	1456	1461
自治县数	117	117	117	117	117
其他	54	54	54	54	55

资料来源：《国家数据》，中华人民共和国国家统计局网站，http://data. stats. gov. cn/easyquery. htm？cn = C01&zb = A010502&sj = 2013。

3. 县级政府治理能力

周平指出，"县级政府能力是县级政府的一种功能性力量，是指县级政府运用权力、履行职能，应对环境挑战，解决面临问题的能力，概括地说，就是县级政府治理县域社会的治理能力。"[①] 其包括规划发展能力、制度创新能力、资源配置能力、市场规制能力、提供公共物品的能力、组织协调能力、社会控制能力。但是，县级政府治理能力不能等同于县级政府能力。因此，有必要重新界定县级政府治理能力。

县级政府治理能力是县级政府在行政权主导下满足县域公共物品需求的能力集合。根据国家治理现代化的需要，应当从处理"政府—市场—社会—自然"关系、"政府自身"建设或制度化、规范化、程序化及职能现代化等角度来认识县级政府治理能力及其现代化。县级政府治理能力的内涵主要为履行职能的能力，是县级政府为完成宪法和法律赋予的职能而对应的行政主导能力，包括：经济、政治、文化、社会和生态治理能力。县级政府只有具备履行法定职能的能力，在法理上才具有合法性，也才能为转变职能准备条件。县级政府治理能力现代化就是县级政府顺应现代化特别

---

① 周平：《县级政府能力的构成和评估》，《云南行政学院学报》2002 年第 5 期。

是国家治理现代化的要求，按照现代治理理念，实现政府重塑和"政府—市场—社会"关系重构的能力。以上诸能力构成了县级政府治理能力现代化的基本结构和内在要素。

四 研究思路和研究方法

本书旨在马克思主义的国家治理理论指导下、在吸收和借鉴中国古代治国理政思想以及西方治理理论的基础上，认识在治理主体体系中居于行政主导地位的政府如何协调好其与县域市场、社会、自然等的关系及政府内部关系。

（一）研究思路

首先，厘清国家治理现代化背景下的政府、市场、社会和自然关系（其演变进程和基本关系情况见图 0 - 3）。

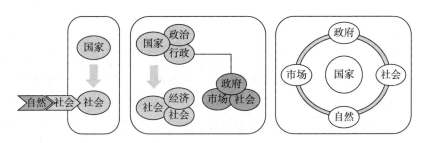

图 0 - 3　国家治理现代化框架下的政府、市场、社会和自然关系

资料来源：笔者自绘。

其次，结合中国特色社会主义根本制度、基本制度、具体制度，特别是结合中国现行的国家政权组织形式，结合政府的性质、政府的职能、政府的层级等因素，认识县级政府在中国现在的国家治理框架中的地位（其基本关系见图 0 - 4）。

最后，根据中国特色社会主义"五位一体"总布局和国家治理现代化的基本内涵，论析县级政府治理能力现代化的结构要素（见图 0 - 5）。根据县级政府治理能力现代化的结构要素，结合公共行政运行的过程和县级政府治理中的职能重点，划分县级政府治理能力各方面的具体要素（见图 0 - 6）。

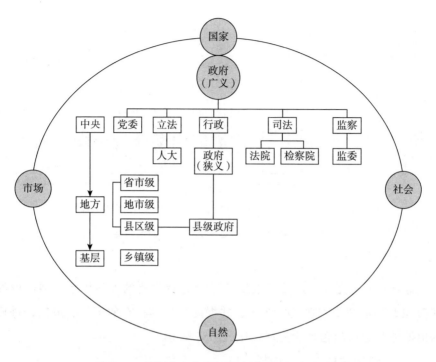

图 0 – 4　县级政府在现行国家治理框架中的地位

资料来源：笔者自绘。

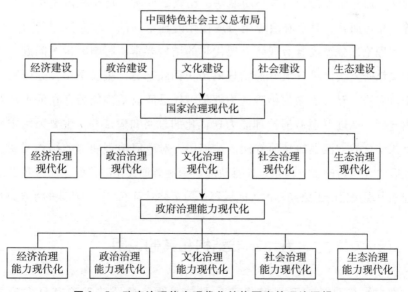

图 0 – 5　政府治理能力现代化结构要素的理论逻辑

资料来源：笔者自绘。

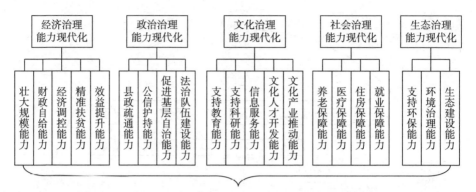

图 0-6　县级政府治理能力现代化的结构要素

资料来源：笔者自绘。

综合以上研究，构建县级政府治理能力现代化的评估体系，多向度测评 H 县政府治理能力现代化状况，并据此分析其存在的不足、成因，进而提出推进 H 县政府治理能力现代化的思路和建议。

（二）研究方法

根据研究对象的特点和研究思路，本书在研究过程中，主要采用了文献研究法、历史研究法、结构—功能法、比较研究法、定性和定量相结合研究法等。具体而言，对政府治理能力现代化的理论基础，政府治理能力现代化的基本理论，县级政府治理能力现代化的结构要素、影响因素等问题，主要采取文献研究法。对 H 县政府治理的历史回顾部分，主要采用文献研究法和历史研究法。对 H 县政府治理能力评估、H 县政府治理能力存在的不足及其成因分析、推进 H 县政府治理能力现代化的思路和建议等，主要采用定性和定量相结合的方法及比较研究法。本书中，对政府治理能力的结构要素、县级政府治理能力的影响因素、H 县政府治理能力现代化的评价、推进 H 县政府治理能力现代化的思路和建议等问题都尽力坚持对对象结构和功能的系统观照。

五　本书结构和其他说明

本书结构是选题和研究思路的具体呈现，按照"理论基础—基本理论—结构要素—能力测评—成因分析—提升建议"的逻辑组织成体。

（一）本书结构

本书由导论、正文（共七章）和参考文献三部分（见表0-6）构成。正文第一章梳理政府治理能力现代化的理论基础和理论借鉴，包括马克思主义的治国理政思想、中国传统文化中的治国理政思想和西方的治理理论。第二章介绍政府治理能力现代化的基本理论，包括治理理论、政府治理理论、政府治理能力理论、政府治理能力现代化理论等。第三章论析政府治理能力现代化的结构及要素，包括政府的经济、政治、文化、社会和生态治理能力现代化及各自内在的要素。第四章构建县级政府治理能力评估体系并对"一区七县"特别是H县的政府治理能力现代化情况进行测评，其内容包括设计依据，指标体系、标准及权重以及纵向测评、横向测评和满意度测评等。第五章回顾H县政府治理的历史进程，对其县制沿革、行政机构、政府人员、治理得失进行了系统回顾和评价。第六章剖析H县政府治理能力的不足之处及原因，如县域经济实力不强、民主法治建设滞后、文化提升能力不足、社会保障能力受限、对生态治理重视不够等，其原因有经济发展基础差、行政体制改革迟缓、文化发展层次不高、社会保障后续乏力、生态治理起点较低等。第七章提出H县政府治理能力现代化建设的思路和建议。面向宏观，要把塑造服务型政府、培育法治型政府、建设信息化政府作为提升政府治理能力的基本努力方向进而推进其科学行政、民主行政、依法行政和制度化、规范化、程序化进程。面向微观，建议以H县教育精神塑造政府的行政文化；围绕解决缺水和贫困两大基本问题，提升服务型政府水平和政府社会治理能力；通过做强"金色教育、绿色农业、红色旅游"三个县域品牌，提升政府治理县域经济的能力和文化治理现代化能力；通过深化行政体制改革、加强基层自治来护持政府信用，提升政府的政治治理能力；通过切实做好退耕还林、改善县域生态环境，提高县级政府的生态治理能力。最后简要说明本书的发现与一些需要讨论的问题。

表0-6　本书的研究内容及框架

西部地区县级政府治理能力现代化——以H县为例
导　论
第一章　政府治理能力现代化的理论基础和思想借鉴
第二章　政府治理能力现代化的基本理论

（二）研究的重点、难点

1. 系统梳理政府治理能力现代化的理论依据、基本理论，论析政府治理能力现代化的结构要素。

2. 构建国家治理现代化视阈下并可适用于测评西部地区县级政府治理能力的评估指标体系。

3. 通过对 H 县政府治理能力现代化进程和实现程度的评估，针对存在的差距、不足及成因的分析，提出科学合理、切实可行的推进 H 县政府治理能力现代化的思路和建议。

（三）创新之处

1. 论证了政府治理能力现代化的结构要素。在比较系统梳理治理、国家治理、政府治理等相关理论的基础上，根据中国特色社会主义"五位一体"总布局、国家治理现代化理论和政府职能理论，将政府治理能力（现代化）划分为经济、政治、文化、社会和生态治理能力（现代化）五个方面，每个方面又划分为更具体的多种能力要素，并重点分析了县级政府每个方面治理能力的构成要素。

2. 构建和运用了县级政府治理能力现代化评估体系。根据党的十八大以来中国共产党提出的治国理政新思想、新实践和新要求，按照全面推进国家治理现代化、全面推进依法治国和"放管服"理念指导下的新一轮行政体制改革的思路，根据政府的法定职责，结合社会主义基本现代化标准、西部大开发战略和"一带一路"倡议，从 5 个维度、21 个方面，构建"五位一体"的县级政府治理能力指标体系，并运用该体系对 H 县政府治理能力进行测评。

3. 多向度评估了 H 县政府治理能力现代化情况。力争运用多学科知识，从横向测评、纵向测评、满意度测评等角度，全方位、多向度、深层次地对 H 县政府治理能力进行"解剖麻雀"式的研究。如对 H 县政府 2000 多年的治理史进行全面回顾，对 H 县多年的政府工作报告进行系统梳理，对 H 县和周边邻县（区）的政府治理能力进行横向比较，对 H 县 2000～2015 年的政府治理能力进行纵向研究。与此同时，全面关注公众满意度，以"人民满意不满意"作为衡量政府治理能力现代化的重要标准。

（四）不足之处

1. 由于理论水平有限，指标体系的构建有可能不尽全面。加之部分数据采集难度较大，实证研究的深度有待挖掘。

2. 对县级政府的领导干部缺少跟踪和"聚群"研究，对县域公务员队伍缺少系统化研究，对乡、镇、村及其治理缺乏深入研究。

3. 由于本书篇幅和个人能力所限，部分建议可能不够具体和深入。

第一章　政府治理能力现代化的理论
基础和思想借鉴

推进县级政府治理能力现代化，要有正确的理论基础。"中国共产党人的国家治理，既在本质上区别于中国传统统治者的治理国家，又在价值取向和政治主张上区别于西方的治理理论及其主张。它遵循的是马克思主义国家理论逻辑，即国家的职能由政治统治与政治管理有机组成。"[①] 马克思主义的治国理政思想是政府治理能力现代化的根本指导理论，中国传统文化中的治国理政思想是政府治理能力现代化的重要思想依据，西方治理理论是政府治理能力现代化的重要理论借鉴。

第一节　马克思主义的治国理政思想

马克思主义运用辩证唯物主义和历史唯物主义的立场、观点和方法，科学回答了"国家—社会"关系，集中表达了马克思主义的"国家—社会"观，是研究政府治理能力及其现代化的根本指导理论。

一　经典马克思主义的"国家—社会"观

"国家决定社会，还是社会决定国家，是国家和社会理论中最基本的问

---

① 王浦劬：《国家治理、政府治理和社会治理的基本含义及其相互关系辨析》，《社会学评论》2014 年第 3 期。

26

题"①，"也是马克思主义国家理论创立的逻辑起点"②。从马克思主义国家理论出发，可以看清国家治理的本质、功能和内在要求："国家的本质规定了治理的本质，治理的功能通过国家职能来实现，国家制度是国家治理的有效保障。"③

（一）经典马克思主义的社会观

在马克思之前，关于社会的界定非常丰富，马克思在借鉴这些思想的基础上，从辩证唯物主义视角对"社会"一词做出新的界定，"社会不是由个人构成，而是表示这些个人彼此发生的那些联系和关系的总和"④，而其中最根本的关系是生产关系。"各个人借以进行生产的社会关系，即社会生产关系，是随着物质生产资料、生产力的变化和发展而变化和改变的。"⑤马克思的社会概念，可从以下方面理解：其一，相对于"自然界"而言，社会是"人类社会"，也叫"大社会"；其二，相对于"个人"而言，社会是"社会整体"或"社会有机体"；其三，相对于"政治国家"而言，社会是"市民社会"或"公民社会"，也叫"小社会"。

马克思主义认为，社会是自然界长期发展的产物，且须臾离不开自然界。社会与自然的关系不是征服和被征服的关系，而是相互依赖和能量、信息等的交换、互动关系。社会是由很多要素组成的有机统一整体，其要素，抽象地看有社会存在和社会意识两个方面，具体地看有自然地理环境，有生命的个人，有一定社会关系的人群，人类特有的精神现象（如思维或意识），人类特有的活动形式——劳动、语言、生产方式等（也有将之概括为地理环境、人口因素、生产方式三个要素的观点）。社会有机体包含社会经济形态、社会政治形态、社会观念形态等基本领域。在社会有机体中，"现实的人"是社会存在的起点和主体，而人的发展是社会有机体运行的基本主题。社会有机体存在和发展的根本动力（也称社会基本矛盾）是生产力和生产关系、经济基础和上层建筑（国家政权是整个上层建筑的核心），社会有机体的发展是由低级到高级、由简单到复杂的过程等。

---

① 荣剑：《对马克思的国家和社会理论的再认识》，《江汉论坛》1987 年第 4 期。
② 荣剑：《马克思的国家和社会理论》，《中国社会科学》2001 年第 3 期。
③ 李紫娟：《国家治理理论的马克思主义源流》，浙江人民出版社，2015，第 214 ~ 217 页。
④ 《马克思恩格斯全集》（第 30 卷），人民出版社，1995，第 221 页。
⑤ 王荣栓：《重读马克思》，人民出版社，2007，第 530 页。

由此可见，社会有机体理论是马克思主义关于社会有机运行及全面发展的理论，是马克思历史观的研究起点、表述终点、思想基石和思想制高点①，准确揭示了自然与社会、个人与社会、群体与社会、国家与社会等方面的关系。

（二）经典马克思主义的国家观

国家的起源问题是研究国家治理问题的基础。在国家起源问题上，思想史上曾经出现过很多不同的观点，但它们几乎都颠倒了国家和社会的关系，是唯心史观在国家和社会关系上的体现。马克思从社会发展特别是社会经济利益分化引致私有制产生（有了人剥削人的条件）和阶级（阶层）冲突的角度出发，深刻揭示了国家的起源，"国家是社会在一定发展阶段上的产物；国家是表示：这个社会陷入了不可解决的自我矛盾，分裂为不可调和的对立面而又无法摆脱这些对立面。而为了使这些对立面，这些经济利益互相冲突的阶级，不致在无谓的斗争中把自己和社会毁灭，就需要有一种表面上凌驾于社会之上的力量，这种力量应当缓和冲突，把冲突保持在'秩序'的范围以内；这种从社会中产生但又自居于社会之上并且日益同社会相异化的力量，就是国家"②。因此，国家是阶级矛盾不可调和的产物，是为保证社会有"秩序"运行的力量。

国家的本质是研究国家治理问题的核心，是国家制定内外政策的理论依据。对于国家的本质问题，马克思主义经典作家也有很多论述，如："国家的本质特征，是和人民大众分离的公共权力"③，"政治统治到处都是以执行某种社会职能为基础，而且政治统治只有在它执行了它的这种社会职能时才能持续下去"④。国家是"一个通过暴力——从棍棒到大炮实行统治的人的集团，……是一种维持一个阶级对另一个阶级统治的机器，更确切地说，这是一种使某种社会中的其他所有阶级服从于一个阶级的机器"⑤。这些论述是马克思主义经典作家在不同时期对国家本质问题的认知和说明，

---

① 孙承叔、王东：《论马克思社会有机体学说的理论地位》，《学术月刊》1986年第8期。

② 《马克思恩格斯选集》（第4卷），人民出版社，1995，第170页。

③ 《马克思恩格斯文集》（第4卷），人民出版社，2009，第135页。

④ 《马克思恩格斯文集》（第9卷），人民出版社，2009，第187页。

⑤ 〔法〕列菲弗尔：《论国家——从黑格尔到斯大林和毛泽东》，李青宜等译，重庆出版社，1990，第197~198页。

从不同层面揭示了国家的本质——阶级统治的机关。因此，"国家是经济上占有统治地位的阶级为了维护和实现自己的阶级利益，按照区域划分原则而组织起来的，以暴力为后盾的政治统治和管理组织"①。

国家的本质决定国家的职能，国家的职能集中体现着国家的本质，国家的职能是治理的职能在国家层面的表现。国家职能，可以划分为对内职能和对外职能。国家的对外职能主要是保卫国家利益的职能和国际交往的职能。对内职能一般是政治统治职能和社会服务或社会管理职能。政治职能是占统治地位的阶级通过暴力镇压、经济剥削、政治强制、意识形态控制等对被统治阶级进行的专政或统治。社会职能是统治阶级为了维护社会系统的存在和运转，通过发展经济、提供公共服务等来规范社会行为、缓解社会矛盾、维护社会秩序、增加社会福利。政治统治职能和社会服务或社会管理职能辩证统一，最终实现国家的功能。

（三）经典马克思主义关于社会主义国家治理的思想

在对国家、社会等的一般关系做出科学认识的基础上，经典马克思主义表达了关于社会主义国家治理的一系列思想②。

一是明确了无产阶级专政是社会主义国家治理的根本原则。马克思认为，"这种社会主义就是宣布不断革命，就是无产阶级的阶级专政"③。无产阶级专政作为一种制度设计，就是对广大劳动人民实行民主而对剥削阶级和敌对势力、敌对分子实行专政，无产阶级专政是通向共产主义的过渡时期的国家形态和国家治理的根本原则。

二是提出了实现人的自由全面发展是社会主义国家治理的核心目标。在私有制和阶级对立的社会，人的发展处于"人的依赖"或"物的依赖"状态，导致人的发展异化，即使在资本主义条件下，"一切发展生产的手段都转变为统治和剥削生产者的手段，都使个人畸形发展，成为局部的人"④。而社会主义制度的建立为人的自由全面发展提供了现实可能和基本制度保障。

---

① 王浦劬：《政治学基础》，北京大学出版社，1995，第241页。
② 参见李紫娟《国家治理理论的马克思主义源流》，浙江人民出版社，2015，第209~213页。
③ 《马克思恩格斯选集》（第1卷），人民出版社，2012，第532页。
④ 《马克思恩格斯选集》（第2卷），人民出版社，2012，第289页。

三是表达了解放和发展生产力是社会主义国家治理的根本任务的思想。列宁认为，"无产阶级取得国家政权以后，它的最主要最根本的需要就是增加产品数量，大大提高社会生产力"①。解放和发展生产力既是社会主义的本质要求，也是巩固社会主义制度、显示社会主义制度优越性的现实需要。

四是提出了民主管理是社会主义国家治理的重要途径。经典马克思主义认为，社会主义应该实行全体劳动人民共同参与的民主管理，认为"巴黎公社"的民主管理方式"给共和国奠定了真正民主制度的基础"②。

概括起来说，经典马克思主义者的"国家—社会"关系的逻辑机理是："社会之于国家具有本源意义；国家之于社会具有实现意义"③。他们确立了社会决定国家的历史观（即"社会本位观"），从而宣告了各种形式的国家拜物教的"历史终结"④。他们关于社会主义国家治理的思想，指明了社会主义国家治理的根本原则、核心目标、根本任务和重要途径，也是社会主义国家各级政府治理的根本指导理论。

二 国家治理能力现代化理论

国家治理能力现代化理论是一种全新的政治理念，表明中国共产党对社会政治发展规律有了新认识，是马克思主义国家理论的重要创新，是中国共产党从革命党转向执政党的重要理论标志⑤，是政府治理能力现代化的直接指导理论。

（一）国家治理的概念界定

"国家治理"这个概念是中国国家与社会积极互动的产物⑥。国家治理与国家管理最大的区别是"治理主体由单中心向多中心转变，治理手段由刚性管制向柔性服务转变，治理空间由平面化向网络化转变，治理目的由

---

① 《列宁选集》（第4卷），人民出版社，2012，第623页。
② 《马克思恩格斯选集》（第3卷），人民出版社，2012，第101~102页。
③ 张明霞、范鑫涛：《经典马克思主义的"国家-社会"关系理论要义》，《人文杂志》2015年第6期。
④ 荣剑：《马克思的国家和社会理论》，《中国社会科学》2001年第3期。
⑤ 俞可平：《论国家治理现代化》，社会科学文献出版社，2014，第1页。
⑥ 杨光斌：《"国家治理体系和治理能力现代化"的世界政治意义》，《政治学研究》2014年第2期。

工具化向价值化转变"①。从内涵角度看，国内很多学者按照党的十八届三中全会决定的提法，认为国家治理的内涵包括国家治理体系和国家治理能力这两个基本方面。王浦劬教授认为，中国共产党人的国家治理"遵循的是马克思主义国家理论逻辑，即国家的职能由政治统治与政治管理有机组成。其基本含义就是在中国特色社会主义道路的既定方向上，在中国特色社会主义理论的话语语境和话语系统中，在中国特色社会主义制度的完善和发展的改革意义上，中国共产党领导人民科学、民主、依法和有效地治国理政"②。

国家治理可以有广义和狭义之分。广义的国家治理就主体而言，是主权国家范围内包括政府、社会、市场和个人等多个主体间形成的政府、社会、企业、个人等共同治理的局面，理想的国家治理模式倡导多主体、多领域、多层次、多向度治理，一些学者将之简化为"政府、企业、社会"三足鼎立的格局③。但毫无疑问，在国家治理过程中起主导作用的主体是国家及其政权系统。就客体而言，国家治理包括国家政权和职能涉及的经济、政治、文化、社会、生态等领域（有学者将经济、政治、文化、社会等几个方面概括为社会公共事务④），国家可以根据不同时期的国情和社会发展需求体现出某个或某些方面治理的侧重点。在这里，国家既是治理的地理空间，也是政权统辖的范围和领域。丁志刚认为，"国家治理是国家政权系统按照某种既定的秩序和目标，运用国家权力，通过制度、法律、政策等方式对全社会进行自觉的有计划的控制、支配、规范和引导、组织、协调的活动与过程"⑤，"具有治理主体多元、治理方式多样、治理过程多向互动、治理结构稳定平衡、遵循协作、有序、民主、高效的治理价值等特点"⑥。狭义的国家治理就主体讲仅指政府治理，就客体讲仅指政治治理。

（二）国家治理的领域

根据治理的时空变化，国家治理领域可以分为历时性领域和共时性领

---

① 姜晓萍：《国家治理现代化进程中的社会治理体制创新》，《中国行政管理》2014 年第 2 期。
② 王浦劬：《国家治理、政府治理和社会治理的含义及其相互关系》，《国家行政学院学报》2014 年第 3 期。
③ 陈春常：《转型中的中国国家治理研究》，上海三联书店，2014，第 30 页。
④ 陈春常：《转型中的中国国家治理研究》，上海三联书店，2014，第 30 页。
⑤ 丁志刚：《如何理解国家治理与国家治理体系》，《学术界》2014 年第 2 期。
⑥ 丁志刚：《论国家治理能力及其现代化》，《上海行政学院学报》2015 年第 3 期。

域，是二者的有机统一体。国家治理的历时性领域就是一个主权国家或民族国家在历史上的存在空间以及在此基础上进行治理的历史积累和时间延续情况。尽管不同时期的国家治理各有侧重或各显特色，但历时性总是客观存在的：前期的治理对后期的治理起奠基作用，后期的治理是前期治理的延伸或修正。在国家治理的历时性领域中，国家的领土、人口、主权、政府等要素存在一定程度的变化或差异，因此，国家治理的方式、机制、绩效也会有一定的差异。就新中国成立以来中国国家治理的历时性而言，可以划分为社会主义建设时期的全能治理、以经济建设为中心的发展性治理和和谐社会视阈中的系统治理等不同阶段①。国家治理现代化就是针对国家治理历史上现代性发展不足、现代化程度不高而提出的。从这个角度看，国家治理的历时性特点也是中国提出国家治理体系和治理能力现代化的理论基础之一。

国家治理的共时性领域是指在一定的时期，国家治理所涉及的具体领域。就中国现阶段的国家治理而言，其共时性领域可以划分为国际领域和国内领域。就国际领域而言，包括双边关系、多边关系，经济关系、政治关系、文化交流关系，合作关系、对抗关系，大国关系、周边关系等。就国内领域而言，包括经济、政治、文化、社会和生态等领域，相应的就有经济治理、政治治理、文化治理、社会治理和生态治理等具体领域的治理。这几个领域的治理，在一个国家不同的发展阶段往往也有所侧重，国家要根据世情、国情、民情和国家治理能力的变化情况，统筹协调好各个领域。比较而言，经济治理是国家治理的基础领域，对其他方面治理具有决定性影响。当然，其他各方面治理对经济治理也有重要影响或反作用，它们之间也有复杂的相互影响关系。国家治理的共时性领域，概括起来，包括内政外交国防、改革发展稳定、治党治国治军等。国家治理的共时性领域与中国特色社会主义"五位一体"总布局相辅相成，为正确认识政府治理能力及其内在要素奠定了坚实的理论基础。

（三）国家治理的方式

国家治理的方式就是一个国家在一定的历史发展阶段和国际国内环境

---

① 陈春常：《转型中的中国国家治理研究》，上海三联书店，2014，第66～237页。

下，为实现国家治理的有效性和合法性而采取的治理方法、治理手段、治理技术和治理形式的统称。概括地讲，国家治理的基本方式有民主治理和依法治理。

民主治理体现的是价值理性，强调权力来源于人民、服务于人民、受人民监督。民主治理，"是民主政治的重要组成部分，其基本内涵是民主决策、民主管理、民主监督"①。民主选举是民主治理重要的具体方式，但不是唯一方式。民主治理的具体方式还有协商民主、政务公开等。现阶段，中国的民主治理方式概括起来讲主要由"人民民主与党内民主、选举民主与协商民主、高层民主与基层民主三个维度所构成"②。中国治理方式变革的主要方向"是从一元治理到多元治理、从集权到分权、从人治到法治、从管制政府到服务政府、从党内民主到社会民主"③。

依法治理体现工具理性，强调把治理建立在一套非人格化的规则基础上。依法治理，就是运用法治方式进行国家治理，就是韦伯意义上的"法理—理性"型权威治理④。依法治理体现在立法、执法、司法、守法各个环节，体现在依法治国、依法执政、依法行政、依法司法、依法治军、依法维权等各个系统，体现在依法建制、依法赋权、依法履职、依法决策、依法办事上，体现在依法推进监督、依法健全基层民主、依法规范网络行为、依法规范公共服务、依法处置社会问题、依法打击违法犯罪、依法反对不正之风、依法保障祖国统一、依法处理涉外事务、依法维护侨胞权益等方面。

民主治理与依法治理有一定区别，民主治理主要体现价值理性，依法治理主要体现工具理性。民主治理与依法治理又密不可分。一方面，民主是法治的前提和基础，依法治理要坚持人民民主。另一方面，法治是民主的保障，民主治理通过依法治理实现。总之，离开民主搞法治，会使法治丧失根基；而离开法治搞民主，会导致社会混乱无序，也无法真正实现民主。所以，国家治理必须是依法治理与民主治理相配合、相协调⑤。

---

① 余逊达：《民主治理是最广泛的民主实践》，《浙江社会科学》2003 年第 1 期。

② 王菁：《民主治理的绩效评价维度：基于民主质量理论的建构》，《华东经济管理》2011 年第 12 期。

③ 俞可平：《中国治理变迁 30 年（1978—2008）》，《吉林大学社会科学学报》2008 年第 3 期。

④ 〔英〕安德鲁·海伍德：《政治学》，张立鹏译，中国人民大学出版社，2006，第 5 页。

⑤ 王利明：《善治是法治之目标》，《北京日报》2015 年 6 月 8 日第 17 版。

从历史角度看，国家治理还有一些很重要的方式，如德治的方式、宗教的方式、联姻的方式等。以德治国就是国家治理通过德治、道德说教等方式对社会进行伦理的或精神的控制。在一些全民信教的国家，统治者往往通过宗教信仰的方式或将教义教规上升为国家法律来统治社会、治理国家。联姻的方式在传统社会是一种减少军事冲突、降低异族仇视的"低成本"且"一举多得"的国家治理方式。不过，这几种方式或许在一些国家治理实践中仍然不同程度地存在，但被国家治理实践证明，它们都不是在现代国家最理想、最基本的治国理政方式。

（四）国家治理的价值目标

国家治理的定力来自价值观的力量，中国国家治理需要社会主义核心价值的统领。国家治理的价值就是"国家应该做的正确事情是什么"[①]，就是国家依据什么治理，朝着什么方向治理的问题，即国家治理的价值依据和价值目标是什么。关于国家治理的价值，有学者称之为国家治理的理想状态，即善治，"就是公共利益最大化的过程，其本质特征就是国家与社会处于最佳状态，是政府与公民对社会政治事务的协同治理，或称官民共治"[②]。

党的十八届三中全会关于全面深化改革的目标总的提法一共是两个方面：完善和发展中国特色社会主义制度，推进国家治理体系和治理能力现代化。就这两个方面的关系看，推进国家治理体系和治理能力现代化是完善和发展中国特色社会主义制度的方式和手段，完善和发展中国特色社会主义制度是推进国家治理体系和治理能力现代化的制度保证和现阶段的价值追求。相比较而言，这两个方面的重点在于完善和发展中国特色社会主义制度。在这个前提下，众多学者都认同社会主义核心价值体系和核心价值观是国家治理的核心价值。社会主义核心价值体系和核心价值观的政治价值属性都是社会主义，都是为了完善中国特色社会主义制度。因此，中国国家治理与中国特色社会主义的价值目标是统一的，即完善和发展中国特色社会主义制度。

（五）国家治理体系及其现代化

国家治理体系是国家能够顺利运行的体制机制。多数学者在使用该概

---

① 此处变用梅格·惠特曼的一句话："我们应该做的正确事情是什么？"（〔美〕梅格·惠特曼、〔美〕琼·汉密尔顿：《价值观的力量》，吴振阳等译，机械工业出版社，2010，序言）。

② 俞可平：《论国家治理现代化》，社会科学文献出版社，2014，第3~4页。

念时直接引用习近平总书记对国家治理体系的界定[1]，也有学者在这个概念的基础上，丰富了治理主体、治理客体和治理效果等方面的内容，如国家治理体系即由"各个领域的指导思想、组织机构、法律法规、组织人员、制度安排等要素构成一整套紧密相连、相互协调的体系"[2]。关于国家治理体系的构成，有学者认为"既包括经济治理、政治治理、文化治理、社会治理，也包括共治、法治、自治、能治和德治。前者是治理对象，后者是治理方式"[3]。有学者认为，国家治理体系包括宏观上的价值体系和微观上的结构体系、制度体系和运行体系[4]。另外还有三层制度说[5]、三个次级体系说[6]、五大系统说[7]、复杂体系说等。可见，广义的国家治理体系包括主体体系（有学者称之为结构体系）、客体体系、中介体系（包括制度、体制、机制、方式方法或手段等）、功能体系、方法体系、价值（目标、指导思想）体系、效果评价体系等。总体来看，研究者把国家治理体系理解为管理国家的制度、体制、机制等体系的居多，但这应是国家治理体系的核心部分，属于狭义的国家治理体系（具体结构见表1-1）。

表1-1　中国国家治理体系（狭义）

制度体系		体制体系	机制体系
根本制度	社会主义制度	社会体制	党的领导
根本政治制度	人民代表大会制度	政治体制	人民民主
基本政治制度	政协制度、民族区域自治制度、基层民主制度	政治体制	人民民主
基本经济制度	以公有制为主体，多种所有制经济共同发展	经济体制	人民民主
其他基本制度	—	文化体制 生态体制	依法治国

国家治理体系现代化是国家治理现代化的重要基础。竹立家认为国家

---

①　习近平：《切实把思想统一到党的十八届三中全会精神上来》，《求是》2014年第1期。
②　许耀桐、刘祺：《当代中国国家治理体系分析》，《理论探索》2014年第1期。
③　韩庆祥：《制度建设与治理效能的关系》，《国家治理》2014年第5期。
④　萧鸣政、郭晟豪：《国家治理现代化的能力结构与建设》，《前线》2014年第4期。
⑤　认为国家治理体系有宏观、中观和微观三层制度。杜玉华：《马克思社会结构理论视角下的国家治理体系构建》，《华东师范大学学报》（哲学社会科学版）2014年第6期。
⑥　俞可平：《论国家治理现代化》，社会科学文献出版社，2014，第3页。
⑦　许耀桐、刘祺：《当代中国国家治理体系分析》，《理论探索》2014年第1期。

治理体系现代化的本质内涵是政府权力体系、依法治国体系、民主治理体系三个体系的现代化①。也有学者认为，"国家治理现代化的核心就是要实现政府与市场、政府与社会的协同共治，在加快经济转型中使市场在资源配置中起决定性作用和更好发挥政府作用。在社会体制创新中构建党的领导、政府负责、社会协同、公民参与、法治保障的治理格局"②。国家治理体系现代化的特点，可以从不同角度进行描述。从国家角度看有：基本制度现代化、权力更替有序化、组织架构合理化、治理绩效最大化、治理氛围最优化。从治理角度看有：主体多层化、结构网络化、方式民主化、手段法治化、制度理性化、技术现代化等③。从客体角度看：经济领域的市场治理、政治行政领域的政府治理、文化领域的文化思想道德治理、社会领域的社会治理和基层群众自治、生态领域的生态治理、国防领域的军队治理、党建领域的政党治理④。从善治角度看，有"制度化和规范化、民主化、法治、效率、协调"⑤。辛向阳认为，"八个能否"是评价国家治理体系现代化的标准⑥。

（六）国家治理能力及其现代化

习近平把国家治理能力界定为运用国家制度管理社会各方面事务的能力，包括改革发展稳定、内政外交国防、治党治国治军等各个方面。有观点将国家治理能力理解为国家的目标塑造和战略执行能力，有观点将国家治理能力具体化为党和国家干部的组织和领导能力，有观点强调国家治理能力不仅是制度整合能力和应对社会变动的能力，而且主要是执政者的理政能力，特别是国家领导人的执政理政能力，并将国家治理能力分层次界定⑦。可见，国家治理能力的界定，要么是结合国家治理体系进行，要么是结合国家职能进行，但更多强调国家治理主体中领导人和干部的能力在国

---

① 竹立家：《国家治理体系重构与治理能力现代化》，《中共杭州市委党校学报》2014年第1期。
② 姜晓萍：《国家治理现代化进程中的社会治理体制创新》，《中国行政管理》2014年第2期。
③ 孟鑫：《推进国家治理体系和治理能力现代化是完善和发展中国特色社会主义制度的必由之路》，《科学社会主义》2014年第2期。
④ 乔耀章：《从"治理社会"到社会治理的历史新穿越——中国特色社会治理要论：融国家治理政府治理于社会治理之中》，《学术界》2014年第10期。
⑤ 张善恭：《行为法学》，上海人民出版社，2015，第391页。
⑥ 辛向阳：《中国特色社会主义与国家治理现代化》，浙江人民出版社，2015，第7页。
⑦ 于建嵘：《国家治理能力与地方治理的困境》，《东南学术》2014年第6期。

家治理能力中的重要性。

就国家治理能力的构成而言，有观点认为，国家治理能力包括党科学执政、民主执政、依法执政的能力，国家机构履职的能力，人民群众依法管理国家事务、经济社会文化事务、自身事务的能力，集中体现为运用中国特色社会主义制度有效治理的能力①。有观点认为，国家治理能力包括执政、决策、领导、执行、组织、规划、计划、沟通、协调、督导等几大能力，这些能力依其所在层级不同各有侧重②。有观点认为，党和政府的履职能力包括接纳参与、政治整合、精英录用、战略规划、法律实施、资源提取、监管、公正保障、政治沟通、政治革新、危机应对、制度建构、科学决策等能力③。丁志刚将以上情况归纳为三类标准多种能力，即从国家治理主体的主观能动性、从履行国家治理过程诸职能对执政党和政权能力的要求和从国家治理的层次领域划分④。

就中国现阶段的国家治理能力的评价而言，党的十八大报告对中国自党的十六大以来国家治理能力状况做出了最权威、最客观的定性评价。胡鞍钢和他的团队在《中国国家治理现代化》一书中，从六个方面对中美治理绩效进行实证比较后得出结论："2000—2012 年，……中国的治理绩效或已优越于美国，或已显著缩小与美国的相对差距，形成了强有力的与美国竞争和赶超美国之势。总体的对比形势是，美国在相对退步，中国在相对进步。"⑤ 华东政法大学政治学研究院的研究显示，2015 年中国国家治理指数在全世界位列第19⑥。综上所述，改革开放以来，特别是 20 世纪 90 年代以来，就世界范围看，一方面，中国国家治理能力在迅速提升，与发达国家在治理能力方面的差距在迅速缩小；另一方面，中国国家治理能力需要在解决"三个没有变"的具体问题方面不断努力提升。特别是在新常态背景下如何提升国家治理能力是一个必须解决好的问题。

---

① 杨振武：《准确把握国家治理及其现代化》，《国家治理》2014 年第 1 期。
② 萧鸣政、郭晟豪：《国家治理现代化的能力结构与建设》，《前线》2014 年第 4 期。
③ 沈传亮：《建立国家治理能力现代化评估体系》，《学习时报》2014 年 6 月 2 日。
④ 丁志刚：《论国家治理能力及其现代化》，《上海行政学院学报》2015 年第 3 期。
⑤ 资料来源：《中国国家治理现代化》，中国共产党新闻网，http://theory. people. com. cn/n/2014/0825/c388253 – 25533300. html。
⑥ 《基础、价值与可持续：国家治理的支柱》，华东政法大学政治学研究院，2015 年 12 月 4 日。

就国家治理能力现代化而言，其意味着以制度为基础，正确处理以现代财税体制为基础的央地关系，以使市场在配置资源中发挥决定性作用为指导处理好政府与市场的关系，以充分发挥党总揽全局协调各方的领导核心为基础处理好党与政府、人大、政协、司法、社会团体等的关系，以坚持人民是改革的主体为原则处理好政府与公民的关系；以治理主体为轴心，实现各个治理主体到位不越位，有为不乱为，市场主体竞争有序、调控主体主动有度、社会主体积极有位、个人主体创业有利的经济社会状态；形成一个让一切劳动、知识、技术、管理、资本的活力竞相迸发和让一切创造社会财富的源泉充分涌流的局面①。

如何推进国家治理体系现代化，促进国家治理能力现代化，是各界非常关心的话题，也是本节论述的落脚点。丁志刚认为，推进国家治理能力现代化，"既改革不适应实践发展要求的体制机制、法律法规，又不断构建新的体制机制、法律法规，形成优良的国家治理制度，合理的国家治理结构，突出的国家治理绩效，实现党、国家、社会各项事务治理制度化、规范化、程序化和民主化"②。俞可平认为，要从解放思想观念、加强顶层设计、总结治理经验、发扬治国理政优良传统、借鉴他山之石、消除官本主义流毒等方面努力③。竹立家认为"国家治理能力的现代化，一般来说是指政府的公共政策制定能力、公共财政与预算能力和选人用人能力的现代化（约等于政府治理能力现代化）"④。这些论述为促进国家治理能力现代化提供了重要思路，也是政府治理能力现代化的基本要求。

总之，"国家是把政治的动力组织并使之形式化的机构……，政府意味着握有官方职权的人代表国家行使权力。……政府还暗含了国家内部统治者与被统治者的区分"⑤。从某种程度上说，国家包含政府，政府是国家在组织上的体现，任何政府都是一定国家在一定时期的行政机关。"政府是国家的基本要素，是国家权力的具体执行者，而市场在相当长的时间内是社

---

① 辛向阳：《国家治理体系和治理能力现代化的基本内涵》，《马克思主义文摘》2014 年第 7 期。

② 丁志刚：《论国家治理能力及其现代化》，《上海行政学院学报》2015 年第 3 期。

③ 俞可平：《论国家治理现代化》，社会科学文献出版社，2014，第 7～13 页。

④ 竹立家：《国家治理体系重构与治理能力现代化》，《中共杭州市委党校学报》2014 年第 1 期。

⑤ 〔美〕莱斯利·里普森：《政治学的重大问题——政治学导论（第 10 版）》，刘晓等译，华夏出版社，2001，第 43 页。

会的主体部分，因此，国家与社会的关系，一定程度上可以看作是政府和市场的关系。"① 在政治和经济二分化的情况下，出现了国家代表政治，社会代表经济。不过，马克思主义早就认识到，经济是政治的基础，政治是经济的集中表现，政治离不开经济，经济也离不开政治。换言之，政府离不开市场，市场也离不开政府。因此，问题的关键不是要不要政府，而是政府如何参与到国家治理、市场治理或经济治理过程。中国共产党关于国家治理现代化的理论和认识，为各级政府确定治理领域、转变政府职能、完善治理方式、明确治理价值、实现治理体系和治理能力现代化特别是在科学行政、民主行政、依法行政和实现其制度化、规范化和程序化等方面提供了基本的理论依据，是各级政府治理能力现代化的直接指导理论。

第二节　中国传统文化中的治国理政思想

"中国特色社会主义政治制度过去和现在一直生长在中国的社会土壤之中，未来要继续苗壮成长，也必须深深扎根于中国的社会土壤。"② "统治者治国理政的研究，构成了中国传统政治思想的主要命题和内容。"③ 这说明中国优秀传统文化中的治国理政思想可以作为政府治理能力现代化的重要思想依据。

一　儒家的治国理政思想

先秦时，儒家与诸子百家地位平等，秦始皇的"焚书坑儒"，使儒家大受创伤；汉武帝"独尊儒术"后，儒家重兴，且逐渐成为中国传统社会的精神支柱。儒家的治国思想非常丰富，本书将摘其要点简述。

（一）仁政学说

仁的概念，在孔子之前已经出现。大体上，春秋前期人们把亲敬尊长、

---

① 朱光磊、郭道久编著《政治学基础》，首都经济贸易大学出版社，2007，第102页。

② 资料来源：《习近平：在庆祝全国人民代表大会成立60周年大会上的讲话》，中国共产党新闻网，http://cpc.people.com.cn/n/2014/0906/c64093-25615123.html。

③ 王浦劬：《国家治理、政府治理和社会治理的含义及其相互关系》，《国家行政学院学报》2014年第3期。

爱抚众庶、忠于君主等行为看作仁的表现①。孔子在继承这些思想的基础上提出了系统的仁学思想。孔子关于仁的内涵主要有：一是仁即爱人，二是仁即克己。如何实现仁呢？孔子提出要孝悌忠恕。其中，孝悌是根本。孔子之后，孟子提出仁政是治国的基本原则，还提出了"民为重，社稷次之，君为轻"的观点。董仲舒以儒家传统的三代王道政治为内核，提出了德主刑辅、教本狱末的为政原则②，主张"罢黜百家，独尊儒术"，使儒家思想重兴。儒家学说到了宋代演化为理学，张载提出了"仁道及人"的思想。程颢和程颐认为治国最根本的原则就是王道，王道的根本是仁政。朱熹在二程思想的基础上，提出"为政以德"的思想。

（二）礼义思想

《周礼》所载之礼，既有祭祀、封国、朝觐、巡狩、丧葬等国家层面的典礼，也有用鼎、乐悬、车骑、服饰、礼玉等具体规制，还有礼器等级、组合、形制、度数等最为系统的"礼"的体系。《论语》中记载，孔子要恢复"君君、臣臣、父父、子子"的礼的秩序，并主张"克己复礼为仁"，通过"非礼勿视，非礼勿听，非礼勿言，非礼勿动"，尽量使自己的行为举止符合"礼"的要求，进而达到"仁"的目标。荀子将孔子的礼治思想发扬光大，在性恶论的基础上，对礼的起源、作用、本质、礼法关系、礼治与人治关系做了系统阐发，提出了法后王、尚贤使能和富国富民等思想。西汉的贾谊主张用儒家"治国安邦"的政治思想去明礼义、定制度，反对"无为而治"，强调强化君权、民本和仁政并重、劝善用礼和惩恶用法兼用的治世原则和治国主张。

（三）德治主张

周公辅政过程中，系统阐发了"明德慎罚""敬天保民"等人文主义思想，并将宗法制度、井田制度和分封制度作为西周时期国家治理的重要制度支柱。孔子继承和发展了周公"明德慎罚"的思想，在政治上主张德治，强调以道德教化为治国的根本原则，统治者的道德对政治生活具有决定性作用。孟子更加强调道德在治国理政中的教化作用。之后，德治主张不断

---

① 曹德本主编《中国政治思想史》，高等教育出版社，2004，第45页。
② 唐眉江：《董仲舒国家治理思想：历史观的创新与大一统思想的重构》，《云南师范大学学报》（哲学社会科学版）2014年第1期。

得以丰富，如董仲舒运用阴阳之道，提倡"德刑兼备"，以德治为主的政策原则；王符提出治国安民应以"德化"为上策；王守仁提出了"明德亲民"的政治主张。

总之，儒家的治国理政思想，建立在人性善的基础上，且过分注重人性中的善而忽视了其恶的方面。因此，从大方向上看，其仁政、礼义、德治等主张对于国家治理而言是非常美好的政治理想和有较大借鉴价值的治理思想。但在中国传统郡县制背景下，这种治理思想往往会演变成官僚集团（或地方政府的各级官员）在君主和民众之间博弈的一套"统治术"和"意识形态"，而仁政、德治等政治理想往往因为地方政府的某些"恶"而很难落实到基层民众。

二　墨家的治国理政思想

墨家、儒家、道家共同构成了中国古代三大哲学体系，法家代表韩非子称墨家和儒家为"世之显学"。墨家主张兼爱交利、尚贤使能、非攻节用等，与儒家思想尖锐对立。

（一）兼爱交利

墨家针对儒家"亲亲"的社会等级观念，认为社会的"大害"在于国家之间的战争和人与人之间的争夺，其根本原因是人与人之间不相爱。墨子主张博爱式、抽象式的"兼相爱，交相利"，其宗旨是"贵兼"，认为：人与人的爱和利都是相互、相辅相成、互为依存、互为条件的。正如《墨子·兼爱中》所说："视人之国若视其国，视人之家若视其家，视人之身若视其身。"梁启超曾指出：墨家的"兼相爱是理论，交相利是实行这理论的方法"。

（二）尚贤使能

墨家认为，任何统治者都想把国家治理好，但是往往事与愿违，根本原因在于不得其人。因此，墨家主张任人唯贤、任人唯能、尚贤使能，"不党父兄，不偏富贵，不嬖颜色，贤者举而上之，不肖者抑而废之"[1]。尚贤使能观点是墨家政治思想的精华，其唯才是举的尚贤主张比儒家的尚贤主

---

[1]　《墨子·尚贤》。

张要进步很多。但是，墨家一则没有提出贤能者的具体标准，二则对尚贤的制度没有构建和设想，故其尚贤使能的主张很难实现。

（三）非攻节用

墨子从兼爱的思想出发，认为战争与盗窃行为一样，是不仁不义的，因此他强烈反对战争。在国家治理上，墨子还主张节用，认为节用是国家积累财富的根本途径，也是圣王"所以王天下"的根本措施，"圣人为政一国，一国可倍也；大之为政天下，天下可倍也。其倍之非外取地也，因其国家，去其无用之费，足以倍之。圣王为政，其发令兴事，使民用财也，无不加用而为者。是故用财不费，民德不劳，其兴利多矣"①。

概言之，墨家的治国理政思想建立在抽象的"爱"的基础上，其思想的精华部分是尚贤主张，这对现阶段推进政府治理能力现代化特别是公务员队伍及其素质和能力现代化方面具有借鉴意义。但其在制度设计、贤能标准等方面没有系统而深入的论述，故使得其主张在解决现实性、实质性的国家治理问题上仍然显得捉襟见肘。

三　法家的治国理政思想

法家，是先秦诸子百家之一，是中国历史上提倡以法制为核心治理国家思想的重要学派。法家的基本思想是主张治国的不二法门是以法治国。法家认为，在治理国家时，"便国不法古"。

（一）人性好利

人性问题是几乎所有的思想家都会反复讨论的重大问题。在中国古代，孔子最早提出人性问题，孟子认为人性是善的，商鞅认为人性是好利的，韩非子将人性好利的假设进一步进行发挥。因此，儒家所推崇的父慈子孝、忠信仁义等道德，在法家来看都是不可靠的。基于此，法家极力主张：人性是好利的，人是不道德的。而且，人性好利源自人的生存本能，不但不应该去矫正，而且应当受到尊重、引导和利用。那么，人性的好利本性如何引导和利用呢？在法家看来，这就要明法利民。

（二）明法利民

法家主张通过法治达到天下大治。他们认为，"法令者，民之命也，为

---

① 《墨子·节用》。

治之本也，所以备民也。为治而去法令，犹欲无饥而去食也，欲无寒而去衣也，欲东而西行也，其不几亦明矣"①。因此，法对于国家治理具有根本性意义。其原因如下。一是法可以定纷止争。二是法能够胜民。"民胜法，国乱；法胜民，兵强。"三是法是富国强兵的政策保证。为此，商鞅提出法治的原则是：一要刑无等级，二要明法利民，三要轻罪重罚。韩非子主张法、术、势兼取。他认为，"法者，编著之图籍，设立于官府，而布之于百姓者也"②。可见，法律是统治者制定的统治臣民的公之于众的行为规范，以法治国，一切事情都好办。

（三）法不阿贵

法家认为，在法律面前，全体臣民是平等的，法律是高于一切的，任何人都不得枉法，而且要让法治成为治理国家的基本方式。不过，法家认为，法不阿贵的根本保证是官吏公正执法。法家倡导法治，反对人治，期望法一而固，反对朝令夕改；另外，他们主张法不阿贵，对于抵制和扭转当时占据重要地位的贵族特权思想具有极重要的现实意义，但法不阿贵仅仅指全体臣民在法律面前的平等，并不是法律面前人人平等，而君主更不受法的制约。因此，法家思想是君主利益至上的，尤其是法家思想的集大成者韩非子"法术势"兼用的思想，更是为君主专制服务的，其中，势是运用术法的前提，法和术是君主统治臣民的工具。

可见，法家的以法治国思想与儒家的以德治国思想，由于对人性假设的完全不同而一度出现"针锋相对"之势，且法家的法制思想中的"明法""不法古""法不阿贵"等主张，对于现阶段推进依法治国特别是法治政府建设进程具有很大的启发意义，但"法术势"兼用的思想则是专制统治的工具。

四　道家的治国理政思想

道家是中国古代一种重要思想流派，以老子、庄子为杰出代表。道家学派对社会历史的基本假定是：人类社会是退化的。

---

① 《商君书·定分》。
② 《韩非子·难三》。

（一）道法自然

道是道家思想的核心概念。《老子》开篇即论道："道可道，非常道。"此处，老子把道分为两种情况：一为常道，二为非常道。常道为万物之本。道所反映出来的规律是"自然而然"的，因此，就有"人法地，地法天，天法道，道法自然"的"推天道以明人事"方法论。在治理国家时也是如此，即用自然法则来治理天下，任何人不能对国家事务妄加干预，这是治理国家的根本原则。汉初道家思想有所发展，在治国方法上博采众长，兼用礼义道法刑名，注重实际的社会问题，表现为积极入世。

（二）无为而治

道法自然的方法论原则运用在政治上，老子主张无为而治，强调"治大国，若烹小鲜"①。道家认为，社会是倒退的，人与人之间的利害冲突是难免的，道德产生于人与人之间关系紧张，因此，无为是道家的政治原则和最高政治境界。其政治主张主要包括：一是不尚贤，使民不争；二是不贵难得之货，使民不为盗；三是绝圣弃智，绝仁弃义；四是慎征伐②。无为而治，就是通过统治者的无为，达到民众的无知无欲，无为是治理国家的手段，无不为才是治理国家的目的。庄子认为，圣人是不值得称道的，从根本上看，圣人是历史的罪人，是乱天下的元凶。因此，他把无为之治推向一个极端，认为无为之治就是要回到原始、蒙昧、与自然合一的状态。《淮南子》强调"君道无为"，认为人君治国要遵循无为、节欲、省事等原则。到魏晋时期，何晏、王弼等人创立了"贵无"的宇宙本体论，认为世界"以无为本"。治理社会应该崇尚和顺应"自然"。

（三）小国寡民

老子的政治理想是"小国寡民"，"邻国相望，鸡犬之声相闻，民至老死不相往来"③。西汉时期，陆贾向刘邦宣传"无为而治"，并把小国寡民的思想进一步推演，提出"君子之为治也，块然若无事，寂然若无声，官府若无吏，亭落若无民。闾里不讼于巷，老幼不愁于庭。近者无所议，远者无所听。邮无夜行之卒，乡无夜召之征。犬不夜吠，鸡不夜鸣。耆老甘味

---

① 《老子》六十章。
② 曹德本主编《中国政治思想史》，高等教育出版社，2004，第72~75页。
③ 《老子》八十章。

于堂，丁男耕耘于野；在朝者忠于君，在家者孝于亲"的社会理想[1]。

道家的治国理政思想被很多人认为是一种消极避世的政治思想，但其法自然之道的治理理念以及"治大国，若烹小鲜"的治理思想，一定意义上揭示了政府科学行政的道理，对政府治理能力现代化具有启发意义。

综上所述，尽管中国传统文化中的治国理政思想非常丰富（牟宗三称之为治道，并认为代表性的有儒家强调的德化、道家强调的道化、法家强调的物化等），但单纯强调或贬低某一种治理思想、单纯采用或否定某一种治理方法都存在一定的局限性。正确的做法是博采众长，法儒道墨相济，而现阶段要特别强调以法为主的治理方式。另外，中国传统文化中的民本思想，对现阶段国家治理和政府治理具有重要的参考价值。因此，在政府治理能力现代化的推进过程中，要特别突出法治政府和服务型政府建设的重要性。

第三节 西方治理理论

"治理"在权威主体、权威性质、权威来源、权力运行向度和作用范围等方面不同于传统的"统治"，尽管"治理"有一定的价值理性，但更是一种偏重于工具性的政治行为，从统治走向治理，是人类政治发展的普遍趋势[2]。西方的治理理念及其理论，具有"社会中心主义"的取向[3]。因此，西方治理理论可以作为政府治理能力现代化的理论借鉴。

一 西方治理理论的兴起

在西方，治理及其理论的兴起，是政治、经济、社会、科技、文化等一系列因素变化发展和相互作用的结果，是"第三部门"作用壮大和尝试走"第三条道路"的"第三选项"。

（一）产生背景

20世纪90年代以来，随着经济全球化、政治民主化、文化多元化、科

---

① 《新语·至德》。
② 俞可平：《论国家治理现代化》，社会科学文献出版社，2014，第2页。
③ 辛向阳：《中国特色社会主义与国家治理现代化》，浙江人民出版社，2015，第2页。

技革命化等的发展，人类的政治生活和政治过程的重心发生重大的变革，主要表现为"四个走向"，即从统治走向治理、从善政走向善治、从政府的统治走向没有政府的治理、从民族国家的政府走向全球治理①。理论界也在时刻关注政府管理模式的创新，或充满了对政府的质疑。在这种背景下，现代治理理论得以产生。

（二）产生原因

一是表层原因，即一些国际组织为减少援助成本和风险，提高援助效益，确保受援国具备偿还贷款能力，它们要求受援国进行必要的治理改革，使其符合"善治"标准，即按照市场经济逻辑改革受援国政府的政治—行政模式，以实现政治与经济的良性互动。针对这种情况，就有必要研究国际组织的方案是否适应受援国、这种方案是否有"意识形态性"、市场究竟是不是万能的等。

二是深层原因。政治上，20 世纪 90 年代中期，一些发达国家的经济步入低速增长状态，社会贫富分化加剧、结构性问题凸显，而这些国家的执政党对此则束手无策，迫切需要理论创新。理论上，凯恩斯主义遭受质疑、制度主义逐渐兴起，二元对立的世界观广受批评，"'治理'似乎被视为缺失了的'第三项'，既可以批判二分法，又能补充其不足"②。因此，治理理论在一定意义上是对西方民主理论的扬弃，试图摆脱西方政治设计所造成的精英政治的弊端，提倡公民和社会组织对政治生活的参与③。经济上，它是以经济一体化为主要标志的经济全球化的逻辑结果。全球化引起要素在全球范围内自由流动，既需要一个全球性的空间，也需要一些全球性的管理和协调机构，这就对管理模式提出了新要求。这种情况也适用于国内。社会上，公民社会（或民间组织、第三部门）的日益壮大，在管理中的作用日显重要，特别是在市场失灵、政府失灵或市场和政府双失灵的情况下，对于公共产品由谁和如何提供、公共秩序由谁和如何维护等，20 世纪 80 年代以来，治理、善治和全球治理等问题引起学界和政界的广泛关注。

基于以上情况，詹姆斯·罗西瑙（J. N. Rosenau）、罗茨（R. Rhodes）、

---

① 俞可平：《论国家治理现代化》，社会科学文献出版社，2014，第 18 页。
② 吴志成：《西方治理理论述评》，《教学与研究》2004 年第 6 期。
③ 马全中：《从政治理论的视角理解治理》，《中国社会科学院研究生院学报》2013 年第 3 期。

库伊曼（J. Kooiman）、格里·斯托克（Gerry Stoker）等学者赋予治理以新的含义，逐渐形成了比较系统的、以技术理性（或工具理性）为特点、以强调多元主体合作以实现善治为主要观点、以打破社会科学中长期存在的二分法传统思维为方法论的现代治理理论。在政界，以克林顿、布莱尔、施罗德、若斯潘为代表的一些西方发达国家的政要公开提出"多一些治理、少一些统治"的政治目标，并极力主张"第三条道路""中间派路线""协同型政府"等；与此同时，一些重要的国际组织如世界银行、经济合作与发展组织、联合国开发计划署、联合国教科文组织、联合国全球治理委员会等发表了一系列的正式报告、文件或出版专门刊物阐述治理、善治和全球治理的重要价值和现实意义。总之，越来越多的人认为，"善治已经成为人类政治发展的理想目标"①，治理现代化逐渐成为一种世界性潮流。

二　西方治理理论的主要内容

在西方学者的研究中，治理既是一个充满争议且不断发展的概念，也是一个依托于西方政治体制的范式整合概念。这个概念包含分权与授权、多元与互动、合作与协商、适应与回应等元素。

（一）西方治理理论涉及的关键问题

西方治理理论非常丰富，格里·斯托克在综述性研究的基础上指出，治理涉及五个关键性问题："与治理相关的制订政策过程这一复杂现实，与据以解说政府而为之辩护的规范信码相脱离。各方面的责任趋于模糊，易于导致逃避责任或寻找替罪羊。由于对权力的依赖，以至并非原来所求、而于政府影响不良的结果这样的问题愈加恶化。既然有了自治网络，政府对社会应负什么责任这一条便难以明确。即使在政府以灵活方式控制和引导集体行为之处，治理仍然有可能失败。"② 深入研究以上五个问题便可以发现：西方治理理论其实围绕着一条核心线索，集中解释两对基本关系。一条核心线索即"主体—权力—责任—规范"之间的错位问题；两对基本关系是指宏观上的"政府—市场—社会"关系及微观上的"政府—行政"

---

① 俞可平：《论国家治理现代化》，社会科学文献出版社，2014，第59页。
② 〔英〕格里·斯托克：《作为理论的治理：五个论点》，华夏风译，《国际社会科学杂志》（中文版）1999年第1期。

关系。

（二）西方治理理论的主要内容

围绕一条核心线索和两对基本关系，西方治理理论从一开始就充满多样性和矛盾性，但归纳起来，有两种取向：一种是国家中心主义，另一种是社会中心主义。库伊曼提出了治理的三要素即治理轮廓、治理工具和治理行为，并在此基础上总结了治理的三种模式即自治、共同治理和科层治理。亚瑟·本茨将治理的模式总结为层级、网络、竞争和协商模式及其组合后又有多种新的模式①。王敬尧根据史茂思（Smouts，M.S）、史托克（Stoker，G.）和罗茨等西方学者的论述和俞可平对西方治理理论的译介，将治理理论的主要内容梳理为"四项特质"、"五项命题"和"六种定义"②。总的来看，西方治理理论是建立在批判以往政府统治的基础上，以重构政府和社会关系为理论旨趣的理论统称。

（三）对西方治理理论的简要评价

人民论坛"特别策划"组的一段评价可谓切中了西方治理理论的要害："治理理论在世界范围获得推崇，但治理实践本身充满争议。治理偏重直接民主，仍需要间接民主；提倡多中心治理，但官僚制这一组织方式仍然发挥着重要作用；重构合法性的同时，缩小了公共责任的范围；分权提高了社会自主自治程度，也带来了分散主义、本位主义和地方保护。"③ 因此，在学习和借鉴西方治理理论时，一定要做到"取其精华，去其糟粕"和"洋为中用"。

三 西方治理理论中的政府治理思想

可以这样说，西方治理理论其实就是针对传统政府治理存在的一系列问题而提出来的，但在其发展进程中，也产生了不同的政府治理理念或理想模式。

（一）传统政府治理模式

西方治理理论的兴起是因为传统以政府为最重要行动者、以科层制为

---

① 包国宪、郎玫：《治理、政府治理概念的演变与发展》，《兰州大学学报》（社会科学版）2009 年第 2 期。

② 王敬尧：《财政与庶政：县级政府治理能力研究》，华中师范大学博士学位论文，2008。

③ 人民论坛"特别策划"组：《西方治理理论与实践研究》，《人民论坛》2014 年第 14 期。

主要组织特征的管理模式面临一定的困境。因此，治理理论"强调政府与私人部门和志愿部门形成伙伴关系，政府不再以强制性权力直接干预自组织的治理网络"①。有学者将自工业革命以来的西方政府治理理论划分为两个阶段：传统型政府治理模式和新的政府治理模式②。传统型政府治理模式的基本特征包括韦伯式科层制、政治—行政二分、"政治中立"的公务员制度、政府是公共产品或服务的唯一提供者。但这种治理模式在 20 世纪 70 年代石油危机和新技术革命以及经济全球化的推动下越来越显示出其不适应性。因此，新的政府治理理论和治理模式应运而生。

（二）新公共管理理论

研究西方治理理论中的政府治理思想，不得不提到被誉为"政府再造大师"的戴伟·奥斯本。戴伟·奥斯本与其合作者特德·盖希勒在《改革政府》一书中提出了著名的企业家政府理论及其十项原则③，有学者对其给予了很高评价，认为这些构成了新公共管理理论的主体性内容和 20 世纪 70 年代末西方政府改革的主导模式④。新公共管理理论的基础是现代经济学理论，在此基础上，发展出弗里德曼、哈耶克等的"小政府"理论、哈默和钱皮等的"流程再造"理论、霍哲的"全面质量管理"理论、戴伟·奥斯本等的"重塑政府"理论等。但新公共管理理论仍然存在诸如"碎片化治理"等不少困境和缺陷⑤。基于此，西方政府和学者又着手对新公共管理理论进行改革，整体性政府成为一种新的趋向。

（三）整体性政府理论

有学者对以竞争为特征的新公共管理治理模式终结后的西方政府治理模式创新的理论谱系进行了梳理，认为其经历了从协作性公共管理到多中

---

① 转引自田凯《治理理论中的政府作用研究：基于国外文献的分析》，《中国行政管理》2016 年第 12 期。

② 唐娟：《政府治理模式变迁：理论范式和实践绩效》，《行政与法》（吉林省行政学院学报）2004 年第 10 期。

③ 十项原则即"掌好舵"而非"划好桨"的政府；社区拥有的政府；引入竞争机制的政府；摆脱繁文缛节束缚的政府；讲究效果的政府；受顾客驱使的政府；以市场为导向的政府；做决定时着眼于预防为主的政府；善于下放权力的政府；通过市场力量推进变革的政府。

④ 转引自曾维和《当代西方政府治理的理论化系谱——整体政府改革时代政府治理模式创新解析及启示》，《湖北经济学院学报》2010 年第 1 期。

⑤ 转引自曾维和《当代西方政府治理的理论化系谱——整体政府改革时代政府治理模式创新解析及启示》，《湖北经济学院学报》2010 年第 1 期。

心治理、从数字时代的治理到网络化治理再到迈向以合作为特征的整体政府治理（有学者认为，基于有效性的考量，西方治理理论中的国家中心主义治理模式具有显著优越性）①。Christoppher Pollit 对整体政府的界定是："指一种通过横向和纵向协调的思想与行动以实现预期利益的政府改革模式。它包括四个方面的内容：排除相互破坏与腐蚀的政策情境；更好地联合使用稀缺资源；促使某一政策领域中不同利益主体团结协作；为公民提供无缝隙而非分离的服务。"② 其内容主要包括：在价值理念上，将民主和公益置于首要位置，主张为社会大众提供无缝隙的公共服务；在组织结构上，通过构建政府、市场、社会等主体通力合作的跨组织综合治理网络结构，克服了碎片化治理的困境；修正了过度分权的"分权化政府"弊端，强化了中央的控制能力；提供了一套以整体主义和信息技术论为基础的全新治理方式和治理工具，实行在线治理、一站式服务、大部式治理等。一些学者认为整体性政府理论对构建中国特色政府治理模式具有重要的启示意义。

由此可见，尽管我们不能直接搬用西方的政府治理模式，但西方治理理论中的政府治理思想中的新公共管理理论，特别是整体性政府理论对我国现阶段推进政府治理现代化具有一定的借鉴价值。

---

① 陈亮：《西方治理理论的反思及中国国家治理现代化的经验借鉴》，《内蒙古社会科学》（汉文版）2015 年第 6 期。

② 转引自曾维和《当代西方政府治理的理论化系谱——整体政府改革时代政府治理模式创新解析及启示》，《湖北经济学院学报》2010 年第 1 期。

第二章　政府治理能力现代化的
基本理论

　　结合治理理论、国家治理现代化的相关理论和专家学者对政府治理理论的论述可以发现，政府治理理论主要研究和关注两对相互交融的问题：第一对是政府治理体制（体系）和政府治理能力，第二对是政府治理评估和政府治理现代化。其中，第一对是第二对的基础和前提，第二对是促进第一对更加完善、有效的手段和目标。在第一对关系中，政府治理体制是政府治理能力的载体，在第二对关系中，科学的政府治理评估有利于指导政府治理现代化向着正确的方向推进①。

第一节　治理理论

　　治理理论所涉及的领域和内容非常丰富，本书从治理的概念、现代治理的特征和治理现代化三个方面简要说明。

一　治理的概念

　　认识治理的概念，既要了解其词源与词义，又有必要对围绕这个概念而产生的各种分歧进行比较和梳理，进而正确理解和运用。

（一）治理的词源与词义

　　在汉语中，治理一词早就出现，如《荀子》中有"明分职，序事业，

---

① 何增科、陈雪莲主编《政府治理》，中央编译出版社，2015，第3页。

材技官能，莫不治理"之说，日常生活中也会经常听到治国理政等说法，而《现代汉语词典》中治理的词义为："①统治；管理。②处理；整修。"①治理（Governance）在英语中的词义是控制、引导和操纵②。早在 20 世纪 80 年代，现代意义上的治理以及治理理论就已经开始流行，词义也逐渐地引申为"新统治""一系列活动领域里的管理机制""新的政治管理过程""善治"等，而且被用于政治学、管理学、经济学、社会学等多个学科领域，公司治理、社会治理、全球治理等概念也应运而生。联合国全球治理委员会对治理的界定是，"各种公共的或私人的个人和机构管理其共同事务的诸多方式的总和。它是使相互冲突的或不同的利益得以调和并且采取联合行动的持续的过程。这既包括有权迫使人们服从的正式制度和规则，也包括各种人们同意或以为符合其利益的非正式的制度安排"③。联合国开发计划署认为，"治理是基于法律规则和正义、平等的高效系统的公共管理框架，贯穿于管理和被管理的整个过程，它要求建立可持续的体系，赋权于人民，使其成为整个过程的支配者"④。

（二）治理概念的界定

俞可平是国内较早研究治理理论的主要代表人之一。他的《治理与善治》一书，对西方学者关于治理的研究进行了比较系统的译介。该书认为，现代治理概念是随着 1989 年世界银行首用"治理危机"的说法后开始流行的。书中对西方著名学者罗西瑙、罗茨、库伊曼、格里·斯托克等以及在界定治理概念上有很大代表性和权威性的联合国全球治理委员会关于治理的定义和观点做了详尽的介绍和分析。不过，时至今日，在治理概念的理解和运用上，国内学界仍然见仁见智。其分歧具体表现在以下方面。

分歧之一是"治理"概念的"出场"问题，即治理概念究竟是针对什么问题而提出来的。俞可平认为，"治理"的概念不同于"统治"的概念，

---

① 《现代汉语词典（第 7 版）》，商务印书馆，2016，第 1690 页。
② 俞可平：《治理与善治》，社会科学文献出版社，2000，第 1 页。
③ The Commision on Global Governance，*Our Global Neighborhood*：*Report of the Commision on Global Governance*（USA：Oxford University Press，1995）.
④ UNDP，Public Sector Management，Governance，and Sustainable Human Development，New York，1995，p. 9.

"从统治走向治理，是人类政治发展的普遍趋势"①。可见，"治理"是针对"统治"而提出来的一个概念。丁志刚认为，"统治是人们通过强制力而进行的自上而下的控制活动，管理则是人们运用一定规则而进行的相互间平等的组织、协调活动。治理既包含一定的强制力，也包含一定的非强制力，是介于统治与管理之间的一种行为或活动"②。由此可见，"治理"是针对"统治"和传统"管理"而提出来的一个概念。杨光斌则从治理与民主的关系角度，认为治理概念更务实且能体现一个国家的综合指标，而"民主"则更具意识形态性质③。因此，"国家治理"是针对"自由民主"概念的话语霸权和意识形态性而提出来的一个务实性、工具性概念。

分歧之二是治理实践的"出场"问题，即治理是什么时间出现的现象或活动，经历了什么过程？如有学者认为，广义的治理活动随着人类的诞生而出现，而且经历了不同的发展阶段，有学者把治理直接看作统治，认为"治理"是一个关于统治的学问，因时代诉求不同而被赋予不同的内涵，因此，治理现象和治理实践自古有之。有学者认为，治理是阶级和国家出现以后才出现的现象，把治理解释为"治国理政"的观点还隐含着一个基本立场，就是认为治理是统治阶级（或国家、政府、执政党）主导下的活动，而其他阶级（阶层）似乎没有治国理政的资格和能力。不过，大多数学者认为，治理实践是近代以来特别是经济市场化和经济全球化的产物：治理是政治现代化、民主化进程中的新事物，是政治学的一个新概念。

分歧之三是治理和现代化的关系问题，即治理是不是意味着现代化？有些学者明确指出，治理意味着现代化特别是政治现代化和政治民主化。而另外一些学者似乎不能明确表达这种意思，要么认为治理包含于统治之中，要么把统治和治理看作同一码事，要么认为治理是统治换了个现代说法而已，所以他们观点中的治理最多可以理解为统治方式现代化。笔者认为，因为管理现代化的实质是针对以往或现实中没有统一规则、规则过时、规则变化无常或潜规则盛行的管理失效、散点式管理、碎片化管理、野蛮

---

① 俞可平：《论国家治理现代化》，社会科学文献出版社，2014，第 2 页、第 23～26 页。

② 丁志刚：《论国家治理体系及其现代化》，《学习与探索》2014 年第 11 期。

③ 杨光斌：《"国家治理体系和治理能力现代化"的世界政治意义》，《政治学研究》2014 年第 2 期。

管理、胡乱管理等现象而言的，希望通过树立现代治理理念、建立现代治理规则、按照现代治理技术，提高治理的有效性和统合性。因此，治理包含现代化特别是政治现代化的意思。

分歧之四是治理的价值取向和效果问题，即治理是否意味着就是好的或善的？有学者认为，治理是对专制、专权、强制、统治等的否定，甚至认为治理是对管理的否定，认为治理就是意味着科学的、合理的、民主的、进步的，总而言之，治理是好的。但也有从日常用语出发，认为谈治理肯定意味着"有问题"，特别是对在一定时间段或一定领域，针对群众、社会上反映或反响比较强烈的突出问题进行集中化或运动式解决的过程。因此，有问题才需要治理，治理就是解决问题，问题解决了，又应该回到统治，治理是一种短期行为，统治才是长期行为，这是一种实用主义的逻辑。有观点比较模糊，认为"治理了或许就好""不治理肯定不好"，如"治理腐败""治理环境污染""专项治理""综合治理"等。有学者将治理的价值窄化，认为治理的价值目标仅仅是维护社会稳定，将国家治理窄化为治理社会或治理市场，甚至有观点把治理窄化为"政府治理就是治官、社会治理就是治民、加强党建就是治党"。不过，很多学者认为，"多一些治理，少一些统治"，但治理不一定都是好的或有效的，根据出发点、过程和效果，可以把治理分为善治和恶治，就政府而言，政府治理可以分为善政和恶政①。

分歧之五是治理过程中要不要或有没有政府的问题。这个问题可以理解为治理过程中究竟是凭借"权力"还是"权威"的问题，实质关系到政府的合法性和有效性。有一些认识假定：政府是恶的、是"利维坦"、经常会失灵，无论是对市场、对社会还是对政府自身"管的越少越好"，最多让其扮演"夜警""守夜人""边缘人"的角色。这种观点在西方思想史上很有市场。而另外一些观点认为，政府是公权力的集中代表，掌管社会公正，是善和全能的化身，甚至像"父母"，只有政府才能扮演"元治理"角色，其他任何主体都要在政府的领导或主导下，参与公共事务或公共活动，或在适当的时候监督政府。这种观点受中国传统思想的影响较深。还有观点

---

① 俞可平：《论国家治理现代化》，社会科学文献出版社，2014，第 3~4 页、第 28~32 页。

认为，"政府—市场—社会"是治理的三个基本主体或领域，政府失灵和市场失灵都存在，在治理过程中，政府和市场的关系不是相互替代、你退我进或相互补充，其实它们中间还有着广阔的第三部门或中间地带——社会，认为社会完全可以实现自治，政府和市场无须插手，这种观点在现代具有较大的影响力。另外有一种比较独特的见解，认为无论是政府治理还是社会治理，治理的形式可分为自治理、他治理、受治理三种情形，不同的社会形态和社会发展阶段，有不同的"问题"情形，因此需要不同的治理内容和治理形式，对政府的要求也就不同①。

分歧之六是治理研究的路径或途径问题，即方法论问题。归纳起来，学界主要有三种研究途径：一是以"政府—市场"关系为分析对象的政府主导途径，强调按照市场化逻辑改革政府，处理好掌舵和划桨的关系，以实现"善治"；二是以"政府—社会"关系为分析对象的公民社会自治途径，强调政府授权和公民社会自我管理，以实现自治和认同；三是以"政府—市场—社会"等多中心体系为分析对象的合作网络途径或协同共治，强调多元主体合作以集体行动来解决公共问题的重要性②。

（三）本书的界定

基于以上研究，笔者认为，治理理论是对治理实践活动的理性提升，又反过来指导治理实践。广义的治理活动随着人类的诞生而出现。狭义的治理是"政治主体运用公共权力及相应方式对国家和社会的有效管控和推进过程"③。笔者赞同俞可平对治理的界定，他认为，"治理的基本含义是指官方的或民间的组织在一个既定的范围内运用公共权威维持生活秩序、满足公众需要"，"治理是一种公共管理活动和公共管理过程，它包括必要的公共权威、管理规则、治理机制和管理方式"④。因此，治理是统治的辩证扬弃，是公共管理的现代情形。在现代意义上，治理是一定时空范围的多个主体为了实现公共利益最大化、最优化和共享化，通过综合运用各种中

---

① 乔耀章：《从"治理社会"到社会治理的历史新穿越——中国特色社会治理要论：融国家治理政府治理于社会治理之中》，《学术界》2014 年第 10 期。

② 陈振明主编《公共管理学》，中国人民大学出版社，2005，第 76~86 页。

③ 徐勇、吕楠《热话题与冷思考——关于国家治理体系和治理能力现代化的对话》，《当代世界与社会主义》2014 年第 1 期。

④ 俞可平：《论国家治理现代化》，社会科学文献出版社，2014，第 23 页。

介系统，构建科学化民主化法治化体制和互动互通性机制，以保证共同行动或共治过程中能够对人、事、物等资源以及信息和能量进行合理高效配置和有机整合的现代管理实践。

二 治理的特征

为了深入理解治理概念，笔者从治理与统治、治理与管理关系的视角，按照理论来源于实践这样一个逻辑，把治理看作一种现代管理，分析治理相对于统治和传统管理以及现代治理相对于传统治理的特殊性。

（一）主体的协同性

主体是从事认识世界和改造世界的人及其人的组织，治理的主体是治理行为的发出者。一般而言，治理的主体是多元的，主要包括政府、社会和市场三个领域。由于一方面政府失效和市场失灵的可能性是存在的，而另一方面，社会和第三部门的成熟度在不断提高，参与治理的积极性逐渐增强，这样，治理的主体不一定仅仅是政府，也有可能是政府以外的其他主体。因此，治理是对传统政治统治的辩证扬弃。它对政府的基本要求是权力（以及对应的能力）有限制、管理有边界、认识上有"自知之明"，并要鼓励、支持和保护其他合法性主体积极参与治理；对政府以外的其他主体的要求是理性参与和协同合作，既不迷信政府，也不完全否定政府。需要说明的是，在学界有两种倾向值得注意：一是认为主体多元化就是治理；二是认为主体的多元性意味着政府要回到"无为"状态。其实，这两种认识都是片面的。主体多元性并不一定就是治理的理想状态，因为没有协同或共同行动意愿的多元主体，要么就是倒退到"鸡犬相闻、老死不相往来"的"无为"状态，要么是回到恩格斯所说的国家产生之前的"无序"状态。治理主体的多元性，并不否认也无法否认一定时空条件下某一主体对治理格局的主导性（或某一主体的权威性），这是现代治理的价值即效益、秩序、互动、协同等的内在要求，也是多元主体共同的价值诉求，当然这也包括政府主导下的治理格局。所以，治理主体的多元性与权威性不是对立的，而是互补的、互助的、协同的，而且权威性和主导性是可以在多元化主体间转化的，也就是说，谁来主导治理格局，是由其权威性、影响力或治理能力、治理绩效所决定的。多元化的内在要求是协同性。多元的治理主体中的任何一方，在一定时空条件下总有其优势，也有其劣势，因此，治理过程需要多元治理主体之间的协同以扬长避短，治理过程其实是汇众人之意、聚众人之力、治众人之事、享众人之福。治理主体的多元性必须建立在治理主体协同性的基础之上。因此，协同不仅要多个主体之间的形式协同，还是实质协同，即价值认同、关系互通、行为协同，没有共同自觉和实质协同的多元主体，只不过是形式上的多元和"同床异梦"，其间的活动构不成治理。

（二）客体的公共性

客体，一般可以理解为主体认识和改造的对象，治理客体就是治理行为指向的对象。其实，无论是全球治理、国家治理、社会治理还是企业治理、社区治理，治理客体都是具有公共性的利益或事务，如国家治理中的经济治理、政治治理、文化治理、社会治理、生态治理等都是在国家范围内具有公共性和复杂性的。随着现代化进程的推进，公共生活的领域在不断扩大、治理理念在不断深入人心、治理技术和治理工具在不断完善，治理的客体或对象也在不断扩展，其公共性和复杂性将显得更加突出。因此，现代治理是一项公共性极强的系统工程，是高度复杂化的公共管理过程。这进一步要求多元性治理主体之间的协同。

（三）介体的综合性

中介是联系主体和客体的桥梁和纽带，治理中介就是联系治理主体和治理客体的一系列中间因素。治理的中介有可能是传统的禁忌、习俗、乡规民约或道德，也有可能是现代的法律、制度、政策体系；有可能是物质性的工具系统，也有可能是符号性的工具系统；有可能是非强制性的手段，也有可能是强制性的手段；但更多可能是以上多样性中介的综合性运用。需要说明的是，无论是国家（政府）治理，还是社会治理、市场治理，强制性和非强制性的手段、方式、体制、机制都会交互使用、共同发力，权威和权力在治理过程中均不会过时。另外，学者们已经基本达成共识，在现代社会，法治是实现治理现代化的长效机制，依法治理是治理最基本的中介和方式。

（四）机制的互动性

治理主体的多元性和协同性、治理客体的公共性和复杂性、治理中介的多样性和综合性，决定了治理机制的多向性和互动性。治理旨在扬弃"统治"过程中单向（自上而下）的控制性、命令性、威慑性机制，建立一种多向、平等、协商、对话的互动机制和"开放"平台。治理是多主体之间围绕公共利益、公共事务、共同目标而进行的公共活动，要求各主体之间在信息、能量、资源等方面进行多向配置、多元互动和多层次共享，是政府、市场与社会多元互动和协同共治的过程。

（五）目标的聚合性

无论治理的范围是全球的、国家的、地区的还是某个社区的，在其具体所指的治理范围内，尽管治理目标是分层次、分阶段的（如可以分为近期目标、中期目标、长远目标等），但各主体参与治理活动的总体性目标在一定时期的相同领域或在一个治理范围的一定时期，应当具有高度的共向性、聚合性（即同心同德、同心同向、同心同行），都应当追求共同的阶段性目标或长远目标，否则，其就很难说是一个理想的治理体系，也很难将各种力量整合起来实现治理目标。与此相反，统治的目标或许是集中的、聚焦的、一贯的，但不一定是全社会范围内各阶级、各阶层共同利益和共同目标的聚合。从这个角度看，"政治合法性"问题，就是国家目标和社会目标的聚合程度问题。

（六）价值的向善性

在秩序的前提下，如果说统治追求统治阶级的权力实现最大化、传统管理追求利益相关者的利益实现最大化，那么治理则追求的是整个社会成员的权利实现最大化，即治理是面向社会多元主体的，治理与统治的根本性区别之一，在于治理的主体中吸纳了广大的人民群众，并且要保证人民群众有效参与到不同领域和不同层面的治理中来。治理应当追求以"合法性、透明性、责任性、法治性、回应性、有效性、参与性、稳定性、廉洁型、公正性等为具体价值的善治或良治状态"[①]。

关于治理的作用，应当辩证地分析。既然治理是一种侧重于工具理性的现代管理，因此，治理的作用应该有两面性，即治理既有积极作用，又有消极作用。其积极性或消极性取决于治理的环境、治理的主体、治理目

---

① 俞可平：《政府善治——通往幸福之路》，《西部广播电视》2011年第1期。

标等因素。治理不是万能的，它也存在失效的可能性。俞可平认为，治理理论特别是全球治理理论中也存在一种极其危险的倾向：它有可能被某些国家用于干预别国内政、谋求国际霸权的理论依据或政策支持，因此值得高度警惕。

三　治理现代化

治理现代化，包括治理理念现代化、治理体系现代化、治理能力现代化等方面。其中，治理理念现代化，是治理体系现代化和治理能力现代化的前提条件。

（一）治理理念现代化

狭义上看，良治或善治应当是人们追求的现代治理目标，也是治理理念现代化的内在含义。"善治就是使公共利益最大化的社会管理过程，其本质特征就是政府和公民对公共生活的合作管理，它的适用范围比传统的善政更大，它的基本要素是合法性、法治、透明性、责任性、回应、有效、参与、稳定、廉洁、公正。"① 广义上看，治理理念现代化，包括治理主体既是多元的也应该是协同的理念，治理客体主要是公共事务和公共领域的公共性理念，治理介体是多样性介体综合运用的理念，治理机制是多向、平等、协商、对话的互动性理念，治理目标具有高度的共向性、聚合性的理念，治理的价值追求为善治理念等。结合国家"十三五"规划，治理理念现代化还应该包括创新、协调、绿色、开放、共享的新发展理念。在"五大理念"中，创新理念解决的是持续发展的动力问题，协调理念解决的是国家整体发展中的平衡性问题，绿色理念解决的是可持续发展问题，开放理念解决的是发展的内外部环境问题，共享理念解决的是公平发展问题。

（二）治理体系现代化

俞可平认为，国家治理体系包含三大要素，即"治理主体、治理机制和治理工具"②。丁志刚认为，治理的基本要素"即治理主体、治理客体、治理目标、治理机制、治理方式"。经济合作与发展组织公共管理委员会认为，良好的公共治理包含以下关键要素："法治、问责、透明度、效率和效

---

① 俞可平：《论国家治理现代化》，社会科学文献出版社，2014，第29～32页。
② 俞可平：《论国家治理现代化》，社会科学文献出版社，2014，第39～41页。

果、回应性、前瞻性。"① 笔者认为这是治理的价值体系。包国宪与郎玫认为，治理可以分为两个层面的要素：从宏观或政治层面讲，治理是一个"政府—市场—社会"相互关系及其演化路径的分析框架以及在此关系中形成的权力分配、偏好选择、制度设计等；从微观或行政层面讲，治理是一个与以上宏观分析框架相匹配的政府组织结构、政府模式或政府运行机制。他与郎政还提出，"对待现阶段的中国问题，以政府为主要力量来治理社会的政治社会学视角是更为实际和更加富有解释力的"②。结合对治理定义和特征的说明，本书认为，治理的基本要素包括治理主体、治理客体、治理中介、治理目标、治理效果等。相应地，治理体系是治理各要素（包括要素内部）相互作用而形成的现代管理系统（见表2-1）。

表2-1　现代治理体系

体系	具体内容
范围体系	全球治理（国际、区际）、国家治理（按范围大小可分为：全国、地区、社区、单位、家庭、个人）
主体体系	主权国家、国际组织、国内组织（经济组织、政治组织、文化组织、社会组织、生态组织）和个体
客体体系	经济领域、政治领域、文化领域、社会领域、生态领域
中介体系	法律、制度、政策、道德、契约、绩效、习俗、威望、宗教规范
目标体系	合法性、透明性、责任性、法治、回应、有效、参与、稳定、廉洁、公正
方式体系	平等、合作、协商、互动、参与、强制
工具体系	自组织、合同外包、政府流程再造、公私伙伴关系、公民参与和网络
机制体系	动力机制、整合机制、激励机制、控制机制、保障机制、权威机制、利益机制、自愿机制、良心机制
效果体系	全赢无输、多赢少输、输赢相当、多输少赢、全输无赢

辩证唯物主义认为，事物都有系统性，系统都有自己的结构；功能是系统作用于环境的能力。结构决定功能，功能反作用于结构。治理体系也是一种系统结构，其功能就是这个系统作用于环境的能力。国家治理现代化需要现代化的治理体系和治理能力予以保障和推进。在中国现阶段，全

---

① 胡鞍钢：《明确良治的标准更为重要》，《国家治理》2014年第10期。

② 包国宪、郎玫：《治理、政府治理概念的演变与发展》，《兰州大学学报》（社会科学版）2009年第2期。

面深化改革的实质是调整生产关系不适应生产力的方面，改善上层建筑不适应经济基础的方面。具体到国家治理，就是通过调整治理体系的结构，不断提高各级各类治理主体的能力。因此，政府治理能力现代化的载体是政府治理体系现代化。

治理体系现代化主要指的是治理理念现代化在制度层面的落实，也是治理能力现代化的基础和载体。治理体系现代化主要包括制度体系现代化、运作体系现代化和保障体系现代化等方面。治理体系现代化的首要任务是建立一套完整、合法、有效的治理制度体系，重点是建立健全治理的法律法规和政策体系。治理运作体系主要包括监管和运行体系。治理保障体系主要是社会保障体系。治理能力现代化是治理理念现代化在实践层面的落实，也是治理体系现代化的根本落脚点。

（三）治理能力现代化

治理能力就是治理主体的能力或治理各主体间能量的合力。由于划分的标准不同，治理能力有很多表述形式，如根据治理的主体划分，有国家治理能力、政党治理能力、政府治理能力、企业治理能力、社会治理能力甚至包括个人自治能力；根据治理的客体和涉及的领域，有经济治理能力、政治治理能力、社会治理能力、文化治理能力、生态治理能力等，它们分别是从不同治理主体和治理领域说明治理能力的。有学者认为，治理能力可以从主观、客观两个方面去探讨。"主观上，治理的参与者需要有一定的素质，即政治权力主体的理论修养、政治态度，还包括知识水平、法治观念、品德、性格、社会形象等；公民权利主体的政治参与意识、品德修养、公共道德、权利意识、维权意识等。客观上，治理能力包括主客体对于生产资料、社会资本的拥有程度和使用方式。"[①] 还有学者根据能力的性质，将之分为权利能力、政策能力、权威能力、组织能力等[②]。综上所述，由于治理理念、治理主体、治理客体或涉及治理领域、治理介体、能力性质等要素的不同，对治理能力所指向的内容和要求也有差别，其表达也千差万别。

学者们在研究治理能力现代化概念时也是见仁见智。有学者认为"治理能力现代化"主要是指处理好政府、市场、社会的关系，是要把治理的

---

① 萧鸣政、郭晟豪：《国家治理现代化的能力结构与建设》，《前线》2014 年第 4 期。

② 辛向阳：《新政府论》，中国工人出版社，1994，第 198 页。

体制和机制转化为一种能力，发挥其功能，提高公共治理能力。在此概念中，隐含的主体是国家。有学者认为"治理能力现代化"主要是指以国家治理体系为依托，借助制度、机制、政策、技术等因素，促使国家多元治理能力保持协调进步、务实高效的一种趋向与动态过程。有学者认为"治理能力现代化"至少包括两层含义。一是能力结构，即明确治理能力到底应该包括哪些能力体系。二是能力状态，即明确能力发展趋向，这些能力应该往什么方向发展，应该达到什么样的状态，具有什么样的治理效果。有学者认为"治理能力现代化"应该包含以下能力和状态，即决策能力的民主科学化、执行能力的公开法治化、调控能力的协调统筹化、协同能力的互动合作化、改革能力的综合配套化[1]。治理能力现代化的基本标志是治理成本最小化而治理效果最大化，治理手段简约化而治理水平科学化，治理效益市场化而治理理念社会化[2]。有学者从现代化的角度，认为治理能力现代化是指治理能力具有现代性特征并符合现代社会治理要求的一种状态[3]。其实，治理能力现代化既体现在国家或政府的能力上，也体现在企业、社会和居民的素质和能力上。要讨论治理能力或治理能力现代化，必须首先明确哪一个或哪一类主体在什么情况（背景）下的治理能力，否则就会大而无当或不知所云。如在一些研究成果中，政府治理能力有可能指涉国家治理能力，也有可能指涉作为行政机关的治理能力，还有可能指涉政党治理能力。而且，政府一般都有层级之分，不同层级政府的治理能力往往也包含不同的内涵，同一层级的政府在不同时期或不同领域在治理的侧重点上也会大为不同。

第二节　政府治理

在中国现阶段，政府治理对于全面推进国家治理体系现代化和治理能力现代化进而对于完善和发展中国特色社会主义具有关键性、决定性意义。因此，梳理政府治理的相关理论，不仅有利于正确认识政府治理的理念、

---

① 陶希东：《治理能力现代化的衡量标准》，《学习时报》2014 年 12 月 8 日第 6 版。
② 沈佳文：《公共参与视角下的生态治理现代化转型》，《宁夏社会科学》2015 年第 3 期。
③ 李文彬、陈晓运：《政府治理能力现代化的评估框架》，《中国行政管理》2015 年第 5 期。

结构、机制、模式（范式）、能力及其现代化等的内在意蕴，也有利于在实践中深入推进行政体制改革，切实转变政府职能，进而实现政府治理能力现代化的目标。

一　政府治理的概念

中外学者研究政府治理的思路方法和侧重点不同，"国外学者的政府治理只是指很狭义的政府内部的治理，即可理解为治理政府内部的方式。而国内学者通常是在政府治理这一关键词下研究治理问题的"①。

（一）相关概念辨析

为了深入把握政府治理的内涵，首先有必要在相近概念的比较中进行认识。概括起来，与政府治理有关的概念可以归纳为四组。

第一组概念是政府治理、政府统治（有学者也称之为政府控制）和政府管理（有学者将政府控制和执法管理结合起来称为政府管控）。在国内，有学者按照治理的思路研究政府治理，认为它不是政府统治，也不是政府管理②，而是对政府统治和政府管理的辩证扬弃。这种辩证扬弃，主要是为了改革传统的政府中心理念下的"全能政府"或"无限政府"，但这不意味着政府治理的结果就一定是好的、善的、成功的。而事实有可能是如下情况。首先，广义上讲的治理，包含了传统的统治和管理，传统治理有非常成功的案例，也有非常失败的案例。其次，现代治理是对传统治理的扬弃，但不等于现代治理（包括现代政府治理）都是成功的，所以就有学者提出"善治"概念以正视听。再次，现代政府治理的结果有可能出现两种极端情况：善政和恶政。如在很多人的认识中，美国政府可以看作现代政府的代表，但美国监听丑闻就是典型的现代恶政。最后，退一步讲，众所周知的"治理"一词，最早引起很多学者关注的是其与"危机"联系在一起，即

---

① 张成福：《责任政府论》，《中国人民大学学报》2000 年第 2 期。包国宪、郎玫：《治理、政府治理概念的演变与发展》，《兰州大学学报》（社会科学版）2009 年第 2 期。

② 政府管理的制度平台是无限政府、人治政府、专制政府和集权政府；政府治理的制度平台是有限政府、法治政府、民主政府、分权政府、服务政府，参见毛寿龙《现代治道与治道变革》，《南京社会科学》2001 年第 9 期。关于统治和治理的关系，可参见蒋保信《俞可平："城管式困境"与治理现代化》，《同舟共进》2014 年第 1 期，也可参见何增科、陈雪莲主编《政府治理》，中央编译出版社，2015，第 1~2 页。

"治理危机"（其实，这里的"治理"不能看作"现代治理"，这里的"危机"更多指的是"政府"无能导致的危机）。以上问题实质涉及治理的"名"与"实"、"应然"与"实然"的关系。因此，不能简单地假定治理都是好的、善的、成功的，也因此，有必要对现代治理（包括现代政府治理）进行客观评价或评估。

第二组概念是政府治理、社会治理、市场治理和国家治理。一些研究者认为，政府在国家治理中扮演"元治理"的角色，在社会管理网络中被视为"同辈中的长者"。当然，这里的政府更具有广义政府的特点。也有学者认为，"国家治理主要表现为政府治理但又不能完全等同于政府治理"[1]，其理由可能是，第一，同国家治理相比较，政府治理更具有"执行性、公共性、社会性或人民性"[2]；第二，国家治理还包括（包含）市场治理和社会治理等，换句话说，国家治理所涉及的领域最少包括政府、市场和社会治理三个领域，只不过政府治理最强势而已[3]。国家治理和政府治理、社会治理、市场治理相互之间有交集关系，对于治理主体，涉及的社会关系、内容、活动机制等方面还有明显区别[4]。政府治理的分类概念有中央政府治理、地方政府治理、基层政府治理，还有地域政府治理、区域政府治理等，因此，在具体研究中须予以说明或界定，不然有可能引起误会或不必要的争执。

第三组概念是政府治理、公司治理和公共治理。公司治理和政府治理都涉及委托代理关系，但公司治理中的委托代理关系是公司所有权与管理权相分离情况下建立的激励和约束机制；而政府治理是主权和政权相分离情况下对如何建立相关机制的讨论。公共治理是西方治理理论的新范式，在多中心、网络化和整体性治理方面，其与中国的政府治理理论有一定程度的共通性，但在政府地位和作用发挥方面又有本质区别，国内学者更多

---

① 何增科：《政府治理现代化与政府治理改革》，《行政科学论坛》2014年第2期。
② 乔耀章：《从"治理社会"到社会治理的历史新穿越——中国特色社会治理要论：融国家治理政府治理于社会治理之中》，《学术界》2014年第10期。
③ 何增科、陈雪莲主编《政府治理》，中央编译出版社，2015，第2页。
④ 王浦劬：《国家治理、政府治理和社会治理的含义及其相互关系》，《国家行政学院学报》2014年第3期。

强调政府在多元主体中的主导地位和核心作用①。

第四组概念是政府治理和政党治理。有学者认为政党治理是"由政党内各级领导机构与普通党员多个主体参与、上下互动、共同管理党务的一种动态性、多层次的政党建设过程"②。也有学者认为政党治理是"政党与政府、社会就利益分配与发展等重大经济社会问题进行沟通、协商，从而在广泛民意基础上完成社会整合、达成社会团结，实现经济社会高效、有序发展的过程"③。因此，政党治理包括"党内治理"（政党内部治理）、"党外治理或政党的社会治理"（政党与社会关系的治理）④。就中国现行的政治体制而言，中国共产党是中国特色社会主义的领导力量，决定了其在国家、社会公共事务中均为领导者，因此，在中国，中国共产党的政党治理领导政府治理，中国各级政府治理都要体现中国共产党的治理理念、治理原则和治理要求。

（二）政府治理的内涵

政府治理有两个面向：一个是有效性，另一个是正当性。政府有效性包括行政高效率和强大的治理能力；正当性的要求是社会对政府的有效约束，是古代民本治理和现代民主治理的有机结合⑤。有效性可以理解为政府治理的工具理性，正当性则是政府治理的价值理性。广义的政府治理"是政府联合多方力量对社会公共事务的合作管理和社会对政府与公共权力的约束的规则和行为的有机统一体，其目的是维护社会秩序，增进公共利益，保障公民的自由和权利"⑥，在中国当代的治理情境下，政府治理的实质是政府主导下的多元治理，其追求是政府的主导性、代表性、正当性和有效性的统一。狭义的政府治理"是指在中国共产党领导下，国家行政体制和治权体系遵循人民民主专政的国体规定性，基于党和人民根本利益一致性，维护社会秩序和安全，供给多种制度规则和基本公共服务，实现和发展公

---

① 何增科、陈雪莲主编《政府治理》，中央编译出版社，2015，第2~5页。
② 姜崇辉：《从传统"政党管理"到现代"政党治理"——变化社会中的政党研究转型》，《学术探索》2008年第1期。
③ 王小颖：《一些外国政党提升治理能力的做法及面临的挑战》，《党政研究》2014年第5期。
④ 刘俊祥：《中国政党治理研究的价值视角》，《人民论坛》2015年第23期。
⑤ 何增科、陈雪莲主编《政府治理》，中央编译出版社，2015，第3页。
⑥ 何增科：《政府治理现代化与政府治理改革》，《行政科学论坛》2014年第2期。

共利益"①，其实质要义是作为行政机关的政府及其职能的现代化。中国的政府治理至少包含三方面内容：一是政府以提高行政管理的科学性、民主性和有效性而进行的内部治理优化过程；二是政府运用"有形之手"对经济和市场进行的宏观调控过程；三是在"党委领导、政府负责、社会协同、公众参与和法治保障"体制下政府对社会公共事务的治理过程②。本书在使用政府治理概念时支持广义的含义，但政府主要指各级行政机关。

二 政府治理的结构

政府治理的结构是政府治理的各要素按照一定原则或规则而组成的政府存在和运行过程中形成的各种关系体系的有机体。笔者从政府治理体系、善政和善治的关系以及政府治理机制三个方面来认识政府治理的结构。

（一）政府治理体系

政府治理体系是政府治理中各构成要素相互作用而形成的关系体系，它们之间的相互联系和相互作用构成了政府治理的基本架构。具体而言，政府（此处指狭义政府）治理体系是由政府治理主体体系、政府治理客体体系、政府治理体制机制体系、政府治理目标体系、政府治理效果体系等一系列要素构成的治理架构。政府治理主体体系，分为政府内部治理主体体系和政府外部治理主体体系。政府内部治理主体体系是中央和地方、上级和下级行政机关体系；政府外部治理主体体系是"政府—社会—市场"多元主体间的协同治理关系。政府治理客体体系按照其职能涉及的领域可以划分为政府的经济治理、政府的政治治理、政府的文化治理、政府的社会治理、政府的生态治理等。政府治理机制体系，包括内部治理机制和外部治理机制。在现代社会，政府内部治理机制主要是科层制，外部治理机制是多主体多渠道多形式参与的协同机制。对于政府治理目标体系，就中国现阶段而言，围绕广义政府治理（或国家治理）目标，通过塑造服务型政府、法治政府、创新政府、有效政府和责任政府等而实现经济富强、政

---

① 王浦劬：《国家治理、政府治理和社会治理的含义及其相互关系》，《国家行政学院学报》2014 年第 3 期。

② 王浦劬：《国家治理、政府治理和社会治理的含义及其相互关系》，《国家行政学院学报》2014 年第 3 期。

治民主、文化繁荣、社会和谐、生态友好。无论是广义还是狭义政府，也无论是内部还是外部治理，政府治理效果都可以分为两种可能的情况：善政和恶政（与善治和恶治有一定区别）。

（二）善政和善治的关系

善政和善治在很多研究者的观念中是同一个概念，其实仔细研究就会发现，两者之间是有明显区别的。一是从主体角度看，善治的主体是多元的，而善政更关注政治性主体特别是政府的主导作用。二是从存在条件和效果来源看，善政的效果可以在民主政治条件下实现，也可以在专制政治条件下实现；而善治的效果只能在民主条件下真正实现，是民主化的必然后果。三是从适用范围看，善治比传统善政的适用范围更大。善政的范围与政府的范围一致，而善治不受政府范围的限制，政府以外的其他领域和主体也可以实现善治。四是从作用和影响看，随着传统政府权威的削弱和民主化进程的推进，善政的作用日益减少，而善治的作用日益增大且被很多治理主体推崇，因此，要真正实现善政，必须在善治理念指导下对政府职能进行现代化延伸和重塑。五是从构成要素（或目标性、理想性要素）看，善政的要素包括严法、清官、行政效率高、行政服务好等；善治的要素前文已经说明，此处不再重复。

（三）政府治理机制

有学者认为，政府治理机制侧重于研究政府治理过程各环节的运行机制，是规范政府治理过程中公民参与行为和政府政策实施行为的规则和程序的总称，如人治还是法治，常态化还是运动式治理，封闭神秘还是开放透明等①。也有学者认为，政府治理机制是指政府治理主体在特定场域内，在某种动力的驱使下，通过某种方式趋向或实现治理目标的过程②。政府治理机制，即政府治理结构设计、规划和实施公共政策、官员激励以及政府职能和履行职能的方式③。政府治理机制包含五个要素：其一是目标，即政府治理机制所担负的功能；其二是场域，即政府治理机制发挥作用的范围和环境；其三是主体，即政府治理过程中的利益相关人；其四是动力，即

①　何增科、陈雪莲主编《政府治理》，中央编译出版社，2015，第3～12页。

②　霍春龙：《论政府治理机制的构成要素、涵义与体系》，《探索》2013年第1期。

③　李一萱：《政府治理的"三位一体"范式探析》，《管理观察》2016年第24期。

将不同偏好的利益相关者黏合在一起并趋向目标的动力；其五是过程或方法，即不同利益相关者在达成目标过程中所形成的外在方式或形态①。

三 政府治理模式

政府治理模式，有时候也称为政府治理范式。一般来看，政府治理模式回答的主要问题是政府与社会的关系问题。当然，要素如何组合则是模式的关键。

（一）政府治理模式的概念

何增科、陈雪莲认为，政府治理模式主要是考察政府对社会的治理模式，包括政府依靠自身组织对社会的独自治理、联合多方力量的共同治理等②。帅学明、童晓霞认为政府治理模式就是政府在社会治理过程中所形成的范式③。李一萱认为政府治理模式包括由国家为唯一管理主体、实行封闭性和单向管理的国家管理模式，由国家与社会自治组织共同作为管理主体实行半封闭和单向的公共管理模式，由开放的公共管理与广泛的公众参与这两种基本元素综合而成的公共治理模式等④。不过，也有学者按照治理的一些要素及其要素组合的不同方式来界定相对应的治理模式，如唐娟认为，政府治理模式是"政府治理理念、治理制度和具体的治理方式的总称"⑤。

（二）政府治理模式的划分

学者们往往根据不同的标准划分政府治理的模式。盖伊·彼得斯根据结构、制度、公务员作用等标准划分了四种政府治理模式：市场式、参与式、解制式和弹性式政府⑥。石国亮根据近年来中国地方政府治理实践，将地方政府治理划分为省直管县的扁平化治理模式、社会组织的共同治理模式、民众的社会参与模式和企业的合作治理模式四种主要治理模式⑦。帅学明、童晓霞概括出中国现阶段有五种政府治理模式：市场型、服务型、参

---

① 霍春龙：《论政府治理机制的构成要素、涵义与体系》，《探索》2013 年第 1 期。
② 何增科、陈雪莲主编《政府治理》，中央编译出版社，2015，第 3 页。
③ 帅学明、童晓霞：《政府治理模式新探》，《中共四川省委党校学报》2010 年第 4 期。
④ 李一萱：《政府治理的"三位一体"范式探析》，《管理观察》2016 年第 24 期。
⑤ 唐娟：《政府治理模式变迁：理论范式和实践绩效》，《行政与法》（吉林省行政学院学报）2004 年第 10 期。
⑥ 〔美〕B. 盖伊·彼得斯：《政府未来的治理模式》，吴爱明等译，中国人民大学出版社，2001。
⑦ 石国亮：《我国地方政府治理的四种模式及其评析》，《理论与改革》2009 年第 1 期。

与型、阳光型和亲民型①。李莉根据社会历史的发展，将政府治理模式划分为早期的政府治理模式（指 19 世纪末以前）、传统的政府治理模式（19 世纪末以后至 20 世纪 70 年代以前）、管理主义和民营化影响下的新公共管理运动（20 世纪 70 年代以来）三个阶段②。有学者根据目标和结构，将政府治理模式划分为"政府主导—官民协同"的多中心治理范式和"强政府—强社会"的治理范式两种③。有学者在综述中国学术论文研究现状的基础上，归纳出的政府治理模式有传统的官僚式和趋势性的政府治理模式如"政府主导—官民协同"式、网络式、协同式、整体式，其实，这与西方的政府治理理论并无二致。有学者认为，中国政府的治理模式经历了"统治型"治理模式（封建社会时期）、"管控型"治理模式（新中国成立到改革开放时期）和"党政型"治理模式（改革开放后到党的十八届三中全会前）等④。当然，我们可以发现，任何精致的理论仅仅是对纷繁复杂现实的简化，政府治理模式的归类也是如此。因为无论是按照什么标准去发现、构建还是归纳出多么经典的"模式"或"范式"，都似乎不足以反映现实政府治理的具体样态。

四　政府治理现代化

政府治理现代化是政府不断提高科学行政、民主行政和依法行政水平，并实现其制度化、规范化和程序化的进程。政府治理现代化的内涵包括分权化、民主化、科学化和法治化等⑤。关于政府治理现代化的判断方式，一是根据治理理念、治理模式、治理工具、治理结构、治理机制、治理技术等治理要素的变化情况进行，二是从有限、分权、民主、法治、服务、透明、任期、选举、公正、负责对象等政治价值视角进行。笔者结合两种判断方式来归纳中外政府治理现代化的历史进程，说明政府治理现代化的价值意蕴和基本趋向。

---

① 帅学明、童晓霞：《政府治理模式新探》，《中共四川省委党校学报》2010 年第 4 期。

② 李莉：《政府治理模式的路径变迁与现实选择》，《岭南学刊》2009 年第 2 期。

③ 肖扬伟：《政府治理理论兴起的缘由、特征及其中国化路径选择》，《清江论坛》2008 年第 3 期。

④ 欧阳康、钟林：《国家治理能力现代化进程中的政府问题》，《学术界》2015 年第 3 期。

⑤ 薄贵利：《推进政府治理现代化》，《中国行政管理》2014 年第 5 期。

（一）西方政府治理现代化进程

在西方，政府治理经历了两次现代化。第一次现代化是近代以来西方各国沿着民主治理和有效治理两个方向展开的政府现代化过程。民主治理的主要标志是法治政府、政党政府、民选政府的建立过程；有效治理是以建立现代科层制和现代公务员制为主要标志的政府治理专业化和有效性的提升过程。不过，第一次现代化没有实现政府与社会较好的联合，公民参与明显不足。第二次现代化是建立在政府现代化基础之上的政府治理的现代化，是现代政府体制的"再现代化"。其治理模式经历了科层式、竞争性、网络化再到整体性的变革①，治理工具由政府直接提供公共服务逐渐更新为间接性政府治理（或"第三方治理"），治理结构中的委托和代理关系在选民监督、议会监督、内部监督、对司法的监督、分权监督等方面也得到优化，治理机制的基本变化方向是实行参与式治理和通过加强行政程序制度建设有效约束公权力，治理技术是采用企业化手段和现代信息技术逐步实现政府的流程再造和电子化治理②。

（二）中国政府治理现代化进程

新中国成立以来，中国政府在治理现代化方面取得了长足的进展：就治理理念而言，以公众为中心、公平导向的治理理念代替了政府统治理念；就治理模式而言，党委领导、政府主导，市场和社会逐渐参与改变了政府作为唯一治理主体的局面；就治理结构而言，由高度集权向主动放权和"放管服"结合转变；就治理工具而言，间接性治理工具和法治工具的影响力越来越大；就治理机制而言，公开化、程序化和电子化进程不断加速。不过，中国政府治理现代化仍显不足，主要是人大和政协机构存在一定缺陷，责任政府体制形成困难，宪法和法律的权威性不够、约束力不强，选举授权和问责的层级太低，家国同构影响下的科层制组织的合理—合法程度不足，现行公务员职业化程度不高等③。

（三）政府治理现代化的走向

国际上流行的政府改革的趋势是聚焦政府核心职能、服务提供多元化、

① 曾凡军：《西方政府治理模式的系谱与趋向诠析》，《学术论坛》2010年第8期。
② 何增科、陈雪莲主编《政府治理》，中央编译出版社，2015，第5页。
③ 何增科、陈雪莲主编《政府治理》，中央编译出版社，2015，第18～25页。

推行地方分权、优化政府结构、引入企业管理方法、激发政府人员活力等①。党的十八届三中全会提出的科学的宏观调控、有效的政府治理，是发挥社会主义市场经济体制优势的内在要求，结合本领域专家的研究，未来中国政府治理现代化的改革思路和基本走向主要包括：通过理顺政府、市场、社会关系，科学定位和履行政府职能；通过推行以大部制改革为主要方向的机构改革，重塑政府结构；通过对政府纵向和横向即条条块块关系的改革，真正调动中央和地方两个积极性；通过对事业单位的分类改革，实现政事分开；在稳定政府体制的前提下，建设透明高效政府；按照建设法治政府的要求落实依法行政等②。

第三节　政府治理能力

推进国家治理能力现代化，关键是推进政府治理能力现代化。而要推进政府治理能力现代化，必须明确政府能力、政府治理能力的相关理论。

一　政府治理能力的概念

政府治理包括两个方面，政府治理体系和政府治理能力。从关系上看，政府治理体系是政府治理能力的基础和载体，政府治理能力是国家的治理体系通过政府职能而体现出来的能力，也可以理解为政府执行国家制度的能力。

（一）政府能力

学者们从很多角度对政府能力进行界定，如加布里埃尔·A. 阿尔蒙德从政府和环境关系的角度认知地方政府能力，他认为"政府能力总的来说是指政府应对环境挑战的能力；具体来说，就是指有权力制定政策的组织机构为维护管辖区域内的社会正常秩序以及自身的合法性所需要的能力"③。谢庆奎从公共政策角度认为，"政府能力，就是指政府能否制定合理的政

---

① 沈荣华、曹胜：《政府治理现代化》，浙江大学出版社，2015，第 3～7 页。
② 沈荣华、曹胜：《政府治理现代化》，浙江大学出版社，2015，第 13～21 页。
③ 〔美〕加布里埃尔·A. 阿尔蒙德等：《比较政治学：体系、过程和政策》，曹沛霖译，上海译文出版社，1987。

策，并有效地推行和贯彻将政策不断深化的能力"①。王骚、王达梅也从公共政策角度界定政府能力，认为政府能力"是指政府有效地制定公共政策和执行公共政策，以解决社会公共问题，推动社会、经济、政治、文化良性发展的能力"②。当然，在政府能力的研究中还有很多建树，如从政府和社会关系角度、从组织能力构成角度、从综合性标准角度等，此处不再一一列举。界定政府能力是研究政府能力的前提，但从研究主旨判断，研究政府能力的核心问题是如何提高政府能力，而提高政府能力的前提是对政府现有能力进行强弱或大小的判断，这就必须研究制约或影响政府能力的因素。汪永成认为，政府能力的大小强弱取决于政府内部的人力资源、财力资源、权力资源、权威资源、文化资源、信息资源、管理水平（结构资源）七种要素。这些要素在政府能力系统结构中以"力"的形式体现出来。换言之，"政府能力的构成要素相应为人力、财力、权力、公信力、文化力、信息力和结构力"③。总的来看，界定政府能力的思路和方法可以概括为主体对客体、手段对结果、资源获取对履行职能三种④。

（二）政府治理能力

关于政府治理能力概念的认识，也是见仁见智，以下是学界对政府治理能力界定中具有代表性的一些学者及其观点。施雪华将政府治理能力界定为"政府综合治理能力"，"是指处于特定的历史、社会和自然环境中的政府，维护自己的政治统治，管理社会事务，服务大众需要，平衡社会矛盾，促进社会稳定发展的所有潜在的或现实的能量或力量的有机整体"⑤。此概念将政府与环境、政府目标与社会目标、政府职能与政府能力、政府潜在能力和政府现实能力等方面结合起来界定政府治理能力。易学志认为，"政府治理能力是政府治理国家事务和社会公共事务所具有的能量和力量，而且这种治理所要达到的境界是善治"⑥。此概念主要是在善治理念指导下

---

① 谢庆奎：《中国政府体制分析》，中国广播电视出版社，1995。
② 王骚、王达梅：《公共政策视角下的政府能力建设》，《政治学研究》2006 年第 4 期。
③ 汪永成：《中国现代化进程中的政府能力——国内学术界关于政府能力研究的现状与展望》，《政治学研究》2001 年第 4 期。
④ 宋洁：《县级政府能力及其评价体系研究》，南开大学博士学位论文，2013。
⑤ 施雪华：《政府综合治理能力论》，《浙江社会科学》1995 年第 5 期。
⑥ 易学志：《善治视野下政府治理能力基本要素探析》，《辽宁行政学院学报》2009 年第 4 期。

将政府职能和政府能力结合起来界定政府治理能力。何增科认为，"政府治理能力是考察政府履行自身职能的能力。它体现着政府治理主体执行政府治理制度和运用政府治理工具的水平"①。李文彬、陈晓运认为，"政府治理能力，是指政府遵循治理的理念，在治理理念价值目标的塑造、动员和濡化，资源的挖掘、培育和整合，参与、协同、自治网络的构建，政府流程再造、依法履职、回应社会问题及需求等方面所体现出来的素质"②。这两个概念主要是根据治理要素，结合政府职能和政府过程界定政府治理能力。张国庆认为：政府治理能力，"从公共行政的角度说，主要是指现代国家政府及国家行政机关，在既定的国家宪政体制内，通过制定和执行品质优良、积极而有效的公共政策，最大限度地动员、利用、组合、发掘、培植资源，为社会和公众提供广泛良好的公共物品和公共服务，理性地确立社会普遍遵从的正式规则并积极引导更为广泛的非正式的社会规则，维护社会公正和秩序，形成有效调节社会关系和社会行为制度及其机制，进而在比较意义上促进国家快速、均衡、健康持续发展的能力"③。此概念将政府治理能力主要界定为公共政策执行能力。总而言之，政府治理能力，是政府在国家治理现代化理念指导下，运用公共权力，履行政府职能，应对内外部环境变化的现代管理能力的综合。政府治理能力是政府职能的外显，也是政府组成人员综合素质的体现，是政府在"多中心"治理体系中的作用与能力。政府治理能力具有权力强制性、整体性、公共性、互动性等特征。

（三）政府能力与政府治理能力之间的关系

在对政府能力和政府治理能力进行概念研究后，有必要回答政府治理能力和政府能力之间的关系，以便为后文研究政府治理能力现代化提供理论支撑。从联系上看，在现代国家治理框架下，政府能力包含政府治理能力，政府治理能力是现代政府能力的核心组成部分。从区别上看，一是产生和运行的条件不同，政府能力产生于统治时代，经历了管制时代，在治理时代仍然存在（但内涵已经发生变化）；政府治理能力产生于治理时代，

---

① 何增科：《政府治理现代化与政府治理改革》，《行政科学论坛》2014 年第 2 期。
② 李文彬、陈晓运：《政府治理能力现代化的评估框架》，《中国行政管理》2015 年第 5 期。
③ 张国庆主编《行政管理学概论》，北京大学出版社，2000，第 564 页。

是政府能力的新内容。二是运行过程和运行机制不同，政府能力既有可能是自上而下的强制力、控制力，也有可能是自下而上的汲取力、创新力和凝聚力，还有可能是政府内部上下互动以及政府与社会、政府与市场之间等的多向互动和协同、回应能力。而政府治理能力则突出政府与社会、市场的合作与协调，是政府在"多中心"治理体系中的能力。三是建设的核心和目的不同，政府能力建设的核心是权力（政府自身建设），目的是增强政府运用权力的本领；政府治理能力建设尽管不否认权力，但核心在于协调与沟通，目的是增强政府的社会回应能力（政府、市场、社会互动），实现政府现代化和善政。因此"不能直接将政府治理能力等同于政府能力"①。

二　政府治理能力的类型

政府治理能力既可以看作一个整体性的能力集合，也可以从不同学科、不同视角或运用一些具体的标准进行划分和深入研究。因此，政府治理能力既是统一的、整体的，也是多样的、具体的。

（一）按综合标准划分

部分学者坚持综合性标准，即结合政府存在或影响的各个领域、各个方面、各个层次，综合运用各学科、各视角等统合性标准来研究政府治理能力的类型及其划分。如王绍光、胡鞍钢认为，政府治理能力可分为汲取财政能力、宏观调控能力、合法化能力、强制能力②。施雪华认为，政府治理能力可分为政府社会行为的各项能力、政府履行职能的各项能力、政府公共产品生产的各项能力、政府社会资源配置的各项能力、政府政治社会化的各项能力、政府社会发展的各项能力、政府政策过程的各项能力、政府国际关系的各项能力③。郭蕊、麻宝斌认为，政府治理能力可分为"系统思考能力、制度创新能力、公共服务能力、电子治理能力、沟通协调能力和危机应对能力"④。楼苏萍认为，政府治理能力可分

---

① 楼苏萍：《地方治理的能力挑战：治理能力的分析框架及其关键要素》，《中国行政管理》2010 年第 9 期。
② 王绍光、胡鞍钢：《中国国家能力报告》，辽宁人民出版社，1993。
③ 施雪华：《政府综合治理能力论》，《浙江社会科学》1995 年第 5 期。
④ 郭蕊、麻宝斌：《全球化时代地方政府治理能力分析》，《长白学刊》2009 年第 4 期。

为"目标识别与整合能力、资源整合能力、沟通协调能力以及合作治理的控制能力"①。竹立家认为，政府治理能力包含"政府的公共精神或公信力、依法行政或政府履行自己职能的责任能力、政府的执行能力、政府的监督能力、政府的服务能力"②。何增科将政府治理能力划分为资源提取能力、政策规划能力、行为规制能力、提供服务能力、控制腐败能力等③。汪仕凯认为，政府治理能力可分为汲取能力、再分配能力、强制能力、建制能力和协商能力④。李文彬、陈晓运认为，政府治理能力可分为价值塑造能力、资源集聚能力、网络构建能力、流程创新能力和问题回应能力⑤。运用综合标准划分政府治理能力的好处是尽量展现政府及其治理能力的全貌或多维立体图景，但不足之处是没有统一而权威的标准，往往在逻辑自洽性方面凸显其不足，特别是在能力测评或绩效评估方面难于着手。

（二）按单一标准划分

在划分政府治理能力时，也有学者从内容、政府过程、政府职能、善治要素等具体要素或学科视角研究其具体类型，如易学志认为，从内容上看，政府治理能力包含政府政治、经济、文化和社会治理能力（根据中国特色社会主义"五位一体"的总布局，笔者认为，还可以加上生态治理能力）；按政府过程分析，应该包括决策能力、执行能力以及监管能力等；就中国政府目前履行的主要职能而言，可分为经济调节能力、市场监管能力、社会管理能力和公共服务能力等。辛向阳从治理能力的性质差异角度将政府治理能力划分为权利能力、政策能力、权威能力、组织能力⑥。胡宁生、张成福等从资源获取和能力运用角度将政府治理能力划分为政府集体行动的能力和政府获取资源的能力，包括"社会汲取能力、合法性能力、政治强制能力、社会干预能力、改革适应能力"⑦。邱志强、金世斌和于水以政

---

① 楼苏萍：《地方治理的能力挑战：治理能力的分析框架及其关键要素》，《中国行政管理》2010 年第 9 期。

② 竹立家：《国家治理体系重构与治理能力现代化》，《中共杭州市委党校学报》2014 年第 1 期。

③ 何增科：《政府治理现代化与政府治理改革》，《行政科学论坛》2014 年第 2 期。

④ 汪仕凯：《后发展国家的治理能力：一个初步的理论框架》，《复旦学报》（社会科学版）2014 年第 3 期。

⑤ 李文彬、陈晓运：《政府治理能力现代化的评估框架》，《中国行政管理》2015 年第 5 期。

⑥ 辛向阳：《新政府论》，中国工人出版社，1994。

⑦ 胡宁生、张成福等：《中国政府形象战略》，中共中央党校出版社，1998。

府治理过程为视角，认为地方政府治理能力可分为"协同治理、依法治理、创新治理、高效治理和危机治理"五种能力①。按单一标准划分政府治理能力，其优点是逻辑自洽性强、便于进行能力评估，但其不足之处是不同学科、不同领域的认同度不高。

综合以上研究成果，结合国家治理现代化理论，笔者后文研究的县级政府治理能力，主要指的是按照政府治理主体的层级和治理客体所涉及的领域，将县级政府治理能力划分为经济治理能力、政治治理能力、文化治理能力、社会治理能力和生态治理能力五个方面。

三 政府治理能力的评估

评估（评价、测评、测量等）在一定意义上是一种导向。政府治理评估是治理评估的一部分，政府治理评估对于推动政府创新和政府体制改革具有重要作用，在很大程度上影响着政府的价值取向和行为选择。

（一）治理的评估

在国际上，治理评估由来已久。其发起者包括多边援助机构、双边援助机构、独立组织、研究机构（个人）、商业机构以及政府（或政府组织）等，其原因起初一般是国际投资者在二战后为降低投资风险、提高投资收益率和稳定性，"科学、全面而深刻地"掌握被投资国（投资对象）的投资环境和投资政策而进行的一种兼具理论性和实践性的调查研究活动。治理评估的理念是主导评估的"指挥棒"，学界提出的有结果导向、公众参与、顾客导向、满意度等评价理念②。治理评估领域包括评估、指标和倡议性评估项目，治理评估的对象宏观上包括全球、地区和国家，微观上包括经济、政治、文化、社会、生态、政党等具体的领域。治理评估的内容起初主要包括国家或政府的政策、法治、透明性等经济或技术领域，后来也逐渐渗透民主、人权等内容。治理评估的方法如专家测量、公民样本调查、二手资料分析等。学界熟知的治理评估体系主要有世界银行的治理评估体系（如"世界治理指标""治理和反腐败的国家调查"）、自由之家的"自由指数"、透明国际的"腐败感知指数"、全球晴雨表调查、世界价值观调查、

---

① 邱志强、金世斌、于水：《地方政府治理能力结构与提升路径》，《发展研究》2015 年第 6 期。

② 李文彬、陈晓运：《政府治理能力现代化的评估框架》，《中国行政管理》2015 年第 5 期。

易卜拉欣基金会的"非洲国家治理指数"等。其指标体系包括主观指标和客观指标，投入、过程和结果指标等①。

在国内，治理评估体系也是多种多样的。从宏观上看，代表性的有现代化评价、全面建成小康社会进程统计监测评价、和谐社会评价、全国文明城市测评、科学发展观评价、贫困县贫困村退出监测评价等。从中观和微观上看，代表性的有政府绩效评价、公共服务满意度或均等化评价、中国社会治理评价、社会稳定评价、城市法治环境评价等。影响力较大的如俞可平的"中国民主治理的主要评价标准或关注重点"、包国宪的"中国公共治理绩效评价指标体系"、天则研究所的"中国省市公共治理指数"、胡税根和陈彪的"治理评估通用指标"等②。

（二）政府治理的评估

学界对政府的评估，以政府绩效评估较多，系统研究政府绩效的最初代表人物是克莱伦斯·雷德和赫伯特·西蒙，他们著有《市政工作衡量：行政管理评估标准的调查》一书，其核心主旨是通过评估来提高政府的行政效率。而将绩效评估真正用到政府管理实践中的，一般认为是在胡佛委员会推动下进行的美国绩效预算制度改革。但只求效率的科学管理理论和官僚体制，忽视了社会公平、失业、贫困、政府公信力严重下滑等现象。新公共行政学确立了"公平至上"的公共行政原则和理念，丰富了绩效评估的理论基础，政府绩效评估在 20 世纪 80 年代受到很多发达国家的重视。20 世纪 90 年代以后，政府绩效评估以"顾客满意""质量优先"等理念为导向，评估标准扩展到经济、效率、效益等方面，其方法也由定性研究转向定性与定量研究相结合，其制度化程度、评估技术的科学化程度不断提高并被纳入政府管理过程。

在国内，政府绩效评估在改革开放以来特别是随着市场经济体制的不断完善和行政体制改革的逐渐深化而受到学界和政界的共同关注和运用。学界最初以对国外做法的译介为主，随后对政府绩效评估的理论、方法、原则等进行本土化改造，但也存在原创性研究缺乏、分类分层研究不够、绩效评估与治理过程脱节、整体设计和系统考察不足、方法缺少整合等一

---

① 周红云：《国际治理评估指标体系研究述评》，《经济社会体制比较》2008 年第 6 期。

② 何增科：《治理评价体系的国内文献述评》，《经济社会体制比较》2008 年第 6 期。

系列问题。政界在政府绩效评估运用中经历了由只注重经济发展的硬性指标到逐渐开始强调人文指标、生态指标等的过程。

（三）政府治理能力的评估

政府绩效评估是一种比较典型的结果导向评价思路和方法，但绩效评估往往不能揭示能力及其作用过程的具体环节，更无法通过绩效评估来有针对性地进行某方面的能力改进。因此，对政府能力的评估就成为一些研究者关注的重要话题，其理论依据有综合评价理论、能力评价理论、政府能力理论和政府职能理论等。但由于政府能力（现代化）和政府治理能力（现代化）之间既有一定的联系，又有实质性的区别，因此，政府能力评估不能替代政府治理能力评估。在政府治理能力现代化的评估中，相比政府自身等体制内评估主体（有充分的信息但公信力不足）和体制外评估主体（公信力较高但信息掌握不够）而言，第三方评估是比较理想的选择，而且这种选择在一定程度上得到中国现阶段党和政府的肯定和推广。就方法而言，政府治理能力评估方法有专家评价法、重要人物评价法、社会公众和服务对象评价法等。关于县级政府治理或政府治理能力的评估，本书文献综述部分已经做了说明，此处不再赘述。

第四节　政府治理能力现代化

善政是通向善治的关键，实现善政是现代政府治理的基础性目标，而政府治理能力现代化是实现国家治理能力现代化目标的关键和要害。

一　政府治理能力现代化的概念

政府治理能力现代化是现代化进程对政府职能转型和能力提升的内在要求，正确理解政府治理能力现代化，首先要界定现代化的基本内涵。

（一）现代化的基本内涵

在界定现代化内涵时，学者们往往在通过比较一系列具有"对立性特点"的事物或现象的过程中进行，如农业文明（农业化）和工业文明（工业化）、自然经济和市场经济、传统社会和现代社会、发达国家（地区）和欠发达（不发达）国家（地区）、第一次技术革命前和后、理性和非理性、资本主义和社会主义等。如罗荣渠认为，"现代化作为一个世界性的历史过程是指人类社会从工业革命以来所经历的一场急剧变革"①。天津社会科学院的陈柳钦研究员将之概括为四层含义：一是落后国家赶超发达国家的过程，二是人类社会从传统的农业社会向现代工业社会转变的进程，三是人的心态、价值观和生活方式改变的过程，四是"传统社会"向"现代社会"过渡的过程。他还认为现代化是一个世界历史进程，"是反映人类社会从建立在自给自足的自然经济基础上的传统农业社会向建立在发达的市场经济基础上的现代工业社会发展的历史巨变"②。这个概括比较全面地说明现代化及其基本内涵，本书在论述政府治理能力现代化的过程中采用此概念。

（二）政府治理能力现代化的内涵

就政府治理能力现代化而言，有学者认为，在中国，界定政府治理能力现代化需要考虑三个前提：一是中国特色社会主义制度的制度前提，二是以现代化为标准的标准前提，三是以"善治"为目标的目标前提。在这些前提下，政府治理能力现代化的内涵包括四个方面，即积极回应公民需求的能力、有效运用信息工具的能力、高效整合社会资源的能力、创新协调合作能力。据此，"政府治理能力现代化是政府治理制度规范化、治理结构网络化、治理方式法治化、治理主体多元化、治理功能完备化等标准体系下对政府这一对象主观条件的要求"③。笔者认为，政府治理能力现代化就是在法治框架下通过对政府工作人员特别是领导干部的现代化改造，进而推进政府在全面有效履行法定职能以及正确处理政府、市场、社会关系过程中整合和重组的一系列能力。

二　政府治理能力现代化的推进

研究政府治理（能力）的各种理论，就是从理论上明确政府治理、政府治理能力的内在要素、结构关系、影响因素和发展目标等基本问题，但

---

① 罗荣渠：《现代化新论——世界与中国的现代化进程》，北京大学出版社，1993，第16~17页。
② 陈柳钦：《现代化的内涵及其理论演进》，《经济研究参考》2011年第44期。
③ 林婷：《"政府治理能力现代化"内涵解析》，《厦门理工学院学报》2015年第2期。

其落脚点都会放在如何更好地助推政府治理改进和政府治理能力提升进而实现其现代化。

（一）推进政府治理能力现代化的思路

概括而言，推进政府治理能力现代化是一个系统性工程，需要政府治理涉及的各主体、各领域、各介体以及制度体制机制、价值目标等方面均实现现代转型。具体而言，政府作为主导性主体，要实现治理的理念、治理的角色、治理的行为、治理的结构、治理的工具、治理的技术等方面的系列转型：治理理念上要树立和践行善治理念、人民政府理念；治理角色上要实现由管理者、统治者向治理者、服务者的角色转换和职能转变；治理行为上要实现政府主导下的市场、社会的协同共治和良法善治；治理结构上要处理好中央与地方的纵向关系，处理好同级政党、政府、人大、政协等主体间的横向关系，处理好平行政府间的府际关系，处理好条条块块的纵向横向关系，处理好政府部门间的分工协作关系；治理工具上要在发挥好政府宏观调控优势的同时吸纳、借鉴和糅合企业治理、社会自治等方面的优势和长处；治理技术上要逐步实现电子化、信息化治理。政府治理的领域涉及经济、政治、文化、社会、生态等方面，要对各个领域在整体性视阈下进行统筹协调可持续治理，不能厚此薄彼或时断时续。政府治理最大的优势是提供制度供给和创造良好的治理环境，要将依法治理作为政府治理的最基本的方式，真正做到依法行政。各级政府的价值目标直接代表国家的价值追求，更要代表和体现广大民众合理合法的社会诉求，要切实做到以社会主义核心价值观和五大发展理念引领社会价值。政府治理能力现代化的最终落实，需要人的现代化特别是领导干部队伍和公务员群体素质和能力的全面现代化。

（二）中国推进政府治理能力现代化的探索

中国政界、学界、社会在推进政府治理能力现代化进程中都做了很多有益的探索，这些探索为推进政府治理能力现代化提供了丰富的资源。就政界而言，在中国特色社会主义"五位一体"总布局和新"三步走"战略框架下，"四个全面"战略布局的不断落实和推进，特别是全面从严治党、全面依法治国的推进，为各级政府治理能力现代化创造了良好的环境。学界在马克思主义国家理论和国家治理现代化理论指导下，全面展开对现代国家治理实践、国内外治理理论的系统梳理和纵深研究，为政府治理能力现代化提供了丰富的理论支撑。经济现代化、社会现代化、人的现代化水平的不断提升，为政府治理能力现代化奠定了最坚实的基础、注入了最强劲的治理动力，切实强化了政府与社会的良性互动。

第三章　县级政府治理能力现代化的结构及要素

根据中国特色社会主义"五位一体"总布局、国家治理现代化对县级政府的要求和中国现阶段县域治理的特点，县级政府治理能力现代化的结构总的来说包括经济治理能力现代化、政治治理能力现代化、文化治理能力现代化、社会治理能力现代化和生态治理能力现代化五个方面。尽管这些方面就县级政府整体治理能力而言不是也不能等量齐观，而且其内部要素（或各方面的能力水平）也由于县的历史、地理、文化、经济、精英和民众等影响因素的不同而参差不齐，但一般地看，这种结构和要素，既是县级政府履行单一制国家内作为一级"准基层政府"的职能所在，也是县域治理对县级政府治理能力需求的表现。

第一节　经济治理能力现代化

经济是整个社会发展的基础。县级政府的经济治理能力直接决定县域经济的发展状况，直接支撑县级政府其他方面治理能力的实现，直接关系县级政府治理能力的高低，深刻影响整个国家的治理能力及其治理结构。

一　经济治理

"经济治理是政府、社会组织和公民个人等社会主体，通过一定形式的组织和制度安排，平等、共同地处理公共经济事务的过程，其本质是多元化的社会主体以平等、联合的方式，共同应对公共经济风险。"① 概言之，经济治理主要是要发挥好政府和市场的合力，既要实现通过市场释放经济活力，又要通过各方努力保持良好的经济秩序。从广义看，经济治理是一个由主体、客体、方式、目标、效果等要素构成的有机体系。

（一）经济治理的主体

按照国家治理现代化理论，经济治理的主体是多元或多层次的，主要包括宏观主体、微观主体、市场组织三类主体。经济治理的宏观主体主要指的是各级政府，包括中央政府和各级地方政府（广义上还包括中国共产党和民主党派等）。政府在经济治理中的职能主要是进行宏观调控，不过，不同层级的政府经济治理能力和作用是有差异和区别的。企业是以营利（利润最大化）为基本目标的经济组织，是最重要的微观市场主体，是商品和营利性服务的生产者或提供者。经济治理的微观主体还包括各类市场组织（包括各类市场中介组织、各类市场监管和协调组织等）和作为消费者的众多家庭或广大个体的人。在经济治理的所有主体构成的体系中，最重要的主体是作为宏观主体的政府和作为微观主体的企业。按照市场经济运行的规律，作为经济治理宏观主体的政府和作为经济治理微观主体的企业之间不是直接联系的，政府不能直接干预企业活动，政府和企业之间是通过市场体系（市场平台）、市场机制等间接联系的。

（二）经济治理的客体

经济治理的客体实际上是经济活动中的各类经济资源和经济关系。经济资源包括人力、物质、信息、时间、空间等。经济关系主要有政府和市场关系，生产、分配、交换、消费关系，国际国内关系，区域关系，产业关系，供求关系，公平与效率关系，经济发展与生态保护关系等。人力资源是第一资源，人力资源治理的目的实现人尽其才。各种物质资源治理的目的在于物尽其用。信息资源治理就是通过对各种信息的收集、加工、存储、传递和输出，实现对有效信息的占有、充分利用和对无效信息的剔除，在现阶段主要是发挥和利用好大数据在经济治理中的作用。时间资源治理就是在经济活动中牢固树立效率观念，善于抓住和利用各种发展机遇，提

---

① 朱尔茜：《经济治理的若干问题》，《湖南日报》2015 年 10 月 8 日第 7 版。

高经济效益，增加社会财富。空间资源治理就是在经济治理中合理利用经济空间和经济区域，做到因地制宜，提高经济效益、社会效益和生态效益。政府和市场关系作为经济治理最重要的客体，是经济治理过程中的最核心的问题。生产、分配、交换、消费关系是社会再生产过程中的基本环节，也是经济治理中的基本关系。

（三）经济治理的机制

市场机制与政府机制是基本的经济治理机制。市场机制可以划分为一般市场机制和特殊市场机制（或具体市场机制）。一般市场机制是指在所有市场领域范围内都存在并发生作用的市场机制，主要包括供求、价格、竞争和风险机制等。特殊市场机制指对各类具体市场的治理机制，如利率机制（金融市场上的治理机制）、汇率机制（外汇市场上的治理机制）、工资机制（劳动力市场上的治理机制）等。由于市场机制具有盲目性、滞后性、自发性等不足和缺陷，单纯依靠市场机制治理会导致经济失灵。政府机制主要是用计划手段或行政手段治理经济。但政府机制也有可能失灵，其原因有：一是政府的理念和决策并非天然合理，二是政府"寻租"的可能性更大，三是政府直接参与经济容易造成垄断和效率低下。因此，为了更好地配置经济资源，需要政府机制和市场机制两种机制相互结合，扬长避短，共同发力。二者共同作用的过程是：政府根据国民经济规划和市场上的商品供求情况，向市场输入经济参数以间接地调节市场；市场通过经济参数即价格、利率、税率等经济信号的变动直接作用于各生产部门，从而引起各部门之间和部门内部的竞争，进而引起各企业之间的竞争。这个过程实质上就是政府调节市场、市场引导企业的过程。

（四）经济治理的模式

可以根据市场和政府的关系，将经济治理模式划分为完全市场崇拜的经济治理模式、完全政府依赖的传统计划经济治理模式和政府力量与市场力量均衡模式①。随着全球化的发展，在当今世界范围内，主要的经济治理模式有四种，即美国自由市场经济治理模式、欧洲福利国家经济治理模式、东亚发展型政府经济治理模式和中国经济治理模式（四种经济治理模式的

---

① 徐礼红、刘焕明：《现代经济条件下经济治理模式的辨思》，《江西社会科学》2011年第10期。

特点之比较可参见表 3 – 1)①。

表 3 – 1　当今世界范围内主要的四种经济治理模式及其特点

模式	政府对经济过程的干预程度	政府收入占国民收入比重	社会福利提供水平	国有企业影响力
美国自由市场经济治理模式	低	中等	中等	低
欧洲福利国家经济治理模式	中等	高	高	低
东亚发展型政府经济治理模式	较高	中等	中等	低
中国经济治理模式	高	较低	低	高

就中国改革开放以来经济治理现代化的历程来看，大致也经历了四个阶段、出现过五种经济治理模式，即"计划经济为主，市场调节为辅""有计划的商品经济""国家调节市场，市场引导企业""使市场在社会主义国家宏观调控下对资源配置起基础性作用""使市场在资源配置中起决定性作用和更好发挥政府作用"（五种经济治理现代化的历程和模式可参见表 3 – 2）。

表 3 – 2　改革开放以来中国经济治理现代化的历程及模式

历程	模式
20 世纪 80 年代初	计划经济为主，市场调节为辅
1985 年	有计划的商品经济
1987 年	国家调节市场，市场引导企业
1992 年	使市场在社会主义国家宏观调控下对资源配置起基础性作用
2012 年	使市场在资源配置中起决定性作用和更好发挥政府作用

（五）经济治理现代化

按照党的十八届三中全会对国家治理体系和治理能力的认知思路，经济治理包括经济治理体系和经济治理能力两个方面，相应地，经济治理现代化也包括经济治理体系现代化和经济治理能力现代化两个方面，也可以理解为，经济治理现代化集中表现为经济制度和制度执行力的现代化。从

---

① 吴澄秋：《中国经济治理模式的演进：路向何方？——基于全球化时代主要经济治理模式的比较分析》，《外交评论》2012 年第 6 期。

狭义看，"经济治理体系就是政府与市场对经济主体进行调节的制度体系，经济治理能力是政府与市场对经济主体进行调节的能力"①。

社会主义经济治理现代化必须遵循两个前提性的要求：既要满足制度性要求，即社会主义制度的相关要求，如公有制、按劳分配、共同富裕、公平正义等要求；也要符合经济规律的要求，如市场经济对经济治理的相关要求。经济治理现代化最少要平衡好五对关系，即政府和市场的关系、市场供求关系、公平与效率的关系、经济发展与生态保护的关系、国内外关系②。经济治理现代化还要围绕深化经济体制改革做好五个方面的具体工作，即加快转变政府职能、培育现代市场体系、健全宏观经济管理体系、加快推进系统性财税体制改革、大力推进国际经济治理③。

二 政府经济治理

政府经济治理就是政府在遵循市场经济运行规律的基础上，为实现一定时期的经济社会发展目标，在一定的经济治理理念指导下和一定的治理框架范围内，联合其他主体共同处理公共经济事务的过程。

（一）政府经济治理的概念

由于市场经济所建立的制度不同、不同层级政府在经济治理中影响范围的不同，各级各类政府经济治理客体（对象）不尽相同，政府治理能力、治理成效也会有所差异，如在中国，中央政府的职能重点是制定政策和进行宏观调控（或曰"顶层设计"），而地方政府特别是县、乡镇政府的职能重点是执行上级政策、监管市场、直接提供公共服务等（或曰"顶层设计的执行者"）。因此，中央政府的经济治理是中央政府根据全国或全社会的战略目标、战略步骤和战略重点，通过市场机制对全国各地区、各部门的供求状况进行治理。地方政府的经济治理则是地方政府根据国家规划和地方规划，通过市场机制对本地区、地方各部门的供求状况进行治理。有学

---

① 刘承礼：《经济治理体系和治理能力现代化——政府与市场的双重视角》，《经济学家》2015 年第 5 期。

② 《走向经济治理现代化的中国探索——深入学习习近平总书记经济思想述评》，《经济日报》2016 年 2 月 15 日。

③ 许正中：《国家治理现代化中的经济治理创新》，《国家治理》2015 年第 4 期。

者梳理了中国学界对政府和市场的关系的认识①，如在政府和市场作用的空间问题上，刘国光主张宏观领域的政府调节，微观领域的市场调节；而魏礼群认为，微观领域应该让市场发挥其决定性作用，其他领域应该由政府和市场各自作用的范围相机抉择。在政府和市场调节手段如何结合的问题上，宋晓梧认为，要厘清政府和市场的边界，尽量减少政府直接干预，扩大市场的作用空间；而吴敬琏认为，政府干预过多确实问题不少，但市场不健全、不完善也不可小视。在政府调节和市场调节的作用上，王绍光强调市场调节的作用，而卫兴华则强调政府宏观调控的作用。因此，中央政府和地方政府在治理空间、领域、方式、能力、绩效等方面有一定的区别。

（二）政府经济治理的原因

市场机制这只"看不见的手"可以实现资源配置的"帕累托最优"，但前提是完全竞争市场，正如萨缪尔逊所说："历史学者在争论，是否曾经有过一个自由竞争的黄金时代。按照经济学者对这一名词的理解，竞争在目前肯定是不完全的"②，因此，市场失灵伴随市场经济的始终。相对于社会组织、企业和个人而言，政府由于具有合法的强制性而在解决市场失灵问题上具有特殊的优势：因为政府有征税能力、强制能力等，可以节约交易成本。但这只是政府干预的必要条件而非充分条件，因为政府也存在失灵③。因此，一些学者探寻政府和市场之外的第三种力量，而另外一些学者相信市场的自我矫正功能，但西方学者对政府的态度一般都假定为"恶"，这是西方经济学界对政府治理经济的一般性人性前提和理由的说明。不过，西方经济学以市场失灵为切入点研究政府和市场关系放在中国并不适用④。国内也有学者认为，经济治理的逻辑基础是不可抗力、有限理性、消费者偏好和机会主义等原因引致的公共经济风险（防止个体经济风险向公共经济风险转化），经济治理可以维护经济健康发展和促进社会公平正义⑤。

① 刘承礼：《经济治理体系和治理能力现代化——政府与市场的双重视角》，《经济学家》2015 年第 5 期。
② 〔美〕萨缪尔逊：《经济学》，高鸿业译，商务印书馆，1979，第 68 ~ 69 页。
③ 汪波、宋胜洲：《市场失灵与政府干预的必要性及措施》，《中国国情国力》2008 年第 5 期。
④ 付阳：《再论政府与市场关系：从市场失灵到公共风险》，《财政科学》2016 年第 2 期。
⑤ 朱尔茜：《经济治理的若干问题》，《湖南日报》2015 年 10 月 8 日第 7 版。

综上所述，在中国，政府治理经济，一是由于中国市场发育不健全、不成熟，需要政府培育和规范市场；二是由于历史上政府进入市场过多，需要逐渐在一些领域退出；三是中国的社会也不够健全，政府退出的过程需要有让社会成长的时间。而政府经济治理是最大限度地避免"公共风险"或免于整个社会的"无序"或"福祉"的降低。

（三）政府经济治理的作用①

政府经济治理的作用可以从两个方面认识：一是在宏观层面，政府的作用是通过制定、执行、反馈、修正相关行政法规和政策，在矫正市场失灵的同时不至于出现政府失灵；二是在微观层面，政府的作用表现在价格机制、供求机制、竞争机制和市场调节机制几个方面。具体而言，在市场价格形成方面，政府要尽可能实现价格矫正。在市场供求方面，政府所起的作用包括直接调控和间接调控。在市场竞争过程中，政府的作用有：一是通过制定"游戏规则"和"负面清单"对市场主体资格进行界定；二是加快现代化市场体系建设的步伐，在规范和发展要素市场与商品市场方面，让市场在资源配置中发挥决定性作用，同时毫不放松对现代化市场体系的监管。

（四）政府经济治理现代化

政府经济治理现代化，包括以下几个方面。一是调控手段的现代化，包括建立和完善贯彻民主集中制的决策机制，健全信息传导机制，强化政府宏观调控政策的执行力等。二是区域协调发展的现代化，实现由非平衡发展战略向逆向平衡发展战略的转变。三是产业结构调整的现代化。政府要在遵循市场经济基本规律的基础上，根据实际情况，做出正确的产业选择，进而提高和增强优势产业的集中度和产业竞争力。政府要制定合理的产业政策，引导企业按照生产经营的基本原则进行产业集聚。另外政府不能放松对产业发展进行宏观调控的底线。四是技术创新支持的现代化。政府有责任和有必要加大对基础性技术与知识的创新的投入力度，多从支持中小企业入手，多支持产学研相结合的现代技术创新和产业化活动。

---

① 刘承礼：《经济治理体系和治理能力现代化——政府与市场的双重视角》，《经济学家》2015 年第 5 期。

三　县级政府的经济治理能力

政府在经济治理过程中体现出的治理能力，就是政府的经济治理能力。从本质上看，政府的经济治理能力主要是政府如何处理好政府宏观调控和市场微观调节（或政府的"有形之手"和市场"无形之手"相结合）关系的能力，这种能力主要通过政府制定、执行和修正法律法规、规章制度、战略规划和政策来体现。县级政府的经济职能是县级政府根据上级政府和县级人大及其常委会的要求，从县域经济社会运行的实际情况出发，对县域经济和社会发展进行全局性的规划、调控、服务、管理和监督，这些职能，概括起来主要表现为县级政府的经济调控能力。与此同时，财政能力是中国郡县制历史、国家结构形式的现实特点以及分税制等制度、体制、机制因素所决定的县级政府经济治理能力的核心方面。结合西部地区贫困面积比较大、贫困程度比较深的现实特点，贫困治理能力是全面建成小康社会对西部地区较多数县级政府经济治理能力的特殊要求。因此，西部地区县级政府的经济治理能力，主要包括壮大规模能力、财政自给能力、经济调控能力、精准扶贫能力和效益提升能力。

（一）壮大规模能力

县域经济是宏观经济和微观经济的连接点，壮大县域经济规模，是县级政府坚持以经济建设为中心、发展县域经济、治理县域社会的前提条件，是实现全面建成小康社会、基本现代化等目标的内在要求，也是彻底解决"三农问题"、推进城乡一体化的重要举措。壮大县域经济规模的能力（简称"壮大规模能力"），是县级政府经济治理能力的重要体现和组成部分。政府壮大县域经济规模的理论依据如迈达尔等的梯度推进理论认为，落后地区应该首先发展初级产业，通过一段时间的集聚，再逐渐承接或向高梯度的产业过渡（当然，这个阶段的国家扶持、引进技术和资金也显得非常重要）。舒尔茨等的农业发展理论认为，盲目推动工业化往往是一些落后地区经济落后的原因，因此，夯实农业基础，壮大农村经济，才能为实现区域经济发展奠定基础。国内学者也对中国欠发达县域经济的发展特点和路径进行了总结，如陕西兴平的工业主导模式、福建安溪和山东寿光的农业主导模式、黑龙江省绥芬河的贸易主导模式、河南栾川的旅游主导模式、湖南津市的服务业主导模式等①。一些县级政府在壮大县域经济实践中总结出以产业化为龙头、以工业化为导向、以民营化为载体、以城镇化为支撑、以市场化为手段、以项目化为载体的基本经验。这些都为县级政府壮大县域经济规模提供了一定的理论指导和实践经验。

县级政府壮大县域经济规模的能力，既体现在有正确的理论指导，又要结合国家的宏观经济政策和县域实际，制定正确的县域经济发展规划，调动县域各经济主体的能动性，借助国家扶持，挖掘县域特色、发挥县域经济要素的特色和优势，逐步壮大县域经济规模。

（二）财政自给能力

"县财"是"县治"的基础。一定的财政能力是县级政府正常运行的前提和县级政府治理的基础，县级财政状况在很大程度上既决定县级政府的经济治理能力，也决定县级政府其他方面的治理能力，直至决定县级政府的整体治理能力和治理绩效。无论是从财政学角度还是从其他学科角度研究县级政府的经济治理能力，财政能力几乎都是所有领域的学者首先要考虑到的能力。王敬尧的博士学位论文就是从财政和庶政角度研究县级政府治理能力的一个典范，该文在考察财政关系及财政制度变迁的基础上，通过财政结构即财政收入、支出和平衡三个方面考察县级政府的财政能力，认为县级政府的财政能力是影响县级治理的核心变量，不仅决定县级政府的公共服务能力，也决定县级政府的应急反应能力。该文还从财政能力、服务能力、应急能力三个方面研究县级政府的治理能力②。人民论坛测评中心的研究认为，善治的关键因素是政府要不断提高公共服务的能力和水平，而政府提供公共服务的能力和水平，主要取决于政府所具有的财政能力。就地方政府而言，衡量其财政能力的高低有两个核心因素，即财政收入增长能力和财政收支平衡能力。因此，县级政府的财政能力是一个多维概念，它既与县级政府所掌握的财政资源（财力）有关，也与县级政府如何配置这些资源的财政制度有关③。深入研究县级政府的财政能力，就必须既要考

---

① 周维现：《中国欠发达县域经济发展研究》，武汉大学博士学位论文，2013。
② 王敬尧：《财政与庶政：县级政府治理能力研究》，华中师范大学博士学位论文，2008。
③ 李学军、刘尚希主编《地方政府财政能力研究：以新疆维吾尔自治区为例》，中国财政经济出版社，2007，第56~63页。

虑其财力，还要考虑其财政运行过程的相关制度框架；既要考虑县级政府的财政收入增长能力，又要考虑县级政府的财政收支平衡能力；既要考虑县级政府治理精英的价值偏好，也要考虑县域民众的现实诉求；既要考虑县级政府的一般特点，也要考虑县级政府的历史、地域等具体特点。

（三）经济调控能力

宏观调控是指各级各类政府在结合市场机制的前提下，采用一系列手段对市场经济运行过程和结果进行宏观调控以实现资源的优化配置。由于市场机制失灵和作用的有限性，政府对市场进行宏观调控，已经成为当今市场经济体制的一个重要组成部分。有观点认为，随着中国行政管理体制改革、分税制改革的推进，市场经济体制的不断完善，县级政府在贯彻执行上级政策和制定政策方面的权力逐渐增加，其掌握和控制的国有资产数量、质量和规模有所增加、提高和扩大，其对经济宏观调控的机制不断灵活多样等，县级政府可以在遵守中央宏观政策的前提下制定出与县域经济发展相适应的地方政策，可以利用中央政府的专项补助和转移支付以及地方可支配性收入撬动投资、发展基础性事业、平衡县域经济，可以运用地方税收杠杆、财政补贴杠杆和信贷杠杆支持县域产业发展。也有学者不同意此观点，认为分税制改革后，县级政府出现了财权和事权不对等的情况。客观地看，中国宏观调控的主要主体是中央政府，县级政府是国家宏观调控体系的基础层，其调控能力实质上是中央政府宏观调控能力的最末梢，而且是不可或缺的一个层级。执行中央宏观调控政策、发展县域特色产业、壮大县域龙头企业、搞活县域农产品市场、构建县域产业化经营机制、保证县域居民生活必需品供应、稳定县域市场价格秩序，都需要县级政府的宏观调控。县级政府调控能力表现在：一要坚定不移地正确认识和坚决执行中央的宏观调控政策；二要根据县域实际加大县域经济结构调整力度，大力发展县域优势产业和特色产业，增强市场竞争力；三要引导县域经济主体进行专业化生产和企业化管理；四要重点扶持产业基地、龙头企业、市场建设和科技推广体系的建立和完善；五要发挥好生产、流通、消费、物价、计量、金融、工商、公安、工会、外贸、科技推广等部门的作用，对市场进行综合治理和全方位协调；六要建立必要的商品储备、物价目标控制、市场物价调节等制度。

（四）精准扶贫能力

自 20 世纪 80 年代中期，中国政府开始以县为单位开展扶贫工作，2001 年开始转向以村为单位的扶贫工作，2011 年开始以特困地区为单位开展扶贫工作（如划定 14 个集中连片特困地区进行重点扶贫）。精准扶贫、精准脱贫是当前各级党委和政府最大的政治任务，也是各级政府工作中的"一号工程"。《中共中央国务院关于打赢脱贫攻坚战的决定》指出，中国现阶段脱贫攻坚要"强化政府责任，引领市场、社会协同发力，鼓励先富帮后富，构建专项扶贫、行业扶贫、社会扶贫互为补充的大扶贫格局"①。中共中央办公厅、国务院办公厅印发的《关于建立贫困退出机制的意见》指出："实行中央统筹、省（自治区、直辖市）负总责、市（地）县抓落实的工作机制。"② 由此可见，县级政府的精准扶贫能力主要是精准识别扶贫对象的能力、精准安排扶贫项目的能力、精准使用扶贫资金的能力、措施精准到户的能力、因村精准派人的能力、精准提高脱贫成效的能力。对县级政府的精准扶贫、精准脱贫能力的要求是：统筹城乡教育公平发展、扩大健康教育和医疗保障覆盖面、正确处理土地和劳动力之间关系、探索用信息化推动农村经济社会发展、动员和鼓励各类社会主体以多种形式参与扶贫、提升贫困地区要素流动水平、提升政府决策能力和政策执行能力。为此，县级政府要通过大力支持和发展农村教育来提升贫困户和贫困人口的认知能力、文化素养、专业技术，进而提升其自主脱贫能力或"自我造血"能力；通过扩大健康教育和医疗保障覆盖面来提升贫困户和贫困人口抵御疾病风险和抗贫困的能力；通过对土地承包制度、土地承包经营权流转、土地承包纠纷等问题的解决来协调农村土地和劳动力要素之间的关系，进而提升贫困户和贫困人口的资源整合能力；通过积极探索信息化理念、手段和方式来提升贫困农户和贫困人口的技术应用能力和信息感知、运用能力；充分尊重扶贫对象的内在要求，建立贫困户和贫困人口全方位参与扶贫决策的有效渠道，增强贫困农户的主动参与意识，提升贫困户和贫困人口的社会参与能力等。

---

① 《中共中央国务院关于打赢脱贫攻坚战的决定》，《人民日报》2015 年 12 月 8 日第 1 版。

② 资料来源：《关于建立贫困退出机制的意见》，中华人民共和国国务院新闻办公室网站，http://www.scio.gov.cn/xwfbh/xwbfbh/yg/2/Document/1476593/1476593.htm。

（五）效益提升能力

经济发展的基本前提和根本性目标是经济效益的提升。此处的经济效益，可以看作微观经济效益，即个别企业、个别单位、个别项目的经济效益，它是宏观经济效益的基础。但从政府的角度看，更应该强调全社会的经济效益（或宏观经济效益）。企业的逐利性特点和市场机制的自发性、滞后性、盲目性等特点，会导致表面上经济规模壮大、经济增长速度加快，但并不一定完全意味着经济效益的提升，更不等同于兼顾了经济效益、社会效益和生态效益（如带血的 GDP、产品积压、生态破坏等）。

因此，在现代经济运行中，政府依法履行安全监管职能是宏观经济效益和市场经济秩序的重要保证。《国务院办公厅关于加强安全生产监管执法的通知》（国办发〔2015〕20 号）指出：切实维护人民群众生命财产安全和健康权益，健全完善安全生产法律法规和标准体系、依法落实安全生产责任、创新安全生产监管执法机制、严格规范安全生产监管执法行为，健全监管执法机构、加强监管执法保障建设、加强法治教育培训、加强监管执法队伍建设，加强安全生产监管执法能力建设[1]。可见，县级政府的效益提升能力既是县级政府发展县域经济的内在要求，也是县级政府在经济领域内履行监管职能、保障安全生产的重要职责。

第二节　政治治理能力现代化

政治是经济的集中表现，是人们借助国家公权力实现特定利益的一种社会关系、社会过程和社会结果。政治关系是建立在一定经济关系基础上的人类社会关系的一个重要方面，是人们社会生活的重要领域。政治治理（现代化）是国家治理（现代化）的核心，它与经济治理、文化治理、社会治理、生态治理一起构成了国家治理的基本领域。在很多情况下，国家治理的主导性主体是政府[2]，因此，有学者将国家治理直接等同于政府治理（当然这种理解是极其狭义的，但也道出了政府治理在整个国家治理中的重

---

① 资料来源：《国务院办公厅关于加强安全生产监管执法的通知》，中华人民共和国中央人民政府网站，http://www.gov.cn/zhengce/content/2015－04/13/content_9600.htm。

② 国家治理的主导性主体还有执政党。

要性）。政治治理能力是各级政府治理能力的核心能力。

一　政治治理

学者们对于政治治理的概念界定良多，如政治治理指的是国家政治力量对社会的控制以及政治体制（特别是行政体制）所具有的治理能力及其表现①。"理性政治治理是社会政治行为主体为实现政治目标而实施的一系列治理理念、制度和活动的总称。"② 这些概念从不同角度对政治治理进行了界定，但仍然有一定的不足。笔者认为，要正确认识政治治理，必须结合中国现阶段政治治理实践，重点把握以下几个方面。

（一）政治治理的主体

政治治理的主体从宏观角度看，主要包括：一是国际主体，二是国内主体。国际主体具体包括主权国家（民族国家）、国际组织、政党以及其他政治组织。国内主体，就中国而言，可以分为政党系统、人大系统、政府系统、司法系统、政协系统、军队系统、政团系统、公民系统等。政府系统包括中央政府（国务院）及其所属部门和派出机构、各级地方政府；地方政府一般包括四级，即"省（直辖市）—市（地区）—县（自治县、不设区的市、市辖区）—乡（镇）"。公民系统主要是具有中华人民共和国国籍的人。其组成主要是工人、农民两大阶级，知识分子和新社会阶层两大阶层，涵盖全国 56 个民族。由此可见，政治治理的主体本身是一个由多个子系统组成的庞大体系，但在具体的政治治理实践中，并不是每一个政治主体都发挥同样的作用，总会有某一个、某一类或某一层主体在一定时空中处于主导地位、起着主导性作用（主导性不否认平等性，因为平等从来不是平均主义）。就现阶段中国的政治实践而言，整个政治主体系统都是在中国共产党领导下，按照宪法和法律对国家政治生活进行系统治理。

（二）政治治理的客体

政治治理的客体，主要是各类政治资源和政治关系。国内有学者认为，政治治理的内容包括政治实体外部安全与交往、政治实体的自我满足与发

---

① 慕良泽：《政治治理与社区治理的冲突——基于对甘肃省东部景张村的实证分析》，《理论与改革》2006 年第 4 期。

② 姜安：《和谐社会理性政治治理的价值向度》，《马克思主义与现实》2007 年第 1 期。

展、政治实体的内部秩序治理、对政治实体中个体需要的满足与尊重、对政治实体精神活动的治理五个方面①。西方学者认为，政治资源的范围十分广泛，"如财富（金钱）、社会及政治地位、声誉、友谊、职业、收入、知识、信息、能力、立法权、投票、对传播媒介的控制力、对警察和军队的支配、武装威胁、时间等都具有政治交换价值，都可成为政治资源"②。政治制度和政治文化也是重要的政治资源。政治关系主要是权力和利益关系，在中国，概括而言，就是治党治国治军、内政外交国防、改革发展稳定等关系。具体涉及国际政治关系和国内政治关系两个方面。国内政治关系包括人民内部关系和敌我关系。人民内部关系包括工人阶级内部、农民阶级内部、知识分子内部、新阶层内部、民族内部、军队内部，工农两个阶级之间、工人农民知识分子新阶层等阶级和阶层之间，中央和地方之间、东部中部西部之间，党和人大、政府、政协、司法之间，大陆和台湾、香港、澳门之间，民族之间，"官民"之间，军民之间等一系列政治关系。

（三）政治治理的机制

探讨政治治理的机制问题，首先要考虑政治权力的运行。政治治理必须借助政治权力来展开，这是由权力的单向强制性特点以及社会中的"不可治理性"等问题决定的，但是现代治理对权力运行的要求是民主化、法治化和高效化，权力运行的制度性、正当性、程序性和合法性也是必须考虑的问题，因此，政治权威的树立可以节约政治治理的成本、构建持续和谐的政治治理秩序、提高政治治理的绩效。有学者指出：多元共治是政治治理的首要机制，协商对话是政治治理的重要机制，利益均衡是政治治理的核心机制③。本书认为，中国现阶段政治治理的基本机制是党的领导、人民民主、依法治国的有机统一。具体包括选举机制、公共参与机制和政治协商机制等。

（四）政治治理现代化

政治治理是国家治理的核心，其目标是实现政治治理现代化。"政治治

---

① 董琼华：《论人类社会政治治理的三个阶段》，《长江师范学院学报》2009年第4期。

② 陈文新：《政治资源基本理论初探》，《上海行政学院学报》2006年第1期；《政治何以具有资源特征》，《武汉科技大学学报》（社会科学版）2006年第2期。

③ 刘吉发：《政治治理：当代中国政治实践的时代定位》，《社会科学家》2015年第9期。

理现代化⋯⋯，就是传统政治统治向现代政治治理的转变，是政治发展所追求的理想目标。这一转变，包括政治理念、政治制度、政治体制、政治运作等各个方面，是整个政治体系的现代化"①。政治治理现代化的基本趋势是民主化、法治化和科学化。也有学者认为政治治理的历史使命有三个：使人类免于物质匮乏、让人类由野蛮而文明、引导人类破解终极意义②。这里的历史使命可以看作政治治理现代化的要求。有学者认为，理性政治治理的基本价值向度包括民主的理性塑造、社会秩序的法治治理、领导公信力的组织运作、意识形态的有效主导、社会福利制度的公正关怀等③。这些基本价值向度也可以看作政治治理现代化的基本价值取向。

二 政府政治治理

政府政治治理区别于政府经济治理、文化治理、社会治理、生态治理的最重要的方面，就是强调政府理念和活动的政治性和行政性。

（一）政府政治治理的概念

广义政府是政治治理主体系统中的重要方面，是国家治理的"代言人"，它是政治治理的现实主导者，政府作为政治治理中最主要的主体往往代表了国家治理的全部④。在本书中，政府指狭义政府，即国家行政机关体系。政府政治治理就是政府作为国家行政机关，运用国家行政权力，组织、引导、协调、控制政治行为、政治过程、政治关系、政治文化以实现政治民主、政治秩序和政治发展的过程。政府政治治理区别于政党（包括执政党）治理，中国现阶段的政党治理主要是在法治化逻辑下强调政党对国家和社会生活的政治、思想和组织领导。中国共产党的政党治理强调其在国家治理中"总揽全局、协调各方"的作用。政府政治治理还不同于国家治理，政府政治治理是国家治理得以实现的重要方面，两者之间有一定程度的交叉和交融，但不是国家治理的全部。现阶段，政府在国家政治社会中的特殊地位主要是其在执政党——中国共产党的领导下、在宪法和法律规

---

① 杜飞进：《论中国特色政治治理现代化》，《社会科学研究》2016年第1期。
② 董琼华：《论人类社会政治治理的三个阶段》，《长江师范学院学报》2009年第4期。
③ 姜安：《和谐社会理性政治治理的价值向度》，《马克思主义与现实》2007年第1期。
④ 董洪乐：《西部大开发以来中国共产党对西北民族地区政治治理研究》，兰州大学博士学位论文，2014。

定的范围内作为国家行政机关执行国家权力机关制定的法律和做出的决定，又接受与其相对应的权力机关机构、政治协商机关、司法机关、新闻媒体、人民群众等政治主体的监督。因此，政府政治治理的关键性要求是协调好与这些主体之间的权能关系。

（二）政府政治治理的内容

民心是最大的政治。尽管政府政治治理要协调好一系列权能关系，但其最核心内容是通过正确处理政府和人民的关系以获得民心。就现阶段中国政治治理的现实情况而言，政府政治治理就是要紧紧围绕塑造人民政府和获得民心民意这一最大的政治而展开。具体来看，第一，政府要坚持"以人为本"的政治原则，最大程度地保障和实现最广大人民群众的切身利益。第二，政府要尽量畅通民意表达渠道，创新民意充分实现的形式，扩大人民群众的政治参与。第三，政府要关注民生问题，健全民权保障机制。第四，政府要尽量实现其决策及职能的发挥能够得到广大民众普遍的政治认同。第五，当前，政府要得到民众的广泛的政治认同，必须在惩治腐败、精准扶贫和推进政治体制改革几个方面做好工作，而县级政府在解决这些问题的过程中则处于"前沿阵地"。

（三）政府政治治理能力

政府政治治理能力，就是政府作为行政机关在构建国家与社会之间的相互支持关系时表现出来的能力状态以及取得的治理效果。结合中国现阶段各级政府的性质和职能，笔者认为，政府的政治治理能力主要包括八个方面，即协商能力、政治吸纳能力、政治动员能力、公信护持能力、战略规划及执行能力、适应性革新能力、抗拒风险能力、利益整合能力。政府的协商能力集中体现在政府在现行政治体制中与政府内外的政治主体凝聚共识的能力。政治吸纳能力就是政府将重要的精英群体转化到体制内部的能力。政治动员能力是政府借助一定的激励机制引导社会成员为实现一定的政治目标而团结协作的能力。公信护持能力是政府在保障和改善公民权利方面发挥作用的能力，保障和改善公民权利是社会成员参与政治生活的落脚点。战略规划及执行能力是政府为把握发展中的机会和应对各类不确定性而应具备的驾驭未来和执行已有规划的能力。适应性革新能力是指政府在面对环境变化时的制度调整、体制机制创新能力。抗拒风险能力是指政府分散危机的能力和韧性程度。利益整合能力就是政府协调不同社会成员利益冲突、实现公共利益最大化的能力。

三　县级政府的政治治理能力

詹姆斯·W.费斯勒和唐纳德·F.凯特尔将公共行政学称为公共行政过程的政治①。国家的合法性和政府的公信力是政治建设的重要内容。"县级政治指的是县域内外各种在县域内有相关利益的机构、组织以及个人之间的互动过程，是由水平和垂直关系，内部与外部关系，制度与人际关系等诸多关系构成的立体过程。"② 因此，县级政府的政治治理能力，从公共行政的角度看，主要包括县域决策能力、行政执行能力和监督管理能力（它们贯穿政府治理的始终）；从政府职能的角度看，包括县政疏通能力、公信护持能力、促进基层自治能力、法治队伍建设能力等。

（一）县域决策能力

行政决策（俗称"拍板"）是行政机关为履行行政职能，依法处理国家事务和社会事务而进行的出主意、想办法、做决定的活动。其具体活动包括制定国民经济发展规划、审批工程方案、对一些重大问题发布行政决议或行政指示、签署行政请示报告等③。赫伯特·西蒙认为，决策是管理的中心，贯穿于管理的全过程。可见，行政决策是行政管理的先导。行政决策能力是各级政府应当具备的重要能力，县级政府也不例外。

从广义政府的角度看，县级政府传统的决策体制是"县委决策、政协协商、人大审议、政府执行"，决策参与者按重要性依次是县委、县政府、县人大。此外，县政协、县纪委也在一定程度上参与这一过程。不过，主要的决策主体是县委和县政府。这样，县级政府的决策过程有两种情况：一是在一些重大问题上实行党委决定、政府执行；二是在一般问题上由政府自主决定。在第一种情况下，县委的决策主要通过会议的方式进行（会议有县委常委会会议、县委全委会和县委扩大会等形式），县委常委会会议

---

① 〔美〕詹姆斯·W.费斯勒、唐纳德·F.凯特尔：《行政过程的政治——公共行政学新论》，陈振明、朱芳芳译，中国人民大学出版社，2002。
② 杨雪冬：《论"县"：对一个中观分析单位的分析》，《复旦政治学评论》2006年第1期。
③ 郭小聪主编《行政管理学（第三版）》，中国人民大学出版社，2012，第110页。

一般是决策性的会议，大多数情况下，县长作为县委副书记，是县委决策的当然成员，县委对重大问题做出决定后，县长召集有关人员就如何执行进行讨论后，相关人员分头执行①。从狭义政府的角度看，县政府对全县的一些公共管理事务做出决策，决策的方式仍然是会议（有县政府常务会议、县政府全体会议、县长办公会议三种形式），常务会议最为重要。从结构上看，决策模式存在的问题有：以党代政、其他决策主体角色模糊、决策成本增加、风险加大、决策监督弱化，而且，这一决策过程忽视了公众的参与，导致决策的科学化、民主化、法治化程度都低。因此，在国家治理现代化背景下，县级政府的行政决策能力，主要是构建现代行政决策体制，推进决策的科学化、民主化、法治化。

（二）行政执行能力

行政执行（也叫"抓落实"）是各级政府依法实施行政决策，以达到预期行政目标和社会目标的全部活动。行政执行的实质是行政主体凭借行政权力逐级落实行政决策的过程。行政执行能力，就是行政主体在行政执行行为中的实践操作能力，就是通过执行决策命令、完成行政任务达到行政目标和社会目标的能力。县级政府在中国行政层级中具有"接点"性和"准基层"性，决定了执行能力是县级政府政治治理能力中最基本也是最重要的能力。

"中国的农村政府过程，实际是由省的党政领导机构开始具体推动的，但是，是由县具体实施的。"② 因此，在治理背景下，县级政府的执行能力，主要是协调县级政府与上级政府（依次向上分别包括市级政府及其所属部门、省级政府及其所属部门、中央政府及其所属部门）、县级政府与下级政府（主要是县属乡镇政府）以及县级政府与其所属部门等政府间（或政府内）关系的能力。县级政府协调与上级政府之间关系的能力，主要表现为结合县域实际因地制宜地执行上级政府的意志、法规、政策和命令等方面的能力。县对乡镇领导的核心机制是县委对全县工作的政治领导，主要是决策性和"面上"的领导，而县级政府对所属乡镇的领导是全面而具体的领导。县级政府和乡镇政府是上下级政府关系，是领导和被领导关系。县

---

① 贺恒信主编《政策科学原理》，兰州大学出版社，2003，第 120～129 页。

② 朱光磊：《当代中国政府过程（修订版）》，天津人民出版社，2002，第 366 页。

级政府对乡镇政府各项具体工作的领导，主要是通过各政府部门及其设在乡镇的办事机构推动的，实际上也是一个行政执行过程。在这一过程中，形成了比较复杂的"条条""块块"关系。其中，县和乡镇"双重领导"的机构，即以往的"七所八站"，现在的"三所两站六中心"（三所两站六中心是指县属局下属"三所两站一中心"，即食品药品监督管理所、司法所、土管所、交管站、安监站、教育管理中心；乡镇下属"五个中心"，即农业综合服务中心、农经财政服务中心、计划生育服务中心、社会事务服务中心、农村文化服务中心）。不过，名义上是"双重领导"，实际上仍然由主管部门掌握，因此，县级和乡镇之间的"条条关系"更加突出，"块块"的地位更加尴尬。在这一系列情况下，县级政府的执行能力成为县级政府政治治理能力的重要方面。

（三）监督管理能力

政府的监督管理简称政府监管（也称政府规制或政府管制），是指政府运用行政权力对社会、市场、企业和个人等相关主体行为进行的限制、调节或控制。政府监管有其存在的合理依据：其一，政府监管是政府作为一个有机整体的重要职能，是其决策、组织、协调、执行等职能得以顺利实现的重要保证；其二，政府监管也是社会主义市场经济和社会主义和谐社会建设的必然要求，没有政府的监管，经济中的外部性、自发性、盲目性、滞后性问题和社会中的反社会、非志愿等问题无法解决。政府监管的形式多种多样，如政府审计、金融监管、企业监管、行业监管等。

加强政府监管及其创新能力，既是政府维持社会主义市场经济秩序和促进社会主义和谐社会价值诉求的体现，也是现阶段"放管服"行政体制改革的重要内容和基本要求。"放管服"行政体制改革对各级政府有一系列新的要求，如要实施公正监管，构建事中事后监管体系；推进综合监管，强化基层监管力量；探索审慎监管，对新技术、新产业、新业态、新模式，要探索和创新监管方式；要在同规则、同待遇、降门槛上下功夫，促进公平竞争等①。因此，监督管理能力也是县级政府政治治理能力的重要方面，

---

① 资料来源：《国务院关于印发2016年推进简政放权放管结合优化服务改革工作要点的通知》，中华人民共和国中央人民政府网站，http://www.gov.cn/zhengce/content/2016 – 05/24/content_5076241.htm。

是创新体制机制、降低制度性成本、更好发挥县级政府作用的现实要求。

（四）县政疏通能力

县委、县人大、县政府、县政协之间的关系构成了县域政治的基本结构，也是县域组织、团体与公民行动的正式制度环境。县级政府的县政关系疏通能力，主要是指县级政府协调其与县委、县人大、县政协以及县域公民之间关系的能力。在县域"四大家"关系中，县级政府并不是主导性的政治治理主体。按照结构—功能理论，县级政治基本架构的这四个系统分别承担着不同的功能。其中，县委承担着县域重大问题的决策功能，县级政府承担着执行功能，县人大承担着授予其他各系统合法性的功能，县政协承担着政治协商、民主监督的功能。把这四个系统联系起来的方式：一是党委的政治领导和普遍覆盖性；二是四个系统都承担着政治输入功能，从不同角度反映和表达社会利益。按照中国现阶段的政治治理框架，无论是党的决策还是政府的行为，都必须按照人大的法律程序得到批准。按照法律规定，尽管县人大有权监督本级人民政府、撤销县级人民政府的不适当的决定和命令、依照法律规定的权限决定行政机关工作人员的任免，但其功能的行使是形式上的，直接表现为授予合法性，这就使人大在县级政治体系中具有从属的地位。不过，近年来，很多地方的县人大主任由县委书记担任，加之一些县的人大越来越多地行使了在人员任免上的否决权和主动创议权，在一定程度上改变了原有政治体系的结构平衡状态和运作方式。在此背景下，县级政府协调与县人大的关系的能力，也就显得相对重要。

邓小平曾经指出："党权高于一切"使"群众认为政府是不中用的"[1]。因此，20世纪80年代以来，如何实现合理的党政分工一直是中国政治体制改革的重点。随着市场经济的发展，政府内部分工合理化和职能专门化的进程得到一定程度的推进，在很大程度上"提升了政府执行的独立性，减弱了党委对政府工作的非正常干预。然而，必须看到，在县的范围内，许多具体问题的决策、执行等过程都直接涉及党委和政府，需要双方的有效协调和共同完成。所以党委与政府的关系表现更多的是协同，而不是分

---

① 《邓小平文选》（第1卷），人民出版社，1994，第11页。

立"①。在这种背景下，县级政府的县政关系疏通能力，仍然是县级政府政治治理的核心问题。

（五）公信护持能力

国家的合法性，很大程度体现在政府公信力上。政府公信力"是政府依据自身信用所获得的社会公众的信任度"②。其内涵主要包括政府和公众两个主体、信用与信任两个核心变量、信与不信之间的信度变化、客观与主观之间的契合程度等。政府公信力主要来源于政府的服务理念、治理绩效和行政过程③，是政府和公众在一定场域互动的结果，是政府的信用资源和社会的信任机制相互作用的过程和结果④。政府公信力是政府的立身之本，是政府政治影响力、政治权威性直至政治合法性的重要前提，是构建社会信用体系和实现社会整合的主导力量和核心因素。政府公信力缺失会导致政府陷于行政伦理困境中，也会导致社会资本流失，提高社会整合及社会认同难度，破坏社会契约和社会信用体系，增加交易成本和制度成本，最终破坏政治合法性。

从世界范围看，自20世纪90年代以来，世界各国政府公信力普遍存在下降趋势，从国内情况看，在社会加速转型期，中国政府公信力呈层级递减困境。如果这两方面的变化趋势交错和集中，那么其结果肯定是令人担忧的。因为这种交错和集中的点不是别处，而是县这个"接点"。因此，对政府公信力的护持是各级政府政治治理能力最重要的体现和首要内容。县级政府的公信护持能力，就集中体现在协调好县级政府和县域民众（公民）的关系（简称"政民"关系，俗称"官民"关系）上。

（六）促进基层自治能力

党的十八大报告提出，加快形成政社分开、权责分明、依法自治的现代社会组织体制，党的十八届三中全会的《中共中央关于全面深化改革若干重大问题的决定》进一步强调，社会治理要"坚持系统治理，加强党委

① 杨雪冬：《论"县"：对一个中观分析单位的分析》，《复旦政治学评论》2006年第1期。
② 龚培兴、陈洪生：《政府公信力：理念、行为与效率的研究视角——以"非典型性肺炎"防治为例》，《中共中央党校学报》2003年第3期。
③ 张鸣：《服务理念、治理绩效抑或行政过程？——治理转型背景下县级政府公信力影响因素研究》，《中共浙江省委党校学报》2015年第5期。
④ 朱佩娴、叶帆：《关于信任机制的研究综述》，《人民日报》2012年4月5日第7版。

领导，发挥政府主导作用，鼓励和支持社会各方面参与，实现政府治理和社会自我调节、居民自治良性互动"①。由此可见，在中国现阶段，政府与社会组织关系最基本的方面是主导与合作关系。但由于受传统社会管理体制的影响，政府在公共事务管理中几乎包揽一切，很多基层自治组织带有明显的"官办"和"行政化"色彩，这一方面既增加了政府的管理成本又增加了政府的管理风险，出现"吃力不讨好""好心办坏事"的可能；另一方面使社会组织既不能很好地代表政府，又不能很好地代表社会公众。因此，社会治理的前提是政社分开，政社分开的基本要求是政府向社会放权，而县级政府作为国家与社会的"接点"，促进基层自治是其重要的政治使命。

（七）法治队伍建设能力

依法治国是党领导人民治理国家的基本方略，依法行政能力是建设法治国家和法治政府对各级政府的基本要求，也是各级政府最关键、最核心、最基本的治理能力。党的十八届四中全会要求深入推进依法行政，加快建设法治政府。县级政府依法行政的过程，是协调好县级政府与上下级政权关系、府际关系以及县级政府与县域公民、县委、县人大、县政协等主体之间关系，进而不断转变自己的政治职能，重塑县级政府、提升县级政府政治治理能力的过程和根本性要求。而要真正实现县级政府的依法行政、提高其法治政府的能力，必须有一支"四个忠于"的社会主义法治工作队伍，这也是社会主义法治国家建设的人才保障。

社会主义法治工作队伍既包括立法工作者、法官、检察官等法治专门队伍，也包括社会律师、公职律师、公司律师在内的律师队伍（法治服务队伍），还包括法学教育和法学研究的教学和科研队伍，除此以外，还要有领导和组织法治建设的领导干部队伍。党的十八届四中全会指出："全面推进依法治国，基础在基层，工作重点在基层。"② 因此，对于县级政府而言，法治队伍建设能力不仅是建设法治政府的内在要求，而且也是县级政府政治治理能力的重要方面。

---

① 《中共中央关于全面深化改革若干重大问题的决定》，《人民日报》2013 年 11 月 16 日。
② 《中共中央关于全面推进依法治国若干重大问题的决定》，中华人民共和国中央人民政府网站，http://www.gov.cn/xinwen/2014 - 10/28/content_2771714 - 7.httm。

第三节　文化治理能力现代化

在国家治理体系中，文化治理是整个国家治理体系大系统中的重要子系统之一。但"文化治理是国家治理超越政治治理、经济治理的新的发展阶段，是国家治理能力现代化的重要标志"[①]。对文化治理的研究，有两个基本路向[②]：一是将文化看作国家治理体系中与经济、政治、社会、生态、党建等领域并列的领域；二是将文化看作一种治理手段，旨在发挥其在治理中的文化功能，本书侧重于对第一个方面的研究。

一　文化治理

托尼·本尼特认为，文化治理是政治生活中掌权者在对整个社会的文化资源进行分配和控制的一种策略[③]。联合国、欧盟在文献中将政治领域的治理变革引入文化管理中，即通过政府与非政府组织的合作，形成文化管理的治理格局[④]。单世联从政治、社会和经济三个方面对文化治理的不同面孔进行分析[⑤]。可见，文化治理的特征，"是通过主动寻求一种创造性文化增生的范式，实现文化的包容性发展，这是文化治理与文化管理最突出的差别"[⑥]。

（一）文化治理的主体

胡惠林对文化管理和文化治理的关系进行了比较，认为让公民和社会有效地参与社会文化进程，实现从政府文化管理向社会共同参与的国家文化治理转变，正日益成为国家治理现代化的重要标志[⑦]，因此，文化治理的主导性主体是政府。廖胜华认为，文化治理是作为社会资本的文化要素在

---

①　向勇：《文化产业导论》，北京大学出版社，2015，第406页。

②　刘莉：《治理文化抑或文化治理？——文化治理研究的回顾与展望》，《浙江社会科学》2016年第9期。

③　〔英〕托尼·本尼特：《文化与社会》，王杰等译，广西师范大学出版社，2007，第161页。

④　郭灵凤：《欧盟文化政策与文化治理》，《欧洲研究》2007年第2期。

⑤　单世联：《文化、政治与文化政治》，《天津社会科学》2006年第3期。

⑥　胡惠林：《国家文化治理需让更多公民参与》，《光明日报》2013年11月14日第2版。

⑦　胡惠林：《国家文化治理需让更多公民参与》，《光明日报》2013年11月14日第2版。

网络化治理中的应用①。综合以上观点，笔者认为，就中国而言，在文化治理主体体系中，公共部门主要指党和政府，不过，随着国家文化管理体制的改革，文化的管理主体将从党的宣传部门向政府的行政部门转移，政府管理也应该从"办文化"向"管文化"方向转移②。因此，在文化治理主体体系中，占据主导地位的主体是各级政府，它们的主要职责是贯彻执行党和国家的文化政策，增强文化"软实力"。企业是文化治理主体体系中的竞争性参与主体，在文化基础设施建设和一些文化产品的生产和服务方面具有比政府或文化事业单位更强更灵活的生产能力和竞争优势。非政府组织是政府和市场之外的社会中间力量，是文化治理的重要主体。社区既承担着社区成员娱乐休闲、心理凝聚、文化传承、价值导向、行为规范、人际沟通、协调发展等文化功能，还承担着发展社会主义先进文化、构建社会主义文化认同等功能。家庭在文化治理中具有其他主体不可替代的作用，家风、家训和家规中承载着大量的传统文化和社会文化的内容，对文化治理起着基础性作用。个人是文化治理的最微观的、最关键的主体，任何文化现象都要通过个体内化、呈现、传承、创新。

（二）文化治理的客体

按照公共产品理论，国家文化治理的基本内容包括：纯公共文化产品、准公共文化产品和非公共文化产品③。文化治理的客体还可以从不同层面来理解：宏观层面，国家治理可以被理解为是由国家在经济、政治、文化、社会、生态等各个领域的治理方略构成的整体，国家文化治理是其中一个子系统；中观层面，根据中国现有行政体制对文化工作的划分，国家文化治理的基本对象以新闻出版、广播电视和文化艺术为主，以散落在其他国家行政部门和社会组织中的文化管理内容为辅；微观层面，主要以文化艺术领域为对象。当然，上述三种分类显然不能涵盖现阶段国家文化治理的全部，从实践性和有效性角度考虑，对国家文化治理进行理论研究，从其基本内容的中观层面进行比较是适当的④。也有学者指出，文化治理包括传

---

① 廖胜华：《文化治理分析的政策视角》，《学术研究》2015年第5期。
② 向勇：《文化产业导论》，北京大学出版社，2015，第73页。
③ 景小勇：《国家文化治理体系及政府在其中的地位与作用》，《人民论坛》2014年第14期。
④ 景小勇：《国家文化治理体系及政府在其中的地位与作用》，《人民论坛》2014年第14期。

统文化传承治理、公共文化服务治理、国际文化软实力治理和文化产业发展治理等多项内容①，笔者同意此观点。

（三）文化治理的方式

文化治理的方式因主体不同而有所差异。一般而言，政府向社会或民众提供文化产品和文化服务的主要方式有：一是直接提供，二是通过设立或组建公共文化服务机构提供，三是借助社会中介机构（组织）提供，四是通过购买社会文化资源并有偿提供，五是通过制定或出台政策鼓励社会力量和公民提供②。企业向社会或民众提供文化产品和文化服务的主要方式有：一是按照市场原则有偿提供；二是按照志愿性原则无偿提供；三是二者兼备。非政府组织和社区向社会或民众提供文化产品和文化服务的主要方式是无偿的、志愿性的、免费的。家庭向家庭成员提供文化产品和文化服务的主要方式是伦理性、义务性的。个人为家庭、社区提供文化产品和文化服务一般是伦理性和志愿性的，而为企业和政府提供文化产品和文化服务一般是有偿的。综上所述，尽管不同的主体具体提供文化产品和文化服务的方式有所差异，但归纳起来，文化治理的基本方式有无偿方式和有偿方式两种。

（四）文化治理现代化

从广义文化的意义上说，文化治理的目标是推进国家文化治理体系和治理能力现代化，"激发全民族文化创造活力、解放和发展文化生产力，核心是处理好政府与市场、社会在参与文化活动、实施文化管理等方面的关系，关键是构建政府、市场和社会相统一的'三位一体'的国家文化治理体制机制，推动文化管理向文化治理和文化善治转变"③。从狭义文化看，文化治理是指在文化领域实现公众利益最大化，让人民群众分享文化利益、提升福祉，实现文化公平、平等④。国家文化治理的重要目标可以从文化事业和文化产业两个方面分别说明，具体而言，文化事业的重要目标是强调

---

① 向勇：《文化产业导论》，北京大学出版社，2015，第406页。
② 冯守仁：《政府公共文化服务主体地位和实现形式》，载于群、李国新主编《中国公共文化服务发展报告（2012）》，社会科学文献出版社，2012，第46~60页。
③ 资料来源：《祁述裕：推进国家文化治理体系和治理能力现代化需要完成三大任务》，人民网，http://politics.people.com.cn/n/2014/0415/c30178-24896188.html。
④ 刘忱：《国家治理与文化治理的关系》，《中国党政干部论坛》2014年第10期。

文化的社会主义性质，强调构建以保障公民基本文化权利和文化需求为主要内容的公共文化服务体系，强调创建符合中国实际和现代化趋势的公共文化资源供给制度。文化产业的重要目标是在确保社会主义意识形态指导地位和社会主义先进文化前进方向的前提下，让市场在文化资源配置中起决定性作用和更好发挥政府作用[①]。

二　政府文化治理

强调文化治理，是为推动政府文化职能从传统管理向现代治理转变，表现在两方面："一是政府文化职能从管理转向服务，为社会大众提供基本的公共文化产品，满足其文化生活需要，保障和实现其文化权利；二是政府文化职能的履行，从单一的政府行为转向政府、社会和市场等多元主体的共同运作，形成网络化、立体型、全覆盖的文化治理结构。"[②]

（一）政府文化治理的概念

政府文化治理就是政府主导的各种公共的或私人的个人和机构治理公共文化事务的过程。政府在文化治理中扮演"元治理"的角色，既要站在战略高度把握文化发展方向，又要在多元化主体中，以"长者"的身份协调好各治理主体之间的关系[③]。政府在文化治理的基本职责应该包括：建构国家文化治理体系，保障和实现国家文化需求，建设公共文化服务体系，保障市场发挥配置资源的决定性作用，提升和发挥社会在文化治理中的积极性和作用。在文化治理中，政府是文化治理体系的规则制定者、社会文化需求的代表者、公共文化服务的提供者、文化市场秩序的管理者、社会和公众参与治理的动员者。作为规则制定者，政府应从宏观上建构文化治理体系，并制定和执行文化治理的制度及政策；作为国家文化需求的代表者，政府根据国家安全和发展，明确国家文化需求，确定工作内容及目标并负责组织实施；作为公共文化服务提供者，政府要确定标准和基本原则，并制定相关政策，通过财政等手段付诸实施；作为秩序管理者，政府则应对文化市场进行原始培育和监督管理；作为社会和公众参与治理的动员者，

---

①　景小勇：《国家文化治理体系及政府在其中的地位与作用》，《人民论坛》2014 年第 14 期。

②　李瑞琦：《文化治理能力现代化的深圳样本》，《思想政治工作研究》2015 年第 12 期。

③　张黎：《加强文化产业的公共治理》，《贵州日报》2014 年 4 月 24 日第 7 版。

政府要为社会组织化发展营造制度和规则环境①。

（二）政府文化治理的原因

政府之所以进行文化治理，其主要原因如下。一是中国的文化管理体制不尽合理，需要政府进行管理体制机制创新。一方面，政府在文化产品的质量、文化市场的规范方面的监管力度不足，致使文化产品质量参差不齐，文化市场、文化服务领域存在一定乱象；另一方面，政府直接干预文化企业和文化事业单位的微观活动，在很大程度上阻滞了文化产业和文化事业的自主发展，使文化企业和文化事业失去了创新能力和竞争活力，也使文化供给跟不上民众对文化产品和文化服务的需求。二是文化产品的正外部性特点需要政府矫正。三是中国的文化治理主体缺失，需要政府培育。一方面，中国民众的公民意识较低、文化活动的参与能力不足、文化治理的自觉性和自主性较差，对政府文化政策的制定、执行和监督的影响力有限；另一方面，中国的文化性社会组织和社会团体缺乏，不能很好地代表或维护民众的文化权益。还有，中国文化产业结构不尽合理、文化产品的市场竞争力较弱、文化市场发育不够健全、文化产业对国民经济的贡献率较低。四是中国公共文化产品和服务的均等化程度不高、公共文化服务体系不健全、公共文化资源的利用效率不高，需要政府转变职能和角色，即由全能型政府向有限型政府、由掌舵者向服务者转变，也需要政府利用现代的治理工具，提升公共文化服务的质量、效益和均等化水平。五是在激烈的国际竞争中，文化作为一种国家软实力，越来越受到各个国家和政府的重视，特别是在意识形态领域，这种竞争和冲突愈加白热化，因此，也需要政府特别重视对主流文化的引领、对公共文化的塑造、对文化认同的构建、对文化安全的维护，以增强国家文化"软实力"和文化的国际竞争力。

（三）政府文化治理能力

政府文化治理能力就是政府主导的各种公共的或私人的个人和机构管理公共文化事务的过程中所实际拥有的能量和能力。有学者认为，政府文化治理能力主要包括把握方向的能力、建构和解构联盟的能力、协商和合

---

① 景小勇：《国家文化治理体系及政府在其中的地位与作用》，《人民论坛》2014年第14期。

作的能力、整合资源和监督的能力[①]。尽管这个内容的界定具有较强的概括性，但问题也在于此，即对政府的文化治理能力的界定相对抽象，在理解和评价时不好把握。也有学者认为，政府文化治理能力是包括传统文化传承能力、公共文化服务能力、文化产业发展能力和文化软实力提升能力的综合治理能力[②]。笔者综合以上观点，认为政府文化治理能力主要有：传统文化传承能力、公共文化服务能力、文化产业发展能力、文化软实力提升能力和把握文化方向的能力五个方面。

（四）政府文化治理现代化

政府文化治理现代化，需要做好五个方面的工作：一是界定清楚文化治理各主体之间的关系（包括政府、企业、社会组织以及文化创作者个人等的关系），按照新一轮"放管服"行政体制改革的要求，真正做到简政放权；二是按照服务型政府的建设方向，充分发挥好政府在公共文化资源配置中的行政主导和监督管理作用，真正做到放管结合和优化服务；三是积极吸收、借鉴世界优秀管理理念，提高文化发展的规划编制、项目策划以及资产管理水平；四是综合运用法律、行政、经济、科技等手段，不断提高政府的效能；五是充分调动社会各方面的力量参与文化建设，培育公益性文化类社会组织，提高公民个人参与文化创造的积极性[③]。

三　县级政府的文化治理能力

作为地方政府治理能力中的重要组成部分，地方政府文化治理能力可理解为地方政府主导的各种公共的或私人的个人和机构管理公共文化事务的过程中所实际拥有的能量和能力[④]。县级政府的文化治理能力，尽管也要体现政府文化治理能力的基本方面，但是也要体现县级政府、县域社会和县域文化的特点。因此，县级政府的文化治理能力，主要表现为支持教育能力、支持科研能力、信息服务能力、文化人才开发能力、文化产业推动

---

① 景小勇：《国家文化治理体系及政府在其中的地位与作用》，《人民论坛》2014 年第 14 期。
② 向勇：《文化产业导论》，北京大学出版社，2015，第 403 页。
③ 参见《中国文化部：五方面着力推进文化治理能力现代化》，中国新闻网，http://www.chinanews.com/gn/2014/01 – 03/5696504. shtml。
④ 颜佳华、欧叶荣：《提升地方政府文化治理能力的价值目标》，《邵阳学院学报》（社会科版）2015 年第 5 期。

能力。

(一) 支持教育能力

文化是教育之根，教育是文化的重要传播形式，两者互生共进。教育是一种特殊而重要的文化现象，其本质是社会遗传的机制或方式，是对人类文化、文明的积累和积淀的统一，具有选择、记忆、传承、创新文化的功能。另外，"教育在消除贫困、提升人文素养、增加社会包容、文化多样性、环境保护、基本卫生保健等方面的作用更加被看重"①。党和政府对教育重要性的认识越来越深刻，越来越重视教育投资。党的十三大提出把发展教育事业放在突出的战略位置，党的十四大提出必须把教育摆在优先发展的战略地位，1995 年提出科教兴国战略，党的十五大提出要切实把教育摆在优先发展的战略地位，党的十六大提出教育是发展科学技术和培养人才的基础，在现代化建设中具有先导性全局性作用，必须摆在优先发展的战略地位，党的十七大提出优先发展教育，建设人力资源强国，党的十八大强调教育是中华民族振兴和社会进步的基石，提出努力办好人民满意的教育。与此相对应，2012 年，国家财政性教育经费占 GDP 的比例为4.28%，实现了《国家中长期教育改革和发展规划纲要 (2010—2020 年)》提出的目标。

"教育投入是教育发展的物质保障，是支撑国家长远发展的基础性、战略性投资，是评价教育先行与否的重要标尺。"② 就实质而言，中国的县域教育在一定程度上就是农村教育。在城市化过程中，农村教育的公共物品属性特别是其典型的正外部性，需要各级政府予以及时矫正，县级政府也理所当然地要大力支持各项教育事业。因此，支持教育能力是县级政府文化治理能力的基础性内容。

(二) 支持科研能力

科学技术是第一生产力，科技进步和创新型国家建设需要投入大量的经费来支撑，科研经费投入的渠道有政府、企业和民间投资等，其中，政

---

① 资料来源：《"教育优先"要在"全面"上下功夫》，人民网，http://edu.people.com.cn/n/2015/0506/c1053 - 26955916.html。

② 资料来源：《"教育优先"要在"全面"上下功夫》，人民网，http://edu.people.com.cn/n/2015/0506/c1053 - 26955916.html。

府财政投入是基础性研究和战略性技术突破的关键。在很多发达国家和地区，政府在科研方面的投入力度都非常大。美国政府对科研事业的投资在国民生产总值中所占的比重，1964 年就达到 3%。2016 年诺贝尔奖得主大隅良典在受访时曾表示，日本近些年能够多次荣获诺贝尔奖，归功于日本在几十年前对基础研究的投入①。

中国 2000 年研发经费总支出占当年 GDP 的比重为 1%②，2014 年研发经费总支出占当年 GDP 的比重为 2.01%。在很多人的认识中，政府科研投入主要指的是中央政府或地方政府中的高层级政府的事，对于县级政府而言：一方面，一些与"三农"有关的科研成果往往存在转化利用率低、持续研究投资空缺大、科研平台水平低、一些研究选题不被看好等问题；另一方面，一些地方政府也抱怨农村科研队伍素质差、实用技术少、与高层次科研单位合作的成本高等。就一些科研单位而言，往往也与地方政府有良好合作的愿望和能力，但地方政府对这种合作诉求带有一定的偏见。所以，相关民众或研究者一般不会过多强调县级政府对科研的投入，这也是一部分县级政府决策者忽视科研投入的理由。不过，客观地看，县级政府的科研投入不仅对本地区科研事业的发展具有决定性作用，对县域经济社会发展具有长远而深刻的影响，而且在创新型国家建设中会做出意想不到的贡献。特别强调：在广大的农村地区和县域社会，有很多土方法，土技术，民间验方、秘方或鲜为人知的实用技术由于没有被政府发现或开发而逐渐失传，一些土专家、技术能人也只能凭借其一技之长小打小闹、自谋生路或艰难维持生计，因此，县级政府支持科研的能力应该是其文化治理能力的重要方面。

（三）信息服务能力

现代社会是信息社会，公众对信息的需求超过历史上任何一个时期，对政府信息服务能力的要求也越来越高，因此，信息服务能力逐渐成为衡量政府信息化建设水平和公共服务能力的关键因素。就政府而言，信息服

① 资料来源：《屡屡折桂诺贝尔奖，日本科研为什么强》，新华网，http://news.xinhuanet.com/world/2017-02/15/c_129480117.htm。
② 资料来源：《2000 年全国 R&D 资源清查主要数据统计公报》，中华人民共和国国家统计局网站，http://www.stats.gov.cn/tjsj/tjgb/rdpcgb/qgkjjftrtjgb/200203/t20020331_30472.html。

务能力是通过现代信息技术介体开发、运用、整合和监管各类公共信息的能力。《国务院办公厅关于运用大数据　加强对市场主体服务和监管的若干意见》（国办发〔2015〕51 号）将 "围绕使市场在资源配置中起决定性作用和更好发挥政府作用，推进简政放权和政府职能转变，以社会信用体系建设和政府信息公开、数据开放为抓手，充分运用大数据、云计算等现代信息技术，提高政府服务水平，加强事中事后监管，维护市场正常秩序，促进市场公平竞争，释放市场主体活力，进一步优化发展环境" 作为运用大数据提高政府公共服务能力的指导思想，并且提出："鼓励政府部门利用网站和微博、微信等新兴媒体，紧密结合企业需求，整合相关信息为企业提供服务，组织开展企业与金融机构融资对接、上下游企业合作对接等活动。"[1]

　　在政府的信息服务能力方面，政府对信息时代意识形态的引导和监管，是各级政府要特别关注的问题。意识形态是社会存在的反映，并随社会存在的变化而变化。在世界多极化、经济全球化、文化多样化和社会信息化的时代背景下，意识形态安全已经成为维护国家安全的更为重要的内容。意识形态安全 "包括指导思想安全、政治信仰安全、道德秩序安全" 等内容[2]。当前，中国意识形态总体是安全的，但也面临 "西方国家民主输出对中国政治思想构成的威胁、西方国家文化霸权对中国社会主义核心价值观构成的威胁、网络信息舆论多元传播对中国主流意识形态构成的威胁、宗教渗透对中国社会主义信仰认同构成的威胁"[3]。因此，引导意识形态方向，巩固马克思主义的主导地位、提升文化软实力、加强网络舆论管理、增强抵御宗教渗透等的能力，既是各级政府文化治理能力的重要方面，也是政府政治治理的内在要求。可见，信息服务能力是各级政府顺应信息化时代、满足企业和社会公众诉求而应该具备的一种新型能力，也是县级政府文化治理能力的重要内容。

---

[1] 资料来源：《国务院办公厅：运用大数据提高政府公共服务能力》，中国新闻网，http://www.chinanews.com/gn/2015/07 - 01/7377269.shtml。

[2] 资料来源：《中国意识形态安全面临的威胁与对策思考》，中国网，http://guoqing.china.com.cn/2014 - 12/11/content_34290658.htm。

[3] 资料来源：《中国意识形态安全面临的威胁与对策思考》，中国网，http://guoqing.china.com.cn/2014 - 12/11/content_34290658.htm。

（四）文化人才开发能力

文化人才是指在一定区域的文化活动中具有引领作用、学术艺术造诣高深、成就突出的人才，包括理论宣传人才、新闻采编与评论人才、广播电视主播人才、新媒体开发和应用人才、文学艺术创作人才、影视舞台编导人才、戏曲表演人才、动漫创意人才、出版物策划编辑和营销发行人才、网络等新技术的开发与应用等领域人才，可以划分为专家型人才、经营管理型人才、新兴文化产业高端专门人才，文化人才是文化影响力、吸引力的基础和核心。政府的文化人才开发能力是政府建立文化人才开发中介机构、重点文化人才资源信息系统和服务体系、各类文化产业人才职业能力评价体系，通过各种途径和措施引进人才、挖掘人才、培养人才、宣传和推介人才，营造让文化人才安心创业、热心创业、全心创业的氛围的能力。文化人才开发能力是政府文化治理能力的关键部分。

（五）文化产业推动能力

党的十七届六中全会将"文化产业成为国民经济支柱性产业"作为文化改革发展奋斗目标，"十三五"规划再次强调推动"文化产业成为国民经济支柱性产业"。文化企业是文化产业的主体，推动县域文化产业发展，离不开一批有实力的县域文化企业。因此，培育和壮大县域文化企业，大力扶持县域文化产业的发展，是县级政府文化治理能力的重要表现。着力培育一批具有专、精、特、新特点的县域文化企业，是培育和壮大县域文化市场的前提，也是推动县域文化产业发展的基础。县级政府既要支持公有性质的文化企业的大力发展，也要鼓励和引导非公有制文化企业的健康发展。既要通过公司制、股份制改造，推动县域公有文化企业转制改企，又要调动社会资本在县域文化企业改制重组过程中的积极性。在培育和壮大县域文化企业的同时，县级政府还要通过政策支持、人力支持、项目支持、资金支持、技术支持等方面加大对文化产业的扶持力度。

第四节　社会治理能力现代化

创新社会治理、改进社会治理方式、发挥政府主导作用，首要的是全面提高政府社会治理能力，即"社会治理主导能力、推动社会多元主体合作能力、有效预防和化解社会矛盾能力、维护公共安全能力、自身变革与发展能力等"[1]。在全面深化改革的大背景下，社会治理是提高改革整体性、系统性和协同性，形成改革合力的内在需要，是实现社会公正、社会合作、社会团结、社会和谐等的必然要求[2]。

一 社会治理

社会治理可理解为以治理理念为指导的多元主体在一定时空范围内发挥各自优势和长处而进行的现代社会管理[3]。社会治理创新、社会体制改革的核心问题是正确处理政府和社会的关系。有学者提出，社会治理创新，就是"政府瘦身（政府做减法）、社会健身（社会做加法）"[4]。

（一）社会治理的主体

社会治理主体是社会治理的实施者，是具有现代治理理念且具有社会治理能力的人及其组织。社会治理的主体主要由国家/政府、市场、社会组织、公民四类行动者构成。其中，国家/政府作为社会治理的主体，主要指党和政府，实现其在原社会管理中的唯一主体角色到"主体之一"的理念、角色和职能等的转变，最重要的就是简政放权，进行自我革命。市场作为社会治理的主体，要实现其"在资源配置中起决定性作用"，最关键的是不断增强市场的社会治理能力，完善市场主体特别是企业的社会治理责任。社会组织作为社会治理的主体，要从根本上改变其在原社会管理中的被管理者角色，有效弥补政府失灵与市场失灵，在反映群众诉求、化解基层矛盾、协助维护治安等方面起到主体性作用。公民作为社会治理的主体，也要改变其在原社会管理中的被管理者角色，增强和提高公民意识和能力，积极参与社会治理。

（二）社会治理的客体

社会治理的客体就是社会治理指向的客观存在，即社会，是社会治理的存在前提。有学者指出，"社会治理客体就是由于社会发展而产生的各种

---

① 崔吉磊：《全面提高政府社会治理能力》，《人民日报》2015年7月20日第7版。
② 祁海军：《地方政府社会治理能力评估——以河南省为例》，《学习论坛》2015年第8期。
③ 何增科等：《中国社会管理体制改革研究》，法律出版社，2013，第2页。
④ 谢志强：《社会治理的"加减法"》，《国家治理》2014年第8期。

社会问题，具体可分为两个方面：一是协调人与人的关系，即被市场化破坏的'社会植被'；另一个是协调人与自然的关系，即被工业化破坏的'自然植被'"①。"社会植被"被破坏主要表现在两个方面：社会诚信危机和个人道德失守。也有学者从社会系统的角度认识社会治理的客体，认为社会治理主要包括社会关系、社会公正、社会风险、社会稳定、社会活力、社会行为、社会问题、社会矛盾八个方面的治理。这是按照社会学的观点对社会治理对象进行的具体化说明。本书结合以上两种观点，认为社会治理的客体既包括社会诚信和个人道德，也包括对社会关系、社会行为、社会问题、社会矛盾、社会公正、社会风险、社会稳定、社会活力等的治理。而自然环境和生态系统部分不属于社会治理的客体，本书将这部分治理对象划归到生态治理的内容或客体中。

（三）社会治理的方式

党的十八届四中全会指出，改进社会治理方式，坚持系统治理、坚持依法治理、坚持综合治理、坚持源头治理。这就明确提出了社会治理的方式和改进社会治理的原则。系统治理是用系统论的观点和方法治理社会。在多元主体中，各级党委是社会治理的领导核心，各级政府在社会治理中起主导性作用，社会组织是实现社会自治的基本主体，实现社会治理现代化的重要标志是公民的广泛参与。依法治理是现代社会治理的基本方式和实现社会公正的基本保障，就是要改变传统的管控式、人治式的社会治理方式，用法治思维和法治方式治理社会。为此，从宏观上看，就要全面推进科学立法、严格执法、公正司法、全民守法，坚持依法治国、依法执政、依法行政共同推进，坚持法治国家、法治政府、法治社会一体建设。从社会治理角度讲，就要通过宣传、教育，营造人人自觉学法、尊法、守法、用法的社会治理法治环境，将社会治理的各个领域、各个环节纳入法制轨道。综合治理主要指治理手段、治理方式由粗放式向精细化、由单一式向综合式转变。要将法治方式与德治方式结合、自律机制与他律机制结合、刚性方式和柔性方式结合、自治方式和共治方式结合。源头治理强调要在治理环节上从事后处置、事后救济前移至源头防范，在治理重点上由治标

---

① 陈成文、赵杏梓：《社会治理：一个概念的社会学考评及其意义》，《湖南师范大学社会科学学报》2014 年第 5 期。

转到治本、在治理局面上由被动转为主动、在治理绩效评估上由政府本位转向民生本位。

（四）社会治理的体制

社会治理的体制包括社会政策决策体制、政府财政体制、社会事业体制、社会保障体制、群众权益维护体制、社会组织管理体制、基层社会管理体制、社会工作体制、流动人口管理体制、特殊人群管理体制、健康与安全监管体制、社会治安体制、社会应急体制、社会维稳体制、虚拟社会管理体制等。有学者指出，"多元主体、民主协商、合作共治、法治保障是完善科学的社会治理工作格局的新特征。"① "社会治理意味着公众参与体系需要更快的完善，对现实中的公众参与渠道和路径提出了旺盛的需求，对制度化组织化的参与提出了现代政治意义的规范，对公众参与的制度和途径提出了迫切的期待"。②

从社会管理走向社会善治需要深化社会管理体制改革。中国社会管理体制改革的指导思想是"以中国特色社会主义理论体系为指导，以改善民生、保障民权为重点，改革与时代要求不相适应的那些社会管理体制机制程序，完善社会管理体系，提高社会管理民主化、法治化、自治化、科学化和信息化水平，满足社会基本需求，维护社会公正，促进社会和谐，建设美好社会"③。其目标是加快形成"党委领导、政府主导、社会协同、社会管理、公众参与、法治保障"的社会治理体制。

（五）社会治理现代化

按照党的十八大的提法，社会治理现代化就是要"加快形成科学有效的社会管理体制……确保社会既充满活力又和谐有序"，构建"民主法治、公平正义、诚信友爱、充满活力、安定有序、人与自然和谐相处"的社会主义和谐社会。也有学者认为，社会治理的目标是建立一个包容、公正、和谐、创新、共享的美好社会，是一个消除社会歧视、社会排斥、社会冷漠和社会对抗的社会，是一个个人能够通过自己的努力获得与努力程度相

---

① 《社会治理的"加减法"》，《国家治理》2014年第5期。
② 《社会治理的"加减法"》，《国家治理》2014年第5期。
③ 何增科等：《中国社会管理体制改革研究》，法律出版社，2013，第4页。

匹配的幸福感、满足感直至实现自由全面发展的社会①。

社会治理的具体目标包括协调社会关系、规范社会行为、促进社会公正、应对社会风险、保持社会稳定、解决社会问题、化解社会矛盾、激发社会活力八个方面。有学者认为，"社会善治是对良好的或理想的社会治理状态的描述。社会善治是政治国家和公民社会在社会生活领域的合作管理，其目的是实现社会公共利益最大化，与此同时，他还具体指出了社会善治的十个基本要素：透明、参与、法治、回应、效率、包容、公平、信任、和谐、安全。另外，社会善治为衡量社会治理状况提供了标尺，为提升社会治理质量指明了努力方向"②。

二　政府社会治理

政府的权力来自人民的让渡，政府的天职是为社会、公民提供良好的公共服务，促进社会公正，维护社会秩序，实现社会共建共享是各级政府必须履行的责任。

（一）政府社会治理的概念

政府社会治理主要是作为多元主体之一的政府对现代社会的治理过程，也可以理解为政府在治理理念指导下联合其他主体治理社会的过程。政府社会治理区别于政府社会管理，政府社会管理的本意是政府是唯一的管理社会的主体，有些甚至将之理解为政府防范和管控社会，也有将之理解为政府通过政治动员和行政命令的方式管理社会。与此同时，除政府以外的其他主体只有服从和配合政府。而政府社会治理则强调多元治理主体中政府与其他主体通过持续互动或相互协同方式治理社会公共事务，反对单向控制，倡导政府过程和政府行为的透明化、法治化和民主化，倡导社会自治和社会成员主动参与式治理③。因此，政府社会治理是对政府社会管理的辩证扬弃。

政府社会治理是政府治理、社会治理、个人自治以及这些治理主体、治理机制之间的良性互动过程。社会治理绝不等同于治理社会，政

---

① 何增科等：《中国社会管理体制改革研究》，法律出版社，2013，第4页。
② 何增科等：《中国社会管理体制改革研究》，法律出版社，2013，第3页。
③ 何增科等：《中国社会管理体制改革研究》，法律出版社，2013，第2页。

府社会治理不是政府管得越多越好，也不是政府甩手不管，而是要求政府在尊重社会自我调节和居民自治的基础上，总结政府在以往社会管理中的经验和不足，结合政府的特点和社会运行过程中的实际问题，运用现代治理理念、治理技术，促进形成"党委领导、政府负责、社会协同、社会管理、公众参与"的社会管理体制以对社会进行治理的现代管理过程。

（二）政府社会治理的原因

新中国成立以来，中国的社会治理取得了一系列成就，特别是中国共产党十六大以来，中国初步建立了社会治理的组织机构、政策法规和资源支持体系。但与此同时，随着中国社会利益多元化格局的形成，社会的复杂性、风险性和不确定性的特征愈加明显，中国的社会治理面临一系列困难和问题。

就社会而言，一是社会转型加速、社会风险增加、社会贫富差距拉大；二是广大人民群众的利益表达渠道不够畅通致使非理性表达的现象增多；三是一些社会成员的浮躁情绪和社会价值观低俗化庸俗化现象并存，社会冷漠和社会焦虑比较普遍，社会信用机制缺失引致社会诚信度不高；四是社会协同程度和社会凝聚力低；五是社会志愿机制不够健全；六是社会组织发育不成熟、数量不足、分布不平衡、发展不规范；七是一些地方社会弱势群体的生存和发展机制受损、上升和流动空间不足；八是不同社会群体间的利益关系不够协调等问题持续存在。

就政府而言，一些地方政府的社会治理目标发生偏差，出现了重控制轻协调、重政绩轻民生、重经济轻社会、重维稳轻民意等目标取向，致使城乡和不同区域间的基本公共服务均等化程度不高；一些地方政府对社会组织的培育和引导不够、监管不力，导致社会服务主体单一、一些社会组织的性质偏离；一些地方政府与民争利，其制度设计使公共利益部门化、政府利益最大化，而把空气污染、资源破坏等灾难和风险公共化、社会化；一些地方政府官员和公务员利用权力寻租，破坏社会公正，导致政府的信任危机；一些地方政府在社会治理中政社不分、包揽过多，"大事办不成、小事办不好"，不但没有提供较好的社会服务，而且引起了社会不满。这些现象引发的社会矛盾和社会冲突时有发生，严重削弱了政府社会治理的基础，因此，有必要健全政府的社会治理体制机制，强化政府的社会治理理念和能力。

（三）政府社会治理能力

政府在社会治理中的主要职责是制定发展规划、提供公共物品、维护公平正义、维护社会秩序等。政府的社会治理能力就是政府在多元治理过程中引导、培育社会组织，充分调动各种资源进行社会治理的能力，包括如下方面。协调社会关系能力，最核心的是协调各种社会利益关系的能力。规范社会行为能力，主要是培育和弘扬亲社会行为，引导和矫正反社会行为的能力。解决社会问题能力，主要表现在政府的社会政策能力，包括政策制定能力、执行能力和终结能力。化解社会矛盾能力，就是各级政府在人民政府理念的指导下、按照解决人民内部矛盾的思路、运用群众路线的工作方法，正确认识和有效解决社会结构层面的矛盾的本领。促进社会公正能力，最重要的是以宪法和法律保障公有制为主体，多种所有制经济共同发展的基本经济制度和以按劳分配为主体，多种分配方式并存的分配制度落地生根；缩小贫富差距，改善劳资关系，健全社会保障体系等方面的能力。应对社会风险能力，就是正确认识和协调政府和社会的关系的能力。保持社会稳定能力，首先需要树立正确的维稳观，还要对现有的维稳体制进行改革。激发社会活力能力，就是"要推进政社分开、管办分离，推进政府向社会组织购买公益服务项目，同时拓宽社会组织依法参政议政的渠道"的能力①。

三　县级政府的社会治理能力

政府的社会治理能力，因政府层级的不同、社会发展的阶段不同、政府所处的区域不同而有差别，就现阶段西部地区的县级政府，特别是连片贫困地区而言，县级政府的社会治理能力主要是养老保障能力、医疗保障能力、住房保障能力和就业促进能力。

（一）养老保障能力

在中国传统社会，养老主要由家庭承担，政府一般不承担养老保障的

---

① 周尚君：《法治中国应激发社会活力》，《人民日报》2013 年 12 月 27 日第 5 版。

职能，但"老有所养"一直是很多思想家和社会正义之士的社会理想的重要组成部分和不懈追求。作为现代社会保障制度重要组成部分的养老保障制度，在新中国成立之后经历了一个逐渐建立和完善的过程，特别是改革开放以来，随着社会主义市场经济体制的不断完善和国家能力的普遍提升，中国覆盖城乡的基本养老保障制度逐渐建立起来（逐渐成为中国养老保障制度的主体）。《县级农村社会养老保险基本方案（试行）》指出："农村社会养老保险是国家保障全体农民老年基本生活的制度，是政府的一项重要社会政策。"[1] 作为县级政府，在国家社会保障制度框架下，认真贯彻落实国家的养老保障政策，提高自身对县域社会的保障能力，是其社会治理能力现代化的基础方面。

（二）医疗保障能力

随着国家治理现代化的推进，社会对优质医疗的需求越来越多，因此，医疗保障能力也是县级政府治理能力现代化的基本方面。政府在医疗保障中的职责是提供基本医疗保障，并通过调动社会各方资源来满足多层次、多元化的医疗保障需求，在顶层设计、制度构建、政策制定等方面政府要起核心作用。为切实缓解"看病难、看病贵"问题，《中共中央　国务院关于深化医药卫生体制改革的意见》（简称"新医改方案"）提出了逐步实现人人享有基本医疗卫生服务的目标[2]，这一制度性目标对各级政府都提出了更高要求，增加政府医疗保障财政支出，做到责任落实，保障公平与效率，考验着各级政府特别是西部地区贫困县政府社会治理的能力。

（三）住房保障能力

随着城镇化进程的加快和中国住房政策的调整，中国近年来的商品房市场发展很快，但由于市场的趋利性、保障性住房的稀缺性、政府对房地产市场的引导和监管不力甚至有些地方政府与房地产商"合谋"、人民群众的收入的涨速跟不上房价的涨速等一系列因素的影响，一方面中国的房地

---

[1] 资料来源：《县级农村社会养老保险基本方案（试行）》，中华人民共和国中央人民政府网站，http://www.gov.cn/banshi/2005－08/04/content_20283.htm。

[2] 资料来源：《中共中央国务院关于深化医药卫生体制改革的意见》，中华人民共和国中央人民政府网站，http://www.gov.cn/test/2009－04/08/content_1280069.htm。

产市场在一定程度上出现了"泡沫化"倾向，另一方面仍然有很多老百姓买不起、住不起房。这种情况在很大程度上影响了政府的公信力，也引发了一些社会问题。

改善城市低收入居民的居住条件，是重要的民生问题，加快建设保障性安居工程，对于改善民生、促进社会和谐稳定具有重要意义。为解决上述问题，中国政府先后出台或修订了《城镇廉租住房管理办法》《经济适用住房管理办法》《关于加快发展公共租赁住房的指导意见》等政策文件。《城镇廉租住房管理办法》规定，市、县房地产行政主管部门负责制定本地区廉租住房的具体实施方案并负责廉租住房的管理工作。《经济适用住房管理办法》对市、县人民政府在经济适用住房管理中的政策目标、建设标准、供应范围、供应对象、组织实施等都有特别具体的规定。《关于加快发展公共租赁住房的指导意见》要求，公共租赁住房的供应范围和供应对象的收入线标准、住房困难条件，由市、县人民政府确定。因此，住房保障能力也是县级政府社会治理能力的重要方面。

（四）就业促进能力

《就业促进法》第二条、第四条、第五条、第六条和第七条分别规定："国家把扩大就业放在经济社会发展的突出位置，实施积极的就业政策，坚持劳动者自主择业、市场调节就业、政府促进就业的方针，多渠道扩大就业""县级以上人民政府把扩大就业作为经济和社会发展的重要目标，纳入国民经济和社会发展规划，并制定促进就业的中长期规划和年度工作计划""县级以上人民政府通过发展经济和调整产业结构、规范人力资源市场、完善就业服务、加强职业教育和培训、提供就业援助等措施，创造就业条件，扩大就业""县级以上人民政府有关部门按照各自的职责分工，共同做好促进就业工作""各级人民政府和有关部门应当简化程序，提高效率，为劳动者自主创业、自谋职业提供便利"①。可见，各级政府都有促进就业的职责和义务，县级以上政府在促进就业中都要发挥好各自的作用。就业促进能力是县级政府社会治理能力的内容之一。

---

① 资料来源：《中华人民共和国主席令 第七十号》，中华人民共和国中央人民政府网站，ht-tp://www.gov.cn/flfg/2007－08/31/content_732597.htm。

第五节　生态治理能力现代化

在现代社会，生态环境保护既是一个科学问题，也是一个民生问题，更是一个政治问题。生态治理既是全球治理关注的热点话题，也是任何国家治理现代化的重要领域，更是现代政府的重要职能。毋庸置疑，生态治理已经成为中国国家经济社会发展过程中新的软肋，是国家治理能力的明显"短板"之一。因此，加强国家治理能力特别是政府生态治理能力建设就显得更为紧迫。

一　生态治理

生态治理是指在科学发展观的指导下，以遵循自然规律和客观实际为前提，以修复、保护生态环境为主旨，通过政府、企业、社会组织、公众等共同参与，着力创新理念思路、优化方法手段、完善体制机制、构建崭新格局，最终达到生态良好、经济发展、民生改善，实现人与自然、社会和谐相处的管理过程[①]。

（一）生态治理的主体

按照治理理论，生态治理的主体也是多元主体。从狭义政府的角度看，由于生态治理产品在很大程度上属于公共品，因此作为行政权力行使主体的各级政府应当在生态治理中发挥主导作用，成为促进达成社会共识、形成社会统一行动的中坚力量。

政府是生态治理的第一责任主体。在生态治理中，政府的职责主要体现在：一是树立政府的生态伦理观；二是加强政府履行生态治理的职能；三是加强生态文明和生态治理的制度供给；四是要把全方位调动多元主体积极主动参与到生态治理过程中作为政府生态治理的重要责任；五是加大对环保技术的研发投入力度，落实好对使用环保技术和生产环保产品的企业税收、融资方面的优惠政策。社会组织是生态治理的重要主体，包括工会、青年团、妇联、行业协会、商会、学会、研究会、社区以及教育、文

---

① 林建成、安娜：《国家治理体系现代化视域下构建生态治理长效机制探析》，《理论学刊》2015 年第 3 期。

化、卫生、体育、社会福利等公益慈善类社会组织。企业既是社会生产和服务的基本单位，也是生态治理的主力军。每个个体的人都是生态文明的利益相关者，生态治理离不开居民和个人。另外，在生态治理上，中国公民存在高度关注与低度参与的极大反差，生态治理的群众基础不好。

（二）生态治理的客体

生态兴则文明兴，生态衰则文明衰。从广义上讲，生态治理的客体是整个生态系统。生态系统是在一定空间内，生物和周围环境由于能量、信息和物质交换而形成的生态学功能单位。从狭义上讲，生态治理的客体是生态问题（或生态环境问题）。本书研究的生态治理客体主要是生态环境问题。工业革命以来，生态环境问题的原因主要是人为的，被称为次生性生态环境问题或外源性生态环境问题[1]，具体又有两个原因：一个是由不合理开发自然资源而引起的生态环境破坏，另一个是由城市化、工业化、信息化等引起的环境污染。就全球范围看，严重的生态环境问题主要是：雾霾、噪声污染、水污染、沙漠化、物种灭绝、酸雨和温室效应等。

（三）生态治理的模式[2]

一是市场调控模式。生态环境是一种公共物品，具有外部性，因此"公地悲剧"和"搭便车"现象会经常出现，解决的办法是让外部性内在化。该模式运用 BOT 模式、合资模式、管理合同模式、TOT 模式等弥补生态治理资金缺口，但无法彻底解决外部性问题。二是政府强制模式，认为政府是生态治理的唯一主体，可运用"看得见的手"来管制社会行为，并要求其承担相应的生态责任。其局限性在于信息不对称、治理成本高等。三是企业自觉模式。其理论前提是科学发展观，认为企业能够自觉考虑其经营管理行为对环境的影响，并采取相应措施补救。其优势在于有可能减少源头污染、降低治污成本、缩小治理范围，但因缺少对非自觉企业的约束，故其持续运行的可能性不大。四是多元共治模式，即认为"既然政府、市场、社会都可作为治理生态环境的主体，而且各自有不同的手段与机制，那么在生态环境治理中，可以将政府的权威性、高效性，市场回应性、限

---

① 田千山：《几种生态环境治理模式的比较分析》，《陕西行政学院学报》2012 年第 4 期。
② 田千山：《几种生态环境治理模式的比较分析》，《陕西行政学院学报》2012 年第 4 期。

制性，以及企业的自愿性、多样性等各自优势充分利用"的模式①。该模式可以发挥多主体优势，提高生态治理效率，解决跨区域性生态问题，但也存在目标冲突、权利交叠、问责困难等问题。

（四）生态治理现代化②

生态治理现代化，包括生态治理体系现代化、生态治理能力现代化，其关键是生态治理理念现代化。生态治理理念现代化，是生态治理体系现代化和生态治理能力现代化的前提条件，主要是指生态治理过程中要有尊重自然、保护自然、顺应自然的生态文明理念，树立保护生态环境就是保护生产力、改善生态环境就是发展生产力的理念。生态治理体系现代化是生态治理理念现代化在制度层面的落实，也是生态治理能力现代化的基础和载体。生态治理体系现代化包括生态制度体系现代化、生态建设运作体系现代化和生态建设保障体系现代化等方面。生态治理体系现代化的首要任务是建立一套完整、合法、有效的生态治理制度体系，重点是建立健全生态建设的法律、法规、政策体系。生态治理能力现代化是生态治理理念现代化在实践层面的落实，也是生态治理体系现代化的根本落脚点。生态治理能力现代化的基本标志是治理成本最小化而治理效果最大化、治理手段简约化而治理水平科学化、治理效益市场化而治理理念社会化。生态治理能力现代化既体现在政府的生态建设、开发和管理能力上，也体现在企业、社会和居民的素质和能力上。

二　政府生态治理

政府生态治理，本来是政府治理的"传统项目"和重要职能，现在却似乎变成了政府治理的"新内容"。但无论如何，在资源环境约束和生态压力增大的背景下，强调这一点也不为过。

（一）政府生态治理的概念

政府生态治理就是政府运用行政权力整合社会资源进行生态环境开发、保护、建设等方面的能力，是政府将"看得见的手"和"看不见的手"相互结合，将政府、社会和市场等多主体的能动性调动，在自然资源开发、

---

① 田千山：《几种生态环境治理模式的比较分析》，《陕西行政学院学报》2012 年第 4 期。
② 沈佳文：《公共参与视角下的生态治理现代化转型》，《宁夏社会科学》2015 年第 3 期。

生态环境保护、生态修复和建设上的综合能力。政府生态治理的实质是政府作为社会性主体，尊重和利用自然规律，正确发挥政府能动性的自觉能力。政府生态治理的重点是各级行政机关在国家生态治理进程中按照什么理念、针对什么问题、通过什么方式进行治理的问题。政府生态治理，从理念上就是要改变"天不怕，地不怕""与天斗，其乐无穷"等片面的天人观和自然—社会关系观，树立尊重自然、顺应自然、保护自然的生态文明理念。在行为方式上，就是要求各级政府在科学的生态文明理念和可持续发展观的指导下真正实现生态善政。

（二）政府生态治理的原因

归纳起来，政府生态治理的原因如下。一是政府在自然资源管理和经营方面的职能存在制度性冲突。政府既是自然资源的管理者，又是经营者、保护者。这些相互冲突的职能在现行体制内很难进行自我协调。二是由于政府考核存在制度性缺陷，部分地方政府在"经济中心主义"理念支配下，仍然存在不同程度的"政绩冲动"，甚至成为破坏生态建设、制造环境污染的"元凶"。三是环境污染问题成为严重威胁人的生命健康和社会稳定的重要因素。如2013年，中国二氧化碳排放量占世界二氧化碳总排放量的近30%[①]。环境污染成为中国社会不稳定问题的三大源头之一。四是环境立法以及相关法律法规和政策不健全，已有的环境法律法规和政策执行不力，生态治理面临"环涌"悖论[②]。五是社会公众对生态环境治理表现出高度关注与低度参与的矛盾，使生态治理缺乏群众基础。

（三）政府生态治理现代化

政府生态治理能力是指政府在多元生态治理主体关系中实际能够履行的职责和发挥功能的能力及其努力程度。朱芳芳综合国内外学者的成果，借鉴耶尼克提出的能力建设分析框架，提出生态现代化能力的构建内容与分析要素[③]，认为生态现代化能力的核心是生态治理能力，具体包括问题能力（包含执政理念、社会认同和公众诉求）、创新能力（包含基于市场的政

---

① 连玉明主编《绿色新政：大国崛起的软实力》，中信出版集团，2015，第140页。

② 宋煜萍：《生态型区域治理地方政府执行力研究》，人民出版社，2014，第148页。

③ 朱芳芳：《提升生态治理能力，推进生态现代化》，载曹荣湘主编《生态治理》，中央编译出版社，2015，第81页。

策工具创新、技术创新与扩散和企业价值创新）和战略能力（环境战略实施的确定性、环境政策的协同性、参与机制的持续性和环境治理全球化的适应性）三个方面。

三 县级政府的生态治理能力

生态治理的重点在基层，难点也在基层。县级政府是生态治理主体体系中最关键的治理层级和主体，直接影响国家生态治理的绩效。县级政府的生态治理能力包括支持环保能力、环境治理能力和生态建设能力。

（一）支持环保能力

县级政府支持环保能力主要是指县级政府结合国家、地区特别是县域生态环境实际、县域民众诉求和自身实力，贯彻执行国家生态治理的法律法规或相关政策，或根据自身法定职能提供县域生态环境保护相关政策支持、财政支持等的能力。县级政府在中国现阶段的行政体制纵向隶属关系中，一方面要对中央政府和省级政府、市级政府负责，听从其上级的命令和指挥；另一方面还要对县级范围内的乡镇政府领导或指导其进行相关工作，更要对县域范围内的人民群众负责，为广大人民群众提供公共服务，满足其合理需求。因此，县级政府具有对上负责、对下负责和对人民群众负责的多重主体责任。但一些县级政府的行为往往违背其主体责任，要么"上有政策、下有对策"，要么成为地方生态环境污染和破坏者的"保护伞"。正如有学者指出：环境污染事件之所以会一再出现，最根本的原因就是地方政府的"三不查"，造成了企业的"三不怕"①。由此可见，县级政府的生态治理能力，关键是要有强烈的环境保护意识和强大的支持环境保护的能力。只有县级政府具有较强的支持环境保护的能力，县域环境治理才会有明显的现实效果，县域生态建设才会有深远的治理价值，国家生态文明建设才能取得更大实效。

（二）环境治理能力

对于正在进行的生态破坏或环境污染，一般的个人对之几乎无能为力，企业往往由于利益驱动不会主动收手，一些社会组织只能在局部或某些领

---

① 《阳宗海污染当地环保官员不知情》，《中国青年报》2008年9月22日第12版。

域施加一定的社会压力，因此要求"各级政府不仅要担当环境治理的第一责任主体，而且要推进社会多中心治理机制的形成"①，因为政府是公共利益最主要的代表，也最有可能在宏观上统筹一定区域的环境治理。不过，无论是全球生态治理还是区域生态治理，其任务的艰巨性和政府自身治理能力的不足，在一定程度上也会促使"政府在生态治理中的中心偏离"②。由此可见，真正要取得环境治理的长远成效，各级政府务必改变"经济中心主义"的片面发展观和错误政绩观，树立生态安全是国家安全的新的国家安全观和生态文明理念，树立生态红线意识，认识到节约资源是保护生态环境的根本之策，环境保护是功在当代、利在千秋的崇高事业。

从国家层面看，需要建立科学合理、重在生态保护的县级政府政绩考核体系，建立和完善耕地保护、水资源管理、环境保护、资源有偿使用、生态补偿等制度，改革生态环境保护管理体制，实行最严格的源头保护制度、损害赔偿制度、责任追究制度等③。从县级政府层面看，既要严格落实国家环境治理的各项法律、法规和相关政策，又要结合县域实际引导县域生产和生活方式，调整县域经济结构和能源结构，促进县域企业依法履行治理污染的社会责任。总之，环境治理能力是各级政府生态治理能力中的关键能力，对于西部地区县级政府而言，更要不断提升自身的环境治理能力。由于大中型城市人口密度大、工业相对集中、高层建筑多、运输工具尾气排放量大等原因，生态污染的"重灾区"似乎都在大中型城市，这也使很多西部地区县级政府的决策者在一定程度上存在"侥幸"、"旁观"甚至"窃喜"等心理，既不重视也没有把环境治理提上政府工作的重要议事日程。但西部地区县域环境的实际情况并不如人们想象的那么乐观，县域存在环境污染，如水污染、空气污染、噪声污染、工地扬尘等问题在西部地区很多县域空间大量存在，更折射出县级政府治理县域生态环境能力的严重不足。因此，西部地区县级政府务必不断提升环境治理能力，尽量做到"防患于未然"，以免走"先污染后治理"之路。

（三）生态建设能力

生态建设主要指的是对历史上（或迟或早）已经破坏的生态系统进行

---

① 张劲松：《去中心化：政府生态治理能力的现代化》，《甘肃社会科学》2016年第1期。

② 张劲松：《去中心化：政府生态治理能力的现代化》，《甘肃社会科学》2016年第1期。

③ 《中共中央关于全面深化改革若干重大问题的决定》，人民出版社，2013，第52页。

恢复和重建，是在充分掌握生态系统运行自然规律的基础上，根据生态学基本原理或规律，运用现代科学技术，将生态环境建设与经济建设、政治建设、社会建设以及文化建设等有机结合起来，实现物质文明、精神文明、生态文明、政治文明等协调发展，实现生态环境改善、民生质量提升和经济建设"共赢"和"多赢"。

　　县域生态是县域社会存在和发展的重要条件，也是国家安全的重要组成部分。客观地讲，生态治理是县级政府治理的难题之一，因为县域生态往往属于地域生态或更广范围内的生态系统的一小部分，对此，县级政府往往鞭长莫及或力所不能。提高县级政府生态建设的能力，是中国国家治理能力现代化的重要方面，也是县级政府的重要职责。生态治理能力现代化是县级政府治理能力现代化的重要条件，实现生态治理能力现代化，关键是处理好县级政府与县域人口、资源、环境等要素之间的关系以及县域可持续发展的关系，特别是要提升县级政府构建多中心县域生态建设机制的能力。在西部地区，生态建设的核心问题是如何利用好国家西部大开发战略、"一带一路"倡议和"退耕还林还草"工程，真正提高县级政府落实国家相关政策持续进行生态建设的能力。

第四章 县级政府治理能力现代化评估
体系与运用

本章根据前文所述理论，特别是在政府治理能力现代化的结构要素的基础上，结合学者们关于治理评价、政府治理能力衡量指标以及现代化指标体系的论述，构建了西部地区县级政府治理能力现代化评价体系，再从"一区七县"的横向比较、H 县政府 2000 年至 2015 年治理能力现代化进程的纵向比较、公众满意度三个视角认识 H 县政府治理能力现代化的基本情况。

第一节 县级政府治理能力现代化评估体系

本部分从设计依据、指标体系、标准及权重三个角度，结合中国基本现代化的相关标准和西部地区县域特别是贫困县实际，构建了县级政府治理能力现代化评价指标体系。

一 设计依据

关于治理的评估，国内外有很多指标，何增科和周红云的综述性研究①，为笔者构建西部地区县级政府治理能力现代化指标体系提供了宏观思路。前文论及的有关对政府治理评估中的部分测评指标及其研究思路对本

---

① 何增科：《治理评价体系的国内文献述评》，《经济社会体制比较》2008 年第 6 期。周红云：《国际治理评估指标体系研究述评》，《经济社会体制比较》2008 年第 6 期。

书研究也有一定启发①。在具体构建的过程中，笔者主要参考了人民论坛测评中心的中国县市治理能力评价体系②、唐天伟等的地方政府治理现代化测度指标体系③、宋洁的县级政府能力评价体系④、付春香的中国民族地区城乡一体化指标体系⑤。

（一）相关指标体系

人民论坛测评中心在构建中国县市治理能力测评体系时，指标体系分为一级指标体系和二级指标体系，包含基本保障能力、宏观调控能力、财政能力、基层自治能力4个一级指标，养老保障能力、医疗保障能力、失业保障能力、稳定物价能力、财政收入增长能力、财政收支平衡能力、社会参与能力7个二级指标，并用该指标体系对全国360多个地市（盟市）、257个市（县）的治理能力进行了评估排名。在权重赋值上，一级指标和二级指标则因地制宜，体现出一定的灵活性。唐天伟等学者依据中央与地方分权基础上的地方政府法定职能，遵循可度量性和科学性的设置原则，设置了一个包含2个一级指标、7个二级指标和20个三级指标的中国地方政府治理现代化测度指标体系。2个一级指标是地方政府治理体系现代化、地方政府治理能力现代化，7个二级指标是在地方政府治理体系现代化下设置了行政体制和人员能力现代化两个指标，地方政府治理能力现代化下设经济、政治、社会、文化和生态治理现代化五个指标。宋洁在梳理综合评价理论、政府能力理论、新制度主义理论、能力评价理论和西方政府职能理论五种理论基础上，运用"汲取—管理—运用"模型，以县级政府发展经济和提供公共服务为核心内容，采用专家打分方式，构建了主客观相结合的测评县级政府能力的评价体系。其评价体系有三级，即12个一级指标、42个二级指标、26个三级指标。付春香根据杨荣南等的区域性城乡一体化

---

① 此外，本书也受陈柳钦的相关研究的启发，如陈柳钦《国内外现代化指标体系和标准概述》，《全球科技经济瞭望》2011年第1期。

② 栾大鹏、董惠敏、郭尧：《县域治理能力究竟取决于哪些因素？对浙江省58个县（市）治理能力的测评及排名》，《国家治理》2014年第1期。

③ 唐天伟、曹清华、郑争文：《地方政府治理现代化的内涵、特征及其测度指标体系》，《中国行政管理》2014年第10期。

④ 宋洁：《当代中国县级政府能力及其评估的实证研究》，光明日报出版社，2016。

⑤ 付春香：《中国民族地区城乡一体化发展评价：实证的视角》，《科学经济社会》2012年第4期。

发展程度评价指标，借鉴人类发展评价指数、全面建成小康社会评价指标体系、英格尔斯的关于现代化的评价指标体系等，以城乡一体化基本内涵为基础，从经济、社会、生活、生态和政治一体化角度构建了中国民族地区城乡一体化指标体系。其指标体系有两级，即5个一级指标、40个二级指标。

（二）分析与评价

总体来看，人民论坛测评中心构建的中国县市治理能力测评体系的理论依据比较充分、测评方法比较科学、实际操作简便易行，能够比较客观和有重点地对县市治理能力进行测评并提出宏观建议。但该测评体系和测评方法在理论和实践上有一定的局限性，如由于对治理能力分解中只抓"重点"，而忽视了（或部分忽视了）其他方面（如文化治理能力和生态治理能力），在指标构建上不尽全面；将治理能力量化后的得分控制在60～100分，不一定符合县级政府治理能力的实际情况；没有涉及公众满意度；侧重于结果评价，忽视过程评价。

唐天伟等构建的地方政府治理现代化测度指标体系，在价值上，比较具体地体现现代政府治理理念，比较全面地体现地方政府"五位一体"的治理职能，对应中国特色社会主义现代化建设总布局；在测度思路和方法上，较好体现了过程和结果相结合的评价导向。但该体系也有一些局限，如只在部分二级指标体系下设置了居民满意度和公平感等主观指标；指标体系设计不够具体；缺乏实证研究和综合评价；没有深入说明如何使用该指标体系，在一定程度上缺乏可操作性。

宋洁的县级政府能力评价体系的优点在于：试图运用系统方法，比较充分地分解政府能力，将政府行为过程（汲取资源、管理资源、运用资源）和结果（绩效）结合起来，避免了政府能力研究的静态化。在设计指标体系时，将客观指标和主观满意度结合，在一定程度上体现了现代政府治理理念。在政府能力研究中，考虑到了制度因素对政府能力的影响。不足之处是：对政府能力内涵的分解不尽全面，指标体系的两个维度之间存在交叉；二级指标体系设置尽管很细致，但部分指标的支撑数据在很多县域难以获得，故普适性不强；没有从理论上深入区分政府能力和政府治理能力；仅从发展经济和提供公共服务能力两个角度研究政府能力，没有涵盖政府能力的全部。

付春香的中国民族地区城乡一体化指标体系，实质上是现代化指标体系在中国民族地区城乡现代化进程中的运用，其测评方法对本书研究具有重要借鉴意义，但其二级指标设置较多，且不是对政府能力或政府治理能力的测评。

二 指标体系

以县级政府治理能力现代化的基本内涵为基础，并考虑指标体系的客观性、指导性、有效性和可操作性，本书从经济治理能力现代化、政治治理能力现代化、文化治理能力现代化、社会治理能力现代化和生态治理能力现代化五个方面构建西部地区县级政府治理能力现代化测评指标体系（见表4－1）。

表4－1　西部地区县级政府治理能力现代化测评指标体系

指标代码	指标名称	指标含义	指标标准	指标权重
ECGC	经济治理能力	—		0.4
ECGC1	人均GDP（元）	综合经济实力	≥57000元	0.30
ECGC2	财政收入占GDP比重（%）	经济运行质量	≥20%	0.20
ECGC3	城乡人均收入比（%）	政府调控能力	≤120%	0.15
ECGC4	贫困发生率（%）	政府扶贫能力	≤2%	0.15
ECGC5	亿元GDP事故死亡率（人）	政府安全生产管理能力	≤0.05人	0.10
ECGC6	第三产业收入占GDP比重（%）	政府调控能力	≥60%	0.05
ECGC7	城镇化率（%）	政府调控能力	≥75%	0.05
SOGC	社会治理能力	—		0.25
SOGC1	养老保障覆盖率（%）	政府养老保障能力	=100%	0.40
SOGC2	医疗保障覆盖率（%）	政府医疗保障能力	=100%	0.30
SOGC3	人均住房面积（m²）	政府住房保障能力	≥30m²	0.20
SOGC4	城镇人口登记失业率（%）	政府就业促进能力	≤3%	0.10
POGC	政治治理能力	—		0.20
POGC1	万人拥有社会组织数（个）	政府允许或支持基层自治能力	≥50个	0.40
POGC2	社会组织从业人员比（%）	社会组织吸纳就业能力	≥10%	0.40
POGC3	万人拥有律师数（人）	法治队伍建设能力	≥2人	0.20

指标代码	指标名称	指标含义	指标标准	指标权重
$CUGC$	文化治理能力	—		0.09
$CUGC1$	教育支出占 GDP 比重（%）	政府支持教育能力	≥6%	0.40
$CUGC2$	研发经费占 GDP 比重（%）	政府支持科研能力	≥2%	0.30
$CUGC3$	6 岁以上识字人口占比（%）	政府文化发展能力	≥95%	0.20
$CUGC4$	电视人口综合覆盖率（%）	政府信息化能力	＝100%	0.10
$EGGC$	生态治理能力	—		0.06
$EGGC1$	环保支出占 GDP 比重（%）	政府支持环保能力	≥2.5%	0.50
$EGGC2$	城镇生活污水处理率（%）	政府环境治理能力	＝100%	0.30
$EGGC3$	森林覆盖率（%）	政府生态建设能力	≥40%	0.20

（一）经济治理能力现代化指标

构建西部地区县级政府经济治理能力现代化的评价指标时，既要考虑到西部地区经济社会发展实际，也参考了一些发达国家和中国发达地区现代化的发展指标或发展情况。政府经济治理能力（指标代码为 $ECGC$）指标体系，一是反映一个地区综合经济实力、总体发展程度和整体发展水平的"人均 GDP"（正向指标，指标代码为 $ECGC1$）。从政府治理的角度看，"人均 GDP"可被视为政府促进或主导辖区经济发展的一种综合性能力，可看作壮大规模能力。按照基本现代化（到 2050 年左右）的标准，"人均 GDP"一般在 9000～10000 美元，笔者参考国家统计局编写的基本现代化标准将之确定为大于等于 57000 元。二是反映一个地区经济运行质量的"财政收入占 GDP 比重"（正向指标，指标代码为 $ECGC2$）。"财政收入占 GDP 比重"也叫"财政依存度"，该指标在一定程度上代表 GDP 分配中国家或地方所占比重的大小。"财政依存度"与政府的财政能力成正比，其数值越大，代表政府财力越充足、财政自给能力越强。它也要求政府财政收入应当随着经济规模的扩大而增长。笔者按照基本现代化标准，将之确定为大于等于 20%。三是反映政府调控能力的"城乡人均收入比"（负向指标，指标代码为 $ECGC3$）、"第三产业收入占 GDP 比重"（正向指标，指标代码为 $ECGC6$）和"城镇化率"（正向指标，指标代码为 $ECGC7$）。"城乡人均收入比"简称"城乡收入比"，是衡量一个国家或地区城乡收入差距（城乡收入结构）的重要指标。一般而言，"城乡收入比"在 2 倍以内比较合理，超过 2 倍，则意味着城乡收入差距较大、社会不公平现象比较严重、政府宏观调控能力不够，而基本现代化标准下的城乡收入比应该在 1.2：1 左右，笔者将之转化为小于等于 120%。第三产业是衡量一个国家或地区生产社会化程度、市场经济发展水平和生产力发展水平的重要标志。"第三产业收入占 GDP 比重"是衡量一个国家或地区产业结构是否合理的重要指标，该指标的变化对经济增长、就业等方面会带来较大影响。一般而言，"第三产业收入占 GDP 比重"的值越大，意味着一个国家或地区产业结构现代化的水平越高，就中国的实际情况而言，在一定程度上也意味着政府在产业结构优化、调整方面的能力越强。"城镇化率"是反映一个国家或地区城镇化进程和水平的重要指标，城镇化率的提高，对于优化城镇结构和功能、实现产业集聚、充分利用农村剩余劳动力、缩小社会差距等具有极大好处。在世界历史上，城镇化既是一个自然历史过程，也是政府参与城乡结构调整的过程和结果，在一定程度上反映了政府调整城乡结构的能力。按照基本现代化标准，该指标的值一般是大于等于 75%。四是反映政府扶贫能力的"贫困发生率"（负向指标，指标代码为 ECGC4），该指标是指贫困人口占总人口的比重，反映一个国家或地区贫困的广度。对于西部地区的很多县级政府而言，消除贫困是重要的经济和政治任务。根据中共中央办公厅、国务院办公厅印发的《关于建立贫困退出机制的意见》的精神，"贫困发生率降至 2% 以下"地方原则上退出贫困县，因此，本书采用此标准。五是反映政府安全生产管理能力的"亿元 GDP 事故死亡率"（负向指标，指标代码 ECGC5）。由于单纯的 GDP 指标无法全面反映社会净福利、资源配置扭曲和浪费程度，更不能具体反映包括社会公平性、生态环境、个人幸福指数及满足感在内的各种其他指标。因此，要比较不同国家和地区的发展程度，除 GDP 指标外，还应关注"人命代价"这个人文因素。一般而言，发达国家的"亿元 GDP 事故死亡率"控制在 0.05 人以内。对政府而言，"亿元 GDP 事故死亡率"可以看作其安全生产管理能力的表现。

（二）政治治理能力现代化指标

西部地区县级政府政治治理能力现代化（指标代码为 POGC）指标体系，一是包含反映政府允许或支持基层自治能力的"万人拥有社会组织数"（正向指标，指标代码为 POGC1）。社会组织是社会的"第三部门"，有时称之为志愿者组织、非营利组织、慈善组织、非政府组织、独立部门等，卫欢认为社会组织是政府管理的主要助手，特别在弥补政府失灵、分担政府社会管理责任、保障公民政治权利、推进政策决策民主化发展、促进政府职能转变、推动政治体制改革等方面具有重要的政治功能[①]，该指标可以反映县级政府支持基层治理的能力。按照基本现代化标准，本书采用大于等于50个的标准。二是代表社会组织吸纳就业能力的"社会组织从业人员比"（正向指标，指标代码为 $POGC2$）。该指标反映社会组织对一定区域整体就业的影响和贡献。按照基本现代化标准，本书采用大于等于10%的标准。三是采用公共法律服务"万人拥有律师数"（正向指标，指标代码为 $POGC3$）。"万人拥有律师数"是一个地区每万人中平均拥有的律师人数，该指标是衡量律师行业发展状况的重要指标，也是衡量一个地区民主法治建设水平的重要标志，对于保障公民基本权利、维护群众合法权益、实现社会公平正义的优质高效的公共法律服务，对于建设法治社会和法治政府具有重要影响。该指标被很多地区列入全面建设小康社会进程监测指标，也是基本现代化的重要指标。一般认为，在基本现代化标准下，"万人拥有律师数"以大于等于2人为宜。

（三）文化治理能力现代化指标

县级政府文化治理能力现代化（指标代码为 $CUGC$）指标体系，一是包含反映政府支持教育能力的"教育支出占 GDP 比重"（正向指标，指标代码为 $CUGC1$）。教育本来是一种文化现象，具有双重的文化属性：一方面，教育是传递和深化文化的重要手段；另一方面，教育者及实践活动过程又体现浓厚的文化特质，蕴含着丰富的文化价值观念和文化行为方式。因此，文化通过教育得以传递、深化、丰富和发展，政府的教育支出或投入在很大程度上体现政府支持文化发展的力度和政府文化治理的能力。在国家（或政府）财政性教育投入上，世界平均水平是7%左右，中国于1993年提出要在2000年实现国家财政性教育经费占 GDP 4%的目标，但4%目标实现的时间推至2012年（2012年为4.28%，2013年为4.30%，2014年为

---

① 卫欢：《中国公民社会组织的政治功能》，《吉首大学学报》（社会科学版）2011年第4期。

4.10%，2015 年为 4.26%)[1]。本书对该指标，采用基本现代化标准即大于等于6%。二是反映政府支持科研能力的"研发经费占 GDP 比重"（正向指标，指标代码为 $CUGC2$）。科技包括科研与技术，为文化发展提供物质技术基础，科技进步不断创造新的文化形式，推进文化发展与进步；文化为科技进步提供精神动力和智力支持。研发经费代表政府研发投入的强度或力度，是政府支持科研、支持文化事业和文化产业能力的表现。"研发经费占 GDP 比重"既是政府支持科研能力和文化发展的重要指标，也是衡量经济发展方式创新驱动的重要指标。二战后，很多发达国家以科技作为立国之本，举全国之力投资进行科技创新，其研发经费占 GDP 的比例为3% ～4%。结合相关研究，本书将之确定为大于等于2%。三是反映政府文化发展能力的"6 岁以上识字人口占比"（正向指标，指标代码为 $CUGC3$）。"6 岁以上识字人口占比"实际上是识字率（也有以 15 岁以上为标准的），识字率既反映一个国家或地区的教育普及度，也反映其发展水平和政局安定性。很多研究基本现代化标准的专家把"6 岁以上识字人口占比"作为基本现代化的重要指标，其标准一般为大于等于95%。四是反映政府信息化能力的"电视人口综合覆盖率"（正向指标，指标代码为 $CUGC4$）。"电视人口综合覆盖率"是电视节目信号在特定地域中所能送达的地区的人口数在该地区人口总数中所占的比例。该指标是反映和衡量广播电视事业发达程度的重要指标，也可以看作政府支持文化事业的一种能力及其作用结果。从基本现代化的角度考虑，"电视人口综合覆盖率"应该为100%。

（四）社会治理能力现代化指标

县级政府社会治理能力现代化（指标代码为 $SOGC$）指标体系，一是包含反映政府养老保障能力的"养老保障覆盖率"（正向指标，指标代码为 $SOGC1$）。随着中国现代化进程和人口老龄化进程的加快以及家庭结构等因素的变化，家庭养老的内容和形式开始分离，家庭养老的功能开始弱化和转移，关注老龄化问题，关心老年人的生活质量，是构筑社会主义和谐社会的题中应有之意，也是政府养老保障能力的重要指标[2]。按照基本现代化标准，"养

---

[1]　资料来源：《国家财政性教育经费占比连续四年超百分之四》，光明网，http://epaper. gmw. cn/html/2016 - 11/11 nw. D110000gmrb_20161111_3 - 08，htm。

[2]　穆光宗：《中国传统养老方式的变革和展望》，《中国人民大学学报》2000 年第 5 期。

老保障覆盖率"指标为100%。二是反映政府医疗保障能力的"医疗保障覆盖率"（正向指标，指标代码为 SOGC2）。县级政府在医疗保障中的职能是提供基本的医疗保障，并通过带动社会资源来满足多元化、多层次的医疗保障需求。按照基本现代化标准，"医疗保障覆盖率"指标应该为100%。三是反映政府住房保障能力的"人均住房面积"（正向指标，指标代码为 SOGC3）。从政府角度考虑，"人均住房面积"是衡量政府住房保障能力的一个重要指标，按照基本现代化标准，"人均住房面积"指标为大于等于30m^2。四是反映政府就业促进能力的"城镇人口登记失业率"（负向指标，指标代码为 SOGC4）。在计划经济体制下，所有的城镇无业者都必须到政府劳动部门去登记，处于"待业"状态。党的十四大以后，随着经济体制改革特别是劳动用工制度的改革，"待业登记"改为"失业登记"。"失业登记"是评价一个国家或地区就业状况的主要指标，从政府角度看，是政府促进就业能力的一个重要指标。按照基本现代化标准，"城镇人口登记失业率"一般应该控制在3%以内。

（五）生态治理能力现代化指标

县级政府生态治理能力（指标代码为 EGGC）指标体系，一是包含反映政府支持环保能力的"环保支出占 GDP 比重"（正向指标，指标代码为 EGGC1）。近年来，中国环境污染得到一定控制，但仍较为严重，政府环保投入不足和力度不够是一个重要原因。因此，各级政府的节能环保支出尚需持续增加，"环保支出占 GDP 比重"可以反映政府支持环保能力。按照基本现代化标准，"环保支出占 GDP 比重"一般在 2.5% 及以上。二是反映政府环境治理能力的"城镇生活污水处理率"（正向指标，指标代码为 EGGC2）。1999年以来，中国城市污水污染负荷首次超过工业废水污染负荷，这就要求中国水污染控制重点要从以工业点源污染为主的控制向以城市污水污染为主的控制转变。按照基本现代化标准，"城镇生活污水处理率"应该为100%。三是反映政府生态建设能力的"森林覆盖率"（正向指标，指标代码为 EGGC3）。"森林覆盖率"是反映一个地区森林面积占有情况及实现绿化程度的指标。按照基本现代化标准，"森林覆盖率"应该在 40% 以上。

三　标准及权重

本书采用的指标标准主要参考国内外基本现代化标准、中国全面建成小康社会监测标准等进行设计。在 5 个一级指标设计时运用层次分析法确定权重，在 21 个二级指标设计时运用头脑风暴法确定权重，在各层指标的计算上参考了付春香《中国民族地区城乡一体化发展评价：实证的视角》一文的方法。

（一）一级指标权重

在 5 个一级指标权重设计时，本书采取层次分析法。在权重设计中，对从事政府治理研究的理论工作者和西部地区实务工作者进行问卷调查，由他们对所列一级指标通过两两比较判断的方式，确定对政府治理能力现代化实现影响因素重要程度的总排序，并将结果代入"斯塔相对重要性等级"（见表 4－2），写成判断矩阵形式（见表 4－3），然后根据公式（1）求出各指标权重①。权重确定后，根据公式（2）和公式（3）进行一致性检验②。

表 4－2　斯塔相对重要性等级

相对重要性	定义	说明
1	同等重要	两者对所属测评目标贡献相等
3	略为重要	据经验一个比另一个测评结果稍重要
5	基本重要或高度重要	据经验一个比另一个测评结果更重要
7	确实重要	一个比另一个测评结果更重要，已被实践证明
9	绝对重要	明显重要且可以断言为最高
2、4、6、8	以上两相邻程度中间值	需要折中时采用

$$W_i = \frac{1}{n}\sum_{j=1}^{n}\left(a_{ij}\Big/\sum_{j=1}^{n}a_{ij}\right) \tag{1}$$

$$AW_i = \sum_{j=1}^{n}(a_{ij}W_j) \tag{2}$$

$$\lambda_{max} = \sum_{i=1}^{n}\frac{AW_i}{nW_i} \tag{3}$$

---

① 在公式（1）中，W_i 为指标权重，n 为指标个数，i 为行号，j 为列号，a_{ij} 为相对重要性等级。

② 进行一致性检验时，根据公式（2）求出 AW_i（2.16、1.36、1.11、0.44、0.29）^{T}，再根据公式（3）求出最大特征值为 $\lambda=5.17$。最后根据 $CR=CI/RI$ 求出平均一致性指标 CR。$CI=(\lambda-n)/(n-1)=(5.17-5)/(5-1)=0.0425$；$RI$ 为随机一致性指标，当 n 为 5 时，RI 为 1.12，因此，$CR=CI/RI=0.0425/1.12=0.038$。一般而言，$CR$ 越小，判断矩阵的一致性越好，当 $CR<0.1$ 时，判断矩阵的一致性就是满意的。本书中 $CR=0.038<0.1$，通过了一致性检验，证明其权重具有较高的可信度。

$$Y_{ij} = \begin{cases} X_{ij}/X_b \times 100\% , & 若\ X_{ij}/X_b \\ 100\% , & 若\ X_{ij}/X_b \geqslant 1 \end{cases} \tag{4}$$

$$Y_{ij} = \begin{cases} X_b/X_{ij} \times 100\% , & 若\ X_b/X_{ij} < 1 \\ 100\% , & 若\ X_b/X_{ij} \geqslant 1 \end{cases} \tag{5}$$

$$M_i = \sum_{i,j=1}^{n} W_{ij} Y_{ij} \tag{6}$$

$$Z = \sum_{i,j=1}^{n} W_j M_i \tag{7}$$

表 4 – 3　一级指标判断矩阵及权重

一级指标	ECGC	SOGC	POGC	CUGC	EGGC	W_i
ECGC	1	2	3	4	5	0.40
SOGC	1/2	1	2	3	4	0.25
POGC	1/3	1/2	1	4	5	0.20
CUGC	1/4	1/3	1/4	1	2	0.09
EGGC	1/5	1/4	1/5	1/2	1	0.06
$\sum_{j=1}^{n} a_{ij}$	2.28	4.08	6.45	12.5	17	1.00

（二）二级指标权重

在设计二级指标权重时，采用头脑风暴法，通过对二级指标进行分级和排序，确定每个指标的权重（指标名称、指标含义、指标标准和指标权重见表 4 – 1）。

（三）各层指标的计算

二级指标体系包括正向和负向两种指标，正向指标实现程度根据公式（4）计算[①]，负向指标实现程度根据公式（5）计算。

一级指标由经济、政治、文化、社会和生态治理能力现代化五个方面构成，其实现程度根据公式（6）计算[②]。

县级政府治理能力现代化实现程度综合值（整体治理能力现代化）根

----

① 公式（4）中，Y_{ij} 为指标的实现程度，X_{ij} 为实际值，X_b 为目标值。

② 公式（6）中，M_i 为每个一级指标的实现程度实际值，Y_{ij} 为每个二级指标的实现程度实际值，W_{ij} 为每个二级指标的权数。

据公式（7）计算①。在此基础上，利用县级政府治理能力现代化实现程度的综合值来衡量一个县级政府治理能力现代化的实现程度。综合值越高，说明该县级政府治理能力现代化实现程度越高。

同时，本书将"县级政府治理能力现代化"的实现程度具体划分为三个发展阶段：如果综合值在1%至40%，则说明该县级政府治理能力处于传统治理阶段；如果综合值在41%至80%，则说明该县级政府治理能力处于由传统治理向现代治理的转型阶段；如果综合值在81%至100%，则说明该县级政府治理能力处于基本现代化阶段。

第二节　H县政府治理能力现代化程度测评

治理评估指标体系设置时，有的用单纯客观指标（强调"评"），有的用单纯主观指标（强调"估"），也有的将主客观指标糅合为综合性指标体系（不一定是"评"和"估"的统一）②。当研究对象较复杂、对象数量较多、数据采集困难、准备给对象排序等时，很多学者倾向于客观指标。但单纯用主观或客观指标，较难反映治理理念和测评对象的全貌；而将主客观指标糅合的综合性指标，较难深入对象的细节。因此，在个案研究时，最好并行使用以上几种方法。本书在横向和纵向测评时运用客观指标③，在公众满意度测评时则运用主观指标。

一　横向测评

为能够比较客观体现H县政府治理能力，本部分以笔者构建的县级政

---

① 公式（7）中，Z 为县级政府治理能力现代化实现程度综合值（整体治理能力现代化），M_i 为每个一级指标的实现程度实际值，W_i 为每个一级指标的权数。

② "客观"主要是指一些指标所依据的是"统计数据"自身的客观性，而"满意"或"民意"等带有很强的主观性。但任何一种测评体系及其测评方法，无不带有评估主体的主观因素，不过相对于"满意度"或"民意测验"而言，"统计数据"测评对象的客观性更强。笔者认为"满意度"测评是对"主观"因素的测评，与以"统计数据"为支撑的"客观"的测评可以互补。

③ 横向测评是对2014年H县与周边一个区（代码为A）六个县（代码分别为B、C、D、E、F、G）（合称"一区七县"）的县级政府治理能力现代化实现程度进行的测评，对政府治理能力现代化实现程度进行比较。纵向测评是对H县2000年至2015年的政府治理能力现代化进程的历时性测量和比较。

府治理能力评价体系为基础，借助 H 县及周边"一区六县"2014 年的统计年鉴和政府工作报告等资料提供的相关数据信息，对 H 县及"一区六县"的县级政府治理能力进行测算和比较。为了体现可比性，有必要首先说明"一区六县"的基本情况。

（一）比较对象简介

A 区与 H 县接壤，1949 年 8 月 14 日，X 县解放，16 日成立 X 县人民政府，隶属 H 专员公署。9 月改 H 专员公署为 X 专员公署，A 县一直为 X 市所在地，2003 年 9 月撤县设区，本书现称之为 A 区。1985 年以前，H 县属于 A 区所在的行政区划 X 地区（后改为 X 市）。A 区是中原通向西北的交通要道和"古丝绸之路"的必经之地，又是 X 市市委、市政府所在地，也是 X 市政治、经济、文化中心。A 区下辖 19 个乡镇、2 个街道，境内有回族、东乡族、蒙古族、满族、壮族、土族等少数民族分布，总面积为 3638 平方公里。A 区是中国西部贫困地区的典型代表，也是西部地区发展的一个缩影。近年来，A 区紧紧围绕"认识抓强化、产业抓提升、转型抓项目、城建抓完善、和谐抓民生、作风抓班子"的总体要求，经济社会保持了发展平稳向好、质量效益提高、人民生活改善、活力后劲增强的良好态势。A 区是全国依靠马铃薯增收最多的县区之一，在草牧业和旱作高效农业发展方面也取得了一定的成效，获得"全国粮食生产先进县（区）标兵""全国粮食生产先进县（区）"等称号。

B 县隶属 X 市，与 H 县毗邻。B 县共辖 18 个乡镇，总面积为 2908.5 平方公里。新中国成立后，B 县属 S 省 T 专区所辖，1955 年 10 月 22 日改属 S 省 X 专（地）区所辖至今。B 县境内沟壑纵横，水土流失严重，以干旱为主的自然灾害频繁。2011 年被国家列入 L 山区集中连片特困地区。B 县是"中国书画艺术之乡""中国民间文化艺术之乡""中国书法之乡""中华诗词之乡""全国体育先进县""全国粮食生产先进县"，境内有"全国 100 个红色旅游经典景区"和"第七批全国重点文物保护单位"一个。

C 县辖 17 个乡镇，境内有回族、满族等 12 个少数民族，县域面积为 2408 平方公里，属 S 省 X 专（地）区所辖至今。C 县有"天下药仓"和"西部药都"之美称，是全国"道地药材"的重要产区之一，被命名为"中国黄芪之乡"、"国家级中医药原料生产供应保障基地"和"全国中药材（黄芪、党参）种植产业知名品牌示范区"。

D 县属 S 省中部，X 市中西部，辖 16 乡镇、3 个社区，D 县以汉族为主，少数民族有回族、藏族、满族、蒙古族，全县总面积为 2065 平方公里。1949 年 8 月，D 县解放后，隶属 G 县专区。1950 年，G 县专区撤销，D 县划归 X 专区管辖。1952 年 12 月，国务院批准撤销 D 县，合并于 C 县。1961 年 12 月 15 日，国务院决定恢复 D 县，属 E 专区。1963 年 12 月，撤销 E 专区后，D 县划归 X 专区管辖。2003 年后，D 县由 X 市管辖。

E 县属 X 市管辖，下辖 18 个乡镇，有东乡族、回族、蒙古族、藏族、朝鲜族、布依族、苗族、侗族、佤族、纳西族、保安族、京族、独龙族、壮族、裕固族、维吾尔族、满族、土族等少数民族分布，总面积为 2851 平方公里。1949 年 E 县解放，属 L 分区（后为 L 回族自治州）。1950 年 5 月，E 县划入 X 分区。1961 年 12 月，设立 E 专区。1963 年 10 月撤销 E 专区，划归 X 专区（后为 X 市）。

F 县隶属于 S 省 X 市，因战略地位重要被认为是汉王朝的"西陲屏障"。境内有国家森林公园 1 处，国家 AAAA 级旅游景区 2 处，为"中国蚕豆之乡"、"中国沙棘之乡"和"中国绿色名县"。F 县辖 13 个乡镇，有汉族、回族、藏族、东乡族等 10 个民族，总面积为 2164.4 平方公里，属国家扶贫开发工作重点县。

G 县隶属 S 省南部 X 市西南部，有"千年药乡"和"中国当归之乡"之称，下辖 18 乡镇，有回族、藏族、东乡族、撒拉族、裕固族和满族 6 个少数民族，面积为 3578 平方公里，属国家扶贫开发工作重点县。

H 县的具体情况前文已经做了说明，此处不再赘述。

根据以上基本情况的介绍，可以发现，H 县和周边"一区六县"在历史渊源、地理位置、自然资源、人文习俗、民族构成、经济社会发展水平、治理面积等方面，都具有很大的相似性和可比性，因此，本书确定将 H 县和周边"一区六县"的政府治理能力进行比较，以发现它们在政府治理能力现代化进程中的相似点和不同点，进而为深入研究 H 县政府治理能力现代化提供可资借鉴的资料和素材。

（二）实现程度比较

表 4 - 4 是根据本书构建的县级政府治理能力现代化指标体系而进行的对 2014 年"一区七县"政府治理能力现代化实现程度的统计。

表 4 - 4　2014 年"一区七县"政府治理能力现代化实现程度

单位：分

指标代码	A 区	B 县	C 县	D 县	E 县	F 县	G 县	H 县
ECGC	32.36	25.86	35.95	28.47	35.76	31.48	28.62	29.48
ECGC1	25.14	13.53	19.48	13.34	18.09	15.62	11.16	17.54
ECGC2	51.72	39.21	76.79	59.04	72.73	71.14	69.84	37.47
ECGC3	29.94	29.28	31.35	29.24	29.99	29.48	27.24	34.10
ECGC4	8.72	11.82	10.25	10.79	28.99	7.74	7.13	6.25
ECGC5	14.29	18.52	13.89	10.87	11.90	11.63	11.11	55.56
ECGC6	87.17	93.83	87.00	84.50	74.83	83.00	77.17	69.50
ECGC7	57.68	24.97	55.29	26.89	40.11	33.51	23.51	32.72
SOGC	95.52	96.29	87.17	91.78	90.00	89.26	87.65	92.08
SOGC1	95.08	97.50	93.94	97.74	95.64	95.24	93.81	95.80
SOGC2	98.63	97.63	85.62	97.12	97.96	97.70	97.00	90.67
SOGC3	100.00	90.00	76.67	76.67	73.33	66.67	66.67	93.33
SOGC4	78.95	100.00	85.71	82.19	76.92	85.23	76.92	78.95
POGC	51.04	27.64	28.75	20.47	33.03	26.24	20.63	20.94
POGC1	25.43	20.29	16.07	16.64	18.05	18.60	19.19	18.01
POGC2	100.00	47.11	50.50	30.94	62.69	44.62	30.35	32.60
POGC3	4.36	3.41	10.60	7.21	3.65	4.74	4.08	3.49
CUGC	72.14	70.73	73.70	75.08	71.02	68.79	77.82	71.11
CUGC1	100.00	100.00	100.00	100.00	100.00	100.00	100.00	100.00
CUGC2	12.38	7.47	12.48	19.72	4.65	6.34	28.61	3.78
CUGC3	92.63	95.20	100.00	97.79	100.00	85.31	99.19	100.00
CUGC4	99.01	94.51	99.51	96.11	96.26	98.28	94.00	99.84
EGGC	58.40	59.30	23.47	52.82	33.96	48.83	65.40	71.12
EGGC1	71.37	100.00	30.19	69.80	28.46	64.97	100.00	74.94
EGGC2	55.40	14.00	16.85	30.88	50.95	20.00	18.00	86.67
EGGC3	30.50	25.50	16.63	43.25	22.25	51.75	50.00	38.25
GGGC	57.03	49.87	49.96	48.36	51.84	49.28	48.41	49.67

（三）"一区七县"政府治理能力现代化比较

本部分从经济治理能力、政治治理能力、文化治理能力、社会治理能力、生态治理能力和政府整体治理能力现代化六个方面，对"一区七县"政府治理能力现代化情况进行横向比较。

1. "一区七县"经济治理能力比较

由图4-1可知，就经济治理能力而言，在"一区七县"中，C县的经济治理能力最强（分值为35.95分），E县的经济治理能力次之（分值为35.76分），B县的经济治理能力最弱（分值为25.86分），H县的经济治理能力居于中游（分值为29.48分）。就主要原因而言，经济运行质量对政府经济治理能力得分的影响最显著，其中，C县的财政能力最强，H县居中（见图4-2）。

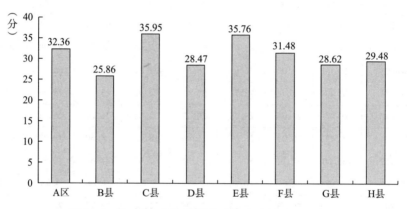

图4-1 "一区七县"经济治理能力比较（2014年）

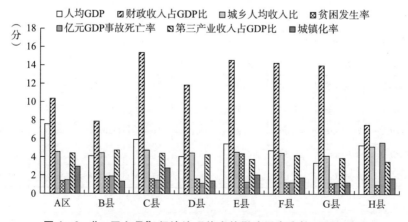

图4-2 "一区七县"经济治理能力的影响因素比较（2014年）

2. "一区七县"政治治理能力比较

由图4－3可知，就政治治理能力而言，在"一区七县"中，A区的政治治理能力最强（分值为51.04分），E县的政治治理能力次之（分值为33.03分），H县的政治治理能力居于下游（分值为20.94分），D县的政治治理能力最弱（分值为20.47分）。就主要原因而言，社会组织吸纳就业能力对政府政治治理能力得分的影响最显著，其中，A区社会组织吸纳就业能力居于"一区七县"之首，是H县的3倍还多，其政府允许或支持基层自治能力得分也最高；C县支持法治队伍建设的能力得分最高，相当于H县的3倍（见图4－4）。

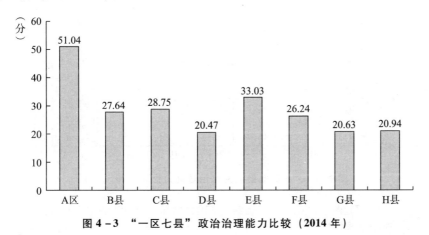

图4－3　"一区七县"政治治理能力比较（2014年）

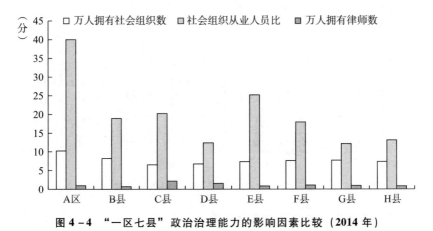

图4－4　"一区七县"政治治理能力的影响因素比较（2014年）

3. "一区七县" 文化治理能力比较

由图 4-5 可知, 就文化治理能力而言, 在 "一区七县" 中, G 的文化治理能力最强 (分值为 77.82 分), F 县的文化治理能力最弱 (分值为 68.79 分)。由于各县区教育支出占 GDP 比重均超过标准值 (≥6%), 得分均为满分。就影响政府文化治理能力差异的其他因素而言, G 县政府支持科研能力最强, D 县次之, H 县最弱, 约为 G 县的 1/8, D 县的 1/5, A 区和 C 县的 1/3。F 县劳动力中 "6 岁以上识字人口占比" 的值最小 (见图 4-6)。

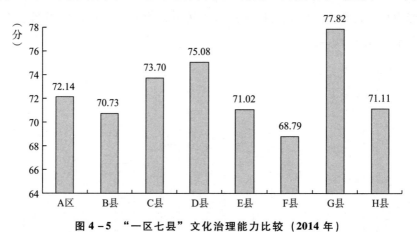

图 4-5 "一区七县" 文化治理能力比较 (2014 年)

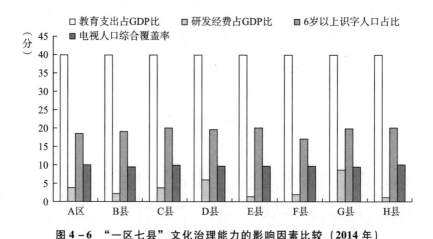

图 4-6 "一区七县" 文化治理能力的影响因素比较 (2014 年)

4. "一区七县" 社会治理能力比较

由图 4-7 可知, 就社会治理能力而言, 在 "一区七县" 中, B 县的社会治理能力最强 (分值为 96.29 分), C 县的社会治理能力最弱 (分值为

87.17 分），H 县的社会治理能力居第三（分值为 92.08 分）。就主要原因而言，B 县的政府养老保障能力居于"一区七县"之首，C 县的政府养老保障能力和医疗保障能力均居于"一区七县"之末（见图 4-8）。

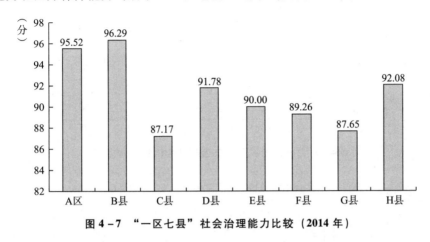

图 4-7 "一区七县"社会治理能力比较（2014 年）

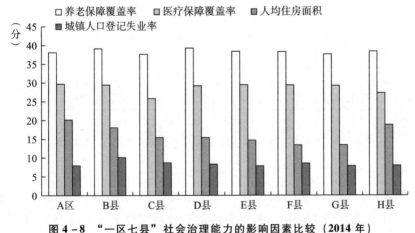

图 4-8 "一区七县"社会治理能力的影响因素比较（2014 年）

5. "一区七县"生态治理能力比较

由图 4-9 可知，就生态治理能力而言，在"一区七县"中，H 县的生态治理能力最强（分值为 71.12 分），C 县的生态治理能力最弱（分值为 23.47 分）。就主要原因而言，H 县政府环境治理能力即城镇生活污水处理率最高，但政府支持环保能力居第三。而 C 县的政府环境治理能力较弱（见图 4-10）。

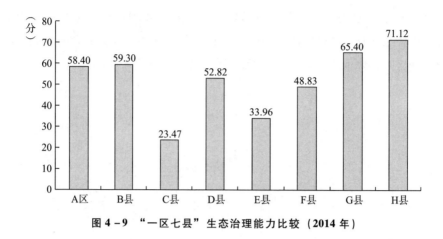

图 4-9 "一区七县"生态治理能力比较（2014 年）

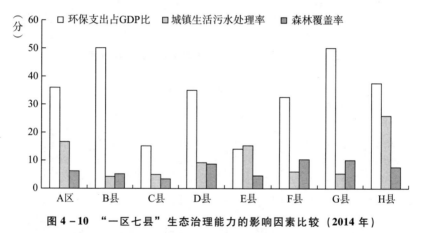

图 4-10 "一区七县"生态治理能力的影响因素比较（2014 年）

6. "一区七县"政府整体治理能力比较

综合而言（见图 4-11），在"一区七县"中，A 区政府的整体治理能力最强（分值为 57.03 分），E 县政府的整体治理能力次之（分值为 51.84 分），C 县政府的整体治理能力居第三（分值为 49.96 分），B 县政府的整体治理能力居第四（分值为 49.87 分），H 县政府的整体治理能力居第五（分值为 49.67 分），F 县政府的整体治理能力居第六（分值为 49.28 分），G 县政府的整体治理能力居第七（分值为 48.41 分），D 县政府的整体治理能力最弱（分值为 48.36 分）。但"一区七县"政府治理能力综合值均在 41% ~ 80% 这个区间，说明"一区七县"县级政府整体治理能力均处于由传统治理向现代治理的转型阶段。

在"一区七县"中,就影响各县(区)政府治理能力五个方面的因素而言,各县(区)政府的社会治理能力普遍得分较高,都高于其他方面的治理能力,且远远高于政府整体治理能力,可见其为政府整体治理能力的主要得分项,但其与政府整体治理能力不是直接同步变动的。相比较而言,在"一区七县"中,文化治理能力的水平都比较接近且普遍得分较高,仅次于社会治理能力的得分,且普遍高于政府整体治理能力,是政府整体治理能力的第二得分项,其与政府整体治理能力也不是直接同步变动的。而"一区七县"的经济治理能力总体上得分都比较低,也都低于政府整体治理能力,而且,A区和B县的经济治理能力的得分均低于A区和B县其他方面的治理能力,但经济治理能力与政府整体治理能力呈同步变动之势。在"一区七县"中,生态治理能力的变化差距最大,与政府整体治理能力的变化不同步。"一区七县"的政治治理能力总体得分不高,但其与政府整体治理能力的变化基本同步。

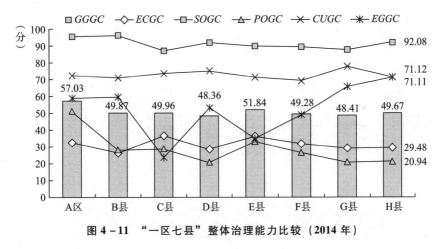

图4-11 "一区七县"整体治理能力比较(2014年)

二 纵向测评

据笔者所知,对县级政府治理能力进行纵深研究的成果较少,为避免这种缺憾,本书对H县政府2000~2015年(涉及"九五"计划、"十五"计划、"十一五"规划、"十二五"规划时期)的治理能力从"现代化进程"的角度,在经济、政治、文化、社会、生态和整体治理能力六个方面进行纵向比较。

（一）经济治理能力现代化进程

由图 4 - 12 可知，2000～2015 年，H 县政府的经济治理能力总体上提高了一倍多一点，即由 2000 年的 15.17 分提高到 2015 年的 33.41 分。最低年份为 2005 年（分值为 15.15 分），最高年份为 2015 年（分值为 33.41分）。不过，其间还经历了 2003～2005 年的小幅减弱，2006 年开始缓慢回升，2011～2015 年，H 县政府的经济治理能力有了大幅提升，其间平均提升速度约为每年 12.50%。但即便如此，H 县政府的经济治理能力仍然比较低，得分在 40 分以下。如果按照国家治理现代化进程来分析，则 H 县政府在这 16 年的治理过程中，经历了国家"九五"（本书涉及"九五"计划的最后一年）计划至"十二五"规划四个时期。在本书研究过程中，"十五"计划至"十二五"规划三个时期的经济治理变化情况有完整数据。相比较而言，"十五"时期，H 县政府的经济治理能力出现了小幅减弱，"十一五"时期 H 县政府的经济治理能力缓慢提升，"十二五"时期，H 县政府的经济治理能力大幅提升。

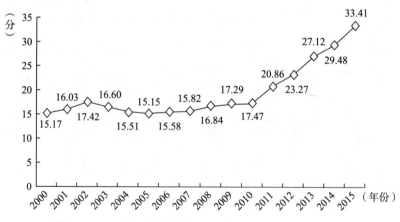

图 4 - 12　H 县经济治理能力现代化进程（2000～2015 年）

（二）政治治理能力现代化进程

由图 4 - 13 可知，2000～2015 年，H 县政府的政治治理能力水平总体上没有多大提升，且得分都在 25 分以下，在本书构建的县级政府治理能力测评标准体系下，该方面的得分基本稳定在 20.44～22.56 分。最低年份为2011 年（分值为 20.44 分），最高年份为 2013 年（分值为 22.56 分）。

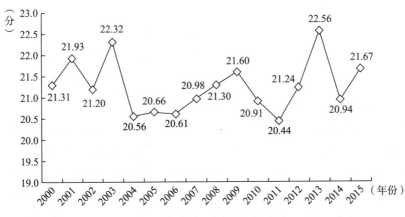

图 4 – 13　H 县政治治理能力现代化进程（2000~2015 年）

（三）文化治理能力现代化进程

由图 4 – 14 的变化情况可知，2000~2015 年，H 县政府的文化治理能力及水平总体上处于稳步提升状态。在本书构建的县级政府治理能力测评标准体系下，该方面的总体得分一直稳定在 60 分以上，处于 63.19~71.11分。最低年份为 2000 年（分值为 63.19 分），最高年份为 2014 年（分值为71.11 分）。

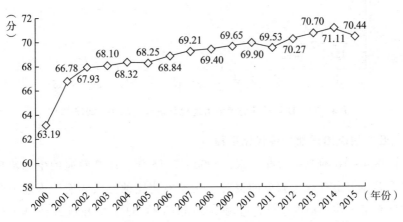

图 4 – 14　H 县文化治理能力现代化进程（2000~2015 年）

（四）社会治理能力现代化进程

由图 4 – 15 的变化情况可知，2000~2015 年，H 县政府的社会治理能力水平有大幅度提升，在本书构建的县级政府治理能力测评标准体系下，该方面的总体得分由 2000 年的 14.08 分提升到 2012 年的最高分 94.37 分

（提升幅度为 2000 年的 6 倍左右），又经过 2013 年的小幅减弱后，其得分基本稳定在 90 分以上。

从国家治理的角度看，H 县政府的社会治理能力经历了明显的 "两级跳"，在 "九五" 末期至 "十五" 时期相对较低，"十五" 时期经历了头四年的小幅震荡后得到第一次大幅提升；"十五" 末比 "九五" 末，H 县政府的社会治理能力提升了 2.29 倍。"十一五" 时期的头四年，H 县政府社会治理能力水平缓慢提升，"十一五" 末又发生了大幅提升，总体水平提升至 90.07 分。"十二五" 开始，H 县政府社会治理能力有小幅震荡，但平均水平比 "十一五" 时期提升了近一倍，比 "九五" 末提升了 5 倍多。由此可见，在 H 县政府治理能力的整体变化过程中，社会治理能力现代化的推进速度最快，对政府整体治理能力现代化水平提升的贡献度最大。

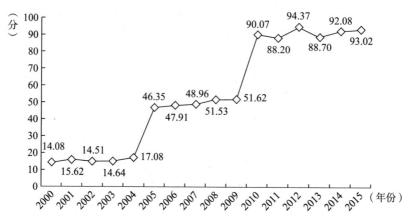

图 4 - 15　H 县社会治理能力现代化进程（2000～2015 年）

（五）生态治理能力现代化进程

由图 4 - 16 的变化情况可知，2000～2015 年，H 县政府的生态治理能力水平总体上也有较大幅度的提升，在本书构建的县级政府治理能力测评标准体系下，该方面的总体得分由 2000 年的 34.33 分提升到 2015 年的最高分 82.58 分（为 2000 年的两倍多）。最低年份为 2000 年（分值为 33.43 分），最高年份为 2015 年（分值为 82.58 分）。从国家治理的角度看，H 县政府的生态治理能力在 "十五" 时期得分由 34.48 分缓慢提升至 36.50 分。"十一五" 时期特别是 "十一五" 末，H 县政府的生态治理能力较 "十五" 时期提升了近 60%，"十二五" 时期又比 "十一五" 时期平均提升 52% 左右。因此，H 县政府的生态治理能力在这 16 年时间内，经历了"十一五"时期大提升和"十二五"时期小提升两个比较明显的提升阶段。

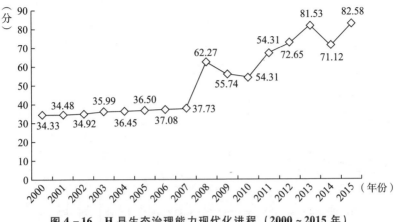

图 4 - 16　H 县生态治理能力现代化进程（2000～2015 年）

（六）整体治理能力现代化进程

就 H 县政府整体治理能力现代化进程及实现程度而言（见图 4 - 17），最低年份为 2000 年（分值为 21.06 分），最高年份为 2015 年（分值为 52.25 分）。2000～2004 年，其治理水平稳定在 21.06～22.51 分，2005 年则有了较大提升，其原因是"新农合"的广泛推行对提升 H 县的社会治理能力直至政府整体治理能力现代化进程起了重大作用。"十一五"头四年，其治理水平又稳定在 30.21～33.32 分，2010 年又有了大幅提升，其原因是"新农保"的广泛推行对提升 H 县的社会治理能力直至政府整体治理能力现代化进程起了重大作用。"十二五"期间，H 县的政府整体治理能力得到了稳步提升。

但客观地讲，H 县的政府整体治理能力水平不高，更大幅度地提升 H 县的政府整体治理能力现代化水平，既需要巩固已有成果，也需要进一步挖掘提升政府治理能力现代化水平的新抓手。

三　公众评价

从"人民满意不满意"的视角研究县级政府治理能力现代化情况，是中国共产党的性质和宗旨的内在要求，也是马克思主义国家治理理念的现实体现。本书仍然根据县级政府"五位一体"的治理能力现代化的思路框架和结构要素，结合深度访谈和事前调研，设计了"五位一体"框架下的"县级政府治理能力现代化公众满意度调查问卷"，问卷中具体问题的设置注意从被测对象熟知或容易回答的角度展开，通过发放纸质问卷（预调查阶段）和网上问卷（"问卷星"平台发放和回收）两种具体形式，将"线上"和"线下"结合起来。以下是笔者于 2016 年 10 月对 H 县政府治理能力现代化满意度进行调查的结果及分析。

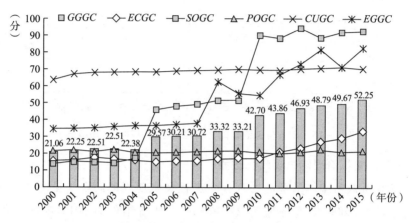

图 4 – 17 H 县整体治理能力现代化进程（2000～2015 年）

（一）样本描述性分析

从表 4 – 5 可知，本次公众满意度调查一共收集的有效样本是 447 个（实际调查样本为 500 个）。从性别看，男性样本相对较多，具体比例为 60.0%。就年龄来讲，31～40 岁年龄占比最高，为 38.7%，还有占比分别为 24.6%、25.1% 的样本年龄为 21～30 岁或者 41～50 岁。就户口情况而言，样本中有 65.8% 为非农业户口，还有 33.1% 为农业户口。从家庭出身来看，大部分样本为农民家庭，比例是 81.0%。从政治面貌来看，大部分样本为群众，比例是 56.4%。就月收入看，3001～4000 元的比例为 29.1%，同时还有 20.4% 的样本月收入在 1000 元以下，整体来看，大部分样本的月收入均会低于 4000 元。从学历来看，有接近五成的样本为大学本科，还有 21.0% 的样本为大学专科，25.1% 的样本为高中或高中以下。从职业分布上看，教学/科研样本的比例为 22.6%，事业单位样本的比例是 18.1%。

表 4 - 5　调查样本情况简介

单位：人，%

问题	选项	频数	占比	问题	选项	频数	占比
性别	男	268	60.0	月收入	1000 元以下	91	20.4
	女	179	40.0		1001～2000 元	53	11.9
年龄	20 岁以下	31	6.9		2001～3000 元	86	19.2
	21～30 岁	110	24.6		3001～4000 元	130	29.1
	31～40 岁	173	38.7		4001～5000 元	44	9.8
	41～50 岁	112	25.1		5001 元以上	43	9.6
	51～60 岁	21	4.7	学历	高中或高中以下	112	25.1
户口	农业户口	148	33.1		大学专科	94	21.0
	非农业户口	294	65.8		大学本科	222	49.7
	其他	5	1.1		硕士研究生	15	3.4
家庭出身	农民家庭	362	81.0		博士研究生	4	0.9
	干部/公务员家庭	23	5.1	职业	党政机关	28	6.3
	教师家庭	37	8.3		事业单位	81	18.1
	工人家庭	18	4.0		企业	53	11.9
	军人家庭	3	0.7		个体户	37	8.3
	其他	4	0.9		教学/科研	101	22.6
政治面貌	群众	252	56.4		无业/失业/待业	29	6.5
	共青团员	71	15.9		农民/农民工	42	9.4
	中共党员（含预备党员）	116	26.0		学生	54	12.1
	民主党派	3	0.7		其他	22	4.9
	其他	5	1.1	合计		447	100
合计		447	100				

（二）信度分析

信度即可靠性分析，它可以用来测量量表或者研究变量测量概念的一致性程度情况。本次研究使用 Cronbach Alpha 系数测量各个研究变量的信度水平。测量结果如表 4 - 6 所示。

从表 4 - 6 可知：本次涉及的研究变量共为 5 个。它们分别是经济治理能力、政治治理能力、文化治理能力、社会治理能力、生态治理能力。而且这 5

个变量的 Cronbach Alpha 值分别是 0.782、0.888、0.818、0.916、0.717，全部高于 0.7，最小值为 0.717，最大值为 0.916，说明本次涉及的研究变量信度较高。

表 4 - 6 各研究变量的信度水平

变量名称	题项个数（个）	Cronbach Alpha 值
ECGC	7	0.782
POGC	11	0.888
CUGC	7	0.818
SOGC	22	0.916
EGGC	5	0.717

（三）效度分析

效度指通过相关测量手段、测量工具或者测量方法可以精确测量出量表或者研究变量概念程度水平。通俗地讲，效度用于测量某构念或者结构的相关题项或项目，是否真实有效地反映对应测量量表或者研究变量程度情况，如果题项或者项目可以真实有效地测量对应量表或者变量概念，即说明效度水平良好。效度也可以用来测量量表或变量与对应题项之间的逻辑结构关系，若测量结果与预期保持相对一致性，则说明效度良好，一致性程度越高，说明效度越高；反之一致性程度越低，则说明效度越低。针对问卷研究，一般需要使用内容效度和结构效度进行分析。

1. 内容效度

内容效度，亦称逻辑效度，可用于测量题项或项目是否满足专业测量要求，即题项或项目是否具有适用性，题项或项目是否可以真实有效地测量对应概念信息。内容效度判断可分为两种，第一种为测量工具能够真实有效反映测量概念的程度水平，第二种是测量工具可以覆盖全部测量概念的程度情况。针对本书，问卷题项设计均结合县级政府治理能力"五位一体"的结构要素进行，问卷题项既参考相关文献又结合深度访谈进行设计，说明本书量表具有较好的内容效度。

2. 结构效度

结构效度用于测量概念结构关系被表达的程度水平，即利用软件生成结果与预期进行对比，如果二者有着较高的一致性，则说明效度良好。学者认为，探索性因子分析法（EFA）是进行结构效度分析最为有效的方法。

针对本书，首先对 KMO 和 Bartlett's Test 进行分析，探索性因子分析法首先应该通过 Bartlett's Test。针对 KMO 值，如果其高于 0.8，则说明结构效度良好，如果 KMO 值介于 0.6～0.8，则说明结构效度较好，如果 KMO 值低于 0.5，则说明结构效度较差。此外，本书还结合方差解释率、因子载荷系数值进行分析。方差解释率用于说明公因子对于量表的解释程度，因子载荷系数用于分析研究变量与题项之间的关系紧密程度。分析结果如表 4 - 7 所示。

从表 4 - 7 可知：本书共有 5 个研究变量，分别是经济治理能力、政治治理能力、文化治理能力、社会治理能力、生态治理能力。第一次分析时将因子载荷系数值低于 0.4 的 22 个题项进行删除，最终余下 52 个题项；针对本书涉及的五个研究变量，在进行效度检验时它们的 KMO 值分别是 0.837、0.918、0.877、0.932、0.776。全部高于 0.7，最小值为 0.776，最大值为 0.932，并且全部通过 Bartlett's Test（Sig. = 0.000），因此说明本次研究变量效度较高，各题项可以较为有效地表达研究变量概念信息，说明样本数据有效，可以用于进一步研究使用。

表 4 - 7　变量的 KMO 值、卡方值、自由度 df 和 Sig.

变量	题项个数（个）	KMO 值	卡方值	自由度 df	Sig.
ECGC	7	0.837	702.539	21	0.000
POGC	11	0.918	2011.890	55	0.000
CUGC	7	0.877	871.066	21	0.000
SOGC	22	0.932	3951.492	231	0.000
EGGC	5	0.776	376.620	10	0.000

从表 4 - 8 也可以看出，所有题项的因子载荷系数均高于 0.4，而且绝大多数高于 0.5，因而说明本书量表效度较高，数据可用于后续研究使用。

表 4 - 8　题项的因子载荷系数

因子	题项	因子载荷系数	特征根值	方差解释率（%）
经济治理能力	近几年本县经济的发展速度快吗（与周边县区相比）	0.604	3.056	43.662
	近几年自己或自家的经济条件改善大吗	0.618		
	对当地的城市（镇）规划和建设工作满意吗	0.678		
	当地农村面貌改善大吗	0.677		
	当地农产品的销路好吗	0.642		
	对当地政府的扶贫工作满意吗	0.711		
	当地个体户和小微企业发展得好吗	0.688		
政治治理能力	当地公务员在群众心目中的威信高吗	0.643	5.235	47.590
	对当地村干部的工作满意吗	0.707		
	周围群众给政府有关部门提意见的渠道多吗	0.640		
	如果有人给政府部门提意见，他们的回应及时吗	0.728		
	对当地政府治理不正之风的工作满意吗	0.767		
	本县各民族群众团结吗	0.486		
	当地的普法活动多吗	0.695		
	当地的普法活动有效吗	0.664		
	当地政府在做出重大决策过程中重视群众意见吗	0.827		
	当地政府在做出重大决策过程中重视专家意见吗	0.602		
	对当地政府的信息公开工作满意吗	0.767		
文化治理能力	到本县来旅游的外地人（外国人）多吗	0.604	3.389	48.411
	对当地的文化旅游服务满意吗	0.750		
	喜欢本县电台电视台的广播电视节目吗	0.715		
	当地的文化名人或反映当地生活的文化作品多吗	0.737		
	对当地文化馆、博物馆、图书馆、纪念馆等的工作满意吗	0.767		
	对当地政府引导和规范广场舞等群众文体活动的工作满意吗	0.695		
	对当地政府在管理 KTV、网吧等方面的工作满意吗	0.578		
社会治理能力	对当地社会风气的评价是什么	0.588	8.077	36.715
	对当地的社会治安情况满意吗	0.537		
	对当地的医疗卫生服务工作满意吗	0.606		
	对当地的农村危房改造或棚户区改造工作满意吗	0.630		

因子	题项	因子载荷系数	特征根值	方差解释率（%）
社会治理能力	在当地就业和创业容易吗	0.448	8.077	36.715
	对当地政府救助弱势群体方面的工作满意吗	0.651		
	对当地的"新农合"工作满意吗	0.646		
	对当地安全生产工作满意吗	0.686		
	对当地的计划生育工作满意吗	0.586		
	感觉自己幸福吗	0.465		
	在当地办理身份证、户籍证明、营业执照、卫生许可证等方便吗	0.600		
	当地的交通方便吗	0.650		
	当地的用电方便吗	0.579		
	当地的用水方便吗	0.652		
	所在的地方看电视、上网或通信方便吗	0.630		
	当地的购物方便吗	0.694		
	在当地接受技能培训方便吗	0.679		
	当地存款、取款方便吗	0.649		
	当地进行文体活动的场地和设施多吗	0.521		
	对当地官方网站的质量满意吗	0.582		
	对当地网络信息管理工作满意吗	0.615		
	当地公共场所的电子监控系统完善吗	0.562		
生态治理能力	对当地的"退耕还林"工作满意吗	0.689	2.351	47.026
	周围群众能够自觉做到节约水、电、土地等资源吗	0.633		
	当地群众性的环境保护组织多吗	0.691		
	对当地的农田水利建设工作满意吗	0.638		
	当地能够有效分类和处理各类垃圾吗	0.769		

（四）变量描述分析

此部分在于对研究变量进行描述性分析，通过分析研究变量及具体题项的平均值，去了解样本对变量的整体态度情况，具体情况见表4-9和表4-10。

表4-9 变量及具体题项的平均值得分

单位：个，分

变量名称	样本	最小值	最大值	平均值	标准差
$GGGC$	447	1.64	4.72	3.01	0.41
$ECGC$	447	1.29	5.00	3.11	0.65
$POGC$	447	1.00	5.00	2.70	0.68
$CUGC$	447	1.00	5.00	2.95	0.63
$SOGC$	447	1.09	5.00	3.05	0.59
$EGGC$	447	1.00	5.00	2.81	0.69

从图4-18可以明显看出，就本书涉及的五个研究变量即经济治理能力、政治治理能力、文化治理能力、社会治理能力、生态治理能力而言，样本均表现出中立态度；对政治治理能力和生态治理能力这两项，样本表现出微弱的不认可态度，平均值分别是2.70分和2.81分；相对来讲，样本对经济治理能力的认可度相对较高，平均值是3.11分（这与前文测评的结果不一致）。综合来看，样本对政府各类治理能力的满意度均不是很高（这与前文测评的结果基本一致）。

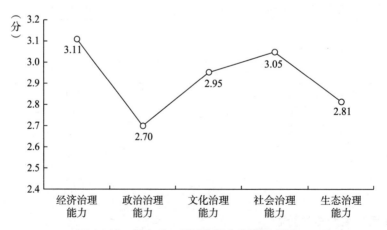

图4-18 样本对五种具体能力的满意度情况

表4-10 样本对五种治理能力及具体题项满意度的相关分值

单位：个，分

五种治理能力及具体题项	样本	最小值	最大值	平均值	标准差
经济治理能力	447	1.29	5.00	3.11	0.65

五种治理能力及具体题项	样本	最小值	最大值	平均值	标准差
近几年本县经济的发展速度快吗（与周边县区相比）	447	1.00	5.00	3.87	0.86
近几年自己或自家的经济条件改善大吗	447	1.00	5.00	3.16	0.98
对当地的城市（镇）规划和建设工作满意吗	447	1.00	5.00	3.35	1.02
当地农村面貌改善大吗	447	1.00	5.00	3.33	1.04
当地农产品的销路好吗	447	1.00	5.00	2.40	0.96
对当地政府的扶贫工作满意吗	447	1.00	5.00	2.64	1.13
当地个体户和小微企业发展得好吗	447	1.00	5.00	3.00	0.82
政治治理能力	447	1.00	5.00	2.70	0.68
当地公务员在群众心目中的威信高吗	447	1.00	5.00	2.68	1.02
对当地村干部的工作满意吗	447	1.00	5.00	2.63	1.08
周围群众给政府有关部门提意见的渠道多吗	447	1.00	5.00	2.26	0.97
如果有人给政府部门提意见，他们的回应及时吗	447	1.00	5.00	2.68	0.98
对当地政府治理不正之风的工作满意吗	447	1.00	5.00	2.72	1.04
本县各民族群众团结吗	447	1.00	5.00	3.36	0.89
当地的普法活动多吗	447	1.00	5.00	2.50	0.92
当地的普法活动有效吗	447	1.00	5.00	2.67	0.91
当地政府在做出重大决策过程中重视群众意见吗	447	1.00	5.00	2.43	1.08
当地政府在做出重大决策过程中重视专家意见吗	447	1.00	5.00	3.13	0.87
对当地政府的信息公开工作满意吗	447	1.00	5.00	2.63	1.05
文化治理能力	447	1.00	5.00	2.95	0.63
到本县来旅游的外地人（外国人）多吗	447	1.00	5.00	2.62	0.96
对当地的文化旅游服务满意吗	447	1.00	5.00	3.13	0.86
喜欢本县电台电视台的广播电视节目吗	447	1.00	5.00	3.09	0.87
当地的文化名人或反映当地生活的文化作品多吗	447	1.00	5.00	2.64	1.02
对当地文化馆、博物馆、图书馆、纪念馆等的工作满意吗	447	1.00	5.00	3.28	0.88

五种治理能力及具体题项	样本	最小值	最大值	平均值	标准差
对当地政府引导和规范广场舞等群众文体活动的工作满意吗	447	1.00	5.00	3.15	0.90
对当地政府在管理 KTV、网吧等方面的工作满意吗	447	1.00	5.00	2.77	0.91
社会治理能力	447	1.09	5.00	3.05	0.59
对当地社会风气的评价是什么	447	1.00	5.00	2.82	0.96
对当地的社会治安情况满意吗	447	1.00	5.00	3.11	0.94
对当地的医疗卫生服务工作满意吗	447	1.00	5.00	2.88	1.07
对当地的农村危房改造或棚户区改造工作满意吗	447	1.00	5.00	2.86	1.07
在当地就业和创业容易吗	447	1.00	5.00	1.91	0.82
对当地政府救助弱势群体方面的工作满意吗	447	1.00	5.00	2.69	1.00
对当地的"新农合"工作满意吗	447	1.00	5.00	3.06	1.00
对当地安全生产工作满意吗	447	1.00	5.00	3.07	0.80
对当地的计划生育工作满意吗	447	1.00	5.00	3.34	0.90
感觉自己幸福吗	447	1.00	5.00	3.55	0.91
在当地办理身份证、户籍证明、营业执照、卫生许可证等方便吗	447	1.00	5.00	3.11	1.09
当地的交通方便吗	447	1.00	5.00	3.11	1.19
当地的用电方便吗	447	1.00	5.00	3.96	0.72
当地的用水方便吗	447	1.00	5.00	3.03	1.20
所在的地方看电视、上网或通信方便吗	447	1.00	5.00	3.56	1.11
当地的购物方便吗	447	1.00	5.00	3.48	1.08
在当地接受技能培训方便吗	447	1.00	5.00	2.56	1.05
当地存款、取款方便吗	447	1.00	5.00	3.61	1.05
当地进行文体活动的场地和设施多吗	447	1.00	5.00	2.41	1.03
对当地官方网站的质量满意吗	447	1.00	5.00	3.16	0.65
对当地网络信息管理工作满意吗	447	1.00	5.00	3.12	0.82
当地公共场所的电子监控系统完善吗	447	1.00	5.00	2.69	1.02
生态治理能力	447	1.00	5.00	2.81	0.69
对当地的"退耕还林"工作满意吗	447	1.00	5.00	3.16	1.03
周围群众能够自觉做到节约水、电、土地等资源吗	447	1.00	5.00	3.10	1.02

五种治理能力及具体题项	样本	最小值	最大值	平均值	标准差
当地群众性的环境保护组织多吗	447	1.00	5.00	2.40	0.96
对当地的农田水利建设工作满意吗	447	1.00	5.00	2.95	0.96
当地能够有效分类和处理各类垃圾吗	447	1.00	5.00	2.44	1.06

就经济治理能力而言，样本对"近几年本县经济的发展速度快吗（与周边县区相比）"表现出比较高的认可度，平均打分是 3.87 分；但同时，样本对"当地农产品的销路好吗"和"对当地政府的扶贫工作满意吗"这两项的认可度很低，平均打分分别是 2.40 分和 2.64 分。就政治治理能力而言，整体上看，样本表现出一定的不认可态度；相对来看，样本对"本县各民族群众团结吗"这一项有着微弱的认可度，平均值是 3.36 分；同时，样本对"周围群众给政府有关部门提意见的渠道多吗"表现出最低的认可度，平均得分仅为 2.26 分；对"当地政府在做出重大决策过程中重视群众意见吗"的认可度也很低，平均得分为 2.43 分。就文化治理能力来看，样本对"对当地政府在管理 KTV、网吧等方面的工作满意吗""到本县来旅游的外地人（外国人）多吗""当地的文化名人或反映当地生活的文化作品多吗"这三项表现出较低认可度；同时，样本对"对当地文化馆、博物馆、图书馆、纪念馆等的工作满意吗"表现出较高的认可度，平均得分是 3.28 分。就社会治理能力来看，样本整体上表现出中立态度，但明显可以看出，样本对"在当地就业和创业容易吗"表现出很低的认可度，平均得分是 1.91 分；对"在当地接受技能培训方便吗"也表现出比较低的认可度，平均得分是 2.56 分；对"当地进行文体活动的场地和设施多吗""当地公共场所的电子监控系统完善吗"也表现出较低的认可度；相对来看，样本对"对当地的计划生育工作满意吗""感觉自己幸福吗""当地的用电方便吗""所在的地方看电视、上网或通信方便吗""当地的购物方便吗""当地存款、取款方便吗"均表现出一定的高认可度。就生态治理能力而言，样本对"当地群众性的环境保护组织多吗""当地能够有效分类和处理各类垃圾吗"两项有较低认可度，平均得分分别是 2.40 分和 2.44 分。

（五）相关分析

相关分析用于研究变量与变量之间的相关关系程度，分析内容包括是否具有相关关系和相关关系的紧密程度等。变量之间的相关关系程度可通过相关系数进行衡量，通常情况下，相关系数可分为 Pearson 相关系数和 Spearman 相关系数。问卷研究中，Pearson 相关系数的使用频率相对较高，相关系数的值一般介于 −1 到 +1，若相关系数大于 0 则说明有着正相关关系，反之则为负相关关系，相关系数的绝对值越大，即说明变量间的相关关系越紧密。通常情况下，如果相关系数绝对值大于 0.4，则说明变量之间有着紧密的相关关系。本书使用 Pearson 相关系数去研究变量之间的相关关系情况。

结合本书的研究对象即 H 县政府的治理能力，此部分利用相关分析去研究整体治理能力分别与五种能力（经济、政治、文化、社会、生态治理能力）之间的关系，以便为随后的回归分析做好准备。整理结果如表 4 – 11 所示。

表 4 – 11　整体治理能力与五种能力的相关分析

	GGGC	ECGC	POGC	CUGC	SOGC	EGGC
GGGC	1					
ECGC	0.779 **	1				
POGC	0.887 **	0.693 **	1			
CUGC	0.815 **	0.627 **	0.725 **	1		
SOGC	0.919 **	0.658 **	0.803 **	0.716 **	1	
EGGC	0.737 **	0.515 **	0.655 **	0.629 **	0.654 **	1

注：** 表示在 0.01 水平（双侧）上显著相关。

从表 4 – 11 可知，本书利用相关分析去研究整体治理能力与经济治理能力、政治治理能力、文化治理能力、社会治理能力、生态治理能力共 5 个研究变量的相关系数值，分别是：0.779、0.887、0.815、0.919、0.737，相关系数全部呈现显著性，且相关系数值全部大于 0，说明整体治理能力与经济治理能力、政治治理能力、文化治理能力、社会治理能力、生态治理能力这 5 个研究变量之间均有显著的正相关关系，且这种关系相对较为紧密。具体要看这几个变量对整体治理能力的影响关系情况如何，下文通过回归分析进一步进行研究。

（六）回归分析

本书使用多元线性回归分析方法去分析五种能力对于整体治理能力的影响并进行总结。将经济治理能力、政治治理能力、文化治理能力、社会治理能力、生态治理能力这五种能力作为自变量，而将整体治理能力作为因变量进行回归分析，结果如表 4 - 12 所示。

表 4 - 12　模型汇总[a]

模型	R	R^2	调整 R^2	标准误	Durbin-Watson
1	0.975[b]	0.950	0.950	0.093	2.132

注：a. 因变量：整体治理能力。
　　b. 预测变量：（常量），EGGC，ECGC，CUGC，SOGC，POGC。

从表 4 - 12 可知：模型的 R^2 为 0.950，即说明这 5 种能力可以解释整体治理能力 95.0% 的变化原因。另外，从表 4 - 13 可知，模型通过 F 检验，P 值为 0.000 < 0.05，即说明经济治理能力、政治治理能力、文化治理能力、社会治理能力、生态治理能力这 5 种能力中至少有一个会对整体治理能力产生影响。至于具体影响关系如何，将在后文进一步分析说明。

表 4 - 13　Anova[a]

模型		平方和	df	均方	F	Sig.
1	回归	72.700	5	14.540	1692.811	0.000[b]
	残差	3.788	441	0.009		
	总计	76.488	446			

注：a. 因变量：整体治理能力。
　　b. 预测变量：（常量），EGGC，ECGC，CUGC，SOGC，POGC。

从表 4 - 14 可知，研究模型公式为：

$$GGGC = 0.863 + 0.117 \times ECGC + 0.138 \times POGC + 0.101 \times CUGC +$$
$$0.301 \times SOGC + 0.070 \times EGGC$$

经济治理能力、政治治理能力、文化治理能力、社会治理能力、生态治理能力这 5 种能力的回归系数全部呈现显著性，说明它们均会对整体治理能力产生影响关系。具体来讲：这 5 种能力的回归系数 B 值分别是：0.117、0.138、0.101、0.301、0.070，全部大于 0，说明它们均对整体治理能力产生正向影响关系。

表 4－14　系数[a]

模型		非标准化系数		标准系数	t	Sig.	共线性统计量	
		B	标准误	试用版			容差	VIF
1	（常量）	0.863	0.026		33.651	0.000		
	ECGC	0.117	0.010	0.182	11.798	0.000	0.473	2.114
	POGC	0.138	0.012	0.227	11.161	0.000	0.272	3.675
	CUGC	0.101	0.011I	0.155	9.125	0.000	0.389	2.572
	SOGC	0.301	0.014	0.431	22.107	0.000	0.296	3.378
	EGGC	0.070	0.009	0.116	7.737	0.000	0.499	2.006

注：a. 因变量：整体治理能力。

综上所述，所有自变量即经济治理能力、政治治理能力、文化治理能力、社会治理能力、生态治理能力均会对整体治理能力产生影响，而且它们全部都对政府的整体治理能力产生显著的正向影响。具体对比回归系数 B 值的大小可知，五种能力对于整体治理能力的影响从大到小依次为：SOGC、POGC、ECGC、CUGC、EGGC。

（七）方差分析

此部分利用方差分析，研究不同样本背景情况，包括性别、年龄、户口、家庭出身、政治面貌、月收入、学历和职业，对于整体治理能力以及 5 种具体能力的态度是否有着差异性，如果具有差异性，那么差异性如何体现等。

1. 性别与研究变量方差分析

利用方差分析去研究不同性别群体对于整体治理能力、经济治理能力、政治治理能力、文化治理能力、社会治理能力、生态治理能力总共 6 个变量的差异性态度，从表 4－15 可知：不同性别样本对于整体治理能力及五种能力均会表现出显著性差异性态度，$p < 0.05$ 或 $p < 0.01$，具体对比差异性后可知：相对于男性样本而言，女性样本对政府治理的五种具体能力均表现出明显更高的满意度。

表 4 – 15　性别与研究变量方差分析

	性别（平均值 ± 标准差）		F	P
	男（N = 268）	女（N = 179）		
GGGC	2.95 ± 0.43	3.11 ± 0.37	16.02	0.00 **
ECGC	3.05 ± 0.69	3.20 ± 0.56	6.08	0.01 *
POGC	2.60 ± 0.71	2.84 ± 0.59	13.82	0.00 **
CUGC	2.85 ± 0.63	3.12 ± 0.60	20.49	0.00 **
SOGC	2.97 ± 0.59	3.17 ± 0.57	13.13	0.00 **
EGGC	2.70 ± 0.71	2.97 ± 0.63	16.89	0.00 **

注：* $p < 0.05$，** $p < 0.01$。

2. 年龄与研究变量方差分析

从表 4 – 16 可知：不同年龄样本对于 6 个研究变量均没有表现出差异性态度，$p > 0.05$，因此说明不论年龄如何，他们对整体治理能力、经济治理能力、政治治理能力、文化治理能力、社会治理能力、生态治理能力这 6 个变量的满意度均表现一致，没有差异性。

表 4 – 16　年龄与研究变量方差分析

	年龄（平均值 ± 标准差）			F	P
	30 岁以下（N = 141）	31 ~ 40 岁（N = 173）	40 岁以上（N = 133）		
GGGC	3.04 ± 0.42	2.98 ± 0.43	3.03 ± 0.39	1.06	0.35
ECGC	3.14 ± 0.60	3.07 ± 0.67	3.12 ± 0.66	0.55	0.58
POGC	2.76 ± 0.66	2.67 ± 0.69	2.67 ± 0.68	0.92	0.40
CUGC	3.00 ± 0.64	2.93 ± 0.65	2.94 ± 0.61	0.50	0.61
SOGC	3.08 ± 0.60	2.98 ± 0.63	3.10 ± 0.52	1.90	0.15
EGGC	2.89 ± 0.70	2.79 ± 0.69	2.76 ± 0.68	1.36	0.26

3. 户口与研究变量方差分析

从表 4 – 17 可知，不同户口样本对于该县政府的整体治理能力表现出差异性态度，具体对比平均值可知：相对农业户口样本，非农业户口样本对该县政府的整体治理能力表现出明显更高的满意度；但是对于具体的五种治理能力而言，不同户口样本并没有表现出明显的差异性。

表 4 – 17　户口与研究变量方差分析

	户口（平均值 ± 标准差）		F	P
	农业户口（N = 148）	非农业户口（N = 294）		
GGGC	2.96 ± 0.43	3.04 ± 0.40	4.25	0.04 *
ECGC	3.04 ± 0.63	3.15 ± 0.65	2.99	0.08
POGC	2.66 ± 0.69	2.72 ± 0.68	0.66	0.42
CUGC	2.95 ± 0.65	2.96 ± 0.63	0.03	0.87
SOGC	2.98 ± 0.63	3.09 ± 0.57	3.09	0.08
EGGC	2.85 ± 0.70	2.80 ± 0.69	0.60	0.44

注：$* p < 0.05$。

4. 家庭出身与研究变量方差分析

从表 4 – 18 可知：不同家庭出身样本对于 6 个研究变量均没有表现出差异性态度，$p > 0.05$，因此说明不论家庭出身如何，他们对整体治理能力、经济治理能力、政治治理能力、文化治理能力、社会治理能力、生态治理能力这 6 个变量的满意度均表现一致，没有差异性。

表 4 – 18　家庭出身与研究变量方差分析

	家庭出身（平均值 ± 标准差）		F	P
	农民家庭（N = 362）	干部/公务员/教师/工人/军人家庭（N = 81）		
GGGC	3.01 ± 0.43	3.03 ± 0.35	0.28	0.60
ECGC	3.09 ± 0.66	3.17 ± 0.55	0.87	0.35
POGC	2.69 ± 0.70	2.73 ± 0.58	0.25	0.62
CUGC	2.95 ± 0.63	2.96 ± 0.64	0.04	0.85
SOGC	3.04 ± 0.61	3.09 ± 0.47	0.62	0.43
EGGC	2.83 ± 0.69	2.72 ± 0.66	1.75	0.19

5. 政治面貌与研究变量方差分析

从表 4 – 19 可知：不同政治面貌样本对于 6 个研究变量均没有表现出差异性态度，$p > 0.05$，说明不论政治面貌如何，他们对于整体治理能力、经济治理能力、政治治理能力、文化治理能力、社会治理能力、生态治理能力这 6 个变量的满意度均表现一致，没有差异性。

表 4 - 19　政治面貌与研究变量方差分析

	政治面貌（平均值 ± 标准差）			*F*	*P*
	群众（N = 252）	共青团员（N = 71）	中共党员（含预备党员）（N = 116）		
GGGC	3.00 ± 0.42	3.02 ± 0.40	3.03 ± 0.41	0.17	0.85
ECGC	3.11 ± 0.67	3.11 ± 0.55	3.09 ± 0.66	0.04	0.96
POGC	2.65 ± 0.66	2.73 ± 0.67	2.77 ± 0.70	1.44	0.24
CUGC	2.97 ± 0.63	2.93 ± 0.63	2.92 ± 0.65	0.24	0.78
SOGC	3.04 ± 0.59	3.07 ± 0.57	3.06 ± 0.61	0.10	0.90
EGGC	2.81 ± 0.69	2.91 ± 0.66	2.74 ± 0.70	1.30	0.27

6. 月收入与研究变量方差分析

从表 4 - 20 可知：不同月收入样本对于 6 个研究变量均会表现出显著性较强的差异性态度（说明收入差距问题是公众评价政府治理能力的一个重要维度），$p < 0.05$ 或 $p < 0.01$，具体对比平均值可知，明显可以看出，月收入为 5001 元以上的样本人群对于政府整体治理能力表现出明显最低的认可态度（这个问题值得思考，因为这个结果与西方"公民社会"理论中的有关结论完全相反）；同时，月收入最高（5001 元以上）样本人群对于五种具体治理能力也均表现出相对最低的满意度。

表 4 - 20　月收入与研究变量方差分析

	月收入（平均值 ± 标准差）						*F*	*P*
	1000 元以下（N = 91）	1001 ~ 2000 元（N = 53）	2001 ~ 3000 元（N = 86）	3001 ~ 4000 元（N = 130）	4001 ~ 5000 元（N = 44）	5001 元以上（N = 43）		
GGGC	3.04 ± 0.40	3.12 ± 0.44	3.07 ± 0.45	3.01 ± 0.39	2.96 ± 0.28	2.75 ± 0.41	5.13	0.00 **
ECGC	3.13 ± 0.62	3.23 ± 0.76	3.19 ± 0.58	3.13 ± 0.64	3.00 ± 0.58	2.79 ± 0.66	3.09	0.01 *
POGC	2.81 ± 0.62	2.84 ± 0.73	2.77 ± 0.74	2.69 ± 0.65	2.58 ± 0.54	2.26 ± 0.64	5.34	0.00 **
CUGC	3.05 ± 0.64	3.21 ± 0.61	3.04 ± 0.64	2.88 ± 0.64	2.79 ± 0.47	2.64 ± 0.61	5.83	0.00 **
SOGC	3.10 ± 0.57	3.20 ± 0.64	3.10 ± 0.64	3.06 ± 0.56	3.03 ± 0.40	2.64 ± 0.60	5.25	0.00 **
EGGC	2.93 ± 0.65	3.08 ± 0.62	2.92 ± 0.79	2.70 ± 0.64	2.65 ± 0.62	2.50 ± 0.67	5.72	0.00 **

注：$* p < 0.05$，$** p < 0.01$。

7. 学历与研究变量方差分析

从表 4 – 21 可知：不同学历样本对于该县政府的文化治理能力表现出比较明显的差异性态度，具体对比平均值可知，学历较高层次（大学本科及以上）人群对于该县政府的文化治理能力表现出较低的认可态度，说明该县政府的文化治理能力层次较低或提供的公共文化服务和产品仅能满足学历较低层次人员的文化需求，但不能满足学历更高层次人员的文化需求；或者也可以说明，该县政府在促进文化事业和文化产业发展方面，还要做很多工作。

表 4 – 21　学历与研究变量方差分析

| | 学历（平均值 ± 标准差） | | | F | P |
	高中及高中以下（N = 112）	大学专科（N = 94）	大学本科及以上（N = 241）		
GGGC	3.04 ± 0.47	3.03 ± 0.39	3.00 ± 0.40	0.49	0.61
ECGC	3.13 ± 0.70	3.17 ± 0.64	3.07 ± 0.62	0.92	0.40
POGC	2.68 ± 0.73	2.76 ± 0.68	2.68 ± 0.65	0.48	0.62
CUGC	3.12 ± 0.64	3.04 ± 0.60	2.84 ± 0.62	8.66	0.00 **
SOGC	3.11 ± 0.63	3.00 ± 0.62	3.04 ± 0.56	0.94	0.39
EGGC	2.93 ± 0.76	2.81 ± 0.62	2.75 ± 0.68	2.50	0.08

注：** $p < 0.01$。

8. 职业与研究变量方差分析

从表 4 – 22 可知：不同职业样本对于 6 个研究变量均不会表现出差异性态度，$p > 0.05$，因此说明不论职业如何，它们对于该县政府的整体治理能力、经济治理能力、政治治理能力、文化治理能力、社会治理能力、生态治理能力这 6 个变量的满意度均表现一致，没有差异性。

表 4 – 22　职业与研究变量方差分析

| | 职业（平均值 ± 标准差） | | | | F | P |
	党政机关/事业单位（N = 109）	企业/个体户（N = 90）	教学/科研（N = 101）	无业/失业/待业/农民/农民工/学生（N = 71）		
GGGC	3.05 ± 0.42	2.99 ± 0.52	3.02 ± 0.34	2.96 ± 0.44	0.70	0.55
ECGC	3.14 ± 0.65	3.10 ± 0.74	3.11 ± 0.57	3.04 ± 0.74	0.37	0.78
POGC	2.78 ± 0.73	2.63 ± 0.74	2.65 ± 0.58	2.59 ± 0.76	1.41	0.24

	职业（平均值 ± 标准差）				F	P
	党政机关/事业单位（N = 109）	企业/个体户（N = 90）	教学/科研（N = 101）	无业/失业/待业/农民/农民工/学生（N = 71）		
CUGC	2.94 ± 0.67	2.98 ± 0.76	2.87 ± 0.52	3.02 ± 0.65	0.84	0.47
SOGC	3.11 ± 0.59	2.98 ± 0.73	3.09 ± 0.49	2.94 ± 0.63	1.54	0.20
EGGC	2.80 ± 0.77	2.84 ± 0.77	2.65 ± 0.55	2.88 ± 0.69	1.96	0.12

9. 小结

对上述分析进行总结可知：相对于男性样本来讲，女性样本对于该县政府的政治治理能力表现出明显更高的满意度。不同年龄、不同家庭出身、不同政治面貌、不同职业的样本人群，对政治治理能力没有表现出差异性；相对农业户口样本，非农业户口样本表现出明显更高的满意度；月收入为5001元以上的样本对于该县政府的整体治理能力表现出明显最低的满意度；同时，月收入最高（5001元以上）样本对五种治理能力也均表现出最低的满意度。此外，学历较高（大学本科及以上）人群，对文化治理能力表现出较低的满意度。

第五章 H县政府治理史回顾及治理得失简评

以史为鉴,可以知兴替。"我们在判断一个事物的发展方向或演变规律时,应该把它放置于更为广阔、宏观的'大历史'环境之中,否则很容易造成'近视眼'。"[①] 因此,认识县级政府治理能力,有必要通过历史的长镜头观察。

第一节 县制沿革

研究"县制"史,是为了"把握当今中国县域治理发展的路径依赖和制度变迁,以及它未来的发展方向"[②],有助于从历史角度认识县级政府行政体制改革的内在规律。

一 隶属变化

隶属变化,是指 H 县作为行政区域在历史上曾经隶属于哪个层级的上级地方政府及其历史变化情况。现阶段,县级行政隶属关系涉及"省管县""市管县""撤县并区"等问题,涉及县级政府治理的基本制度和体制机制,从制度层面影响县级政府的治理能力及其现代化。据记载,H 县历史上的上

---

① 李壮:《当代中国社会治理体制变迁及转型构想——基于国家与社会关系的视角》,《山东农业大学学报》(社会科学版)2015 年第 2 期。
② 周庆智:《县政治理:权威、资源、秩序》,中国社会科学出版社,2014,第 1~2 页。

级地方政府共有 20 多个（详见表 5 - 1）①。

（一）变化过程

由表 5 - 1 可知，H 县的直接上级地方政府经历了州、郡、府、路、布政使司、道、省、公署、分区、市等变化过程。从 H 县的隶属变化看，H 县的直接上级地方政府的行政中心经历了从 H 县北部逐渐转移到 H 县东南部、由 H 县东南部逐渐转移到 H 县本县境内、由 H 县本县境内（根据现在的行政区划）逐渐转移到 H 县西南部、如今转移到 H 县西北部。其直接上级地方政府行政区域涉及的地域范围包括现在的陕西省、甘肃省、宁夏回族自治区、青海省、内蒙古自治区等省份。这些行政中心的变化，一方面与 H 县自身的县情特别是地理区位有关，另一方面也印证了当时国家治理的一些特点（后文分析）。

表 5 - 1　H 县隶属变化

朝代/年代	隶属	备注
夏、商、周三代	雍州	《禹贡》中的雍州
战国至秦	属北地郡	一说属 LX 郡
西汉	武帝元鼎三年（建县之年）属 AD 郡	建县后曾属 LX 郡、JC 郡
东汉	三国时，属 WW 郡	曾属 LX 郡、AD 郡，后属 PL 府
东晋十六国	曾属 LX 郡	—
北魏	属 LD 郡	—
北周	属 GP 郡	—
隋	属 PL 郡	—
唐	属 XHZ、SZ、HZ	—
西夏	属 HZ	—
金	属 QZ，后属 HZ	—
宋	属 GC 路、HZ	—
元	属 GC 路	—
明	属 GC 府	后隶 GC 路，属 SX 布政使司
清	初隶属 SX 布政使司 GC 府	属 SX 布政使司、GC 布政使司（府）
1913 年	S 省 LS 道	

---

① 贠守勤：《H 县通史》，香港华夏文化艺术出版社，2015。

朝代/年代	隶属	备注
1927～1936 年	S 省	—
1944 年	S 省第九行政检察专员公署	—
1949 年	8 月 12 日解放	—
1949 年	9 月 22 日隶属 S 省 D 分区	—
1985 年至今	隶属 S 省 Y 市	—

注：1949 年 8 月 12 日，H 县解放；1949 年 8 月 22 日，成立 H 县人民政府；1949 年 8 月 25 日，设 H 分区行政督察专员公署；1949 年 9 月 22 日，H 县分区改名为 X 分区，H 县是 X 分区的下属县；1985 年 8 月 1 日，Y 市恢复建制，H 县改属 Y 市，并且延续至今。

资料来源：負守勤《H 县通史》，香港华夏文化艺术出版社，2015。

（二）原因分析

从 H 县的隶属变化看，H 县自古以来就是军事重地、交通要道，其战略位置在西北地区相当重要。据可查找的史料记载，H 县历史上有 3 次重要的军事会师，其中影响最大的是中国近代史上 1936 年的中国工农红军三大主力会师。两汉时，H 县地居"丝绸之路"北线，用兵河西孔道，素有"秦陇锁钥"之称。故历朝历代统治者都非常重视对 H 县及其附近地域的争夺和治理。从历代帝王的足迹看，踏上 H 县土地的古代帝王有秦始皇、汉武帝、成吉思汗等。历史上的 H 县，曾经是北宋、金和西夏势力极力争夺和交替控制的地方，后来又是元和西夏、金等极力争夺的军事重镇。由此可见，H 县的隶属变化，印证着古代很多统治者（或政权）在中国西北地区的治理历史：H 县是古代兵家治国理政的必争之地，对当时国家的政治治理特别是国防、军事治理至关重要。另外，H 县的隶属变化，也意味着 H 县的经济治理在传统农业时代曾经经历过辉煌，如 H 县曾经属于唐代的粟州，说明 H 县至少在唐代以前（或稍后），其自然地理环境、土地情况、气候情况等都比较适宜于发展农业，而且有较好的农业收成和经济治理成效。当然，随着历史车轮的滚滚推进（估计是北宋或以后），H 县的自然地理环境发生了深刻变化（如气候变化、地壳运动或地震、战争等），这与整个西部的变化应该是同步的：东西部的差距经历了"西先东后"到"东先西后"的变化。明代以前，西部地区相对发达，东部落后于西部，但 19 世纪后期开始，东部后来居上。由此可见，西部地区的治理，从历史的长镜头下观察，难度随着工业文明的出现而呈增加之势，也意味着历史上的农业文明先进地区，要实现治理现代化，必须破解农业文明和工业文明相互转化的内在逻辑。

需要说明的是，H县原来所在的X分区（后改为X市），是一个比较典型的农业区，而H县后来划归Y市，Y市是一个比较典型的以有色金属为代表的资源型工业市，是新中国成立后在国家计划经济条件下兴起的一个工业城市。从行政区划的角度讲，H县是一个农业县，划归X市无论从历史的角度、行政中心之间的距离还是从社会文化心理角度考虑应该更加合理。从历史的角度看，H县自西汉时期就划归在X市所在的上级行政区划中，而且包括了Y市现在所属的一个农业县，即使自新中国成立至1985年，H县仍属于X分区；从离上级行政区域中心的距离角度看，H县离X市较Y市更近（H县城距离现在的X市约为60公里，距离现在的Y市约为210公里，距离现在的省城行政中心所在地约为150公里）；从社会文化心理角度考虑，H县与X市所辖县域的社会文化风俗及社会心理更接近（Y市实质上是个移民城市，主要是计划经济时代国家大力推动工业化的产物，其社会文化心理更多表现为城市文化，特别是工业文化）。尤其是，经过30多年的发展，Y市的资源枯竭，城市转型至今面临很大困难（远不能达到对H县的经济辐射作用）；而X市在秉持原有的区位定位和特色产业的基础上，所属各县（区）在发展特色农业方面几乎都取得了较大成就（如D市的马铃薯产业、中药材产业、文化产业、蔬菜产业等在中国有很大影响）。而H县在产业定位上至今仍然处于不太清晰、无特别优势和无鲜明特色状态。

由此观之，"市管县"体制在H县的实践不但不成功，反而成为阻滞H县发展的一个体制性因素。

二　置县名称

置县名称，就是指历史上在H县境内曾经或现在设置过的县的名称。为简明起见，采用列表的形式呈现H县置县的历史过程。历史上在H县境内曾经出现过的置县名称有9个（见表5-2）。在H县，也有同一时期在现在县域境内设置两县的情况（此处不再具体展开），这种情况在别的县级行政区划内也是非常普遍的。

（一）历代名称

从历代置县名称看，建县后的2100多年时间里，H县的县级行政设置经历了县、防、镇、州、县等的置县名称变化过程（不是不同行政级别）。从历代具体置县名称看，H县县名中的关键字有厉、礼、敷、宁等。新中国成立来，H县政府几经易名，先后出现了H县人民政府、H县人民委员会、H县革命委员会再到H县人民政府等表述方式，但H县县名或置县名称没有改变。

表5-2 H县境内历代置县名称

朝代	县名	置县时间	备注
西汉	ZL县	西汉武帝元鼎三年（公元前114年）	建县之年
	XL县	王莽天凤初年（公元14年）	—
东汉	ZL县	光武帝建武初年（公元25年）	—
北周	H县	不详	一说为H州
周	H防	周武帝保定二年（562年）	—
隋	H镇	隋文帝开皇元年（581年）	—
隋	H县	隋文帝开皇十六年（596年）	—
唐	H县	唐高祖武德二年（619年）	—
宋	FC县	不详	—
宋	FW县	宋徽宗崇宁三年（1104年）	—
宋	XN县	宋钦宗靖康元年（1126年）	—
金	XN县	金世宗大定二十二年（1182年）	—
金	XN县	金哀宗正大四年（1227年）	—
元	H州	元惠宗至正十二年（1352年）	因地震强烈改名
明	H县	明洪武三年（1370年）	—
明	H县	明洪武十年（1377年）	县名从此连续沿用

资料来源：負守勤《H县通史》，香港华夏文化艺术出版社，2015。

（二）置名特点

随着历史的变化，H县所在区域在历史上的名称各异，带有强烈的历史、文化和地域特色。其中，ZL县以境内流经的ZL河而定名，XL县是王莽篡政后而改名（改名原因不详，估计与王莽父亲王曼曾在H县有过一段耕牧生活有关——王莽的祖籍是河北，族多显贵。而且"XL"与"ZL"相比，似乎更加好听，与"厉"相比较，"礼"的寓意更加符合中国儒家思想及其价值追求），之后，FC县、FW县之名中的"敷"字，有"足够""普遍"等美好寓意，意味着当时的H县比较富庶。XN县中的"宁"字则有"安宁""平安"

"安定"之意，意味着在遭受自然灾害（如地震、干旱等）或战乱后人们对美好生活的向往和追求。基于以上情况和相关史料，可以有如下推论。

一是 H 县县名中的关键字由原来的"敷"字（宋代以前）变为后来的"宁"字（皇帝下诏改名），意味着 H 县的自然环境发生了很大变化，其中在北宋或北宋以后肯定经历过特别大的灾难。这是在传统农业社会，政府的经济治理能力、社会治理能力和生态治理能力非常低下的情况下，通过"替代性"的方式（是不是有转移民众视线的可能？）来实现地方治理的一种惯常做法。这也启示我们，政府治理或政府治理能力本身是一个统一整体，而且在遵循"整体政府"的治理理念前提下（或保证政府整体公信力不减弱的前提下），政府具体的治理措施、治理手段、治理技术之间可以相互转化或"替代"。这也说明，"整体性政府"理念在中国传统社会就已经存在，这种理念及其支配下的治理方式应该与中国传统文化中注重整体的文化观念有关。

二是古代的统治者，无论其政治倾向如何、政治影响力如何、个人政绩如何，他们都非常重视国家治理特别是县域治理，甚至对一个小县的名称的使用都是非常讲究的（如帝王通过下诏的方式修改县名）。当然，这也有可能是在给县命名时，地方统治者会采纳一些地方文人的建议，尽量给县起个既有历史文化厚度，又有地方风土人情特色，还能叫得响、经得起多方检验特别是统治者认可的好名。这能够透视出传统政治治理和文化治理相融合、中央政府主导地方政府以及政府与社会相互动的一些特点，即统治阶级在治理过程中比较巧妙地将中国传统治理文化以及治理技巧嵌入地方政治治理中。这种情况说明，古代统治者，在治理县域社会时，比较注重"文治"或"柔性治理"。

三是县名变化与中国传统文化中的"起名"文化息息相关，中国传统文化中对人、事物、地方等的名称、命名、取名等都非常重视，一方面主张"名实"相符，另一方面赋予命名对象一定的文化内涵和美好祝愿，这个过程还体现了命名者的人生态度、人生价值、人生品味以及文化底蕴。其实，县名变化，在更大程度上反映了一个地方政府文化治理的情况：县名是一个县的文化品牌，是一个县的"文化软实力"的内容之一。

因此，在现代国家治理框架下，如何打造县域文化品牌（包括县名），是县级政府文化治理能力的重要方面。

第二节　行政机构

组织机构是实施组织职能的载体，其设置的合理与否，不仅影响着政府治理的效率，而且影响政府的形象，甚至影响地方政府和中央政府的关系。

一　县级机构

明代以前，H 县行政机关称谓各异。明、清时期，称"县署"，设"知县"；基层称"里""适中"。民国时期，沿袭清制。后改"县署"为"县政府"，改"知县"为"县知事""县长"；基层设区（乡）、联保、保（村）、甲。

（一）郡县制史

在 H 县，县级机构的设置历史大致如下：东汉永初五年（111 年），设县令、县尉、儒学官各1人。唐代，州设知州，县设县令、县丞、县尉、主簿各1人。元代末，设知州、同州、达鲁花赤（蒙古语，意为掌印官）、儒学正各1人，训导3人。明代洪武十年（1377 年），设县署。内设知县、县丞、主簿、教谕、典史、税大使、仓副使、巡检各1人。清代，设知县、训导、典史各1人。中华民国初年，县署设县知事1人。1927 年，改县署为县政府，设县长1人，下属一、二两科。1949 年，县政府设县长1人，下属民政、财政、建设、教育、军事、社会科，田赋处，司法庭，秘书室，会计室。[①]

县以下基层组织，明代为里，里设里长。清代乾隆九年（1744 年），里下设适中。1922 年，改里为区。1929 年，改适中为村，村由区属。1930 年10 月，全县推行保甲法，实行区、保、甲制。1940 年，撤销区建制，实行乡（镇）、联保、保、甲制。此设置沿至 1949 年 8 月。[②]

由此可知，H 县的县级行政机构设置，与历史上别的地区的县级行政机构设置并无二致，都按照郡县制的历史变迁逻辑而设置。总体而言，各个时期行政机关合分变化频繁，机构名称不一，但民国之前行政机构的数量较少，人员配备数量较少且差异不大，体现了中国古代"长官负责，行政和司法合一"的行政体制。在县级行政机构设置中，一般都与上级行政机

---

① 貟守勤：《H 县通史》，香港华夏文化艺术出版社，2015。
② 貟守勤：《H 县通史》，香港华夏文化艺术出版社，2015。

构对口，且随着政府职能的变化而不断变化，最重要的机构如征税、刑讼机构一直设置，相对重要并逐渐增设的机构有教谕、典史、户口等。民国时期，中国县制开始从传统向现代过渡，基层政权开始下移至乡镇，并开始实行以"县自治"为理论基础的"新县制"，在机构设置上，分工越来越细，机构越来越多，人员配备在数量上大大增加。

以上史料说明，县级政府的机构设置要根据国家实际、县域实际进行，要以更好地体现政府职能进行。与此同时，随着治理环境和治理问题的变化，县级政府的机构设置及其职能重点应该进行相应的调整或转变。

（二）现行县制

由于20世纪50年代至改革开放前后，H县志记载、通史摘录较少，很多情况只能根据当时政府工作报告记录来整理。即使在政府工作报告方面，由于文稿手工抄录件较多，加之时隔久远，字迹模糊，很难辨认，只能对极个别文字根据文意加以臆补。特别遗憾的是部分报告原文遗失，只能在当时的会议记录中了解会议报告的主题。

新中国成立至改革开放前，H县的县级政府机构几经变化。经历了1949年到1953年的过渡阶段、1954~1966年社会主义建设阶段等。1949年8月12日，中国人民解放军第一野战军19兵团63军188师解放H县城。8月22日，随军西进的S工作团第三大队H中队25人到达H县城。中国共产党H县委和H县人民政府同时成立。根据当时的政府工作报告，H县政府的组织机构情况大致如图5-1所示（可能报告者只提到了县属机构的主要部门）。但可以判断：当时的政府机构设置比较精简，但政府职能及其履行的效果并不差。

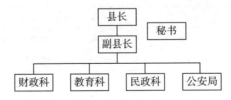

图5-1　H县过渡时期政府机构设置情况（1949~1953年）
资料来源：当时的政府工作报告。

根据可查阅的资料记载，1949年10月至1954年1月，H县召开过四届各界人民代表会议。分别是：1949年10月召开的县第一届各界人民代表会议第一次会议，1950年2月召开的县第一届各界人民代表会议第二次会议；1950

年9月召开的县第二届各界人民代表会议第一次会议；1952年7月召开的县第三届各界人民代表会议第二次会议；1953年1月召开的县第四届一次各界人民代表会议。由此可见，当时的县级机构，名称上为县政府，实际上是行政、司法等合一的政权组织，与传统的郡县制非常相似。在1953年1月召开的县第四届一次各界人民代表会议上正式选出了H县政府，会议上选举了县长、副县长、县政府委员、常务委员及赴省三届各代会代表三人。从1954年1月至1966年5月，共组建了六届县政府；1966年5月至1979年6月，共组建了三届革命委员会①；从1980年至2015年，共组建了9届县政府。新中国成立以来，各届政府领导机构组成及其变化情况见表5-3。

表5-3　H县人民政府领导机构组成及其变化情况（1949年至今）

时间	职务	任职时间	备注
1949年8月至 1953年1月	县长	1949年8月至1950年9月	—
	代理副县长（主持）	1950年9月至1952年7月	
	代理县长	1952年7月至1953年1月	
	代理副县长	1952年7月至1953年1月	
1953年1月至 1954年6月	县长	1953年1月至1954年5月	—
	副县长	1953年1月至1954年3月	
	代理县长	1954年5月至1955年5月	
	代理副县长	1954年3月至1954年11月	
1954年6月至 1956年11月	县长	1955年5月至1956年11月	第一届县政府
	代理副县长	1956年6月至1956年11月	
	代理副县长	1956年6月至1956年11月	
1956年11月至 1958年6月	县长	1956年11月至1958年6月	第二届县政府
	副县长	1956年11月至1957年8月	
	副县长	1957年4月至1958年6月	
1958年6月至 1961年10月	县长	1958年6月至1961年10月	第三届县政府
	副县长	1958年6月至1961年10月	
	副县长	1958年8月至1959年10月	
	副县长	1958年8月至1959年10月	

---

① 时间分别为1966年5月至1976年10月、1976年10月至1979年6月、1979年6月至1980年12月。

时间	职务	任职时间	备注
1961年10月至 1963年6月	县长	1961年10月至1963年6月	第四届县政府
	副县长	1961年10月至1963年6月	
	副县长	1961年10月至1963年6月	
	副县长	1961年10月至1963年6月	
1963年6月至 1965年11月	县长	1963年6月至1963年9月	第五届县政府
	县长	1963年9月至1965年11月	
	副县长	1963年6月至1965年5月	
	副县长	1963年6月至1965年6月	
	副县长	1965年2月至1965年11月	
	副县长	1963年9月至1965年4月	
	副县长	1965年4月至1965年11月	
	副县长	1965年10月至1965年11月	
1965年11月至 1966年5月	县长	1965年11月至1966年5月	第六届县政府
	副县长	1965年11月至1966年3月	
	副县长	1965年11月至1966年5月	
	副县长	1965年11月至1966年5月	
1966年5月至 1976年10月	县长	1966年5月～*	第一届革命 委员会
	副县长	1966年5月～*	
	副县长	1966年5月～*	
	主任（军代表）	1968年4月至1969年8月	
	主任（军代表）	1970年10月至1974年5月	
	主任	1974年5月至1976年10月	
	副主任	1968年4月至1970年10月	
	副主任	1968年4月至1976年10月	
	副主任	1968年4月至1976年10月	
	副主任	1968年4月至1976年10月	
	副主任	1969年7月至1976年10月	
	副主任	1970年6月至1971年9月	
	副主任	1970年10月至1974年5月	
	副主任	1970年10月至1976年10月	
	副主任	1972年10月至1976年10月	

时间	职务	任职时间	备注
1966 年 5 月至 1976 年 10 月	副主任	1973 年 8 月至 1976 年 10 月	第一届革命 委员会
	副主任	1973 年 8 月至 1976 年 10 月	
	副主任	1973 年 8 月至 1976 年 10 月	
	副主任	1973 年 8 月至 1975 年 10 月	
	副主任	1976 年 8 月至 1976 年 10 月	
1976 年 10 月至 1979 年 6 月	主任	1976 年 10 月至 1977 年 5 月	第二届革命 委员会
	主任	1977 年 5 月至 1978 年 9 月	
	主任	1978 年 9 月至 1979 年 6 月	
	副主任	1976 年 10 月至 1979 年 3 月	
	副主任	1976 年 10 月至 1978 年 9 月	
	副主任	1976 年 10 月至 1978 年 9 月	
	副主任	1976 年 10 月至 1978 年 9 月	
	副主任	1976 年 10 月至 1977 年 5 月	
	副主任	1976 年 10 月至 1979 年 6 月	
	副主任	1976 年 10 月至 1977 年 5 月	
	副主任	1976 年 10 月至 1979 年 6 月	
	副主任	1976 年 10 月至 1979 年 6 月	
	副主任	1976 年 10 月至 1979 年 6 月	
	副主任	1977 年 5 月至 1978 年 9 月	
	副主任	1977 年 5 月至 1979 年 9 月	
	副主任	1978 年 3 月至 1979 年 6 月	
	副主任	1978 年 11 月至 1979 年 6 月	
	副主任	1978 年 12 月至 1979 年 6 月	
	副主任	1979 年 4 月至 1979 年 6 月	
1979 年 6 月至 1980 年 12 月	主任	1979 年 6 月至 1980 年 12 月	第三届革命委员会 （不满一届） 第七届县政府
	副主任	1979 年 6 月至 1980 年 12 月	
	副主任	1979 年 6 月至 1980 年 12 月	
	副主任	1979 年 6 月至 1980 年 12 月	
	副主任	1979 年 6 月至 1980 年 12 月	
	副主任	1979 年 6 月至 1980 年 12 月	

时间	职务	任职时间	备注
1979 年 6 月至 1980 年 12 月	副主任	1979 年 6 月至 1980 年 12 月	第三届革命委员会 （不满一届） 第七届县政府
	副主任	1980 年 8 月至 1980 年 12 月	
	副主任	1980 年 10 月至 1980 年 12 月	
1980 年 10 月至 1984 年 3 月	县长	1980 年 12 月至 1983 年 10 月	第八届县政府
	县长	1983 年 10 月至 1984 年 3 月	
	副县长	1980 年 12 月至 1982 年 3 月	
	副县长	1980 年 12 月至 1983 年 10 月	
	副县长	1980 年 12 月至 1984 年 3 月	
	副县长	1980 年 12 月至 1983 年 10 月	
	副县长	1980 年 12 月至 1983 年 10 月	
	副县长	1982 年 4 月至 1983 年 10 月	
	副县长	1983 年 10 月至 1984 年 3 月	
	副县长	1983 年 10 月至 1984 年 3 月	
	副县长	1983 年 10 月至 1984 年 3 月	
1984 年 3 月至 1987 年 3 月	县长	1984 年 3 月至 1985 年 10 月	第九届县政府
	县长	1985 年 10 月至 1987 年 3 月	
	副县长	1984 年 3 月至 1985 年 10 月	
	副县长	1984 年 3 月至 1985 年 10 月	
	副县长	1984 年 3 月至 1986 年 12 月	
	副县长	1984 年 3 月至 1987 年 3 月	
	副县长	1985 年 10 月至 1986 年 11 月	
	副县长	1985 年 10 月至 1987 年 3 月	
	副县长	1986 年 4 月至 1987 年 3 月	
1987 年 3 月至 1990 年 3 月	县长	1987 年 3 月至 1989 年 11 月	第十届县政府
	代理县长	1989 年 11 月至 1990 年 3 月	
	副县长	1987 年 3 月至 1990 年 3 月	
	副县长	1987 年 3 月至 1990 年 3 月	
	副县长	1987 年 3 月至 1990 年 3 月	
	副县长	1987 年 3 月至 1990 年 3 月	
	副县长	1988 年 6 月至 1989 年 12 月	

时间	职务	任职时间	备注
1990 年 3 月至 1993 年 2 月	县长	1990 年 3 月至 1992 年 10 月	第十一届县政府
	代理县长	1992 年 11 月至 1993 年 2 月	
	副县长	1990 年 3 月至 1991 年 7 月	
	副县长	1990 年 3 月至 1993 年 2 月	
	副县长	1990 年 3 月至 1993 年 2 月	
	副县长	1990 年 3 月至 1993 年 2 月	
	副县长	1990 年 3 月至 1992 年 9 月	
	副县长	1991 年 9 月至 1993 年 2 月	
	副县长	1992 年 11 月至 1993 年 2 月	
	副县长	1993 年 1 月至 1993 年 2 月	
1993 年 2 月至 1997 年 12 月	县长	1993 年 2 月至 1997 年 5 月	第十二届县政府
	代理县长	1997 年 5 月至 1997 年 12 月	
	副县长	1993 年 2 月至 1994 年 9 月	
	副县长	1993 年 2 月至 1994 年 6 月	
	副县长	1993 年 2 月至 1997 年 12 月	
	副县长	1993 年 2 月至 1997 年 10 月	
	副县长	1993 年 2 月至 1997 年 3 月	
	副县长	1993 年 4 月至 1994 年 1 月	
	副县长	1994 年 9 月至 1997 年 12 月	
	副县长	1995 年 11 月至 1997 年 4 月	
	副县长	1996 年 10 月至 1997 年 12 月	
	副县长	1997 年 5 月至 1997 年 12 月	
	副县级调研员	1993 年 10 月至 1996 年 9 月	
	副县级调研员	1994 年 9 月至 1996 年 9 月	
	副县级调研员	1996 年 11 月至 1997 年 12 月	
	副县级调研员	1996 年 11 月至 1997 年 12 月	
	副县级调研员	1997 年 10 月至 1997 年 12 月	
1997 年 12 月至 2002 年 12 月	县长	1997 年 12 月至 2001 年 7 月	第十三届县政府
	代理县长	2001 年 7 月至 2002 年 3 月	
	县长	2002 年 3 月至 2002 年 11 月	
	代理县长	2002 年 11 月至 2002 年 12 月	

续表

时间	职务	任职时间	备注
1997 年 12 月至 2002 年 12 月	副县长	1998 年 1 月至 2001 年 8 月	第十三届县政府
	副县长	1998 年 1 月至 2001 年 11 月	
	副县长	1998 年 4 月至 2002 年 3 月	
	副县长	1999 年 12 月至 2002 年 12 月	
	副县长	2001 年 1 月至 2002 年 12 月	
	副县长	2001 年 11 月至 2002 年 12 月	
	副县长	2002 年 11 月至 2002 年 12 月	
	副县长	2002 年 3 月至 2002 年 12 月	
	副县长	2002 年 3 月至 2002 年 12 月	
	副县长	2002 年 11 月至 2002 年 12 月	
	副县长	2002 年 11 月至 2002 年 12 月	
	副县级调研员	1997 年 12 月至 2002 年 12 月	
2003 年 1 月至 2006 年 12 月	县长	2002 年 12 月至 2006 年 1 月	第十四届县政府
	县长	2006 年 1 月至 2007 年 1 月	
	副县长	2003 年 1 月至 2006 年 1 月	
	副县长	2003 年 1 月至 2004 年 2 月	
	副县长	2003 年 1 月至 2005 年 11 月	
	副县长	2003 年 1 月至 2006 年 9 月	
	副县长	2003 年 1 月至 2006 年 9 月	
	副县长	2003 年 1 月至 2006 年 12 月	
	副县长	2004 年 10 月至 2006 年 2 月	
	副县长	2004 年 10 月至 2006 年 9 月	
	副县长	2005 年 10 月至 2006 年 9 月	
	副县长	2006 年 1 月至 2006 年 12 月	
	副县长	2006 年 1 月至 2006 年 9 月	
	副县长	2006 年 9 月至 2006 年 12 月	
	副县长	2006 年 9 月至 2006 年 12 月	
	副县长	2006 年 9 月至 2006 年 12 月	
	副县级调研员	2003 年 1 月至 2006 年 12 月	

续表

时间	职务	任职时间	备注
2007 年 1 月至2016 年 1 月	县长	2007 年 1 月至 2009 年 12 月	第十五届县政府
	代理县长	2009 年 12 月至 2010 年 1 月	
	县长	2010 年 1 月至 2016 年 1 月	
	副县长	2009 年 2 月至 2011 年 9 月	
	副县长	2009 年 2 月至 2016 年 10 月	
	副县长	2010 年 9 月至 2015 年 6 月	
	副县长	2007 年 1 月至 2011 年 9 月	
	副县长	2007 年 1 月至 2010 年 12 月	
	副县长	2007 年 1 月至 2009 年 2 月	
	副县长	2007 年 1 月至 2008 年 12 月	
	副县长	2007 年 1 月至 2008 年 9 月	
	副县长	2008 年 10 月至 2010 年 10 月	
	副县长	2010 年 5 月 ~ *	
	副县长	2011 年 1 月至 2014 年 12 月	
	副县长	2011 年 12 月 ~ *	
2016 年 1 月至今	县长	2016 年 1 月任代县长2016 年 2 月任县长至今	第十六届县政府
	副县长	不详	
	副县长（挂职）	不详	
	副县长（挂职）	不详	
	副县长（公安局局长）	不详	
	副县长	不详	
	副县长	不详	
	副县长（挂职）	不详	
	副县长	不详	

注：* 表示任期结束时间不详。

资料来源：H 县政府办提供。

由新中国成立以来 H 县人民政府领导机构组成及变化情况可知：H 县县级政府机构经历了由小变大的过程，其机构组成人员由过渡时期的 3 人，逐渐增加到社会主义建设初期的 3 ~ 6 人，再到"文革"时期的 6 ~ 9 人；

改革开放初期，H县政府领导机构有所缩减但幅度不大；1980年至1983年，县政府领导机构人数为6～10人；1993年以后，人数大增。这说明，随着国内经济、政治环境的变化，H县政府领导机构在不断调整。但县政府领导机构中的"闲职"人数在1993年至1997年过多。另外，县长任期经历了"1年—3年—1年—3年"的变化过程。其中，过渡时期，县长任期一般为1年左右，社会主义建设初期，一般为2～3年，"文革"时期（此时为主任）一般少于1年，之后，"徘徊"时期，一般为1年，1979年至1993年，一般为1～2年，1993年以后，县长任期一般为3年左右。

（三）现设机构

中共H县委机构设置见图5-2。H县人民政府机构设置见图5-3。

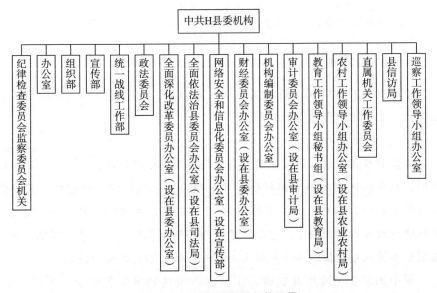

图5-2　中共H县委机构设置

注：H县委设置纪检监察机关1个，计入机构限额的工作机关有9个（设在相关部门的县委议事协调机构的办事机构不计入机构限额）。其中，纪律检查委员会与监察委员会合署办公，实行一套工作机构。两个机关名称：办公室挂县档案局、机要和保密局、县国家保密局、县国家密码管理局牌子；组织部挂非公有制经济组织和社会组织工作委员会、老干部局、县公务员局牌子；宣传部挂县政府新闻办公室、县新闻出版局、县精神文明建设指导委员会办公室牌子；统一战线工作部挂县政府侨务办公室、县台湾事务办公室牌子。

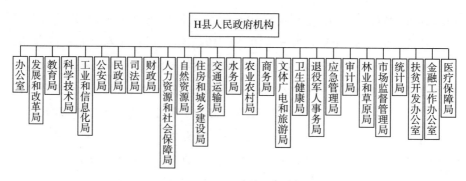

图 5 - 3   H 县人民政府机构设置

注：H 县人民政府设置工作部门 27 个。其中，办公室挂县委外事工作委员会办公室、政府外事办公室牌子；发展和改革局挂粮食和物资储备局、能源局牌子；科学技术局挂外国专家局牌子；自然资源局挂不动产登记管理局牌子；住房和城乡建设局挂人民防空办公室牌子；文体广电和旅游局挂文物局牌子；林业和草原局挂绿化委员会办公室牌子；市场监督管理局挂食品安全委员会办公室、知识产权局牌子。

二　乡镇区划

中国现行的乡级（一般包括乡镇）行政区，属于县级行政区的行政区划单元，属于第三级地方行政单元。

（一）区划变化

H 县的乡镇区划，唐代以前没有比较翔实的史料记载，唐代以后至民国时期，其乡镇区划地位名称经历了乡、里、区、镇等的变化过程，其乡镇区划数量最少时为 6 个，最多时为 16 个。当然，乡镇区划单位是根据当时 H 县的行政区划面积而定，这个区划面积的变化相对比较频繁，因此，并不能根据乡镇区划数量的多少就得出当时的行政区划合理与否的结论。

新中国成立至改革开放前，H 县的乡镇区划单位名称经历了区—乡、区—镇或乡、公社—生产大队—生产队、公社（镇）—大队—生产队、乡—镇的变化过程。在 1958 年之前，其数量，就作为乡级单位的"区"而言，最少时为 3 个，最多时为 13 个；就乡镇而言，最少时为 7 个，最多时达 98 个。1958 年至 1980 年，其数量，就人民公社而言，最少时为 10 个，最多时为 40 个；就生产大队而言，最少时为 40 个，最多时为 309 个；就生产队而言，最少时为 257 个，最多时为 1519 个。1983 年至 2019 年，就乡而言，最多时为 32 个，最少时为 4 个；就镇而言，最多时为 24 个，最少时为 1 个。这说明 H 县的城镇化进程在不断加快（见表 5 - 4）。

表 5 - 4　H县的乡镇区划变化情况（唐代至今）

朝代/时间	乡镇区划单位名称	乡镇区划数量
唐代	乡	6 个乡
明正统前	里	16 个里
明正统二年（1437 年）	里（每里下辖 10 甲）	12 个里
清乾隆九年（1744 年）	里	12 个里
民国 11 年（1922 年）	区	9 个区
民国 18 年（1929 年）	区	5 个区
民国 19 年（1930 年）	区	5 个区（80 个保、821 个甲）
民国 29 年（1940 年）	镇、乡	1 个镇、12 个乡
民国 30 年（1941 年）	区、联保、保、甲	3 个区、19 个联保、93 个保、963 个甲
民国 34 年（1945 年）	镇、乡	1 个镇、8 个乡
1949 年	乡、保	7 个乡、77 个保
1950 年	区、乡	5 个区、81 个乡（辖 324 个村）
1952 年	区、乡	9 个区、81 个乡
1953 年	区、乡	13 个区、98 个乡
1955 年	区、乡	9 个区、60 个乡
1957 年	区、镇、乡	3 个区、1 个镇、29 个乡
1958 年	人民公社	10 个人民公社、40 个生产大队、257 个生产队
1961 年	人民公社	40 个人民公社、309 个生产大队、1519 个生产队
1965 年	人民公社	20 个人民公社、1 个镇
1969 年	人民公社	21 个人民公社
1973 年	人民公社	31 个人民公社
1976 年	人民公社	32 个人民公社
1979 年	人民公社	33 个人民公社
1980 年	人民公社（镇）	32 个人民公社、1 个镇
1983 年	乡、镇（撤社建乡）	32 个乡、1 个镇
1989 年	镇、乡	1 个镇、32 个乡
2000 年	镇、乡	2 个镇、31 个乡
2001 年	镇、乡	4 个镇、29 个乡
2005 年	镇、乡	4 个镇、24 个乡

续表

朝代/时间	乡镇区划单位名称	乡镇区划数量
2014 年	镇、乡	14 个镇、14 个乡
2015 年	镇、乡	16 个镇、12 个乡
2016 年	镇、乡	24 个镇、4 个乡
2019 年	镇、乡	24 个镇、4 个乡

资料来源：H 县政府办提供。

（二）现属乡镇

截至 2015 年低，H 县辖区内行政区划情况是：下辖 16 个镇、12 个乡（一个民族乡）、284 个村、16 个社区（见表 5-5）。其中，面积最大的镇区划面积为 473 平方公里，面积最小的镇区划面积为 112.3 平方公里。

表 5-5　H 县辖区内行政区划（2015 年）

本级区划名称	本级区划面积	下辖区划详情
镇 1	186.8 平方公里	8 个社区、8 个村、62 个村民小组、29 个居民小组
镇 2	329.1 平方公里	11 个村、59 个村民小组、2 个社区
镇 3	243.4 平方公里	8 个村、76 个村民小组、1 个社区
镇 4	473 平方公里	15 个村、98 个村民小组、2 个社区
乡 1	164.7 平方公里	10 个村、88 个村民小组
乡 2（民族乡）	218 平方公里	13 个村、75 个村民小组
镇 5	138.3 平方公里	10 个村、66 个村民小组
镇 6	112.3 平方公里	7 个村、62 个村民小组
乡 3	149.8 平方公里	10 个村、89 个村民小组
乡 4	162.8 平方公里	12 个村、84 个村民小组
镇 7	145.3 平方公里	13 个村、78 个村民小组
镇 8	139.9 平方公里	12 个村、93 个村民小组、2 个社区
乡 5	181.9 平方公里	12 个村、92 个村民小组
镇 9	279.3 平方公里	11 个村、67 个村民小组
乡 6	195.3 平方公里	11 个村、88 个村民小组
镇 10	138.3 平方公里	9 个村、57 个村民小组

本级区划名称	本级区划面积	下辖区划详情
乡7	188.7平方公里	8个村、73个村民小组
镇11	285.7平方公里	14个村、90个村民小组
镇12	258.8平方公里	10个村、63个村民小组
镇13	336.2平方公里	12个村、87个村民小组、1个社区
镇14	385.7平方公里	12个村、90个村民小组
乡8	185.9平方公里	6个村、34个村民小组
乡9	287.3平方公里	9个村、72个村民小组
乡10	211.1平方公里	7个村、42个村民小组
乡11	245.8平方公里	6个村、40个村民小组
镇15	175平方公里	8个村、69个村民小组
镇16	297.3平方公里	12个村、83个村民小组
乡12	323.3平方公里	8个村、62个村民小组

资料来源：H县政府办提供。

（三）乡镇机构

H县2015年的乡镇机构，其设置一般是由乡镇长（正科1名）、乡副镇长（副科3~4名）、办公室、政务服务中心、乡镇下属"五个中心"（均为副科编制）、县属局下属"三所两站一中心"（除"食品药品监督管理所"为正科编制外，其余均为副科编制）组成（见图5-4）。乡镇下属"五个中心"是指农业综合服务中心、农经财政服务中心、计划生育服务中心、社会事务服务中心、农村文化服务中心。县属局下属"三所两站一中心"是指食品药品监督管理所、司法所、土管所、交管站、安监站、教育管理中心（说明：乡镇下属"五个中心"和县属局下属"三所两站一中心"区别于以往研究中归纳的"七站八所"）。

第三节　政府人员

在中国古代，县官最早指天子，也有引申为专指皇帝的，后约定俗成专指一个县的首席长官。县官的名称在不同时期和不同语境中有不同称谓，如县帅、县尹、县公、县大夫、大音夫、县令、县长、知县、达鲁花赤、大令、令尹、大尹、明府、亲民官、县太爷等①。县官既是县的最高行政长官，也是县的最高司法长官，既能直接面对百姓，又能直接面对皇帝，地位特殊而重要，与现在的"县官"（此处暂时如此称谓，后文将根据现实情况进行调整）在管理权限和职能职责方面有一定差别。不过，即使在现代，"县官"的这种重要性仍然丝毫不减，习近平在中央党校第一期县委书记研修班上，提到王安石、郑板桥、陶渊明、狄仁杰、包拯、海瑞等名垂青史且有县官经历的历史名人，旨在勉励当代"县官"向他们学习，进而更好地治理好自己主管的县（说明：现在的"县官"，应当包括县委书记和县长，本书后面论述的"县官"，主要指县长——县域行政机关的首长。现在的"县官"，主掌行政权，司法权已经剥离行政权。从体制上看，"县官"还要接受县委书记和上级相关部门的领导，接受县级人大和纪检部门的监督，接受社会各界的监督。因此，现在的"县官"，职业化倾向更加明显，其权力主要是行政权）。

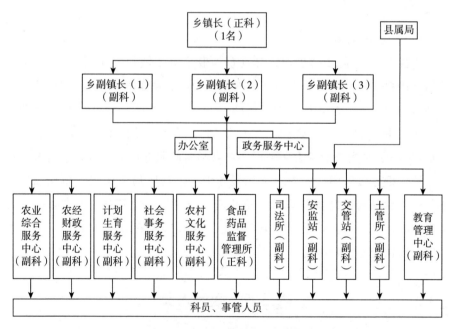

图 5－4　H 县某镇的机构设置（2015 年）

---

① 刘鹏九：《中国古代县官制度初探》，《史学月刊》1992 年第 6 期。

一　史上县官

由于史料所限，本书所涉 H 县历史上县官的情况，主要是指明代以来至新中国成立之前的县官。

（一）学历层次

表 5-6 列出了明代至民国时期 H 县县官任职期间的学历层次统计情况①，统计发现，明代和清代，H 县县官任职期间的学历层次相对较高，大多数县官任职前（90% 以上）都在当时的最高学府——"国子监"接受过教育，其中，举人和进士的比例分别为 41.7% 和 39.4%。这些情况说明，古代最高统治者在治县的过程中，特别是在选人用人方面毫不马虎，尽量选择和任用文化层次比较高、接受过统治者认可或承认的正规教育、能够成为带动或领导地方发展的核心力量。这种注重接受过国家正规教育选人用人的倾向，在现代中国社会得以发扬光大（如大多数县的县委书记或县长在正式就职前一般要在中共中央党校进行集中培训或脱产学习）。

表 5-6　H 县县官任职期间的学历层次（明代至民国）

单位：人

学历层次	明代	清代	民国
生员	—	3	3
监生	7	25	2
贡生	12	11	1
举人	18	31	—
进士	2	12	—
其他	9	27	36
合计	48	109	42

（二）县官籍贯

中国古代的官员异地任职制度（有"五百里内不当官"之说）与科举制度几乎在隋唐时期同时出现，异地任职制度是为防止"前朝"官员本地任职出现的各种弊端而为统治者在全国推行，在明清两个时期执行较为严

---

① 学历层次的说法是借现代的说法来说明当时的人们的学习经历或接受教育的层次。

格。据记载，明代至新中国成立前，在 H 县担任县官职务（知县、知事等）的共有 199 人，他们分别来自全国 22 个省份，具体情况见表 5 - 7。

表 5 - 7　H 县县官籍贯及人数（明代至新中国成立前）

单位：人

序号	籍贯	人数	具体情况
1	北京	11	明代（1）、清代（9）、民国（1）
2	天津	1	清代（1）
3	河北	14	明代（8）、清代（5）、民国（1）
4	山西	28	明代（20）、清代（5）、民国（3）
5	内蒙古	11	清代（11）
6	辽宁	3	清代（2）、民国（1）
7	江苏	9	清代（9）
8	浙江	7	清代（6）、民国（1）
9	安徽	7	清代（5）、民国（2）
10	福建	3	清代（3）
11	山东	11	明代（3）、清代（4）、民国（4）
12	河南	11	明代（2）、清代（7）、民国（2）
13	湖北	10	清代（4）、民国（6）
14	湖南	8	明代（1）、清代（5）、民国（2）
15	广东	1	清代（1）
16	广西	4	清代（4）
17	四川	10	明代（5）、清代（3）、民国（2）
18	贵州	4	清代（4）
19	云南	3	明代（1）、清代（2）
20	陕西	6	清代（6）
21	甘肃	16	民国（16）
22	江西	12	明代（1）、清代（10）、民国（1）
合计		199	明代（48）、清代（109）、民国（42）

注：另有 9 人籍贯不详，其中明代为 6 人，清代为 3 人；籍贯采用现在省份名称。

从 H 县的县官籍贯看，异地任职的县官占比高达 92%。异地任职的县官距离祖籍（籍贯所在地）一般都在千里之外，就 H 县而言，县官离祖籍（籍贯所在地）在千里之外的比例高达 88.9%。在交通、通信技术本不发达的情况下，传统社会的异地任职制度，在执行过程中，比现在的异地任职制度似乎更为彻底、更具有实质性意义（本书后文在论述和分析当今"县官"籍贯时指出，当今"县官"的籍贯均在H县的临近县），这为防止"地方坐大"并威胁中央权威以及为防止产生本地官员裙带关系或腐败可能具有重要的意义，是"大一统"传统政治的内在要求。当然，对于异地任职制度，自古以来就有不同意见、看法和评价。尤其是现在，异地任职制度或许过分强调了官员地方化或本土化的弊端，而且，更为严重的情况是：无论是历史上还是现实社会中，异地任职制度并没有从实质上根除腐败。因此，异地任职制度及其相关问题的深层次原因，或许与人的文化心理因素（如人情社会、任人唯亲、人的现代自觉不够）有密切关系，也与制度性监督缺失（如内部监督无力、公民参与不足等）有极大关系。

二　新近县长

此处所指的新近县长，主要是1985年以来的9任县长。他们的履职历程，比较集中地体现了H县改革开放以来政府治理能力现代化的历史进程。

（一）情况简介

政府的各项治理能力，首先要通过政府组成人员（公务员）的具体工作体现出来。县级政府的组成人员，主要是县级政府领导班子、县级政府公务员以及参公事业单位人员。在一定意义上，乡镇政府领导班子、公务员队伍也在此列。县级政府领导班子队伍的核心是县长，县长的素质和能力对一个县的政治治理具有至关重要的作用和极其深刻的影响。H县的县长，从1985年至2016年，共9任。

（二）特点分析

1985～2016年，H县的9任县长中，只有一任为H县本地人，其余8任均为H县外人。县长在任时间最长的为5年，最短的为1.5年。县长学历最低的为大学专科，最高的为中共中央党校研究生。县长任职时的年龄，最小为38岁，最大为47岁，平均年龄为42.7岁。县长任职前职业为教师的有4人，有乡镇（公社）工作经历的为5人，有"两办"（政府办公室、党委办公室）工作经历的为4人，有代（挂职）县长经历的为5人，有县委副书记（挂职）经历的为7人，有团委工作经历的为3人，有宣传口工作经历的为 2 人。从县长任职后的去向看，直接任 H 县委书记的有 4 人，调任 H 县所在市相关部门任职（市政协、市民政局、市扶贫办）的有 3 人，调任 H 县所在省在别的县任县委书记的有 1 人，未干满一届的有 1 人（调离）。

三　公务人员

县级政府公务员队伍是县级政府治理的具体执行者，他们的素质、能力和结构集中体现为县级政府的治理能力。

（一）队伍概况

英格尔斯认为，"一个国家，只有当它的人民是现代人，它的国民从心理和行为上都转变为现代人格，它的现代政治、经济和文化管理机构中的工作人员都获得了某种与现代化发展相适应的现代性，这样的国家才可真正称为现代化的国家"[①]。就 2015 年底的统计而言，H 县公务员队伍总人数为 1027 人，按学历看，以大学本科学历为主，其中研究生学历为 16 人，占比为 1.6%；研究生学位为 8 人，占比为 0.8%；大学本科学历为 525 人，占比为 51.1%；大学专科学历为 359 人，占比为 35.0%；中专及以下学历为 127 人，占比为 12.4%。按年龄看，30 岁以下为 241 人，占比为 23.5%，占全县公务员总数的近 1/4。按性别看，公务员男女性别之比为 4：1（县级为 5.1：1，乡镇级为 3：1）。按民族构成看，汉族和少数民族公务员之比为 92：1（县级为 144.5：1，乡镇级为 62.6：1）。县级机关公务员数量占本县公务员总数的 56.7%，乡镇机关公务员数量占本县公务员总数的 43.3%，可见 H 县的县乡公务员比例结构不尽合理。

（二）学历结构

从学历结构看（见表 5 - 8），H 县县级机关公务员中，县处级人员共 8 人。其中，研究生学历为 2 人，大学本科学历为 4 人，大学专科学历为 2 人。这些人员为 H 县政府领导班子成员，其学历结构相对合理，但总体学历水平不高，似与 H 县的县情不够匹配（H 县可以算一个教育大县，仅其培养的研究生以上学历的人数约占 H 县常住人口的 1.4%，后文专门会论述）。更不匹配的是，H 县乡科级公务员的学历严重偏低，大学本科以下学

---

① 〔美〕阿历克斯·英格尔斯等：《人的现代化》，殷陆君编译，四川人民出版社，1985。

历者占比相当高，这种情况值得担忧。

表 5 – 8　H 县县级机关公务员学历结构（2015 年末）

单位：人

	研究生	大学本科	大学专科	中专及以下
县处级正职领导职务	1	—	—	—
县处级正职非领导职务	—	—	—	—
县处级副职领导职务	1	4	—	—
县处级副职非领导职务	—	—	2	—
乡科级正职领导职务	3	67	69	14
乡科级正职非领导职务	—	11	27	11
乡科级副职领导职务	—	58	46	4
乡科级副职非领导职务	—	29	30	9
科员	—	90	81	12
办事员	—	—	—	—
试用期人员	—	—	3	10

（三）年龄结构

H 县县级机关公务员中，62.5% 的县处级公务员的年龄在 46 岁以上，81.2% 的乡科级正职公务员的年龄在 46 岁以上，39.2% 的乡科级副职公务员的年龄在 46 岁以上，51.1% 的乡科级副职公务员的年龄在 36 ~ 45 岁，19.1% 科员级别公务员的年龄在 36 ~ 45 岁（见表 5 – 9）。因此，H 县公务员的年龄结构也不尽合理。

表 5 – 9　H 县县级机关公务员年龄结构（2015 年末）

单位：人

	30 岁及以下	31 ~ 35 岁	36 ~ 40 岁	41 ~ 45 岁	46 ~ 50 岁	51 ~ 54 岁	55 ~ 59 岁	60 岁及以上
县处级正职领导职务	—	—	—	—	—	1	—	—
县处级正职非领导职务	—	—	—	—	—	—	—	—
县处级副职领导职务	—	1	1	1	2	—	—	—
县处级副职非领导职务	—	—	—	—	—	—	2	—
乡科级正职领导职务	—	1	12	23	52	46	19	—

续表

	30 岁及以下	31 ~ 35 岁	36 ~ 40 岁	41 ~ 45 岁	46 ~ 50 岁	51 ~ 54 岁	55 ~ 59 岁	60 岁及以上
乡科级正职非领导职务	—	—	—	2	5	11	31	—
乡科级副职领导职务	1	9	34	31	19	13	1	—
乡科级副职非领导职务	3	4	13	12	8	18	10	—
科员	84	20	17	18	11	19	14	—
办事员	—	—	—	—	—	—	—	—
试用期人员	13	—	—	—	—	—	—	—

第四节 治理得失简评

亨廷顿认为："国家之间最重要的差异在于政府的有效程度，而非政府形式；一个低效的政府不仅是无能的政府，而且是一个坏政府。"① 因此，判断政府治理得失，有效性是一个重要维度。

一 治理成就

由于相关资料的缺乏，对 H 县治理情况的探索只能根据县志和通史中少量材料进行分析。笔者试图通过志载县官治理中的"时间加关键词"的方式，有重点、分阶段地列举明代以来县官或县政府在 H 县治理的基本成就。

（一）明代县官治理的成就

在明代，H 县的县官治理的绩效，在 H 县县志和通史资料中有部分记载，其大致记录了十多位县官的治理成就。主要的治理成就如下。1373 年，修筑今县城，城初成，建玄帝宫、城隍庙、规划学宫、建廨署（即县衙）。1480 年在城隍祠前掘井，减轻居民取水负担。1553 年铸造关帝庙内的铁醮盆、铁磬，捐资铸造城隍庙铜镜、铁鼎、铁醮炉，建演武场。1573 年修建县城东门，修筑了敌台和壕堑。1574 年，再次修建铺舍。1578 年，修葺学宫。1579 年，开辟东西二门，修葺县城城垣。1581 年，立"H 县儒学科贡

---

① 〔美〕塞缪尔·P. 亨廷顿：《变化社会中的政治秩序》，王冠华等译，生活·读书·新知三联书店，1989，第 1 页。

题名记"碑，补修廨署，改建驿站，编纂《H县志》。1594年重建观音寺，重修城隍庙，重修玄帝庙。1635年率众灭蝗。

通过以上史料可以发现，明代县官在治理H县的特点如下。一是注重基础设施建设，特别是围绕"城"的配套基础设施进行一系列建设，这些都为H县建立现在的县城打下基础，但明代县官似乎对农业、农村的治理不够重视，特别注重城（壕、堑、垣）、宫（玄帝宫、学宫）、殿（大成殿）、庙（城隍庙、关帝庙、文庙）、寺（观音寺）、署（廨署）、祠（城隍祠、节烈祠）、堂（明伦堂）、仓（粮仓）、舍（铺舍）、所（递运所）、场（演武场）、井、门（东门、西门、南门、北门、门楼）以及驿站。二是在一定程度上注重体恤民情，主要解决饮水、饥荒等民生问题，如引导百姓掘井。这符合传统政治文化中对政府治理的逻辑，但从另一个方面说明了制约H县发展的一个根本性因素：缺水。因此，H县的治理，无论从历史上（至少是在明代以后）还是从现在看，对于解决缺水问题，历届政府必须重点关注。三是在县域治理过程中，他们能够将封建社会的整套治理理念和治理措施悉数运用，而且更加注重宗教和学宫的教化作用，注意恩威兼施。这些特点集中说明，一是H县现在的县城建设起源于明代。但遗憾的是，H县的古城风貌到了现在几乎荡然无存，甚至一些本该遗留下来的古物也客居他乡（如宋代晨钟），其中的原因多种多样，但深入分析可以发现，无论是古代还是现代，地方统治者往往都有挥之不去的政绩冲动和对历史上治理绩效的无情蔑视。二是H县在明代就已经出现比较严重的干旱、蝗灾以及由此引起的饥荒等问题。但地方统治者对这些问题的治理都不尽彻底。三是地方政府比较重视对民众的救济，但救济都与县官个人的人品、官品直接挂钩，缺少相关的制度设计。四是说明H县的传统民风（如重视教育、生活淳朴）的形成时代应该是在明代，而且这个时期官风和民风的互动情况较好。

（二）清代县官治理的成就

在清代，H县县官治理的基本情况如下。1666年劝农课士。1685年修粮仓。1687年，补葺学宫明伦堂，编纂县志。1700年，革除丁粮摊派积弊。1719年修葺仓廒（仓房）。1724年，重修文庙大成殿、明伦堂。1730年重视学宫建设，编修县志未果。1732年，修理学宫，规划立义学。1737年岁旱，请求发仓粮救灾荒。1739 年，修建了县城南门和北门的门楼。1742～1743 年，建仓廒，修葺文庙明伦堂，创建节烈祠。1749 年修驿桥，建义学，改修河道。1761 年建仓廒，重修学舍，主持编修《H 县志》。1765 年地震城裂，即修葺城垣，四城门新立碑匾。1826 年仓廒坍塌，改修鼎字廒，建递运所，修葺文庙明伦堂，主持纂修《H 县志》。1838 年岁大饥，倡捐巨金、以工代赈、修葺城垣、赈济灾民，修建养济院，建义园。后建修驿公馆，主持编修《H 县志》。1839 年，岁大饥，捐廉施赈，保社安民；关心风化，激励品节，补修学宫圣庙。1877 年呈请裁减徭役杂捐，善决狱。1879 年修城垣，清赋役，讼无冤狱。修建孤贫院。尤重教育，补修书院，躬督课艺，训士勤恳。1892 年补充修建廨署。召集社会名流，商议如何解决地方各项支出问题，以减轻老百姓负担。1897 年捐廉资助，善断讼狱，审判定案专事德化，不尚刑威，讼风大减。1902 年重修万寿寺，之后集股开办煤矿。拨荒田以济孤贫院经费，修桥梁。1908 年设立硝房炼硝，重申妇女裹足禁令，设劝学所。

通过以上史料可以发现，清代县官治理 H 县的特点如下。一是注重改革弊政，如劝农课士、革除丁粮摊派、请发仓粮、以工代赈、呈请裁减徭役杂捐、召集乡绅士商商酌解决地方乡约杂支问题、集股开办煤矿、设立硝房炼硝等。二是注重社会事业，如捐资补葺学宫明伦堂、主持编纂县志、规划立义学、修建养济院、建义园、济孤贫院、设立劝学所等。三是比较清明的县官能够明断讼狱，恩威并著，如善决狱、讼无冤狱、善断讼狱等。这些特点集中说明：一是在清代，由于内外战争以及国力日渐贫弱，H 县地方百姓的负担在一定程度上已经超出了其地方物力和民力之最大承载能力；二是 H 县在中国近代化的过程中已经在来自相对发达地区的县官们的带领、组织和影响下，开始步入中国近代化的进程，但步履维艰；三是在 H 县，人们的公平观念比较强，当然，讼风较重，也反映出当时的司法不公现象或许在一定范围内存在。

（三）民国时期县官治理的成就

1913 年设米粮、牲畜和柴炭市场，开办通俗读报所、通俗讲演所。1915 年涤除裹足，严禁吸毒。1916 年令缓征钱粮，并呈请开仓减价平粜，借予民籽种。1917 年设义仓赈济灾民，创办初级女校。1920 年补修小学房舍，修葺学宫，设义仓粮。1921 年，补修文庙。1923 年修筑县北大道，廓清数十年积弊。完补城工，续修县志，复兴女学，广推教育。1924年岁歉，令缓征钱粮十分之八，并呈请借予民籽种，后借粮全免。补修玄帝庙。1927年建平民工厂，设农业试验场，设苗圃，改初级女校址为初级中学，迁女校。1936年兴修西河防堤，补修城楼，成立禁烟委员会。1936年协助红军宣传抗日救亡政策，支援红军会师和北上抗日。1938年办理兵役，上不贻误于公，下不扰害于民。修筑公路，架设电话，开设邮电，兴工开矿，编修县志，立防空哨，创办刊物，严禁吸烟，训练师资①。

通过以上史料可以发现，民国时期县官治理H县的特点如下。一是大力兴办实业，努力推进近代化，如置市场、建报所、设工厂、兴女学、立防空哨、训练师资等。二是努力廓清政治积弊，整饬社会风尚，如严禁吸毒、成立禁烟委员会等。三是说明当时的县级政府有一定的自治权，甚至为了体恤民情而不惜与上级政府讨价还价，如"办理兵役时上不贻误于公，下不扰害于民"。四是政府的政治立场随着中国革命形势的变化而有一定变化，如协助红军宣传抗日救亡政策，支援红军会师和北上抗日等。

（四）新中国成立至改革开放前政府治理的成就

1. 接管民国政府，组建人民政府

1949年8月12日H县解放后，中国共产党H县委和H县人民政府同时成立。此时的人民政府还不是由选举产生的，属于筹建或指派性质。人民政府围绕党和国家的大政方针开展了一系列维护人民权益的工作。从1949年10月召开的县第一届各界人民代表会议第一次会议的政府工作报告可知，其主要工作有：一是支前，二是接管，三是收缴反动枪支，四是建政，五是生产，六是地方治安，七是民政司法。在1950年2月召开的县第一届各界人民代表会议第二次会议上，提出今后的工作方针与任务是：第一，认真贯彻执行党的剿匪反霸政策，开展剿匪反霸工作；第二，坚决摧毁保甲制度，建立人民政权；第三，抓好生产工作；第四，抓好征粮工作；第五，做好减租清债工作。在1950年9月召开的县第二届各界人民代表会议第一次会议上，总结了县政府半年来在生产救灾、剿匪肃特、建立改造乡革政权及代表会的召开、组织农会、公粮公债税收、司法、教育等方面

---

① 貟守勤：《H县通史》，香港华夏文化艺术出版社，2015，第288～292页。

的工作，提出今后工作中：一是要发动群众进行剿匪肃特，二是抓紧领导并深入宣传做好生产救灾工作。在 1952 年 7 月召开的县第三届各界人民代表会议第二次会议上，认为在"土改"与"三反"（反贪污、反浪费、反官僚主义）中充分发动了群众，因而取得了决定性的胜利，今后工作要以夏收夏运为中心，继续管制地主、镇压反革命、开展生产自救。在 1953 年 1 月召开的县第四届一次各界人民代表会议上，做了代行人民代表大会职权的报告，正式选出了 H 县政府，"会议上选举了县长、副县长、县政府委员、常务委员及赴省三届各代会代表三人"。

2. 人口数量大增

据 H 县县志和通史资料记载，在新中国成立到改革开放前，H 县人口由 1949 年的 17.79 万人增加到 1975 年的 39.53 万人，增长 122.2%，户数由 1949 年的 2.4961 万户增加到 1975 年的 6.3290 万户，增长 153.6%（见表 5 – 10）。

不过，在 1959~1960 年，H 县人口数量出现了比较大幅度的缩减，其中，1959 年比 1958 年人口的绝对数减少 1000 人，1960 年比 1959 年人口的绝对数减少 8300 人，这两年 H 县总人口的绝对数减少 9300 人。1959~1960 年之后，H 县总人口数量一直处于高速增长的态势，在 1961~1975 年，H 县的人口年均增长速度为 3.6%，比 1949~1958 年的年均 3.4% 的速度高出 0.2 个百分点。

表 5 – 10　H 县人口变化情况（1949~1975 年）

单位：万户，万人

年份	户数	人口数量
1949	2.4961	17.79
1950	2.6275	18.34
1951	2.7696	18.60
1953	—	20.36
1956	3.3016	21.92
1958	3.4393	24.09
1959	3.4415	24.08
1960	4.0139	23.25

年份	户数	人口数量
1961	—	23.96
1964	4.58	27.71
1965	4.6814	28.89
1970	5.4883	35.31
1975	6.3290	39.53

（五）改革开放以来政府治理的成就

改革开放以来，H县政府在经济、政治、文化、社会、生态治理方面各有成就。经济治理方面，一是注重经济体制改革，包括家庭联产承包责任制、按劳分配制等农村基本经济制度的落实和相关经济制度以及工商、交通、财政等方面体制改革，这些制度和体制都随着国家改革开放的进程经历了一个逐步建立和逐渐完善的过程。二是注重扩大地区经济总量（或综合实力、地区总产值）。这几乎是第九届政府以后各届政府最为关注的经济话题，由此可见，"以经济建设为中心"的基本路线在本县政府经济治理中受到特别的重视，但无疑也体现出"GDP中心主义"的倾向。三是政府在应对干旱等自然灾害工作中的作用和努力较多，这在第七届、第九届、第十三届政府工作过程中体现得尤为突出，说明自然灾害特别是干旱缺水对本县经济特别是农业生产和公众生活的影响特别大。四是关注财政工作。县级财政是县级政府治理的最基础的支撑，从历程看，H县的财政状况经历了一个由财政赤字较多到收支基本平衡再到收入逐渐增长的过程。五是经济治理过程中工作重点随着国家经济建设侧重点的变化而相应变化，如第七、八届政府强调家庭联产承包责任制的建立和推行过程，第八届至第十届政府强调乡镇企业从起步到取得一定程度发展的过程；自第十一届政府开始，各界政府特别重视项目建设的重要性，在经济建设中特别注重通过项目扩大投资进而加强基础设施建设；第十三届至第十六届则随着国家"十二五"规划的提法，强调经济结构调整对促进县域经济发展的重要性；第十六届政府则特别强调脱贫攻坚的重要性，将之作为一项"政治任务来抓"。

社会治理几乎得到各届政府的重视（相对于政治治理、文化治理和生态治理而言），如第七届政府强调减轻农民负担、让农民休养生息；第八届政府强调组织群众开展生产救灾、大抓教育结构调整、集中力量抓计划生育、在力所能及的范围内给全县人民办了一些急需办的事情；第十一届政府强调教育、卫生、计划生育等工作有新起色；第十二届政府强调人民生活水平逐年提高，脱贫致富的步伐正在加快，各项社会事业进一步发展；第十三届政府强调城乡居民收入稳定增长，人民生活水平不断提高；第十四届政府强调注重营造和谐环境，社会事业均衡发展；第十五届政府强调坚持以人为本，改善民计民生，人民生活水平大幅提升，统筹社会发展，完善公共服务；第十六届政府强调坚持以人为本，统筹各项事业，民计民生普惠保障。

政治治理方面，第八届政府强调完成人民公社体制改革，加强基层政权建设；第十一届政府强调认真落实县政府机关目标管理责任制；第十二届政府强调民主法制建设；第十三届政府强调依法治县、政府民主法制建设和勤政廉政建设；第十四届政府强调长征胜利70周年大庆；第十五届政府强调依法行政，规范运行程序，加强政府建设；第十六届政府强调依法行政，规范运行程序，深化重点领域改革。

文化治理方面，第九届政府强调教育、科技、卫生事业有新发展，社会治安状况有明显好转，人民生活得到改善；第十届政府强调开创扶贫工作新局面、文教卫生事业发展较快、计划生育工作取得较好成绩；第十二届政府强调要加强社会主义精神文明建设。第十五届、第十六届政府强调文化在GDP中的贡献，而且还据此提出了围绕文化旅游兴业、推进服务业结构调整，文化产业增加值占生产总值的3.3%（2015年政府工作报告）。

生态治理方面，只有第八届政府强调种草种树战略，其后几届政府虽然提及相关话题，但落实不够。直到1999年以后，结合国家西部大开发战略和退耕还林政策，政府又开始强调生态建设的话题。

二　治理之失

前文介绍了H县治理中的主要治理政绩，但客观地看，由于受多种影响因素的制约，H县的政府治理中也存在比较严重的问题。

（一）人口代价大

人口因素是社会发展的第一影响因素，是人力资源和人力资本的基础，也是历代统治者治理国家中最为看重的因素之一。H县县志和通史记载中可查的资料显示（见表5-11），H县的人口在唐代时为2.67万人，宋代时为4.6万人，明代时人口最多为4.9106万人，清代道光11年时人口最多，达到29.68万人。就H县的人口数量变化情况而言，唐代至宋代人口缓慢增加，宋代特别是南宋以后至明代初期，由于H县所在地域战事频仍（如H县位于北宋、金和西夏争夺控制权的前沿，后又是元和西夏、金等极力争夺的军事重镇），人口数量急剧减少，减少约1/4的人口。明代至清初，H县人口数量在恢复的基础上大大增加，但同治年间H县人口锐减，减少17万人左右，减少人口数量为总人口的一半以上，直至新中国成立前，H县一直未达到清代道光11年时的人口数量。

表5-11　H县人口变化情况（唐代至新中国成立前）

单位：万户，万人

朝代	户数	人口数量
唐代	0.46	2.67
宋代	0.8918	4.6
明代	0.15～0.2514	3.09～4.9106
清代	1.83（道光11年）	29.68
	3.6（咸丰年间）	21.80
	0.7732（1904年）	4.8246
	0.77（1908年）	4.89
	0.7732（1909年）	4.66
民国	无记载（民国9年前）	9.2946
	无记载（民国9年）	6.5304
	1.0773（民国12年）	7.7675
	0.81（民国19年）	6.48
	1.19（民国28年）	8.1859

由H县的人口数量变化情况看，从唐代到新中国成立前，H县的人口数量出现了先增后减的变化特点，这种情况的出现有两个非常重要的直接影响因素：一个是战争，另一个是地震。前者是人为因素，后者是自然因素。从地震造成的人口损失看，元顺帝至正十二年（1352年）、十三年（1353年）H县境内的两次地震，有"移山湮谷""城郭颓夷""持续百余

日"等说法，可见其烈度极大、持续时间极长，尽管史料没有翔实的人口损失的记载，但这种损失在当时的抗震条件下几乎是不敢想象的。另据史料记载，民国9年（1920年）的地震，H县压毙居民13700～13942人，损失人口占当时全县人口的1/6左右，其人口损失也相当严重。因此，自然因素特别是自然灾害因素，对一个地方甚至国家而言，都是政府在治理过程中必须考虑的重大因素。

（二）县官更换快

据H县县志和通史等资料记载，H县县官在任时间一般较短，更换比较频繁，尤其是民国时期，县官更换更加频繁（几乎一年一换甚至一年换几任），这不利于政策的连续贯彻执行，也不利于地方政治稳定。这种情况实质上是受国内大环境影响所致。明代志载县官情况不完全，几乎无法进行统计和比较，但就史志中记载的情况看，在明代，H县县官中任职最长的为5年，任职最短的为1年左右。在清代，H县县官任期最长者为10年，任期最短者为1年，平均任期为两年半。其间，病卒任所的有2人，回任原职的有1人。民国时期，县官平均任期不到1年。其间，回任原职的有1人。

通过对明、清两代和民国时期H县的县官任期的比较可以发现，县官任期比较长的时期，国内的政治大环境往往比较稳定，地方经济、社会等方面发展较快，政府的公信力相对较高、政府的社会认同程度相对较高。相反，县官任期比较短的时期，国内的政治大环境往往不是很稳定，地方经济、社会等方面发展缓慢，政府的公信力较低、政府的社会认同程度较低、地方政府在政治倾向上往往比较容易变化。总之，地方政府（包括县级政府）的治理情况，直接受制于国内政治大环境。因此，研究地方政府治理能力和治理绩效的政治前提是国内政治大环境的稳定。

（三）现代化进程慢

关于H县的现代化进程，在此处，笔者主要从H县的政府工作报告的角度来做定性说明。此处的政府工作报告，不是政府的年度工作报告，而是本届政府对上届政府治理情况的总结性评价（可以看作官方评价或政府自评）。笔者发现，由于上届政府领导人（此处指县长）的去向不同，本届政府对上届政府治理情况进行评价时的风格也不同。但总体而言，肯定成绩多且不厌其烦，指出问题少且笼而统之。

一是从 H 县政府工作报告的角度看，经济治理现代化方面，"哭穷"似乎是所有贫困县的共性，这在 H 县也不例外，如第八届政府在强调上届政府基本做到财政收支平衡的情况下，提到财政状况尚未根本好转，仍然依靠上级补贴过日子；第九届政府在强调财政收入大幅度增长的同时，由于政策性支出增多，财政出现较大赤字；第十届政府指出财力相当紧张；第十一届政府指出财政赤字严重，直接影响正常开支和建设事业的发展；第十二届政府指出财源薄弱，硬性支出增加较快，资金调度十分困难；第十三届政府指出财源缺乏且不稳固，社会保障体系不健全，建设资金有限，民间资金启动困难；而第十四届至第十六届政府没有提到财政困难的问题。二是尽管对经济结构调整关注点的变化经历了一个由农业结构调整到一般产业结构调整再到整个经济结构调整的认识深化过程，但从产业结构调整的角度看，由于受缺水、缺资金以及其他资源条件稀缺的限制，H县的第二产业一直没有建立起体系，产业链条不完善，企业规模小，工业短板问题尤为明显；就第三产业而言，由于在计划体制的"强制"之下，H 县的第三产业部门相对比较齐全，但对国民经济的贡献比重一直比较低，直到"十二五"时期，H 县的第三产业产值占 GDP 的比重才逐渐提升，2011～2015年分别是：37.35%、37.68%、38.41%、41.66%、45.92%。就经济结构调整而言，城乡结构调整是第九届政府及以后各届政府比较关注的话题，但 H 县的城镇化率直到 2016 年底才有 41% 左右。三是对解决贫困问题的关注的持续性不够。扶贫工作本应该是作为一个国家扶贫县的县级政府持续关注的重点话题，但从政府工作报告的主题词和具体解决贫困问题的思路和对策看，存在不连续的问题。相对而言，第七届、第八届、第十届、第十二届、第十四届、第十六届政府对贫困治理方面存在的不足和问题比较重视。四是对制约县域经济社会发展的关键性问题认识到位，但解决乏力。各届政府几乎都意识到制约本县经济发展的最根本的因素是干旱缺水，但各届政府在解决这个问题上几乎无能为力。可见，光靠县级政府自身的努力，解决一个县域的经济发展大环境问题（如干旱缺水问题）几乎是不可能的。因此，县域经济发展大环境问题的解决，需要上级政府特别是中央政府从宏观层面调动整个社会各方面的积极性，分步骤、分阶段解决。

社会治理尽管也得到各届政府的重视，但问题仍然不少，如多数群众生活比较困难，农民在经济上仍比较贫困，卫生医疗、公共交通、职工住宅、劳动就业、城市建设等矛盾仍很突出。扶贫工作存在不平衡、不稳定、不落实的问题，已解决温饱人口中有一部分随时有"返贫"的趋势，扶贫攻坚阶段的难度更大，任务更艰巨。没有完全摆脱靠天吃饭的被动局面，一遇自然灾害，贫困面就扩大，安排群众生活的任务较重。社会事业发展滞后，教育发展不均衡、医疗卫生基础条件差、社会保障体系不够健全、一些领域仍然存在不稳定因素等。公共服务滞后，教育、医疗、文化等公共设施和供水、排水、供热等生活设施与人民群众的期待还有较大差距；民生保障不足，对弱势群体和低收入人口救助的覆盖面和标准需要进一步扩大和提高。贫困人口集中分布在交通闭塞、自然条件严酷的旱山塬区，贫困面大、贫困程度深、脱贫攻坚任务艰巨等。

政治治理方面，领导作风、思想作风、工作作风方面仍然存在一系列问题；政府部门工作效率、工作质量、工作纪律遵守和个别工作人员以权谋私、腐化堕落等违法乱纪现象仍然存在，政府服务能力仍然不高。

文化治理方面，思想道德和文化建设方面还存在不少问题，各届政府对文化建设的重视程度不是很高。

生态治理方面，灾情多、条件差、持续干旱，农业上抗御自然灾害的能力不强，农业生态系统的恶性循环还在继续，没有完全摆脱靠天吃饭的被动局面；森林覆盖率低，生态环境脆弱，自然灾害频发的县情没有改变。

综上所述，尽管 H 县各届政府对 H 县县情的认识比较准确，但对于 H 县生态治理上的缺水问题和经济社会治理上的贫困问题这两个根本性的问题，至今一个都没有得到根本性解决。当然，这两个问题在西北干旱地区的各个县域几乎普遍存在，这一方面说明西北地区甚至西部地区县域治理的难度之大，另一方面也说明县级政府治理能力现代化进程非常缓慢。

第六章　H县政府治理能力的
不足之处及成因

前文从纵向测评、横向测评和公众评价三个方面，对H县政府治理能力进行了测量和评价。综合以上信息，我们不难发现：H县政府的整体治理能力尚处于由传统治理向现代治理的转型阶段，其与相邻各县之间相比居于比较滞后的位次，在经济、政治、文化、社会和生态治理能力等方面存在一定的不足。下文试图对这些不足进行分析，并尽力找出其成因。

第一节　H县政府治理能力存在的不足之处

本节在前文三个角度测评的基础上，结合H县统计年鉴、H县年鉴、H县政府工作报告和笔者对H县政府治理能力的调查以及观察，对H县政府治理能力现代化中存在的问题和不足进行深入分析。

一　县域经济实力不强

发展县域经济的能力，是县级政府的核心能力。但总体上看，H县的经济发展落后，财政自给率低、贫困发生率高、经济结构调整和经济效益提升的难度大，政府壮大县域经济规模的能力、财政能力、扶贫能力、结构调整能力及安全生产监管能力都需要大幅提升。

（一）壮大经济规模能力较小

在一区七县的横向比较中可以发现，就壮大县域经济规模能力而言，A区的能力最强（分值为7.54分），G县最弱（分值为3.35分），H县居中

（分值为 5.26 分），如图 6 - 1 所示。

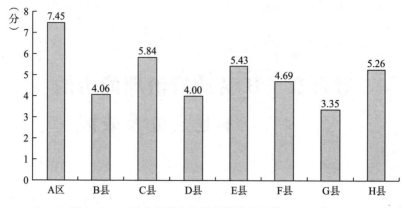

图 6 - 1　一区七县壮大经济规模能力比较（2014 年）

从 H 县 2000～2015 年壮大经济规模能力的变化进程角度看（见图 6 - 2），其值由 2000 年的 1224.56 元增长到"十二五"末的 9910.55 元，年均增长速度约为 15%。尽管其人均 GDP 一路攀升，但 2013 年以后，H 县的人均 GDP 增速明显放缓，且 2015 年与 2014 年相比出现了负增长，这也是 H 县 2000～2015 年来的第一次。再以 2014 年为例，H 县的 GDP 不及其所在省（共 86 个县级行政区）GDP 的 1%（实际占比为 0.83%），人均 GDP 为该县所在省人均 GDP 的 1/3 多（实际占比为 37.3%），不及全国人均 GDP 的 1/4。

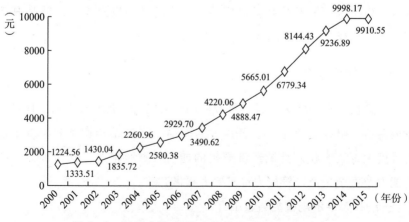

图 6 - 2　H 县人均 GDP 变化情况（2000～2015 年）

投资、消费和出口被认为是拉动经济增长的三驾马车。其中，固定资产投资额是用来衡量投资变化、经济热度和产业结构是否合理的一项重要指标。2000～2015年，H县的固定资产投资额从17282万元增长到827283万元，年均增长速度为29.42%。但2014～2015年，H县的投资增长呈后劲不足之状，特别是投资结构中，仍然以政府投资（特别是中央项目配套投资）为主，社会资本投资占比很小（见图6-3）。

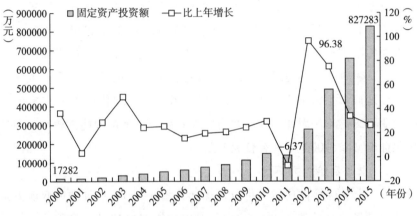

图6-3　H县固定资产投资额及其变化情况（2000～2015年）

2000～2015年，H县的社会消费品零售总额从34994万元增长到247524万元，年均增长速度为13.93%（见图6-4）。

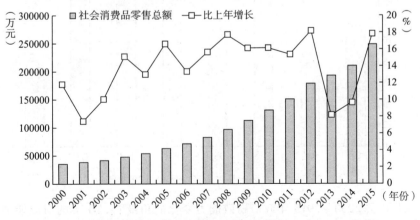

图6-4　H县社会消费品零售总额及其变化情况（2000～2015年）

以上情况说明，H县的经济增长的内生动力不足，无论是投资还是消费，其规模都比较小。此外，H县仍然是个农业县，但农业产业化程度偏低、产业结构初始化特征明显。农业生产呈规模小、质量差、链条短的特点，初级农产品仍占大部分市场，加工转化率不高、市场竞争力不足、单位面积效益较低，农产品精深加工龙头企业非常缺乏，农产品品牌非常少；农民专业合作社小且分散、运行不规范、作用发挥不充分，农民的组织化程度低；农业经济互助小组刚刚成立，作用发挥有待时间检验；农产品加工经营者或抢收抢购，或拒绝收购，农民或待价而沽，或有货难售，随意性大（前文在满意度调查中已经发现，H县农产品的销售渠道不畅，公众对此方面的不满意程度高）。由于其他资源的匮乏，第二产业以农产品初级加工为主，建筑业以本地土建为主，与新型工业化的差距较大。第三产业以原居住地群众生活消费为主，与高新技术产业、现代服务业支撑的现代第三产业距离更远。因此，H县政府壮大县域经济规模的能力较小，与基本现代化标准（≥57000元）有较大差距。

（二）财政自给能力不足

在一区七县的横向比较中可以发现（见图6-5），C县的财政能力是一区七县中最强的（分值为15.36分），其财政能力为H县（分值为7.49分）的2.1倍，其余几个县区的财政能力均比H县强。

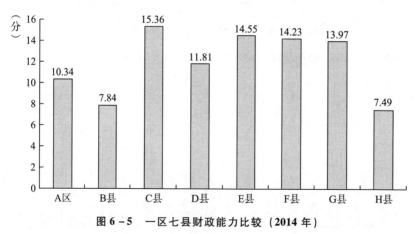

图6-5　一区七县财政能力比较（2014年）

从H县2000~2015年政府财政能力变化的角度看，H县的财政能力在波动中缓慢提升，其间经历了三个发展阶段，"十五"时期先升后降，"十一五"时期稳中有升，"十二五"时期的提升幅度较大（见图6-6）。

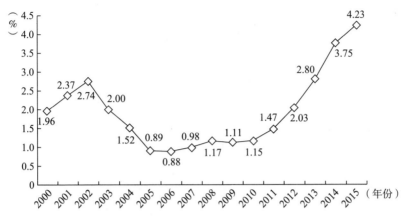

图 6-6　H 县 "财政收入占 GDP 比重" 变化情况（2000～2015 年）

但总体而言，H 县政府的财政能力离基本现代化的标准（≥10%）差距很大，其财政支撑县域经济社会发展的能力严重不足。就近年财政运行的实际情况看，H 县各方面建设的主要支出大多数靠国家转移支付，自我发展能力严重不足。2010 年 H 县的政府工作报告论及现有财力情况时指出："保吃饭杯水车薪、保运转捉襟见肘、促发展后劲不足。" H 县财政局一位工作人员也指出，"基础财源不稳、骨干财源不强、后续财源不足是 H 县财政收入的基本实际"。

另外，根据人民论坛测评中心的统计思路和计算方法，我们还可以发现：H 县无论是财政收入增长能力还是财政收支平衡能力都不稳定。就财政收入增长能力而言，其值一直波动很大，最高水平为 2012 年，达到98.38 分；最低水平为 60.59 分（见图 6-7）。可见，H 县的财政收入增长能力总体不强。

就财政收支平衡能力而言，2000～2010 年一直处于增长态势，而 2010年以后，则出现了严重的下滑态势（见图 6-8）。可见，H 县的财政收支平衡能力既不是很强，也不是很稳定。

由此可见，财政增收难度大、自给率不足以及财政平衡能力不稳定，导致 H 县经济社会发展面临的财政风险比较大。财政能力基本上决定政府的其他能力，H 县政府的这种财政现状，将直接影响已经提高但没有巩固的社会保障能力，后文提到的农村养老保障、医疗保障等方面的能力均直接受制于 H 县的财政能力。

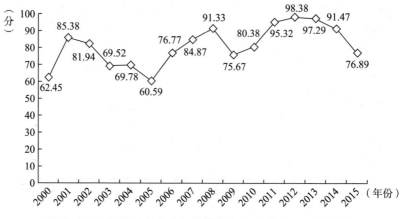

图 6 – 7 H 县财政收入增长能力变化情况（2000～2015 年）

图 6 – 8 H 县财政收支平衡能力变化情况（2000～2015 年）

（三）精准扶贫能力欠缺

由前文的比较可知，E 县的扶贫能力是一区七县中最强的（分值为 4.35 分），相当于 H 县的 4.6 倍，H 县的扶贫能力是一区七县中最弱的，其分值仅为 0.94 分（见图 6 – 9）。

从 H 县 2000～2015 年贫困治理的进程看（由于历史上中国贫困发生率统计口径的不同，本书在统计贫困发生率时，2000～2010 年的数据均按照 2011 年的标准，2011 年以后按照 H 县政府工作报告和"十三五"规划等资料提供的数据进行统计），由图 6 – 10 可知，H 县的贫困发生率有大幅度的下降，即使按照 2011 年以来的统计口径，2011 年以来，H 县的贫困发生率由45.30%下降到2015年的24.72%。

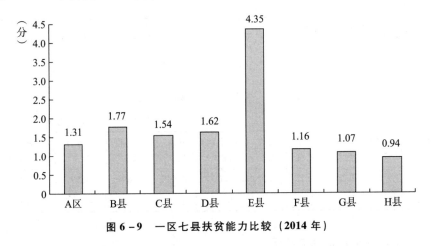

图6-9　一区七县扶贫能力比较（2014年）

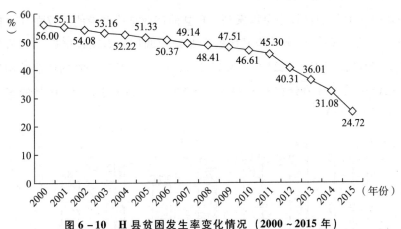

图6-10　H县贫困发生率变化情况（2000~2015年）

如前所述，就H县的贫困治理进程而言，H县贫困发生率大幅度下降，但截至2015年，H县仍然有贫困村128个，占全县行政村总数的45.1%；贫困户为29285户，贫困人口为13.26万人（一般贫困户人口为10.27万人，扶贫低保户人口为2.99万人），贫困发生率为24.72%。其中，因学致贫有8375户，因病致贫有5573户，因残致贫有1034户，因缺技术致贫有5072户，因缺资金致贫有5110户，因缺劳力致贫有1812户，因灾等致贫有2309户（相关具体人数见表6-1）。再从代表城乡居民家庭富裕程度的恩格尔系数的角度看，2014年H县的城镇居民人均可支配收入为13752.6元，消费性支出为10451.3元，恩格尔系数为38%；农民人均纯收入为4500.6元，农村居民人均生活消费支出为 4812.1 元，恩格尔系数为 51%。至 2015 年底，H 县的贫困发生率远远高于基本现代化标准 (≤2%)。因此，就政府而言，在精准扶贫的具体工作中，H 县政府的精准扶贫能力特别欠缺。如何深入搞好精准扶贫，增加城乡居民收入，将持续考验 H 县政府的扶贫能力。

表 6-1 全县致贫原因和比例一览

单位：万人，%

项目类别	因病致贫	因残致贫	因学致贫	因灾致贫	缺土地致贫	缺水致贫	缺技术致贫	缺劳力致贫	交通条件落后致贫
人数	5.07	0.55	5.31	0.07	0.07	0.69	0.69	0.55	0.79
占比	36.8	4	38.5	0.5	0.5	5	5	4	5.7

（四）经济调控能力较差

在一区七县的比较中可以发现，B 县的产业结构调控能力较强 (分值为 4.69 分)，A、C、D、F 几个县区的产业结构调控能力比较接近 (分值分别为 4.36 分、4.35 分、4.23 分、4.15 分)，E、G、H 三个县的产业结构调控能力比较接近 (分值分别为 3.74 分、3.86 分、3.48 分)，但 H 县的表现最弱 (见图 6-11)。

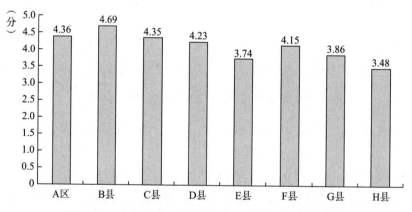

图 6-11 一区七县产业结构调控能力比较 (2014 年)

从产业结构调整的历史进程看，H 县农业生产能力比较低，农业产业化、组织化、市场化的程度更低，抵御自然灾害和市场风险能力比较弱。第二产业总量小 (如 2014 年工业总产值为 494347 万元，资质建筑业实现总产值 77967 万元，合计 572314 万元，占三大产业的 29.9%)，企业整体水平低，缺少骨干企业和大项目引领，工业经济薄弱，支撑作用不明显，工业化尚处于初始阶段（如2014年工业化率约为18%）。第三产业发展滞后，现代服务业业态单调，活力不足。从产业结构看，整个县域经济中第一产业所占比重仍然偏大，第二产业占1/3左右，第三产业比重有小幅提升（见图6-12），但第二、三产业的辐射带动作用仍然不明显。因此，从产业结构调整角度看，H县的特色产业刚刚起步，支柱产业尚未形成，产业链条不够完善。

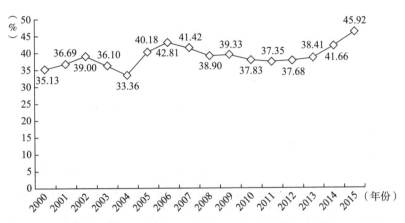

图6-12　H县"第三产业收入占GDP比重"变化情况（2000～2015年）

在一区七县中，A区的城乡一体化调控能力较强（分值为2.88分），C县次之（分值为2.76分），H县居于中下水平（分值为1.64分）（见图6-13）。

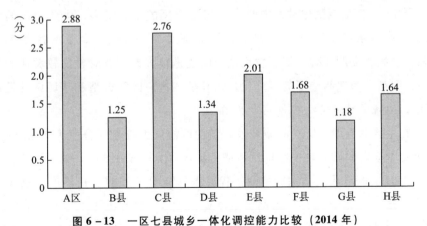

图6-13　一区七县城乡一体化调控能力比较（2014年）

从城镇化的历史进程看（见图6-14），H县的城镇化进程相对缓慢，2000～2013年，其城镇化率一直在20%以下。2013年以来，H县的城镇化进程加快，但据了解，其城镇化进程带有明显的政府"强力推动"的倾向，而且这种推动作用往往是在每个五年规划的最后一年表现最为突出（另外，在新闻报道、政府工作报告和统计年鉴三种不同的资料中，H 县的同一年城镇化数据非常悬殊，本书在采用数据时，以 H 县统计年鉴为主，统计年鉴中没有明确数据的，采用政府工作报告中的数据）。这种情况的反复性出现，或许与上级政府对下级政府周期性的政绩考核或评比有关。

图 6–14　H 县城镇化率变化情况（2000～2015 年）

另外，H 县是第三批国家新型城镇化综合试点地区，但在试点过程中存在过度城镇化现象。过度城镇化导致的结果有以下四个方面：一是农村"空壳化"；二是城镇化过程中政府与城郊居民的矛盾增多，由此引起的社会不稳定因素增加；三是不利于县域经济发展，出现了大量的撂荒现象（在公众满意度调查时，笔者发现这个问题是很多被调查对象比较关注的话题）；四是人为地制造了贫富分化，尤其是"棚户区"改造和新城区开发过程中，出现了部分"一夜暴富"人群。

在一区七县中，H 县的城乡收入结构调控能力最强（分值为 5.12 分），其余几个县区的城乡收入结构调控能力相近（见图 6–15）。

就 H 县城乡收入结构调整的进程而言（见图 6–16），H 县的"城乡人均收入比"在"十二五"以前，基本保持在 3∶1 的状态，"十二五"时期，其"城乡人均收入比"有所下降，但仍然在 2.2∶1 以上。不过从数据变化折射出的情况看，H 县"十二五"时期的政府对城乡收入结构调控力度最大（2014 年有所反弹），"十五"时期的调控力度居中，"十一五"时

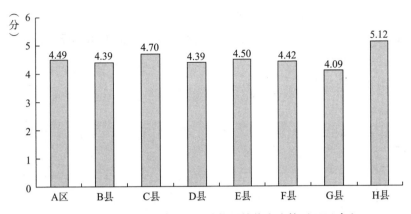

图 6 – 15　一区七县城乡收入结构调控能力比较（2014 年）

期的调控力度一般。从总体变化趋势看，H 县"城乡人均收入比"在不断减小，说明 H 县城乡居民的收入差距在逐渐缩小，城乡社会的公平性和一体化程度有所提升，但与基本现代化标准（本书转换为小于等于120%）尚有较大的距离。

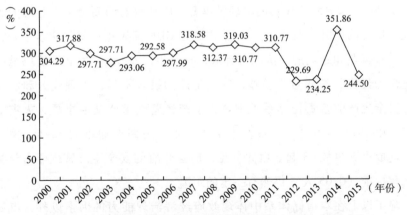

图 6 – 16　H 县城乡人均收入比变化情况比较（2000 ~ 2015 年）

另外，与历史上很多时期相似，H 县的县城基础建设仍然快于乡村，政府投资的重点仍然倾向于城镇，对农村的投资往往基于政策压力或社会压力，因此，H 县城乡经济社会发展面临的体制性矛盾和结构性矛盾将在今后一个比较长的时间内继续存在。政府促进城乡一体化的认识和能力均急需提升。

（五）安全生产管理能力较低

相较而言，H县代表安全生产管理能力的"亿元GDP事故死亡率"在一区七县中得分最高（分值为5.56分），其余几个县区的安全生产管理能力得分则相对都比较低（见图6-17）。

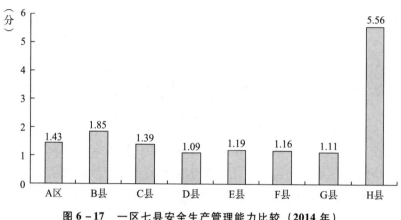

图6-17 一区七县安全生产管理能力比较（2014年）

从2000~2015年H县的治理进程看，H县政府的安全生产管理能力有了较大幅度的提升（见图6-18），"亿元GDP事故死亡率"明显下降，但由于一些行业和企业的经济能力有限，安全生产意识、"发展不能以牺牲人的生命为代价"红线意识不够，安全生产的投入不足，管理能力和水平不高，安全生产监管责任体系不健全，生产经营性道路交通事故、火灾事故较多，以2015年为例，全县发生生产经营性道路交通事故12起、死亡7人，造成火灾事故63起。由此可见，H县政府的安全生产管理能力与基本现代化标准（0.05人）仍然有一定的距离。

除了以上在本指标体系中体现政府经济治理能力的因素以外，市场主体不活跃、社会创新创业能力差也影响H县政府的经济治理能力。如2014年底，H县市场主体（包括各类企业、个体工商户、农民专业合作经济组织）总数达到16551户，从业人员为7.5万人，注册资金为112.9亿元，占全县市场主体总数的98.2%。但总体来看，市场主体不活跃，市场主体对产业体系的支撑能力弱。另外，H县的自主创新、全民创业能力不强，正如H县2015年政府工作报告指出的："仍处在新兴产业培育期、全民创业孕育期、发展能量积蓄期，培育新的经济增长点任务艰巨。"还有，随着城镇化进程的加快和农村剩余劳动力的季节性转移，H 县农村"空壳化"现象以及土地撂荒现象突出，农村各方面建设比较滞后，农民增收渠道非常狭窄。这些因素也是制约其经济治理能力现代化水平的因素。

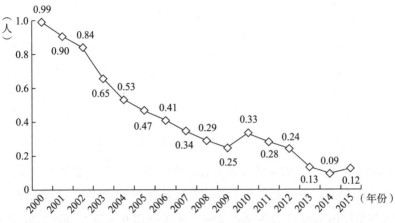

图 6－18　H 县"亿元 GDP 事故死亡率"变化情况（2000～2015 年）

二　民主法治建设滞后

从体制的角度看，党的十八大报告提出要加快形成政社分开、权责明确、依法自治的现代社会组织体制。政社分开的实质是改革过去政府包办一切的体制，强化社会自身的职能，实现社会的问题由社会解决，这是新时期创新社会管理、将政府的行政管理与社会的自我管理分开的基本要求，需要政府和社会在人员、活动、资产、场所、机构、人事等方面分开。

（一）社会组织量少质低

由于村民小组没有法人资格，既不属于经济组织，也不属于政治或行政组织，因此，村民小组不属于农村社会组织的范畴。本书所指能够代表农村政治治理能力的农村社会组织主要是作为群众性社会自治组织的村民委员会，在城市则主要指行业协会、社区组织、共青团、妇联、工会及群众性志愿组织等。

总体来看，一区七县的社会组织发展均处于起步阶段。但在一区七县的比较中可以发现，A 区的基层自治能力最强（万人拥有社会组织数为10.17 个），除 C 县和 D 县外，其余各县的基层自治能力也均高于 H 县（万人拥有社会组织数为 7.20 个）（见图 6－19）。

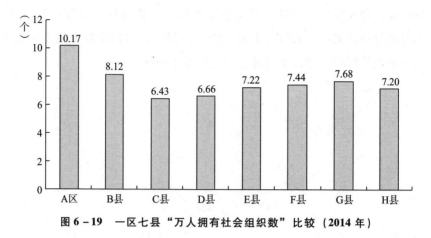

图 6-19 一区七县"万人拥有社会组织数"比较（2014 年）

就 2000～2015 年的治理进程而言，H 县的社会组织总量不仅偏少且在 2008 年有所减少。就数据变化而言，其数量在 2012 年以后增加较多，2016 年的增加量更加明显（当年新增 288 个）（见图 6-20）。据统计，2000～2015 年，H 县的"万人拥有社会组织数"为 8.60～11.90 个（见图 6-21），与基本现代化标准（≥50 个）相差较大。

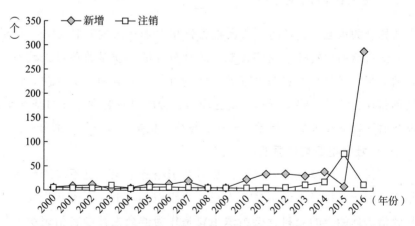

图 6-20 H 县"狭义社会组织增减"情况（2000～2016 年）

另据调查，H 县的基层组织比较普遍地存在"政社不分"的现象，在实际运行过程中，几乎所有的居委会和村委会都承担了较多的行政管理事务，如安全生产、社会治安、信访调解、计生检查等。而且，社会组织的规范不完善、信息不够公开、透明度较低、活力欠佳。从公信力的角度看，H 县基层社会组织建设和管理相对滞后，一些社会组织公信力严重不足，甚至有个别社会组织在成立之初就存在骗贷、骗取政府政策支持等动机和倾向。现实中运行的社会组织仍然以村委会和居委会为主体，以行业协会、农业专业经济协会、民办非企业、文艺队、副业队、屠宰队等为补充，缺少专业性的法律服务、心理咨询等组织，社会组织结构单一、覆盖面小、参与人群不固定、活动经费不足（如2014年，H县城市社区办公经费为3万元，农村社区办公经费为2万元）。

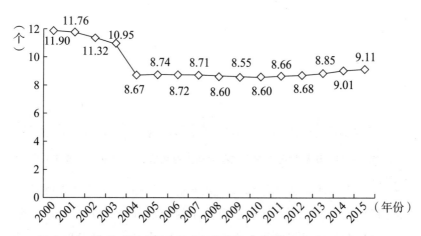

图6-21 H县"万人拥有社会组织数"变化情况（2000~2015年）

（二）基层自治能力较弱

在一区七县中，就社会组织吸纳就业能力（"社会组织从业人员比"）而言，A区最强（40%），H县居于下游（13.04%），仅高于D县和G县（见图6-22）。

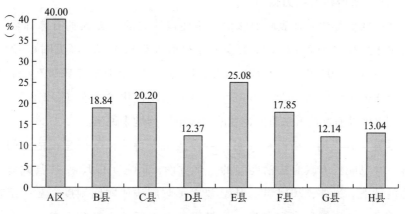

图6-22 一区七县"社会组织从业人员比"比较（2014年）

根据本书构建的政府治理能力现代化的指标体系可知，H 县社会组织吸纳就业能力在 2000～2015 年总体上有所提升，由 2000 年的 2.69% 提升到2013 年的 3.56%（见图 6-23）。

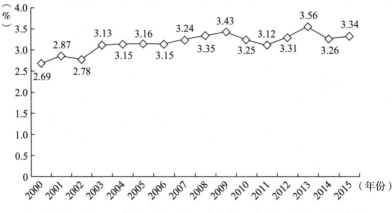

图 6-23　H 县社会组织吸纳就业能力变化情况（2000～2015 年）

但总体而言，H 县社会组织吸纳就业能力不强（前文的公众满意度调查也能够证明这个问题），与基本现代化的标准（≥10%）相差较远。而且，与政府培育社会组织的能力相比，由于 H 县的社会组织数量相对较少，加之受 H 县的经济、社会和政治等方面的发展水平所限，社会组织吸纳就业能力对政府治理能力的贡献度要小得多。至 2015 年底，全县社会组织从业人员为两万多人，社会组织承担政府授权、委托、转移的职能不够，还不能很好地满足政府转移社会管理和公共服务职能的需要。

（三）法治建设能力低下

在一区七县中，代表政府法治队伍建设能力的"万人拥有律师数"，C 县的水平最高（为 2.12 人），H 县水平最低（为 0.07 人）（见图 6-24）。

从 2000～2015 年的统计数据可知，H 县的"万人拥有律师数"一直非常少，为 0.07～0.12 人（见图 6-25），离基本现代化的标准（≥2 人）悬殊。这一点也可以通过接下来将要论述的"投诉"问题来说明。

尽管"万人拥有律师数"可以看作政府支持法治队伍建设能力的一个指标，且只能代表政府法治能力的一个方面，但它足以反映 H 县政府法治能力的低下。另外，2014 年，H 县建立了政府法律顾问制度，在一定程度上完善了依法决策程序和制度，尽量坚持重大行政决策公众参与、专家论证、风险评估、合法性审查、集体讨论决定，扩大了审计工作的覆盖面，全面推行项目"双审"、专项审计和离任审计，但总体而言，H县的法治队伍建设能力还比较低下。

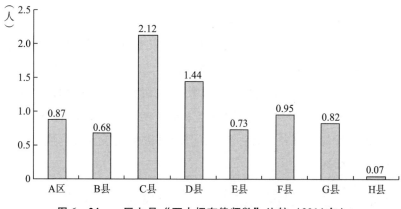

图6-24　一区七县"万人拥有律师数"比较（2014年）

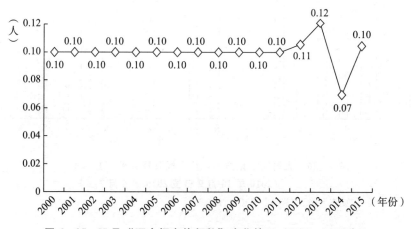

图6-25　H县"万人拥有律师数"变化情况（2000~2015年）

（四）公信护持能力较低

"投诉"可以看作公众对政府工作或政府行为的不满意或否定性评价，也意味着政府公信力在一定程度上受到公众的质疑。"投诉"越多，意味着政府公信力越低或政府护持公信的能力越低。

本书结合人民网"地方领导留言板"的"主题领域",① 对 2010 年 10 月
9 日至 2016 年 6 月 7 日的"投诉率"("主题类别"② 中的"投诉类"留言占
"总留言数量"的比例)进行统计时发现,其平均"投诉率"为 22.7%,其
中"文娱"类、"环保"类和"医疗"类的"投诉率"较高,占比分别为
57.1%、47.6% 和 41.7%(见图 6-26),另外,公众对"贪腐"类、"城建"
类和"企业"类的"投诉率"均在 30% 以上。由此可见,政府在"文娱"、
"环保"、"医疗"、"贪腐"、"城建"和"企业"六个领域的治理中存在的否
定性评价较多(这与前文进行的公众满意度调查的结果是一致的),也意味着
H 县政府在以上六个领域的公信护持能力相对较低。前文指出,投诉与政府
的法治队伍建设能力有关,笔者认为,当律师数量比较少时,网上投诉、上
访等现象就会增加。

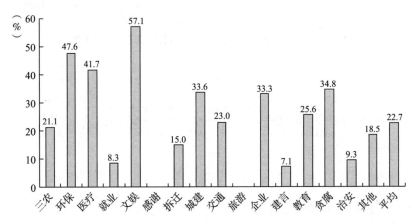

图 6-26 人民网"地方领导留言板"H 县的"投诉率"
(2010 年 10 月 9 日至 2016 年 6 月 7 日)

注:"感谢"类、"旅游"类无投诉。

三 文化治理层次不高

H 县的文化治理尽管取得了很大成绩,但随着全县经济社会的快速发
展,人民群众的文化需求日趋旺盛,对加快文化改革与促进文化发展、不

---

① 具体为"三农""环保""医疗""就业""文娱""感谢""拆迁""城建""交通""旅
游""企业""建言""教育""贪腐""治安""其他"16 个领域。

② 具体为"咨询""建言""投诉""求助""感谢""两会"6 个类别。

断提高公共文化服务能力提出了新的更高的要求。从前文公众满意度结果看，学历较高层次群体对政府文化治理能力的满意度不高，在一定意义上说明H县文化发展和治理层次均不高。

（一）教育资源配置不均

在一区七县的比较中可以发现，就影响文化治理能力的因素而言，尽管一区七县都属于贫困县，但政府支持教育的力度都非常大，他们的"教育支出占GDP比重"均高于基本现代化标准的要求（≥6%），不过H县"教育支出占GDP比重"在一区七县中并不是最高的，其位次仅为第四（11.73%）（见图6-27）。

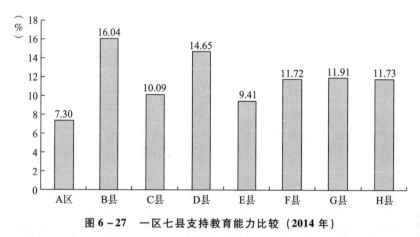

图6-27　一区七县支持教育能力比较（2014年）

从图6-28可知，2000～2015年的财政支出方面，H县政府对教育的

图6-28　H县"教育支出占GDP比重"变化情况（2000～2015年）

支持力度非常大，除 2000 年以外，H 县"教育支出占 GDP 比重"均在 7% 以上，最高年份甚至达到 14.81%。但 H 县的教育支出结构并不合理，导致各级各类教育资源配置并不均衡。一是不同层级教育的经费支出不均衡，如 2005 年以前，幼儿园的生均教育经费支出为零，而 2011 年该项支出则为该县教育支出的最高项（见表 6 - 2）。

表 6 - 2　H 县生均教育经费年度支出

单位：万元

年份	普通中学	职业中学	小学	幼儿园
1986	116	228	51	0
1987	120	228	63	0
1988	124	234	73	0
1989	123	248	82	0
1990	162	310	106	0
1991	160	270	118	0
1992	211	444	117	0
1993	395	952	118	0
1994	459	1035	167	0
1995	483	1229	152	0
1996	791	1023	166	0
1997	845	1164	278	0
1998	1017	1588	306	0
1999	1103	948	306	0
2000	995	1488	359	0
2001	1110	5328	492	0
2002	969	3253	499	0
2003	970	4434	659	0
2004	997	1650	675	0
2005	1610	1813	1049	914
2006	2352	3265	1702	1392
2007	2096	2946	2238	2220
2008	2531	3042	2802	821

续表

年份	普通中学	职业中学	小学	幼儿园
2009	3681	4493	3676	1015
2010	3965	5163	4004	4609
2011	5252	4936	5311	8047

资料来源：H县教育局。

二是不同类型教育的经费支出不均衡，相较而言，该县职业中学教育的经费支出占比一直相对较大（但效果欠佳），而小学教育经费支出占比一直相对较小。三是人员经费与公用经费的比例不尽合理（根据 OECD 的规定，小学初等教育的人员经费与公用经费的合理比是 70∶30，本书将之转换为 234%），但 H 县的人员经费占比在大多年份明显过高（见图 6－29）。四是城乡经费支出不均衡。但遗憾的是，这方面的经费支出无详细数据。不过可以肯定的是：H 县县城出现的大量"陪读"以及乡村教师"挤破头都要进城"现象应该可以说明这个问题。还有一些深度调查的案例也可以反映这方面的情况。

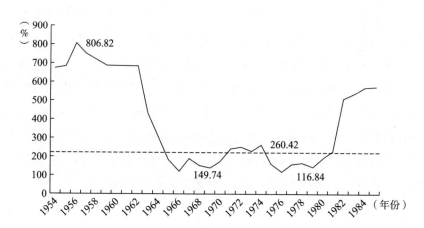

图 6－29　H 县人员经费与公用经费比变化情况
资料来源：H县教育局。

归纳起来，H 县政府支持教育的力度非常大。但仍然存在重名轻实、重城轻农、重高轻低（重高中）、重智轻德（盯高考升学率）、重应付轻回应等现象。

（二）支研能力低位徘徊

相较而言，H县政府支持科研能力（研发经费占GDP比重）在一区七县中最低（为1.13%），大大影响了其文化治理能力的得分（见图6-30）。

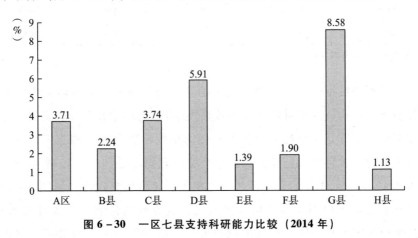

图6-30　一区七县支持科研能力比较（2014年）

据了解，H县在20世纪70年代就提出建立一支以贫下中农为主体的科学技术队伍，公社要成立科技站，大队成立科技领导小组，生产队建立干部、老农、技术员三结合的科学种田小组。近年来，H县也实施科技特派员下基层行动，加强了科技宣传培训，并与一些科研院所和高校在科技抗旱、科技扶贫等方面进行合作。但通过图6-31可知，2000~2015年，尽管H县政府支持科研的能力缓慢提升，不过其总体支持水平非常低下，其"研发经费占GDP比重"一直在0.1%以下，与基本现代化标准（≥2%）相差甚远。政府在科普工作、实用技术人才培养、提高劳动者科技素质等方面的组织力度、经费投入还需要加大与增加，与科研院所的技术合作还需要拓宽度、挖深度，在推动企业技术创新方面还需要发挥更大作用。

（三）文化人才供给不足

在一区七县中，代表政府文化发展能力的"6岁以上识字人口占比"H县为满分，远远大于基本现代化的标准（≥95%）（见图6-32），说明其文化发展能力比较强，文化发展潜力比较大。

H县有崇文修德的深厚文化底蕴，历史上一直推崇"一等人忠臣孝子，两件事耕田读书"的耕读文化，至今，H县还流传着"家有千石粮，不如一人在书房"的崇文良训。从图6-33也可以看出这种文化特点，2000~2015

年，H县"6岁以上识字人口占比"在85%左右的基础上持续不断地提升。

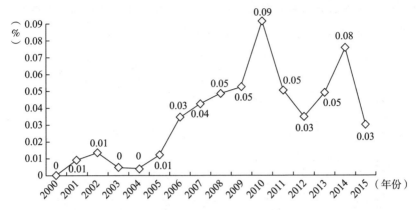

图6-31　H县"研发经费占GDP比重"变化情况（2000~2015年）

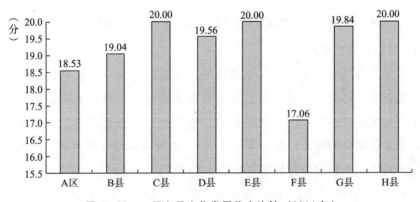

图6-32　一区七县文化发展能力比较（2014年）

　　但也需要指出的是，由于缺乏高层次的文化人才特别是文化领域的领军人才，以及政府文化体制改革和理念创新不够迅速、文化资源优势转化为产业优势进展不快、对当地文化资源的认识不到位和开发方面的持续性不够，H县文化发展总体水平与经济社会快速发展的新形势还不相适应，与人民群众日益增长的精神文化需求仍有差距。一是公共文化服务体系特别是农村公共文化服务体系尚不完善，文化基础设施建设滞后，文化设备配套不够，文化服务功能不健全。二是文化事业发展缓慢，文化产业化能力比较弱。文化产业仍然处于事业型状态，没有形成文化产业链和文化产业群。三是高层次文化人才供给不足，推动文化发展的领军人才严重匮乏。四是文化企业基础薄弱、规模偏小，缺乏骨干企业和品牌产品，核心竞争力和影响力不足。五是文化旅游产业链条短、挖掘层次浅、发展观念陈旧，文化旅游产品和文化产业项目少，服务水平仍需大幅度提高。六是文化产业增加值对地区生产总值贡献小，如2015年，H县文化产业增加值仅占生产总值的3.3%。

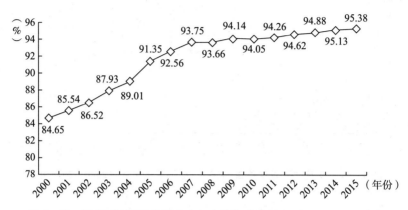

图6-33　H县"6岁以上识字人口占比"变化情况（2000～2015年）

（四）信息服务能力滞后

由于代表政府在支持信息化建设能力方面的更为现代化的因素如家庭电脑拥有数、移动电话拥有量以及宽带覆盖面等方面统计数据的缺乏，本书采用县级政府在统计中一直使用的"电视人口综合覆盖率"来代表政府促进信息化建设的能力。在一区七县中，"电视人口综合覆盖率"的值都比较高，其中，H县的得分最高（分值为9.98分）（见图6-34）。

就H县2000～2015年的"电视人口综合覆盖率"变化情况而言，其一直高于80%，且受"村村通"工程之惠，在此基础上有了很大提高（见图6-35），2015年，H县"电视人口综合覆盖率"（为99.89%）接近基本现代化标准（=100%）。可见，H县政府在促进文化信息的传输和普及方面做了大量工作，其能力相对较高。但客观地讲，H县政府的信息服务能力还有很大的提升空间，特别是利用现代信息平台和技术手段进行政府信息公开、乡村文化建设、文化市场监管以及引领社会主义先进文化建设的能力尚显不足（如赌博和迷信问题治理不够）。

以上情况表明，H县政府要进一步提高其文化治理能力，在继续保持对教育支持力度不减弱的前提下，必须加大对乡村教育的支持力度，重视政府支持科研能力的提升，不断加大政府对科研的投入力度。

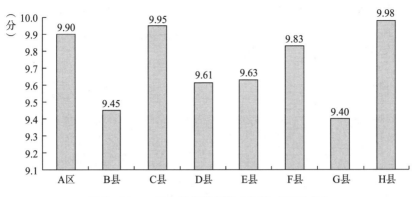

图 6 – 34　一区七县信息化能力比较（2014 年）

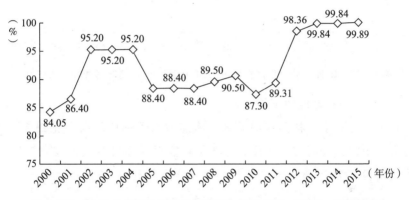

图 6 – 35　H 县"电视人口综合覆盖率"变化情况（2000～2015 年）

四　社会保障能力受限

"社会保障支出占 GDP 比重"被很多研究者用来衡量一个国家或政府的社会保障能力。据商务部消息，2016 年经济合作与发展组织"社会保障支出占GDP 比重"的平均水平为 22%，其中，占比最高的国家为法国，其比重为 32%[①]。中国"社会保障支出占 GDP 比重"2000 年为 3.72%，2005 年为 4.28%，2010 年为 2.28%，2015 年为 2.81%。H 县的"社会保障支出占 GDP 比重"在 2000～2015 年的变化情况见图 6 – 36，其值在"九五"末已经高达 7.52%，但"十五"期间，其值大幅度降低，"十二五"期间在波

---

① 资料来源：《2016 年意大利社会保障支出占 GDP 的 29%》，中华人民共和国商务部网站，http://www. mofcom. gov. cn/article/i/jyjl/m/201701/20170102498361. shtml。

动中有较大幅度的提升，"十二五"期间，其值一直保持在 6% 以上。由此可见，H 县政府非常重视社会治理，但在养老保障、医疗保障、住房保障、促进就业等方面还存在一定压力和困难。

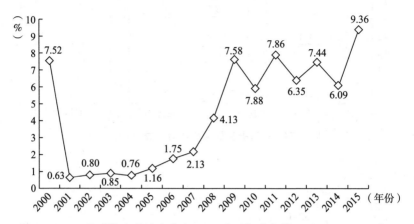

图 6－36　H 县"社会保障支出占 GDP 比重"变化情况（2000～2015 年）

（一）农村养老能力不够

在一区七县中，各县区的养老保障能力水平都比较高（见图 6－37），但也有差距，相较而言，D 县的养老保障能力最强（分值为 39.10 分），B 县次之（分值为 39.00 分），H 县居中（分值为 38.32 分）。

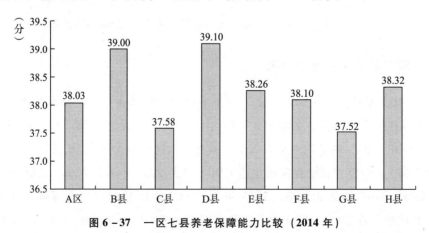

图 6－37　一区七县养老保障能力比较（2014 年）

从 2000～2015 年养老保障能力（养老保障覆盖率）变化的角度看（见图 6－38），H 县政府的养老保障覆盖率在 2009 年以后有了大幅度的提高。

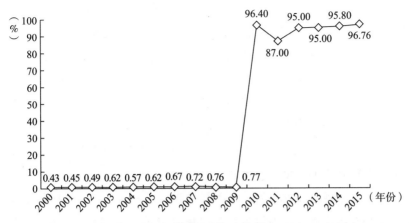

图 6 – 38　H 县"养老保障覆盖率"变化情况（2000～2015 年）

但据了解，H 县的养老保障仅仅停留在扩面上，在养老保障的内部结构和质量提升上还存在比较多的问题。

（二）医保扩面提质困难

从一区七县的比较中可以发现，A 区、B 县、D 县、E 县、F 县、G 县的医疗保障能力已经非常接近基本现代化标准，而 H 县的医疗保障能力则相对弱一些（分值为 27.20 分），排在一区七县的倒数第二（见图 6 – 39）。

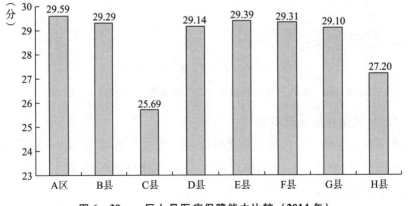

图 6 – 39　一区七县医疗保障能力比较（2014 年）

尽管如此，2000～2015 年，H 县的医疗保障覆盖率有大幅度的提高（见图 6 – 40），特别是 2005～2015 年，其覆盖面提高到 85% 以上。

但在覆盖面总体保持甚至有所增加的同时，H 县在医疗保障方面仍存在一系列问题。一是由于政策的全覆盖和居民对医疗保险认识水平的提高，H

县能够纳入城镇职工基本医疗保险的单位（城镇职工基本医疗保险单位统一缴费比例为6%，个人缴费比例为2%。）和居民绝大多数已经参保，今后基本医疗保险要大幅度扩面将是十分困难的。二是受县域经济的影响，城镇职工基本医疗保险自2010年市级统筹以来，累计欠费近5000万元，加之县财政困难，城镇职工基本医疗保险欠费较多，各项补充医疗保险至今没有开展。三是特殊病种范围窄，报销限额低，一些门诊病患者得不到应有的保障。四是基层社保经办机构人员少，办公经费严重不足。五是医疗保险参保患者转院率高，费用支付多。六是医疗保险办公网络建设滞后，影响了各项业务的规范发展。另外，因县财政困难，多年来，H县开展运行了城镇职工基本医疗保险，但没有公务员医疗补助，大病医疗保险于2016年7月才开始启动运行。

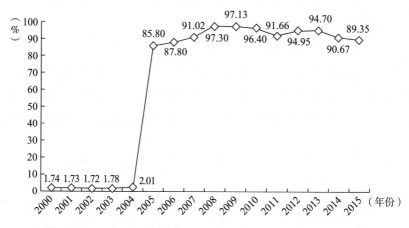

图6-40　H县"医疗保障覆盖率"变化情况（2000～2015年）

（三）城镇住房保障不足

在一区七县中，A区的人均居住面积居首位（分值为20.00分），H县的人均居住面积居第二（分值为18.67分），说明政府的住房保障能力相对较高（见图6-41）。

近年来，H县政府统筹考虑社会各阶层住房需求，初步形成商品房、经济适用房及廉租住房三个层次的住房供应体系。但由于城镇化进程的不断加速推进，农村居民的住房需求相对减少，城镇化后的居民对住房的需求则不断增加。加上H县在外地工作或打工的人员比较多，为了回馈父母，他们中有很多人在县城给父母买房；另外，由于城乡教育资源的不均衡，

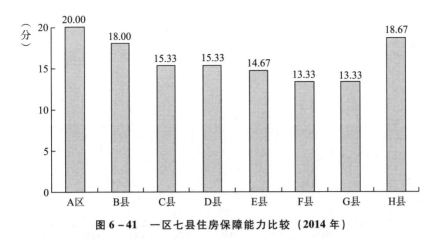

图6-41　一区七县住房保障能力比较（2014年）

H县县城的"陪读"现象非常突出，在多方面因素的影响下，2012年以前H县县城的房源一直比较紧张，致使H县的商品房价格在相邻县区中居于高位，相应地也抬高了房屋租住价格。再加上近年来劳务价格、建筑材料成本、土地价格等的提高，经济适用房及廉租住房的价格也水涨船高，因此，满足新型城镇化形势下居民的住房需求，进一步考验H县政府的住房保障能力。H县"人均住房面积"变化情况（2000~2015年）见图6-42。

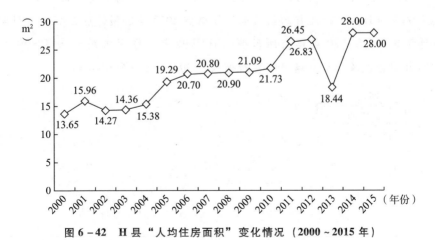

图6-42　H县"人均住房面积"变化情况（2000~2015年）

（四）促进就业压力渐增

从一区七县的比较中可以发现（见图6-43），B县的就业保障能力最强（分值为10.00分），而H县的就业保障能力居于中间偏下的水平（分值为 7.89 分）。

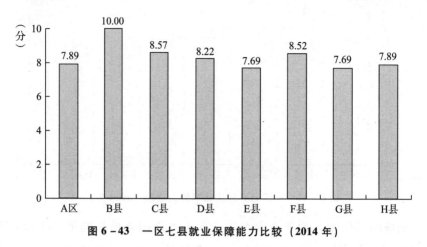

图 6-43　一区七县就业保障能力比较（2014 年）

按照 H 县统计年鉴、H 县年鉴以及 H 县政府工作报告，H 县城镇人口登记失业率的数据不够完整，笔者询问 H 县人力资源和社会保障局的相关工作人员时，很多年份的城镇人口登记失业率往往用比较模糊的数据表示，如"控制在 4% 以内""小于 7%"等，因此，本书结合 H 县统计年鉴、H 县年鉴以及 H 县政府工作报告，按照 4% 或 7% 的原始数据进行统计。2000 年以来，H 县的"城镇人口登记失业率"总体处于下降态势，即由 2000 年的 7.00%（H 县政府工作报告数据）下降到 2013 年的最低点 2.42%（H 县统计年鉴数据），2014 年有所反弹（H 县政府工作报告数据为 3.80%），2015 年小幅回落（H 县统计年鉴数据为 3.39%）（见图 6-44）。

图 6-44　H 县"城镇人口登记失业率"变化情况（2000～2015 年）

因此，从变化趋势看，H县政府促进就业的能力有所提升。但由于H县人口基数比较大，在外地打工或创业的人员比较多，加之每年通过高考考出去的大学生数量也相对多，在全国就业压力增大、独生子女大学生增多和本地企业吸纳就业能力基本饱和的背景下，回乡创业人数、回本地就业的大学毕业生数量也在逐年增加，因此，H县政府促进就业的能力面临新的考验，其压力或许会进一步加大。这一点在前文提及的公众调查中也得到佐证。

五　生态治理起点较低

按照H县统计年鉴，由于财政支出项目分类的变化，2006年以前的统计年鉴中没有具体涉及节能环保支出（或环境保护）项目，但毋庸置疑的是，政府肯定有节能环保方面的支出，2000～2005年H县节能环保支出（或环境保护）的具体数额无法确认，笔者调查H县财政局的相关负责人时，他们认为此期间代表政府支持环保能力的"环保支出占GDP比重"估计值约为1%，故此数据统一按照1%的估计值进行统计。

（一）环保支出结构失衡

在一区七县中，B县和G县的"环保支出占GDP比重"的得分均为50.00分，C县和E县的得分明显较低，而H县在此方面的得分居于中间偏上水平（得分为37.47分），在一区七县中排名第三（见图6-45）。

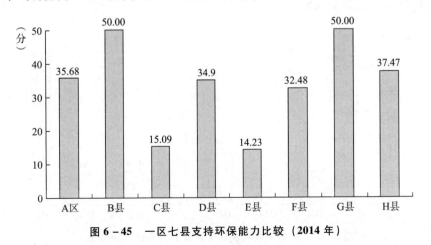

图6-45　一区七县支持环保能力比较（2014年）

就进程而言，2000～2015年，H县"环保支出占GDP比重"总体上有一定程度的提高（见图 6–46），2012 年甚至超过基本现代化标准（≥2.5%）。在生态环境治理日益受到社会各界和各级政府重视的背景下，这是一个可喜的变化。但据了解，H 县的环保支出也更多地用于县城，而在农村环境治理的支出方面，仍然显得非常不足。因此，H 县现在的环保支出从比重上看符合基本现代化的标准，但在支出结构上则不太均衡。

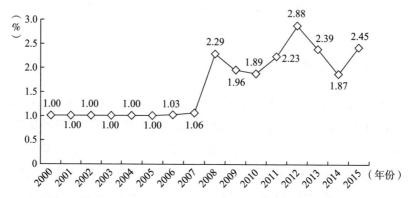

图 6–46　H 县"环保支出占 GDP 比重"的变化情况（2000～2015 年）

（二）环境治理起步较迟

在一区七县的比较中可以发现，2014 年 H 县的城镇环境治理能力得分最高（分值为 26.00 分），是 B 县的 6 倍之多。C 县、D 县、F 县、G 县的城镇环境治理能力水平都比较低。即使是 A 区，其环境治理能力比 H 县明显低得多（见图 6–47）。

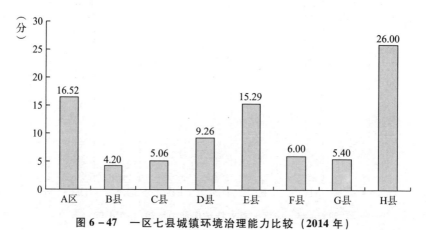

图 6–47　一区七县城镇环境治理能力比较（2014 年）

但就 H 县自身而言，根据 2000～2015 年的变化情况可知（见图 6-48），其城镇环境治理起步较晚，且在治理上仍然存在比较多的问题。在 2008 年以前，仍然处于比较低的水平，其原因是 H 县本身是个农业县，工业污染程度相对较低，政府和社会各界对城镇环境的治理工作重视程度还不够。随着城镇化的快速推进，城镇污水和垃圾问题逐渐引起政府和社会各界的关注。2008 年，H 县政府开始逐渐重视以城镇污水治理和垃圾分类处理为主要治理对象的城镇环境治理工作，不断加强重点行业、企业和工程的污染治理。2008 年 10 月，日处理污水量约为 1 万立方米，总投资为 4300 万元，占地面积为 52.8 亩（1 亩相当于 666.667 平方米），服务面积为 9.5 平方公里，服务人口为 10 万人的城区污水处理工程正式开工建设。但 H 县的城镇污水治理能力并不强。2016 年，该县的污水处理厂因"不同程度存在悬浮物、氨氮等超标污染物"而被所在省的环保部门上了"黑榜"。另外，H 县县城段的河道治理仍然存在一定的隐患。一是河道两边有一所学校、两个居民小区和一条休闲旅游街地势较低，一旦遇到大暴雨、大洪灾，这些地方的排洪会有较大的问题，如果洪水漫过河道或冲垮河堤，其安全隐患更大。二是就河道自身而言，业已建成的河道可能由于拦泥坝设置较高而出现比较严重的泥沙淤塞现象，即使暂时不考虑清淤成本，估计这种似兼顾景观与河水治理的治水思路应该改变。

在生态治理方面，H 县其实面临一系列问题，如由于供热燃料大多仍然采用有烟煤，部分市民、陪读人员大量使用有烟煤取暖做饭，加之没有节制地燃放烟花爆竹，城市空气污染现象已经非常突出，特别是在取暖季和节庆期间，空气污染物含量更大，弥散的时间更长。

除此以外，H 县的城镇和县城的噪声污染已经到了无以复加的地步：每天早晚的广场舞噪声和烟花爆竹声震耳欲聋，街道两边的商铺在营业时间更是肆无忌惮地播放着各种音乐，部分新开业的商户要么在街道上用高音喇叭做广告宣传，要么组织各种参差不齐但噪声毫不示弱的演出，还有一些汽车在任何时间都可以任性地鸣笛，而装修噪声则往往被看作最正常不过的了。

所以，H 县政府的环境治理不仅起步较迟，而且治理得"更慢"和"更宽容"，在一定程度上，这里的环境治理基本处于前现代化阶段。

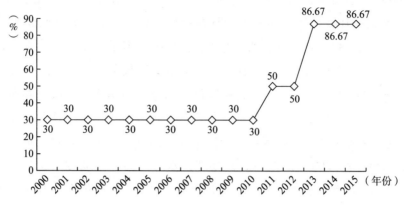

图6-48 H县"城镇生活污水处理率"变化情况（2000～2015年）

（三）生态建设能力较低

在一区七县中，代表生态建设能力的森林覆盖率中F县得分最高（分值为10.35分），C县最低（分值为3.33分），H县的森林覆盖率居于中游水平（分值为7.65分）（见图6-49）。

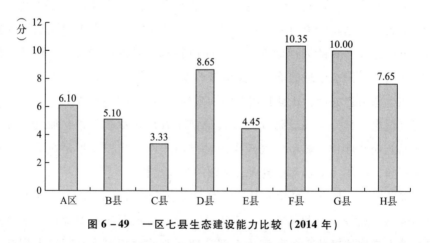

图6-49 一区七县生态建设能力比较（2014年）

根据2000～2015年的统计数据，H县的森林覆盖率有所提高（见图6-50），由2000年的10.67%上升到2015年的15.30%，这些成绩的取得，无疑首先得益于国家于1999年开始实施的"退耕还林"工程。从统计数据来看，自退耕还林（草）工程实施以来，截至2014年底，H县完成人工造林103.93万亩，其中退耕还林42.87万亩，退耕还草16.81万亩，荒山造林

40.75万亩，封山育林3.5万亩。2015年，H县启动新一轮退耕还林工程。但总体来看，H县林地面积增加非常少。这一方面与H县干旱少雨的自然条件导致的造林成活率不高有关，另一方面与政府在生态建设方面的政策不连续、管护不力有关。前文在梳理改革开放以来各届政府对生态治理成就的评价时已经提及此方面的问题，只有第八届政府提到种草种树战略，其余各界政府几乎没有深入提及。

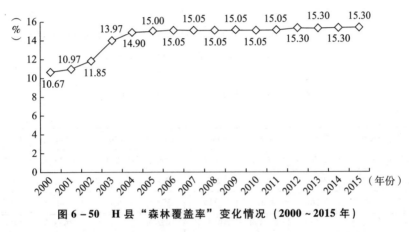

图6-50 H县"森林覆盖率"变化情况（2000~2015年）

与基本现代化标准相比，经济治理能力是制约H县政府整体治理能力提升的最重要因素，在经济治理能力的制约因素中，贫困治理能力又是最核心的因素。

第二节 H县政府治理能力不足的成因分析

准确的归因是解决问题的前提和关键，需要在历史与现实的联系中进行，从现实角度看，既要结合西部地区的地缘性综合考虑自然因素、社会因素、文化因素、体制机制因素，也要考虑政府自身的因素。从历史的角度看，既要考虑郡县制的历史，还要结合"市管县"体制、传统行政文化等影响因素进行分析。

一 经济发展基础较差

就影响H县政府经济治理能力的基础而言，既有自然因素，也有社会

因素，还有政府自身的因素。自然因素主要是自然条件比较恶劣，如干旱
缺水和其他一些频发的自然灾害（干旱也属于灾害之一）；社会因素主要是
经济上的深度贫困；就政府自身而言，主要是在解决经济发展的基础性制
约因素上的思路措施不到位、能力有局限的问题。

（一）自然条件比较恶劣

1. 干旱缺水

据统计，1956～2015 年的 60 年间，H 县的年平均降水量为 399.6 毫米
（见表 6-3），其中，降水量最大的年份为 1967 年（年降水量为 715 毫米），
降水量最小的年份为 1971 年（年降水量为 232.4 毫米）。

表 6-3　H 县年降水量情况（1956～2015 年）

单位：毫米

指标	1956 年	1957 年	1958 年	1959 年	1960 年	1961 年	1962 年	1963 年
降水量	352.7	368.4	364.2	490	365.5	614.3	438.4	422.9
指标	1964 年	1965 年	1966 年	1967 年	1968 年	1969 年	1970 年	1971 年
降水量	595.2	375	483.1	715	379.6	264.9	488.5	232.4
指标	1972 年	1973 年	1974 年	1975 年	1976 年	1977 年	1978 年	1979 年
降水量	326.8	471.6	401.2	379.1	384.7	487.4	518.4	560.6
指标	1980 年	1981 年	1982 年	1983 年	1984 年	1985 年	1986 年	1987 年
降水量	405.4	363.3	256.5	504.9	572.6	444.3	328.7	384.1
指标	1988 年	1989 年	1990 年	1991 年	1992 年	1993 年	1994 年	1995 年
降水量	384.8	433.5	498.8	348.1	333.7	403.9	365	346.5
指标	1996 年	1997 年	1998 年	1999 年	2000 年	2001 年	2002 年	2003 年
降水量	288.2	287.6	344.2	388.6	351.4	332.6	312.9	471.6
指标	2004 年	2005 年	2006 年	2007 年	2008 年	2009 年	2010 年	2011 年
降水量	344.8	395.6	347.8	346.9	330.7	262.8	331.7	321.9
指标	2012 年	2013 年	2014 年	2015 年				
降水量	389.5	455.7	462.4	356.7				

与此相反，H 县的蒸发量却不小，如在 1988～2013 年，H 县的年均蒸
发量为 1575.6 毫米，年均最大蒸发量为 1808.4 毫米（见表 6-4）。

表 6 – 4　H 县年平均蒸发量情况（1988～2013 年）

单位：毫米

指标	1988 年	1989 年	1990 年	1991 年	1992 年	1993 年	1994 年	1995 年	1996 年
蒸发量	1437.9	1374.4	1488.3	1546	1340	1466	1535.7	1745.9	1588.7
指标	1997 年	1998 年	1999 年	2000 年	2001 年	2002 年	2003 年	2004 年	2005 年
蒸发量	1802.3	1708.6	1638.3	1808.4	1592.2	1651.7	1401.7	1577.7	1513.7
指标	2006 年	2007 年	2008 年	2009 年	2010 年	2011 年	2012 年	2013 年	
蒸发量	1774.7	1594.2	1682.5	1583	1616.8	1555.4	1454.3	1488.4	

比较而言，从 1988～2013 年的统计数据看，H 县的年均蒸发量（1575.6 毫米）是年均降水量（399.6 毫米）的近 4 倍，其中，2009 年，H 县的蒸发量是降水量的 6 倍多一些（见图 6 – 51）。

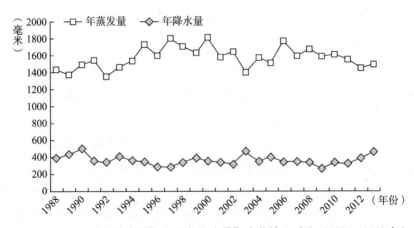

图 6 – 51　H 县"年蒸发量"和"年降水量"变化情况对比（1988～2013 年）

另据统计，1961～2015 年，H 县的最长连续无降水日为 79 天（见图 6 – 52），出现在 1965 年。因此，H 县降水的变化率较大且时空分布不均匀。

H 县地下水存量约为 1000 万立方米，但可利用的仅为 100 万立方米，且已开采 400 万立方米；地表水主要是雨水特别是由暴雨产生的洪水构成，由于地下水位的下降而缺乏补给以及水库、塘坝等水利工程较少，地表水的可利用性不高。因此，干旱缺水是 H 县的一个基本情况，也是长期制约 H 县经济社会发展的一个重要因素，存在"小旱小灾、大旱大灾、连年抗旱"的被动应对局面，更是制约政府经济治理能力提升长期存在的因素。如 1980 年 7 月起到 1981 年夏季，H 县缺水地区为 23 个公社 1443 个生产队，影响到 31045 户 183000 多人的生活和 36000 多头大家畜、129000 多只羊、8 万多只猪的生存。

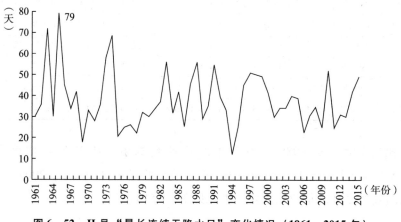

图 6-52 H 县"最长连续无降水日"变化情况（1961~2015 年）

2. 灾害多发

根据 2000~2015 年的统计资料（见表 6-5），可以发现：H 县自然灾害频发，其中常见的自然灾害是旱灾、水灾、风雹灾、霜冻灾、病虫灾，最主要最常见的自然灾害是旱灾，而水灾、风雹灾、霜冻灾、病虫灾也比较常见。自然灾害不仅造成农作物减产甚至绝收，严重的会造成人畜死亡。因此，自然灾害是制约 H 县经济治理能力的一个重要因素。

需要指出的是，在 H 县，以上几种灾害往往是叠加发生的，区别只是发生程度和出现频次不同，这些灾害对农业生产和农民生活的影响最大也最直接，间接影响工业、建筑业、商贸流通业和一些服务业，灾害严重的年份，很多农民往往因灾直接致贫，有统计显示：H 县正常年份返贫约占 8%，大灾年份返贫占 20% 左右，这不仅直接影响农民的生产生活，出现解决温饱后又返贫的扶贫困境，也影响县域经济的持续稳定健康发展。除了以上自然灾害外，H 县及周边地区还有相对频发的地震、鼠疫等自然灾害。这些因素在很大程度上影响 H 县政府的经济治理能力。

另外，H 县境内较有开发价值的坡缕石（又称凹凸棒石）资源量为 700 多万吨，凹凸棒石平均含量约 24%。但由于各方面条件的制约，其开发难度相对较大。其他资源非常匮乏，煤炭、石油、天然气等自然资源均没有多少储量。

表6－5　H县自然灾害情况（2000～2015年）

单位：亩

年份	旱灾	水灾	风雹灾	霜冻灾	病虫灾	其他灾	农作物成灾面积
2000	1771400	109300	20000	0	0	0	1900700
2001	853400	19200	104900	0	20000	10700	1008200
2002	700400	48400	66900	1000	1800	0	818500
2003	899600	31900	4800	0	0	2000	938300
2004	386400	13500	84300	658600	0	20000	1162800
2005	880686	86354	23644	99257	868	414	1091223
2006	1246636	61364	61347	15550	5508	304	1390709
2007	1225753	17034	12096	7769	4687	0	1267339
2008	986920	12532	54850	32559	10538	0	1097399
2009	1176117	23317	29282	3360	10592	0	1242668
2010	677232	17868	153562	368657	7136	0	1224455
2011	1454091	11669	43442	0	0	0	1509202
2012	19533	37180	35638	130061	119349	13996	355757
2013	145545	81215	127544	1045	37122	19	392490
2014	40880	7005	29466	257903	1965	0	337219
2015	35700	7944	86340	0	0	0	129984

（二）县域产业特色不足

县域经济发展方面，在一区七县的比较中可以发现，H县县域经济缺乏特色和优势。在H县周边县区，有A区的马铃薯、B县的书画艺术、C县的道地药材、G县的当归，周边还有以苹果、蔬菜、枸杞等为支柱产业和特色优势品牌产品的其他县区。相较而言，H县的小杂粮（主要为糜子、谷子、荞麦、莜麦、豌豆、扁豆）、肉羊、亚麻、民间艺术、红色资源等都具有一定的特色，但这些特色资源开发不足、规模较小，在县域经济发展中的支撑力都显不足。究其原因，一是政府对农业产业培育的重视度不高、持续性不够、能力不足。政府发展和改革部门没有真正树立起发展多元富民产业的发展理念，对本县农业产业发展的比较优势和特色研究不深不透，在制定国民经济发展规划、产业发展规划时存在应付检查、闭门造车、生搬硬套等现象，没有形成一套自上而下、到村到户、科学考评的符合县域实际的个性化发展规划体系。二是农业的机械化、产业化、市场化程度偏低。H 县尽管是个农业县，但由于受自然条件和政府经济调控能力所限，农业产业呈现规模小、质量差、链条短的特点，初级农产品仍然占据大部分市场，农产品加工转化率低、市场竞争力不足、单位面积效益不高，农产品精深加工龙头企业严重匮乏，全县能够在全省范围内产生影响力的农产品品牌屈指可数，其在全国就更加显得名不见经传。农产品加工经营者经常出现要么抢购、要么拒收的情况，与此相对应，农民要么待价而沽，要么有货难售（满意度调查中也可以发现该县农产品销售难的问题）。可见，农业经营随意性大，影响了农业产业效益的提升。H 县把草畜产业作为推动县域经济发展、增加农民收入的主导产业，但与饲草基地化、养殖规模化、管理规范化、经营产业化尚有较大距离。另外，H 县农民专业合作社小而分散且运行不规范、作用发挥不充分、相互间没有建立起利益连接机制，农民的组织化、职业化程度低。

（三）增收增支矛盾突出

作为国扶贫困县，H 县资源匮乏，农业基础不稳、工业发展缓慢、第三产业活力不足，经济增长的质量和效益不高，使财源结构相对单一、财政包袱比较沉重，加之政策性调资、刚性支出不断增多，信贷资金短缺、专项资金到位率低等因素，政府财政收入增长速度远远赶不上财政支出需求增加（收入不足与支出滞后并存）。H 县公共财政预算收入在总量比较小的基数上增长，与相邻县（区）差距还很大，在全省、全市排位仍靠后。因此，财政收入总量较小，支出保障水平较低，收支矛盾仍然突出，地方财政调度困难，每年都有一定的支出缺口。特别是近年来，增收增支矛盾更加突出。一是受经济增长放缓、工业品价格下跌、企业效益下滑、房地产市场持续低迷以及实施结构性减税等多重因素影响，地方财政完成预算收入任务日益艰难。二是改善民生问题、推进重大项目建设、加快经济结构调整、推动城乡区域协调发展、扶贫攻坚促进富民产业，都需要大量财力投入，财政保障难度加大，收支矛盾异常尖锐。三是财政改革任务繁重，财政中长期规划、预算支出绩效评价、盘活存量资金、财政资金统筹使用等工作还需深化和提升。四是转变职能、改进作风、提高办事效率方面与人民群众的新期待还有较大差距。个别单位依法理财观念淡薄，一些乡镇和部门财务基础工作薄弱，预算执行不到位甚至存在违纪违规现象，管理水平亟待提升。

（四）扶贫工作发力不准

H县并没有彻底走出贫困，一些贫困片、贫困带仅仅基本解决温饱问题，贫困面大、贫困程度深的贫困县县情仍没有从根本上改变。究其原因，一是思想认识不到位、工作责任没落实、基础工作不扎实。在现行扶贫机制下，一些部门认为精准扶贫工作是扶贫部门的事而不重视，一些乡镇对扶贫政策没有精准到户、精准到人，一些乡镇贫困村、贫困户信息采集不准、把关不严，存在截留挪用、骗套扶贫资金的问题；一些地方已上墙的信息资料与大数据平台、建档立卡数据不统一、不衔接，一些村"五张图"和农户"三本账"信息不一致。二是产业培育效果差，助推增收作用弱。对如何实现"靠山吃山、靠水吃水"的导向贯彻不够、措施不力、效果不明显。农业生产规模小、质量差、链条短，机械化、产业化、市场化程度低；农产品加工企业少、规模小、研发投入力度小，农产品加工链条短、精深度不够。三是一些政策制定者在调查研究中走过场、摆架子，对扶贫攻坚工作认识不到位、对贫困户和贫困人口关心不够、对市场运行情况把握不准。四是在资金投入上，存在扶贫互助配套资金缺口大、互助资金效益发挥不充分、精准扶贫专项贷款放款速度慢以及指导发展产业工作不到位等问题。有的地方还存在精准扶贫专项贷款一贷了之以及个别农户对贷款不会用，甚至不敢用等现象。五是存在"政府急而贫困户不急"的反常现象，贫困人口的主动性、积极性没有充分调动起来。一些贫困人口不思进取，习惯于"等靠要"；一些贫困人口既穷又恶，不知感恩；一些贫困人口以吃低保、享受国家补贴或救济为荣；一些贫困人口自信心不足，甚至有"破罐子破摔"的消极思想；一些村庄"嫌贫爱富"风气严重，对贫困户、贫困人口不闻不问。六是个别地方也存在"被脱贫""数字脱贫""扶富不扶贫"现象。一些村干部隐瞒实情，虚报数字；一些村干部急功近利，在贫困户和其他层级的扶贫工作人员中间周旋；一些村干部法治意识淡薄，存在"赌一把"的侥幸心理。另外，一些不良的社会风气对精准扶贫工作也有负面影响。如一些非贫困户占便宜心理较重，想方设法搭国家各种优惠政策的便车，让贫困户当托给自己贷款，或骗取贫困户的扶贫资金等，在一定程度上干扰精准扶贫的进程和降低扶贫精准度。

可见，H县政府的扶贫能力总体上还存在基础工作不扎实、产业发展层次低、资金整合使用效率低、干部工作方法和能力不适应精准扶贫要求以及驻村工作队作用发挥不充分等问题。另外，从公众角度也可以得知，H县政府扶贫工作的公众满意度比较低，公众对村干部的意见最多。

（五）计划体制惯性较大

在H县，由于自身客观条件、"市管县"体制和现行财政体制的影响，H县政府发展县域经济的自主性比较弱，不能在短期内改变县域经济结构单一的状况，也不能在短期内改变财权、事权不对等的状况。特别是由于经济体制改革不彻底，加之行政管理体制改革滞后，政府的职能转变不到位，在很大程度上存在不尊重经济发展规律，热衷于对市场和企业管制或过多干预甚至直接参与市场活动，动辄搞地方保护和盲目上项目、强制征地开发、强行摊派，或只求经济利益而不顾社会和生态效益的"超能"现象。

在经济秩序维护、经济主体行为引导方面存在"讨好"、"模仿"、"放任"以及"等、靠、要"等"低能"现象。再加上政府部门间没有建立有效的市场研判机制，对市场行情把握不准、信息闭塞、流通环节不畅，政府自身驾驭市场经济的能力低下，对市场导向把握不准，致使政府调控经济的能力不足①。

（六）安全监管意识淡薄

经济发展不能以牺牲人的生命为代价，这是一条不可逾越的红线。安全无小事，安全生产是提高经济效益的前提，要始终把人民生命安全放在首位。推动安全生产，遏制安全事故的发生，要把落实企业主体责任和政府监管责任作为主线。但在安全监管中，一些工作人员没有牢固树立起"安全第一、预防为主"的思想，没有认真宣传和学习《安全生产法》、没有完全形成"党政同责、一岗双责、齐抓共管、失职追责"的制度体系。一些部门没有建立起经常性的监督检查机制，在道路交通、建筑施工、烟花爆竹、职业危害等重点行业（领域）、重点场所的打非治违、专项整治、安全大检查等行动和隐患排查工作中，存在走过场、形式化、"怕得罪人"、"睁一只眼闭一只眼"、

---

① 丁志刚、陆喜元：《论县级政府治理能力现代化》，《甘肃社会科学》2016年第4期。

"报喜不报忧"以及心存侥幸等现象。一些工作人员甚至存在失职、渎职、以权谋私等腐败行为。一些生产经营者的安全规章制度形同虚设、技术装备落后、安监系统装备配置差或没有安监系统，一些行业和领域的重大隐患长期存在，得不到有效治理。例如，尽管H县的所有乡村已通公路，但很多乡村公路路面窄、质量差，车辆行驶不安全。在农村道路交通安全管理方面，农用三轮车、无牌无照车、报废车等非客运车非法载客问题非常突出。

二　行政体制改革迟缓

在公众满意度调查中，收入在5000元以上的群体，对H县整体治理能力的满意度最低，特别是这个群体对该县政府的政治治理能力满意度最低。分析其原因，笔者发现，关键是由于H县政府行政体制改革不力，职能转变不到位。在社会回应、促进基层自治、扩大公众参与、部分政策执行等方面表现不足。

（一）促进基层自治不力

社会组织是社会建设和社会治理的重要力量，是社会主义市场经济条件下相同利益主体自发组织、协调多元主体关系的重要主体，是帮助政府解决社会民生问题的重要助手。发达国家的社会组织经历了一个比较长的自发过程才逐渐成熟和完善，中国从计划经济体制转向市场经济体制的过程中，一方面要培育市场，另一方面要进行自我变革。因此，政府首先要承担引导、培育和扶持社会组织的作用，这一点在县级政府显得尤为重要。

但H县政府相关部门对社会组织的认识、引导、培育和扶持力度均不够。一是对"简政放权"和"政社分开"的认识不到位。一些政府部门仍然把"简政放权"简单地理解为中央政府向地方政府放权，但没有认识到本轮政府改革过程中"简政放权"的意涵更加丰富，它更要求地方政府向社会放权，将地方政府的部分公共服务（或管理）职能转移给社会，实现社会自治。二是仍然坚持登记注册时的高"门槛"政策。2016年以前，H县在社会组织登记注册时按照1998年颁布的《社会团体登记管理条例》和《民办非企业登记管理暂行条例》进行①，而这两个条例中对社会组织登记注册的"门槛"设

---

① 《社会团体登记管理条例》由1998年10月25日国务院令第250号发布，根据2016年2月6日《国务院关于修改部分行政法规的决定》修订。

置过高。三是对社会组织引导不力，如对广场舞爱好者（由县老龄协会负责组织和协调）的引导和规范很不到位，致使广场舞扰民的现象愈演愈烈，一些社区居民对之怨声载道但无能为力；不同广场舞爱好者之间也经常因为"抢地盘"而纷争不断。四是对社会组织扶持不够，使一些社会组织因为资金、场地、专业人才等的缺乏而完全处于自生自灭状态。

（二）官本位文化较浓厚

官本位就是把是否为官当成一种核心的社会价值尺度去衡量个人的社会地位和价值。在 H 县，尽管政府部门的基本工资和显性收入并不比其他行业和部门高，但据笔者调查，从就业意向选择的角度看，很多人把在政府部门就业看作最好的就业追求和职业选择。社会上对公务员职业的追求远远超过对其他任何职业的追求，公务员工作是"铁饭碗"的意识在很多人的心目中深深扎根。

（三）部分政策执行不力

据笔者了解，在 H 县，执行较为不力的法律和政策主要有如下几个方面。一是环境法律和政策执行不力。后文论及 H 县居民的现代环保意识比较差的一个重要原因就是政府部门对环境政策执行不力。《中华人民共和国环境噪声污染防治法》第 45 条、第 63 条以及《城市区域环境噪声标准》等都没有得到执行。如广场舞、烟花爆竹的噪声大多情况下超过 100 分贝，对此，理应追究噪声制造当事人的法律责任，但 H 县政府在这方面执行不力。二是部分惠农政策和精准扶贫政策执行不力。例如，H 县 2016 年通报的近 10 起村干部违法违纪案件中虚报套取退耕还林补助资金、农村危旧房改造补助资金问题均发生在几年前，从另一个层面说明当时在政策执行中监督监察不力。另据笔者调查，相当一部分口述者认为：有些地方仍然不同程度地存在"应付检查"的现象（他们给出的理由是一些贫困户的情况根本无法精确统计，如有些"贫困户"将小汽车或存款"过户"到亲戚名下），一些扶贫项目中仍然存在掺杂作假的情形；一些贫困户的观念根本没有转变，相反，现实中出现部分贫困户挥霍扶贫款项、越扶越懒、越扶越不知感恩、越扶越不知耻的现象。另据了解，一些部门存在与扶贫政策不衔接、不过问、不抓落实的情况，如截至 2016 年 7 月底，H 县 3 个预脱贫村没有安排通乡镇硬化路，14 个村贫困户危房改造进展缓慢，占当年预脱贫村的 46.7%；2 个预脱贫村城乡居民养老保险参保率不达标，2 个预脱贫村没有农民专业合作组织。除此之外，扶贫互助配套资金缺口比较大、扶贫资金效益发挥不充分等问题在 H 县所在的市、县两级政府都比较普遍地存在；一些乡镇存在对驻村帮扶工作队管理不到位、不愿管、不敢管甚至"两头瞒"（部分工作队员既不在村上，也不在单位，但原单位和乡镇都予以隐瞒）的现象；一些工作队员存在"走读""两头跑"现象；大多数工作队员的思想和方法停留在数据统计和上墙上报等表面化、形式化事务上；一些工作队员对本单位工作不热情、对农村工作不熟悉，存在混日子、熬时间的现象；一些工作队员思想松懈，在村不入户，对贫困的底数不了解。三是部分教育政策执行不力。一些学校仍然存在违规补课现象，一些学校的营养餐存在浪费现象（如一些学生由于不喜欢或不习惯学校配发的营养餐，就将营养餐领出来后偷偷地扔掉），一些"改薄"项目存在质量问题。四是部分文化政策执行不力。在 H 县的部分社区，赌博现象仍然比较猖獗，这与当地重视文化教育的传统氛围形成了较大的反差。据调查，当地很多居民小区有较多的"棋牌室""娱乐室"，这些"棋牌室"几乎都没有登记，也没有任何经营证照，但部分"会经营""关系户多"的"棋牌室"年收入在 10 万元以上。粗略统计，某居民小区有 20 余个"棋牌室"，这些名义上为"棋牌室"的场地，大多有不同程度的赌博活动。经常出入"棋牌室"的一般有四类人：第一类是当地的"大老板"；第二类是当地的教师，特别是乡村教师；第三类是当地的公务员；第四类是闲居在家的老年人。他们参与赌博的借口多种多样，有些以"玩耍"为借口，有些以"打发时间"为借口，有些以"联络感情"为借口，有些明目张胆地以"赢钱"为借口。有些人的赌博甚至有广泛的群众基础，有一些"孝顺"的孩子甚至经常给参与赌博的家属"要子"的钱。"棋牌室"经营最火爆的时间是寒暑假，接着是双休日和节假日。另外，H 县农村的赌博现象也比较多，参与赌博的人不分男女，以中老年人居多，尽管大多数赌博活动的赌资不是很大，但社会影响非常恶劣。如有一位退休职工，多次参与赌博，但由于其赌技不精，连续几次赌博后输了 2000 多元，回家后与老婆吵架，自己还气得得了帕金森症，被村里人视为笑柄。五是部分交通政策执行不力。在 H 县的很多公共场所和居民小区，比较普遍地存在乱停乱放现象。另外，H 县执行交通管理政策的部分人员在政策执行中"间歇性""突击性""形式化""人情化""地方保护主义"等特点兼具。六是"放管服"改革工作推进不够。"简政放权、放管结合、优化服务"（简称"放管服"）中，"放"的核心是政府角色定位问题，"管"的核心是政府管理转型问题，"服"的核心是治理能力现代化，目的是建设人民满意的服务型政府。此项改革是当前政府改革的主要内容，体现了政府职能转变的核心理念①。对于县级政府而言，重点工作应该放在政府治理能力现代化水平的提升上。但 H 县政府在此方面存在接不住、管不好、服务跟不上等问题。以"服"为例，H 县政府为了推动城镇化特别是县城的北城区建设，将政务大厅搬迁至北城区，但县政府（包括"四大家"）及其主要部门在原办公场地（县"统办楼"），很多人抱怨办事根本不如以前方便，原来在一个部门一个地点可以办完的事情，现在要在新老城区之间来回跑，不仅浪费时间，而且增加了很多出行成本。另外，就政务服务而言，部分部门尽管在政务大厅设置了窗口但几乎无事可办、无人问津，工作人员只好在岗位上成天发呆；部分部门由于业务整合或增加了新业务而人手不够、人员对业务不熟、网络经常发生故障等，尽管这些窗口的工作人员忙得不亦乐乎，但老百姓的抱怨声仍然此起彼伏。而且，有一些业务本来可以在乡镇甚至在村办理，但 H 县政府仍然对这些业务没有下放，导致一些民众对政府的服务颇有微词，如一些农村民众抱怨交水费的路费比水费本身要多得多。其实，乡村水费的收缴完全可以下放至乡镇或村。

（四）政府回应略显不足

笔者以人民网"地方领导留言板"的相关信息为依据，以年度回复率（年度公开回复量与年度总留言之比再乘以 100%）来代表政府回应力（此处的政府包括党委）。由图 6 - 53 可知，在"一区七县"的年度回复率比较中，E 县最高（92%），F 县次之（86.7%），H 县居第三（59.8%）。但从年度总留言量来看（2016 年 2 月 17 日至 2017 年 2 月 17 日），H 县最多（475 条）。

---

① 参见《关于深化"放管服"改革工作的几点思考》，中国共产党新闻网，http://theory.people. com.cn/n1/2016/0901/c40531 - 28682262.html。

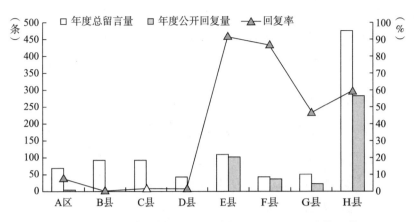

图 6 – 53 人民网"地方领导留言板"之"一区七县"比较
（2016 年 2 月 17 日至 2017 年 2 月 17 日）

若从"主题类型"来看（人民网"地方领导留言板"自动分类），H县 2010 年 10 月 9 日至 2016 年 6 月 7 日的"回复率"最高的为"企业"类，达 100%；最低的为"拆迁"类，为 65.0%（由于"旅游"类无留言，暂不考虑）。在 2010 年 10 月 9 日至 2016 年 6 月 7 日，总计"回复率"为 81.5%（见图 6 – 54）。

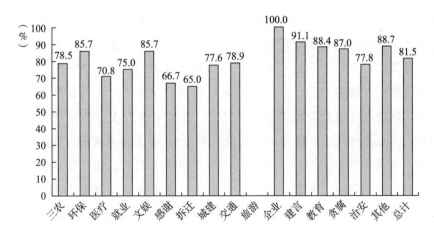

图 6 – 54 人民网"地方领导留言板"之 H县"回复率"比较
（2010 年 10 月 9 日至 2016 年 6 月 7 日）

注："旅游"类无留言。

综上所述，可以得出初步结论：相对于"一区七县"中的其他县区而言，H县的公众对县政府的留言量最大，但政府（包括直属职能部门、乡镇政府等）的回应力（以"回复率"来说明）居于中间偏上水平。就"主题类型"而言，H 县的总体回应力较强但仍略显不足，回应力最强的为"企业"类，最弱的为"拆迁"类。

三 文化提升能力不足

通过前文的满意度调查可以发现，学历较高层次的人群对 H 县政府的文化治理能力的满意度较低，而学历较低层次的人群则有较高的满意度。究其原因，从政府角度考虑，说明 H 县政府提升文化治理层次的能力不足。

（一）外部性矫正不及时

H 县各届有重视教育的优良传统和重视文化建设的良好文风，政府在支持文化教育方面一直非常重视，形成了远近闻名的"领导苦抓、学生苦学、家长苦攻、教师苦教、社会苦帮"的"五苦教育精神"（还有"政府苦抓、学生乐学、家长苦攻①、教师乐教、社会苦帮"的"三苦两乐教育精神"之说，另一说是"政府苦抓、学生苦学、教师苦教"的"三苦教育精神"）。自恢复高考制度以来，H 县已经为全国输送了 11 万名左右的大学生，其中获得博士学位的有 1000 多人、硕士学位的近 6000 人。但由于教育的正外部性特点，H 县的教育对 H 县本身带来了两方面的影响：一方面，H 县的教育扶贫、教育移民成效非常显著，一个优秀的大学毕业生至少可以带动一个家庭脱贫；但另一方面，由于 H 县自然条件相对比较艰苦，第二和第三产业吸纳就业能力不强，人们的就业观念相对保守，就业岗位严重不足等原因，H 县人才资源外流现象非常严重，甚至出现人才逆向流动现象（高层次人才竞相外流，一般劳动者则留在本地）。据不完全统计，H 县回原籍就业的大学生占 H 县全部大学生的 15% ~ 20% 。而且，H 县的教育一方面会引发"因教致贫"现象，另一方面也使 H 县的教育治理能力难以持续提高，更可怕的是，H 县的教育在市场经济负面作用的影响下，也出现了比较严重的教育功利化、"分数万能"、"重教轻育"和"重智轻德"倾向。如从 20 世纪 90 年代开始到 2013 年，县一中和二中一直存在相互"挖生源"的恶性竞争。在学校内部（高中阶段尤甚），班主任之间也经常因为"挖生

---

① 笔者认为改为家长苦供更为恰当。

源"而争得面红耳赤。

可见，H县政府相对重视教育，但在教育治理理念、教育治理体制及教师队伍优化上不但没有突破，反而有所倒退。与H县相似的西部地区很多县区义务教育外部性的校正问题，从国家制度设计层面基本得到解决，但非义务教育外部性的矫正仍然不及时、不到位。如何实现教育治理转型，仍然需要不断探讨。

（二）科技投入重视度不够

根据2015年的统计数据可以看出（见图6-55），H县的19项支出中，科学技术支出占公共财政支出的0.05%，仅高于国防（占比为0.02%）和其他支出（占比为0.01%）。由此可见，H县政府对科技的投入重视程度不够。

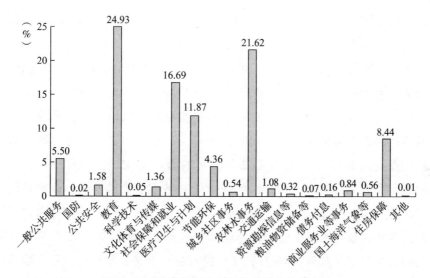

图6-55　H县各项支出占公共财政支出比重

（三）高层次文化人才少

H县2009年底制定的中长期人才规划（2010～2020年）提出，为深入实施人才强县战略，培养一支门类齐全、结构优化、布局合理、素质优良的人才队伍，有效保证和支撑全县经济社会跨越式发展。要立足提升H县红色文化软实力，做大做强文化产业，以创新基层文化载体和培育优秀文化人才为抓手，加快文化设施建设，构建城乡的公共文化服务体系，培养一批适应先进文化建设和文化产业发展需要，在理论宣传、文学艺术、文化旅游、广播电视、新闻出版等领域有突出贡献的人才。但截至 2009 年底，H 县有各类专家、拔尖人才 81 人，具有高级专业技术职称或硕士研究生学历的高层次人才为 685 人（硕士研究生为 15 人），占全县人才总数的 4.17%。而文化领域的专家、拔尖人才和高级专业技术职称或硕士研究生学历的高层次人才更少。但值得一提的是，H 县在外地工作的人员中（H 县籍贯），从事秘书、理论宣传、新闻出版以及文化领域工作的人才并不少，但 H 县政府与这些人才的联系较少、组织工作也不多。另外，H 县的一些部门和工作人员在组织文化活动方面，存在好高骛远和形式主义的认识和做法，即总是期望举办一些在全国有影响力的活动，邀请一些在全国有非常高知名度的文化人做报告、搞演出或展出。文化治理尽管需要高层次的名人、高档次的活动来提升影响力，但殊不知，老百姓文化生活和精神世界的丰富和满足，更加需要贴近生活、贴近实际、贴近群众，需要参与性、常规性、低成本、喜闻乐见的文化活动和文化形式。

此外，H 县的文化治理中还存在如下问题。从政府文化治理的理念看，H 县文化管理部门和一些乡镇政府对文化建设的重要性、必要性、紧迫性认识不够，重经济、轻文化的观念还不同程度存在。从治理的效果看，社会成员整体的思想道德和文化素质有待提高，一些领域道德失范、诚信缺失比较严重。如 2017 年 3 月 H 县法院公布的第一批 45 名"老赖"名单中，年龄最大者为 77 岁，最小者为 26 岁；男性 36 名，女性 9 名；涉案标的金额最高为 533750 元，最低为 2013 元。从政府提供公共文化服务的角度看，H 县公共文化服务体系不健全，管理服务不到位。如截至 2015 年底，H 县公共图书馆图书总藏量为 10 万册（但据观察和了解，H 县公共图书馆的藏书有很大一部分为"赠书"、"捐书"或"旧书"），县图书馆的图书借阅量非常小，甚至一连好几天都看不到读者出入；一些工作人员要么坐下"干瞪眼"，要么出去"晒太阳"；一辆流动图书车曾经好几个月停在图书馆门口。从政府发展文化产业的角度看，H 县文化企业基础薄弱、规模偏小，文化产业刚刚起步、结构单一、科技含量不高，真正懂经营会管理的文化专业人才比较紧缺；一些文化企业只有一个空壳，从业人员既无固定办公场地和办公设备，也无专业的文化从业培训。从政府对舆论引导的角度看，一些公务员宗旨意识不强、精神懈怠现象突出；政府的舆论引导和用社会主义先进文化引领社会文化建设的能力需要加强。从政府的网络建设和管理能力角度看，此方面的工作也亟待加强和改进。如一些文化企业为吸引眼球或自身利益，在宣传报道中存在媚俗、庸俗、低俗化倾向，有时不惜笔墨大肆宣传色情或暴力文化，一些微信平台甚至几乎每天把推送搞迷信、大办红白事的视频短片作为主要的宣传内容或推介手段。另外，H县近年来网吧数量增长较快，但对网吧的监管非常滞后，很多网吧的主要消费群体是初高中学生，青年学生在网吧打游戏、玩通宵的情况非常多见。一些家长或热心人士经常呼吁相关部门对网吧加强管理，但都没有引起足够的重视（见满意度调查，另外，人民网"地方领导留言板"中对此现象也连续反映过多次）。

总之，H县政府的文化治理能力的测评得分相对较高，但一方面，县域文化自身的发展层次较低，传统文化受损但根深蒂固、现代文化初现但发展不足；另一方面政府文化治理的层次也不是很高，县域文化体制改革工作还需进一步深化，文化管理工作还需进一步加强，政府的文化职能还需进一步转变。

四　社会保障后续乏力

在满意度调查中，H县政府的社会治理能力的满意度最高，这意味着政府此方面的能力有较大提高，但并不意味着没有问题。如H县社会保险扩面征缴难度较大，民营企业、个体参保缴费能力弱，负担大，断保现象日益增多；因县财政困难，城镇职工医疗保险欠费较多，截至2015年底，财政累计欠费6162万元；退休人员社会化管理工作难度较大；全民参保登记工作涉及面广、工作量大，动态管理难度较大；机关事业单位养老保险涉及面广、人员结构复杂、档案资料不全；经办队伍业务素质有待进一步提高；因业务工作量大，信息系统建设及全县参保人员档案管理等办公经费需财政提供制度性保障等。

（一）人口老龄化进程快

2010年第六次全国人口普查和2000年第五次全国人口普查的数据显示，H县65岁以上人口占比由2000年的4.66%，上升到2010年的8.3%（约4.5万人），上升3.64个百分点，另据H县近年的统计年鉴，H县2011～

2015 年 "60 岁以上人口占比" 由 13.9% 上升到 17.1% （其中 90 岁以上老人近 380 人），上升 3.2 个百分点，由此可见，H 县的人口老龄化呈快速增长的态势（见图 6 – 56）。

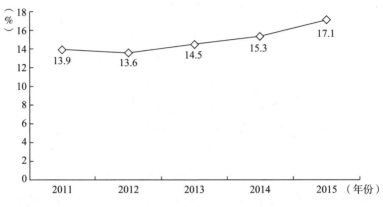

图 6 – 56　H 县 "60 岁以上人口占比" 变化情况（2011 ～ 2015 年）

新型农村养老保险，是国家为那些没有参加城镇职工基本养老保险的农村老人提供基本养老保障的主渠道。与老龄化快速增长的态势相对应，H 县已经初步构建了以 "居家养老为基础、以社会服务为依托、以机构养老为支撑、以信息服务为辅助" 的养老服务社会化体系。但 H 县农村养老保障方面仍然存在一些问题和不足，如保障水平低、保障项目少、政府财力可持续性差、激励机制不健全、缴费群体缴费积极性和能力低、缴费档次低、过度扩面等。

（二）医保资源比较有限

从 2010 年开始，H 县的城镇职工基本医疗保险实行市级统筹，根据《Y 市城镇职工医疗保险市级统筹办法》第五条第三款规定，职工医疗保险缴费比例："职工个人为缴费工资基数的 2%，用人单位为缴费工资基数的 6%。"财政全额拨款行政事业单位 6% 的缴费应由财政全额预算代缴。由于 H 县财政困难，历年没有按职工工资的 6% 配套代缴，2012 ～ 2015 年，城镇职工基本医疗保险财政累计欠费近 5000 万元，严重影响了这项工作的顺利开展。2015 年 12 月以来，市社保局停拨了职工医疗保险，经县社保局多次向县财政与县政府汇报说明，县政府同意将 2016 年财政应缴职工医疗保险费 4000 多万元全额预算。截至 2016 年底，其他各项社会保险财政没有欠费。

就现有职工基本医疗政策而言,职工基本医疗报销比例尽管有所提高,但相对于其他地区并不高。2014年H县职工异地住院平均报销比例为67.8%,县内各定点医院住院平均报销比例为69.7%,2015年全县职工平均报销比例为70.3%。

就城镇职工基本医疗保险而言,目前存在的较大问题是县财政无力全额代缴行政事业单位的医疗保险费,市社保局不按时拨付职工医疗保险待遇。虽然职工医疗保险市级运行多年,但运行一直不顺畅,县财政权衡全县的财力,认为在财力非常紧张的情况下,每年的缴费能保证不占用其他县区的基金够用就不错了,而市社保局认为县财政应该按6%全额足额缴费,为此,市社保局经常停拨或滞后拨付职工的医疗保险,参保患者常常到县社保局来质问讨理,让经办人员非常被动,参保患者与社保经办机构的矛盾越来越突出。县社保局多次向县财政局、县长反映财政欠费问题,县上答复因财力不足,无法全额代缴。截至2016年6月底,H县上缴市职工医疗保险费累计结余4000多万元,但市社保局依然以县财政欠费为由迟迟不拨付职工医疗保险,2016年职工医疗保险住院报销费用才拨至2月底,而2015年12月以来的职工个人账户费用一分也没有下拨,超过了半年时间。此时,基层经办人员明显感觉到这一项业务到了没办法运行的地步,希望上级主管部门能协调解决运行阻塞问题。

(三)有盲目城镇化现象

城镇化是现代化的必由之路。新型城镇化是与工业化、信息化、农业现代化同步推进的城镇化。前文指出,H县的城镇化进程在2012年之后有所提速,这本来是符合现代化进程和趋势的。但近年来H县的城镇化建设似乎存在一些过急、过快甚至盲目发展的迹象。城镇化不仅涉及水、电、路、气、房等基础设施的扩容提质,而且涉及教育、医疗、文化、通信、社会保障、户籍改革、社会管理等公共服务质量的提升和均等化水平的提高,更涉及人的现代化等一系列问题。

就H县而言,一是城镇化发展的产业支撑不足。城镇化在一定程度上是第三产业、农村和城市、农业人口和非农业人口在市场经济作用下的互动过程,H县尽管通过招商引资、工业园区建设等方式推动工业产业发展,但由于各方面原因,H县的三大产业均比较落后,农业仍然是在"三年两头旱"的自然条件下基本"靠天吃饭",第三产业部门非常有限,主要是围绕生活服务和教育而形成的一些传统部门(新型产业几乎空白),特别是工业产业吸纳劳动力的能力非常有限,对城镇化的支撑能力非常弱小,制约农村剩余劳动力向本地城镇转移(后文分析 H 县发展劳务经济的思路时可以发现,H 县农村劳动力转移时,其主体往往不是在本县域范围内)。

二是城镇化建设的融资困难。由于整个县域自然条件的改善情况并不大,如干旱缺水、森林覆盖率低、交通不便(没有通火车,更没有航空运输)、矿产资源匮乏等,H 县的招商环境并不比周围其他县区好多少。因此,H 县城镇化建设过程中的政府融资,基本上倾向于上级政府的政策倾斜和项目帮扶。当然也有一部分社会融资,但其中有几家外地企业因为资金链断裂而"跑路",或者因为存在不法行为而被司法部门控制。

三是房价畸高和商品房库存量较大的矛盾比较突出。可以说,H 县近年的房地产市场是在国家保障房政策压力和北城区开发过程中出现大量商品房的情况下发展出来的,但结果,一方面是保障房的建设速度超过了商品房的建设速度,另一方面是商品房市场更加体现出开发和建设的盲目性和激烈的竞争性。加之近年来国家房地产市场调控力度的不断加大、住房政策的不断完善、住房刚需的不断满足以及"八项规定"以来的政策压力,H 县新建商品房库存量较大、空置率较高,在一定程度上阻滞和影响 H 县城镇化的进程和质量。

四是人们的思想观念和生存方式没有完成现代转型。这既是在城镇化过程中出现的最为突出、最为棘手的问题之一,也是一股强大的推动盲目城镇化的力量。尽管这一问题在全国可以算得上是一个普遍性问题,如很多人非常熟悉的一系列"中国式"问题(如"中国式"过马路、"中国式"排队、"中国式"购物、广场舞等),其实这些问题在很大程度上就是快速城镇化(以前更多称为"城市化")带来的问题。现代化的过程有一个基本趋向就是城镇化,城镇化最根本的原因是与人的素质能力结构变化相对应的产业结构升级。这一系列结构性变化本来是一个客观的、历史的、复杂的过程,但市场过度或政府过急都会给社会带来不同程度的阵痛甚至灾难。而当人的现代化与其他结构转型匹配程度较低时,又有可能加剧阵痛或延长痛期(此方面的例子见后文,如"生态环保意识缺乏"部分)。

（四）就业岗位非常有限

由于 H 县人口基数相对较大（近年人口总数一般为 58 万人左右），人口自然增长率较高（约 6‰），农业产业化、市场化程度低，第二产业、第三产业发展相对滞后，社会组织量少质低，政府编制相对有限（据了解，H县近七年的编制处于"冻结"或"只减不增"状态），高考升学率相对较高（见图 6 - 57），这一系列原因导致 H 县就业竞争非常激烈，就业压力空前增大（与满意度调查的结果一致）。其实，就改革开放以来的情况看，H 县解决就业的基本渠道和方式并不是在 H 县范围之内，而是劳动力输出和大学毕业后自主选择到外地就业。加之近年来全国就业压力增大，H 县可提供的就业岗位更加有限。

由图 6 - 57 可知，H 县的高考录取人数（包括大学本科和大学专科）随着国家高等教育扩招政策的实行，在 2000～2015 年出现快速增长态势，最高年份接近 10000 人（未统计中专、中职等录取人数）。这本来是 H 县各界最关注也最值得自豪的成绩，但与之相对应的问题，即就业问题，也随之而来。

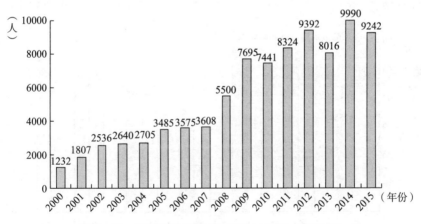

图 6 - 57　H 县高考录取人数统计（2000～2015 年）

若以 2002 年为基期，2006 年及以后，H 县籍贯的大学应届毕业生每年最少应当在 2500 人以上。从 2006～2016 年 H 县政府提供的民生项目招录人数变化情况看，H 县政府可提供的就业岗位与其一直走高的高考升学率之间的矛盾并不小，而且应该是越来越尖锐（见图 6 - 58）。

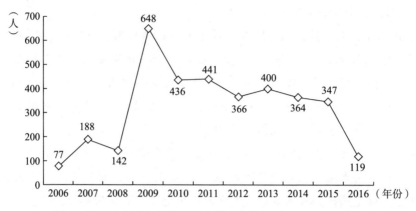

图 6-58　政府民生项目招录人数变化情况（2006～2016 年）

当然，并不是所有的大学应届毕业生都回原籍寻找就业岗位，因此，笔者以 2015 年在本县人事部门"主动登记或办理报到接收、档案托管等业务"的"非师范（本科、专科）"的 2258 名大学应届毕业生的"就业意向"、"就业去向"和"就业率"（此处的"就业率"指一次性"就业率"，或在户籍地人事部门在册登记的"就业率"）的比较中来认识 H 县的就业形势（见图 6-59）。

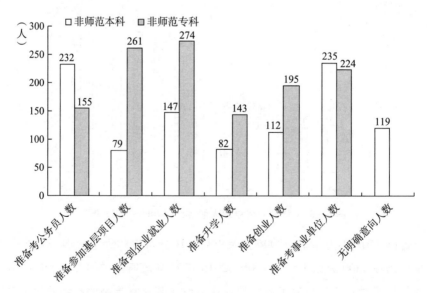

图 6-59　2015 年 H 县非师范（本科、专科）"就业意向"情况
注："无明确意向人数"中无"非师范专科"。

当年，H县籍贯"主动登记或办理报到接收、档案托管等业务"的"非师范（本科、专科）"一次性就业率为 15.38%，其中，"非师范本科"的"实名登记本地就业率"为 5.57%，"实名登记外地就业率"为 5.17%；"非师范专科"的"实名登记本地就业率"为 2.16%，"实名登记外地就业率"为 2.48%；"非师范本科"的"本地就业率"和"外地就业率"均高于"非师范专科"（见图 6 - 60）。

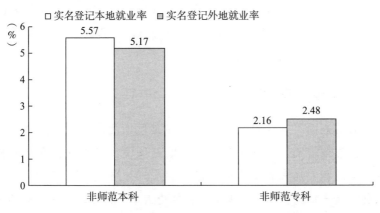

图 6 - 60　2015 年 H 县非师范（本科、专科）"就业率"情况

从"就业去向"看，2015 年，H县"非师范（本科、专科）"在 H县就业的以"进企业"为主，接着为"三支一扶"，然后为"教育招聘"（见图 6 - 61）。

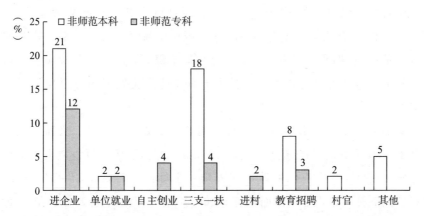

图 6 - 61　2015 年 H 县非师范（本科、专科）本地"就业去向"情况

注："自主创业""进村"中无"非师范本科"，"村官""其他"中无"非师范专科"。

大学应届毕业生是 H 县就业市场上就业岗位的重要需求者，笔者此处仅统计了"非师范（本科、专科）"应届毕业生的就业情况。相较而言，H 县籍贯本年度"医疗（本科、专科）"和"教育（本科、专科）"的应届毕业生的就业情况可能要好一些（由于就当年的考录情况和国家政策判断，农村卫生院和幼儿园对"医疗专业"和"教育专业"的需求量比较大，故招录比可能要小一些）。不过总体来看，除了应届毕业生之外，往届毕业生、复转军人以及广大的农民工均为就业岗位的实际需求者，因此，就业竞争压力大、就业岗位相对有限应该是制约 H 县政府促进就业的基本因素。

五　不太关注生态治理

与笔者的判断不一致的是，公众对 H 县政府生态治理能力满意度总体较高。这一方面说明，在近年其他一些地方环境污染事件急剧增加和生态环境威胁力度相对加大的背景下，H 县的生态问题似乎并不突出。但另一方面，H 县的基本情况就是干旱少雨，森林覆盖率非常低。加之公众的环保意识不强，对随地吐痰、乱倒垃圾等现象熟视无睹，所以与政府不太关注生态治理是能够达成"共识的"（很多公众最关注的是退耕还林款的落实）。这足以说明，H 县政府生态治理起点低是有群众基础的。

（一）生态环保意识缺乏

H 县地质地貌以 ZL 河为基干，分布树枝状沟壑，遍布 V 形深谷，"七川""八塬""九道梁"是对地貌的基本概括。新《H 县志》载，H 县的气象特点是："春迟寒旱多风沙，夏短温和宜禾稼。秋早气干天凉爽，冬长严寒干枝丫。山区川塬差异大，南湿北干有变化。雷雹暴洪冻易发，干旱之灾甲天下。"[①]

从 1974 年以来，H 县曾经抓过植树造林工作，县、社、大队、生产队都办了林场（站），每年造林完成二三万亩，育苗留床一万亩以上，另行植树完成二三百万株，有的社队达到人均一亩林或二百株树。一部分社队还注意了经济林园建设，果园面积有 14000 多亩[②]。但据笔者调查，在 20 世

---

① 《H 县志》，S 人民出版社，2007，第 48 页。
② 《H 县政府工作报告》，1978。

80年代末90年代初，H县的一些乡镇曾经出现过非常严重的破坏公路林和生产队集体林的活动。据亲历者回忆：在HHJ乡，当时公路林（白杨树林，高度一般在10米左右）和生产队集体林（杏树已经挂果，榆树树身大多长到6米以上）的树木已经完全成林，几乎每一个山头和每一条公路两旁都绿树成荫，但由于管护不力，公路两旁的白杨树（当时已经成材，很多白杨树完全可以当椽檩）在半年之内被偷盗了很多，加之当时有部分农民见白杨树长得太大而"霸"粮食也不断破坏自己地边的公路林，于是一些生产队开会决定将所有的公路林和生产队集体林（"护山林"，简称"护山"）分配给每家每户，其他一些生产队也纷纷效仿，本来很少的林木，就这样在几天之内被全部挖光后分配给每家每户。H县本身的自然条件不利于植树造林（但并不是完全不能植树造林），但由于政策不连续和当地居民生态建设的意识严重缺乏，生态建设一直处于断断续续的状态（也可以说是边破坏边建设甚至是建设跟不上破坏的恶性循环状态），20世纪70年代末80年代初的植树造林活动曾经小有成就，但由于又经历了80年代末90年代初的破坏，90年代末开始的"退耕还林"也只能算是另一种补历史旧账的过程。因此，从近几十年H县生态建设的进程看，如果不认真而深刻地吸取历史的教训，H县"退耕还林"的成果也就不一定会得到有效巩固。而且，据笔者观察和了解，像H县这种既自然条件恶劣，又无视生态建设的情况，在H县所在的周边其他县区似乎很少出现。

除此以外，H县居民的现代环境意识也比较差，政府在城市公共噪声治理方面也显得重视度不够，此处列举人民网"地方领导留言板"中的部分留言佐证（见表6-6）。从留言和回复的情况看，H县的广场舞和烟花爆竹噪声扰民两方面的问题尽管有网民反复通过投诉、求助、谏言等方式提请解决，但要么没有回复，要么有回复但没有根治。据笔者调查发现：这两个问题确实客观存在，而且随着城镇化进程的加快呈愈演愈烈之势。政府部门对广场舞的管理没有出台相关政策，也没有专门的部门和人员进行专项治理，全凭广场舞爱好者自己控制，广场舞成了现代版的"晨钟暮鼓"。对于燃放烟花爆竹的治理，H县政府曾经确实进行过宣传、巡逻，但几乎没有任何效果。相反，每到周末、节假日，甚至几乎每天都有燃放烟花爆竹的情况，而且恰恰是在每天早、中、晚大多数人的休息时间进行。

表6-6　人民网"地方领导留言板"中反映的H县的环境治理问题列举

例子	内容
例1：［环保　投诉］噪声扰民｜未回复	网友：匿名网友2014-08-28 00：34 H县××广场小区是一居民住宅区，但今年暑假的商业演出及现在的自乐班秦腔给居民带来了严重的噪声，使人无法居住，望有关部门在音量上严格执行住宅小区规定，让我们有一安静的休息夜
例2：［环保　求助］治理放烟花｜未回复	网友：匿名网友2015-04-30 07：53 尊敬的×××：您好！能否治理一下咱们H县城的放烟花的问题，有时候简直是震耳欲聋，特别是早上，十分影响心情
例3：［环保　谏言］环保治理｜已回复	网友：匿名网友2016-05-14 11：38 尊敬的×××您好。H县是××名县、××名县，再加上您这几年的大刀阔斧的建设越加美丽。可现在每天突然炮仗冲天且持续时间又长，吵的学生无法正常上课，人们无法正常工作，外地游客也反感。既严重扰民污染环境又影响学生上课，说不准也吵的您无法开会吧，希望您在百忙中治理一下，还人们一个良好的生活氛围。谢谢您了 官方回复 回复单位：H县公安局2016-06-06 10：24 人民网网友：你好！你的留言已收悉。现答复如下：关于您反映的H县城燃放烟花爆竹影响学生上课、污染环境一事，接到留言后，H县公安局高度重视，将在以后日常工作中广泛宣传有关噪声污染的法律规定，加强街面巡逻，积极进行正面引导，对经查实的噪声扰民行为加以劝阻，及时制止，对不听劝阻的，H县公安局将严格依照《治安管理处罚条例》第五十八条之规定，予以处罚。感谢你对我们工作的支持

（二）政策执行不够延续

系统梳理H县政府工作报告可以发现，H县政府在生态治理方面政策执行中出现断断续续的现象，如在1962年学习和宣传《农村人民公社工作条例修正草案》中就指出："因开荒破坏了幼林的，应一律退耕还林，并负赔偿责任。"时隔16年之后的1978年在执行"农林牧副渔并举"和"以粮为纲，全面发展，因地制宜，适当集中"的方针时提出："从我县实际出发，要在大力搞好基本农田建设，提高粮食产量的前提下，逐步退耕还林、还牧、狠抓林业和畜牧业。"再隔6年后的1984年提出："一九八五年……要把二十五度以上的陡坡地逐步退耕还林还草。"又隔15年之后的1998年提出"要加快宜林'三荒'地的退耕还林还草步伐，加大森林资源的保护力度，严厉打击毁林开垦、乱砍滥伐等犯罪行为，切实突出林业生态建设"。1999年及以后，政府工作报告开始每年特别强调"退耕还林"：1999

年政府工作报告全文几乎就是围绕"国家扶贫基础工程试验项目、生态环境建设项目和退耕还林（草）等一批重点项目"而提出"大力改善生态环境"。2001年提出当年抓好的八大重点工程项目中的前两个是"退耕还林还草生态环境建设的示范试点工程建设"和"以机整梯田为主的国家扶贫基础工程试验项目"，并提出"抢抓西部大开发的机遇，实施'绿色革命'，抓好退耕还林还草、生态环境建设和紫花苜蓿草产业开发，使全县生态环境治理程度由32%提高到50%"的目标。2002年指出："实施西部大开发战略起步良好，……退耕还林还草等一批事关H县经济社会发展大计的工程项目相继建设。"2003年开始，更多强调"退耕还林"取得的成绩特别是上级政府的肯定和对落实政策的表态，如"被列入全省首批退耕还林示范县"（2003年）、"认真落实农业税减免、退耕还林还草补助等惠农政策"（2006年）、"对接国家退耕还林后续政策"（2008年）。由此可见，H县政府在生态治理的政策执行中不仅不够连续，而且越来越表现出"经济人"（如反复强调项目的重要性、抢抓西部大开发的机遇等提法）和"政治人"（如认真落实退耕还林还草补助等惠农政策）倾向。

（三）生态建设不够扎实

由于干旱缺水的自然条件所致，H县植树造林、绿化种草等的成本相对较高，加之社会各界的生态环境意识缺乏，政府生态环境建设的政策断断续续、生态建设工作做得不够扎实，生态环境建设的绩效整体表现不佳、生态治理进展非常缓慢，甚至有"恶化与治理"的周期性循环，这一点需引起各届政府及社会各界的高度重视。前文所指的政府对部分政策执行不力，主要指的是在环境政策方面执行不力。因为相比较而言，H县附近有部分县区的大生态与H县相差不是很大，却能在梯田化建设、荒漠化治理方面取得比较突出的治理成效，最起码能够说明临县区的生态建设政策是连续的（如某梯田化县，自20世纪50年代末60年代初，各届政府都将梯田化作为地方政策，坚持执行了几十年）。

另外就H县自身而言，其并不是部分人眼中的不毛之地，改革开放以来，曾经也有过植树造林的先进典型，部分乡镇确实也有一定的治理经验值得继续总结和推广。还有，生态建设的重点不应当仅仅放在县城，对于城镇化进程的加快，城市确实需要一定的公共绿地，有些小区确实也堪称生态小区，但这些都是微生态，对于一个县域而言，县级政府应当将城市微生态、县域中生态、区域生态结合起来进行宏观治理。当然，这又会引出另外一个话题，即区域合作和府际合作的问题，这个问题在本书中不展开讨论，但生态治理，特别是区域生态治理，确实应该是府际合作的问题。

第三节　影响县级政府治理能力现代化的因素

周平认为，人员、组织、职权、行为、资源等因素影响地方政府能力[①]；李晓园认为，影响政府公共服务能力的环境主要有政治环境（行政管理体制、政治性团体、公共政策）、法律环境（法律规范、司法机关的行为、县域公民和组织的法律意识）、经济环境（经济体制、经济发展水平）、社会文化环境（人口状况和结构、社会阶层的变化、公民对政治的认知、价值观、行为规范、风俗习惯、道德传统等文化要素）和技术环境（计算机、现代通信和网络技术的应用、信息技术的应用）等构成变量[②]。本书结合以上研究成果，认为影响西部地区县级政府治理能力现代化的因素，主要有西部地缘与县域经济、郡县制与"市管县"体制、社会机制与行政文化、精英与民众等。

一　西部地缘与县域经济

地缘是一个客观的"大系统"。地缘影响经济结构和经济发展，影响政治组织、政治意识和政治制度，影响文化传播和文明传承的空间走向，影响生态格局。地缘在很大程度上影响县域经济的结构，影响一个地域的生产生活方式。与此同时，县域经济的发展水平和质量在很大程度上决定县级政府的各项治理能力。

（一）西部地缘

"地缘"强调一个地理区域与周边地理环境的相关性，它随着国家或地区之间经济、政治、社会、文化、人口、军事等要素的交流而日益深化，

---

① 周平：《西部地区县级政府能力分析》，《思想战线》2002 年第 2 期。
② 李晓园：《县级政府公共服务能力与其影响因素关系研究——基于江西、湖北两省的调查分析》，《公共管理学报》2010 年第 4 期。

是一个区域在特定地理位置基础上产生的与其他区域之间的相对关系。中国西部地区的地缘概括起来讲是与"西陆、南海、北疆"相关的一系列关系，表现在：西部的历史地缘性集中表现为"先进与落后""传统与现代"的关系。明代以前，西部相对发达，东部落后于西部。但19世纪后期开始，东部由于农业区位优势而后来居上超过西部。至20世纪中叶，东西部差距拉大。1964年以后，"三线"建设为西部工业化做出了贡献，但东西部差距改变不大。改革开放以来，东西部在经济、文化、城市化、社会保障等方面的差距越拉越大[①]。西部地理位置上的地缘性集中表现为与周边国家间的领土关系和国内的"东西南北"问题。西部与周边国家关系、东中西部关系、西部地区内部关系非常复杂，领土、边界、发展问题是其重要的问题。西部地区文化上的地缘性最能体现"一体多元"的中华文化特点。但在多个文化圈共存的情况下，国家认同问题始终是一个敏感话题。西部自然资源的地缘性表现为"丰富的稀缺"。西部是中国矿产、土地等的富集区（但不均匀），国土面积、地势、气候、地貌、动植物资源丰富多彩，但西部自然资源的利用度相对较低、对西部的贡献度相对较小。西部的人口地缘性表现为民族宗教的"既多又少"关系。西部是中国少数民族分布最集中的地区，总人口却只占全国的28%。西部很多少数民族全民信教，且极度虔诚，很少轻易改变其宗教信仰和"原生态"价值观。

西部地缘对县级政府治理有深刻的影响。一是影响县级政府的沟通能力。现阶段，由于中国幅员辽阔，政府层级设置相对较多，加之公务员素质和一些体制性因素的影响，一些西部边远地区由于交通、通信相对落后，不利于各级政府之间的沟通。不同地域的县级政府在学习、贯彻、执行法律和上级文件（政策）过程中，各种各样的地缘性因素往往把因地制宜的灵活性因素挤压变形，从根本上造成了县级政府与其他级别政府间的沟通梗阻。二是影响县级政府的经济实力和持续发展能力。由于中国的行政区划尤其是县域行政区划大多是从历史上沿袭而来，县的规模、县域资源的丰歉度、各县的经济发展水平均有较大差异。这种差异，主要原因肯定不是县级政府治理能力的差距，而是地缘差异。因此，很多由地缘差异引起

---

① 葛剑雄：《西部的历史与未来》，《同舟共进》2011年第1期。

的县域经济社会发展差距，单凭这些地区县级政府自身能力的提升是无法消除的，在这方面不能对县级政府治理能力有过多的期待或苛求。所以，中国的"扶贫攻坚""退耕还林"等工程和政策，必须在中央政府的强力推动、持续牵动和严格监督下，依靠各级政府和社会各界共同努力才能顺利进行和实施。

（二）县域经济

县域经济是影响县级政府治理能力的最集中的经济因素。县域经济作为一个概念使用，在党的十六大之前就有，党的十六大报告提出"壮大县域经济"后，其在学界和政界开始被普遍使用，之前类似的概念有"农村经济""县级经济""县区域经济""县经济"等。县域经济是一个典型的政治经济学概念，其基本特征有：一是典型体现中国转轨经济的三元结构——城市、乡镇、农村；二是集中反映中国传统经济社会的二元结构矛盾；三是县域经济的核心问题是"三农"问题[①]。

县域经济对县级政府治理能力的影响表现如下。一是直接决定县级政府的财政能力。"县财"是"县治"的基础，县域经济实力强大，则对财政的贡献大，反之亦然。县级政府财政收入直接决定其支出，财政支出直接影响县级政府提供公共产品和公共服务的能力和公共服务均等化的程度。因此，财力决定治理能力。二是影响县级政府的政策能力，特别是对国家有关政策的坚持、执行和创新能力。党和国家对县域经济非常重视，相继出台了一系列支持和鼓励的特殊政策，如何坚持和执行好农村基本政策，如何学习、贯彻好关于县域经济发展的特殊政策，如何在财政、税收、金融、信贷、投资等方面出台符合县域实际的配套政策，这些问题都考验和影响着县级政府的政策能力。三是影响县级政府的统筹能力。县域经济既是地域经济，又是开放经济；既连接城市，又连接农村；既涉及农业，也涉及第二、三产业……这些都考验和影响着县级政府的统筹协调能力。

二　郡县制与"市管县"体制

钱穆先生曾说：中国历史，前2000年是封建政治，后2000年是郡县政

---

① 闫恩虎：《高度重视县域经济发展的研究》，《经济问题探索》2007年第4期。

治。因此，郡县制对县级政府治理能力有深刻的历史性影响。在现阶段，以"市管县"体制为代表的地方行政体制改革是各界热议的话题，其走向是影响县级政府治理能力的重要体制性变量。

（一）郡县制

"郡县治，天下安"是中国的政治古训。柳宗元在对比封建制和郡县制时肯定了郡县制在"国家—社会"关系中的重要作用：认为周朝"失在于制，不在于政"，而秦朝"失在于政，不在于制"[①]。顾炎武也有类似看法，"封建之失，其专在下；郡县之失，其专在上"[②]。可见，正确认识和处理好"制—政""上—下"关系是解决中国传统县政得失问题的两对核心问题。"制—政"关系主要是制度设计和制度执行的关系，就是治理体系和治理能力之间的关系。"上—下"关系主要是"中央—地方"纵向府际关系。就现阶段的县治而言，"制—政""上—下"关系也尤为重要，要实现从县政走向善治，实现县级政府治理现代化，关键的问题仍然是处理好这两对关系。

在现阶段，县级层面的"制—政"关系问题集中表现在：一是"党的领导""人民民主""依法治国"等政治理想与"单一制国家""层级制政府"等侧重于宏观方面的体制以及"市管县""县政乡治"等侧重于微观层面的体制框架下县级政府的角色定位问题；二是围绕"国家—社会"关系形成的制度供给与制度需求矛盾中县级政府及其官员的政绩评价和职务晋升中的决定权问题。"上—下"关系问题集中表现为：一是围绕政权、财权和事权形成的"央地"关系中县级政府积极性的调动问题；二是围绕经济、政治、文化、社会、生态等压力和多种诉求而形成的县级政府职能协调发挥和行为模式合理选择问题。

在中国现阶段，县制的作用主要表现如下。一是影响县级政府的制度供给能力、制度变迁能力和制度创新能力。影响"中央与地方"的职责划分、"政府与社会"的边界设定，影响县级政府的权力运行规则、机构设置、行为方式和工作流程等。二是规范县级政府的财政制度，进而影响其财力。就现阶段看，1994年以来推行的分税制改革在一定程度上改变了"弱中央"的局面，但也引起了一些地方政府财权和事权不匹配的情况，很

---

① （唐）柳宗元：《封建论》，广东人民出版社，1974。

② （清）顾炎武：《顾亭林诗文集》，中华书局，1983，第12页。

多研究者认为，这种不匹配问题在县级政府及以下层级的政府（即乡镇政府）表现得最为突出。三是规范县级政府的干部人事制度，进而影响其公信力。1953 年以后，中国逐步建立起分部分级分类管理干部的体制，其优势是党可以保证组织的纯洁，但其不足之处是，地方政府在"双重代理人"角色（中央的地方代理、公众的权力代理）的扮演中有主次选择之分，而且更多时候偏向于上级领导。因此，在利益冲突的情况下，地方政府公信力问题就会凸显①。四是规范县级政府的绩效考核制度，进而影响其创新能力。当前地方政府绩效考核制度在调动地方政府积极性特别是经济建设的积极性方面发挥了很大的激励作用，但也存在"数字出官""形象工程"等不足，政府服务的公共性价值没有得到很好的张扬。当然，这种政府绩效考核制度近几年有了一定程度的矫正。

（二）"市管县"体制

纵向府际关系在一定意义上影响着国家战略的实现和地方治理绩效。无论是"市管县"还是"省管县"体制，其都属于"顶层设计"的范畴。市管县体制是中国计划经济向市场经济过渡时期的产物，曾在历史上起过一定的积极作用②。但是，随着社会主义市场经济体制的建立和不断完善，市管县体制的不配套性也逐渐暴露出来，出现"市吃县""小马拉大车""大马拉小车"以及由管理幅度不均、职能定位不清导致的市和县之间竞争加剧、离心化和反离心化倾向突出，政府职能空心化、行政效率低下等问题③。也有很多学者指出，市管县体制没有法律依据，根本上不符合宪法，是违宪的。

市管县体制影响县级政府的治理理念和治理重心。以 GDP 为主要考核

---

① 宋洁：《当代中国县级政府能力及其评估的实证研究》，光明日报出版社，2016。
② 市管县体制的积极作用可以概括为四个方面。第一，市管县体制是针对之前普遍存在的地级建制的机构重叠、人浮于事弊端而设。市管县体制之前，省和县之间存在一级准行政层次——地区行署，地区行署除不设人大和政协外，其余机构与省对应，与所驻城市的机构相似，导致机构重叠、人浮于事现象严重。第二，市管县体制在一定程度上可以克服省管县带来的管理幅度过大、行政区划与经济区划不一致的矛盾，推动城市化进程。第三，市管县体制下，可以吸纳农村城市化过程中的富余劳动力，增加农民收入，减轻农村改革压力，为深化农村改革置换了时间和空间。第四，市管县体制实行之初，政府规模有所缩小，行政效率有所提高。
③ 李晓玉：《中国市管县体制变迁与制度创新研究》，华中师范大学博士学位论文，2008。

内容的官员晋升体制，客观上会对地方政府形成重增长、轻民生的制度激励①。地方政府行政层级体制的未来走向应该是层次少、幅度大的模式。在中国地方政府管理体制中，市管县体制存在的问题最为突出，改革的呼声最为强烈。因此，有学者主张，要以改革"市管县"体制为突破口，推行"省直管县"改革②。当然，也有学者认为，无论是市管县还是省管县都难以适应区域经济一体化以及市场秩序扩张的内在要求③。宋亚平更认为，无论是市管县还是省管县，都不是县域治理的关键，最为核心的是给县域放权，进而创建一种全新的县域自治模式④。

除了省市县关系外，县乡关系也是影响县级政府治理能力的重要因素。特别是撤社建乡后，由于实行村民自治，乡村之间的行政支配关系不再具有合法性。⑤ 在十几年前，徐勇等对农村基层管理体制存在的结构性冲突的判断以及解决这些冲突的思路仍然适应于现阶段的中国⑥。

三　社会运行机制与行政文化

从一般意义来看，社会运行机制是政府运行机制的基础，行政运行机制是社会运行机制在政府行政过程中的表现。与之相对应，社会文化是人的特殊存在形态，政治文化是社会文化的特殊存在形态，行政文化是政治文化的特殊存在形态。有学者从面子、人情、身份等微观角度研究社会运行机制，这方面的成果对本书写作有很大启发。不过，由于政府行为的公共性和影响范围的宏观性等特点，有必要从社会运行的宏观角度看社会运行机制对政府治理能力及其现代化的影响。与此同时，笔者认为，行政文化也是影响政府治理能力及其现代化的一种隐性社会运行机制。

---

① 许正中：《国家治理现代化中的经济治理创新》，《国家治理》2015 年第 4 期。
② 李晓玉：《中国市管县体制变迁与制度创新研究》，华中师范大学博士学位论文，2008。
③ 何显明：《市管县体制绩效及其变革路径选择的制度分析——兼论"复合行政"概念》，《中国行政管理》2004 年第 7 期。
④ 宋亚平：《中国县制》，中国社会科学出版社，2013，第 15 页。
⑤ 徐勇、吴理财等：《走出"生之者寡，食之者众"的困境：县乡村治理体制反思与改革》，西北大学出版社，2004，第 143~144 页。
⑥ 徐勇、吴理财等：《走出"生之者寡，食之者众"的困境：县乡村治理体制反思与改革》，西北大学出版社，2004，第 145 页。

（一）社会运行机制

当代社会运行离不开三大机制：以追求效率为目的的动力机制、以追求社会整合为目标的控制机制、以追求社会安全为目的的稳定机制[1]。三者的有机结合构成现代治理的基本机制。

市场机制对政府治理能力的影响首先表现在公共产品供给上。公共产品的特殊性导致市场在提供公共产品上存在失灵，解决的思路一是政府完全供给，二是政府、市场和社会共同参与。政府如何引进市场和社会组织，如何在公平与效率、政府和市场之间寻找平衡点，考验各级政府的经济治理能力。其次表现在对各级政府公共决策能力的要求上。政府要根据市场规律做出既有利于企业，又有利于社会组织，还有利于政府目标实现的决策；要根据市场要求，建立精干高效的决策机构和科学合理的决策体制机制；要以人民群众的支持为标准衡量决策的正确性；以人的全面发展、协调发展作为决策的基本目标。

社会控制机制主要有政府统治机制和政府治理机制两种。在政府统治机制下，政府是权威的唯一合法性主体，政府被假定为是全能的。政府统治的过程是强制性的过程，这个过程只要求社会与市场的绝对服从。政府治理机制是现代社会控制机制的核心，是影响政府治理能力的最重要的机制，对政府治理能力的影响：一是其目标机制影响政府的博弈能力；二是其公共物品提供机制影响政府的平衡能力；三是其评估机制影响政府与公共物品消费者之间的互动能力；四是其激励机制影响社会对政府的认同。

社会稳定机制主要通过社会保障机制来体现。现阶段，健全社会保障机制是政府的重要职责，社会日益增长的社会保障需求对各级政府治理能力提出了更高要求。县级政府在整个行政系统中的地位和分税制下县级政府的财政能力，决定了其在提供社会保障方面往往捉襟见肘。县域群体性事件的频发和各种社会问题的交织出现，又使县域治理的难度加大。这一切情况导致县级政府提供社会保障的使命变得更加紧迫又空前困难。

（二）行政文化

行政文化是人的政治—行政实践中形成的意识或观念综合体[2]。"行政

---

① 杨干忠主编《社会主义市场经济概论（第三版）》，中国人民大学出版社，2011，第166页。

② 参见王春福《行政文化与国家治理能力的提升》，《阅江学刊》2014年第5期。

文化作为支配和制约行政行为的行政意识的综合体系，能够决定行政行为的性质和特征，影响行政主体的行为绩效，并影响政府治理的有效性和政府治理能力。"① 因此，影响县级政府治理能力的文化因素，最为直接的是行政文化。行政文化有两种表现形态——客观形态和主观形态，由三个层面构成，即行政精神文化、行政制度文化、行政行为文化。

　　文化的传统与现代既是相对的，又是统一的。"一般意义上的文化或者说一国的传统文化对行政体系的影响是间接的，在行政体系的运行中，行政体制的成长与变革、行政行为的发生与选择、公共政策的制定与执行、行政人员的思想和精神状态等是直接受着行政文化的影响的，或者说，一国的一般文化是通过转化为行政文化而对公共行政产生直接影响的。"② 中国传统文化博大精深，田青将之形象化为"三根柱子两层楼"③。中国文化与政治文化交融至深，王沪宁甚至将其称为"文化中轴的政治文化"④。

　　不过要特别指出的是，在西部很多县域（包括H县）范围内，"官本位""等级制""宗族"文化对县级政府治理能力现代化的负面影响和阻滞力量非常大。加之在一些地区，小农意识、平均主义思想根深蒂固，使一些基层政府在执行国家政策（如惠农政策、精准扶贫政策、退耕还林政策）时不得不进行"变通"，甚至走样、变形。这在一定程度上助长了一部分公众的"等靠要"思想，增加了政策执行的边际成本。

四　精英与民众

　　萨托利说："贬低能人统治，我们只会得到低能儿的统治。"⑤ 而马克思主义认为，人民群众是历史的主体。那么，在县级政府治理中，精英和民众都起到什么作用？

（一）精英

　　一个国家（地区）或民族的强盛，少不了精英群体的高度、厚度和力度。

① 颜佳华、欧叶荣：《有效的政府治理：基于行政文化创新视角的分析》，《河南师范大学学报》（哲学社会科学版）2016年第3期。
② 张康之：《行政文化在行政人格塑造中的作用》，《青海社会科学》1999年第6期。
③ 田青：《全面认识传统文化的内涵》，《光明日报》2015年12月4日第5版。
④ 王沪宁：《转变中的中国政治文化结构》，《复旦学报》（社会科学版）1988年第3期。
⑤ 〔美〕乔万尼·萨托利：《民主新论》，冯克利、阎克文译，上海人民出版社，2009，第187页。

"精英"可以被理解为某个领域或多个领域的"能人"。马克思主义根据历史人物对社会历史的作用性质将之划分为杰出人物和反动人物，其中的杰出人物可以理解为精英。关于精英的划分有很多标准，相应地就有很多类型，本书根据精英拥有社会资本的不同性质，把精英划分为政治精英、经济精英、知识精英以及跨域精英。储建国认为："在现实的政治生活中，总是有一部分人在影响众人生活的决策中发挥更大的作用，拥有更大的权力，这部分人被称作政治精英。"① 当代中国的政治精英一般可以被理解为各级党、政、军要人或领导人。政治精英与经济精英的产生有重要差别，即"合法性"②。经济精英就是经济能人或企业家。在中国的经济精英形成机制上，孙立平提出了"总体性资本理论"，认为经济精英的形成机制是政治资本与经济资本之间的"转换"。知识精英，"指的是在知识分子群体中掌握了更多与实现价值分配职能相关的权力资源进行交换和互动的技能，并可望因此获得更多价值（收入、尊重、安全等）的成员"③。知识精英不等于知识分子，知识精英具有强化了专业性、依附性，弱化了身份认定的非确定性，高度的政治理性，较强的身份认同等特征④。跨域精英，是其影响力超出了某一个地域或某一个领域而在很多地域或很多领域都具有较大影响力的实力派精英。笔者发现，跨域精英对县域社会的影响力更大，尤其是中央机关或高层党政军等核心部门的主要负责人，往往都

---

① 储建国：《中国政治精英产生方式》，《人民论坛》2014 年第 27 期。

② 储建国认为：历史上政治精英的标准有三个，即身份、贤能、民意。在古代，身份是成为政治精英的一个主要标准；中国以"天下为公，选贤与能"的政治理念比较早地用贤能替代身份作为政治精英的录用标准；西方的选举制是采用民意标准选拔政治精英的一种方式。而当代中国领导干部有三大选任标准：贤能、民意、资格。贤能标准可具体化为贤和能两个方面，贤的标准有忠、勇、廉，能的标准有组织能力、文化水平和专业知识。民意主要指群众基础。资格包括两个基本资格和三个重要资格。两个基本资格是党员和公务员，其中党员和公务员分别体现了中国察举制和科举制的价值。三个重要资格分别是工作经历、教育经历和身体条件。他还认为，当代中国政治精英产生的正式制度是《党政领导干部选拔任用工作条例》，非正式制度是"交情分利"，两种制度的互动过程，就是中国政治精英产生的现实机理。

③ 林毅：《知识精英与政治变革——政治学视野中的一个知识分子问题》，中国社会科学院研究生院硕士学位论文，2008。

④ 林毅：《知识精英与政治变革——政治学视野中的一个知识分子问题》，中国社会科学院研究生院硕士学位论文，2008。

具备跨域精英的特点。

在县域，"四大家"的"头"是当然的政治精英，其中，县委书记是县域政治生活的"一把手"，在现行体制下，县委书记对一个县的发展起着决定性作用。对于县级政府而言，由县长、副县长（市长、副市长，区长、副区长）和局长、科长等组成的行政班子可以看作县域治理活动中的政治精英群体，其决策能力和执行能力直接决定县级政府的各项能力和县级政府的施政形象。另外，在县级政协中，也聚集了县域社会大量的经济精英和知识精英。他们主要通过"会议"、"文件"和"协商"等形式直接体现县域政权和县级政府的治理能力。乡村精英在乡村社区中具有正式的或非正式的权威，具有重要的社会整合功能，同时作为村庄社会权力结构中的主导角色，对村庄政治具有重要影响，进而影响县级政府、乡镇政府的政策执行。

（二）民众

马克思主义认为，从质上看，民众是一切对社会历史发展起促进作用的人；从量上看，民众是社会人口中的绝大多数，主要是劳动群众。在当代中国，全体社会主义劳动者、社会主义事业的建设者、拥护社会主义的爱国者、拥护祖国统一的爱国者都属于民众的范畴。"有什么样的国民，就有什么样的国家。"民众对政府治理能力的影响，首先要强调其作为一个整体性概念的重要性。"民众"中的"民"无论是被理解为人民、公民还是国民，其作为个体而言，尽管也会对政府治理能力产生一定的影响，但影响力往往微乎其微。因此"众"在这个概念中意义非凡。马克思主义正是在这个意义上强调人民群众的伟大历史作用。

人民是权力的主人，政府的公共权力是人民赋予的，政府应当是民心或民意的代表。习近平曾提出"民心是最大的政治"的观点，意味着民心关系政治的安危和政治治理的好坏。在民主制度条件下，民众往往通过投票选举的方式决定政府机关的重要组成人员，并通过一系列民主程序保证所选出的人员能够代表自己的意愿和利益。如果选出的人员不能或不再代表自己的意愿或利益，民众就可以通过相关的民主程序撤销其代表资格而另选他人。在这种情况下，民意就转换成了政府治理能力。

还可以从参与角度来认识民众对政府治理能力的影响。民众的参与可从参与意识、参与行为、参与质量、参与目的的方面进行认识①。参与程度是衡量参与意识、参与行为、参与质量、参与目的的综合指标。民众的参与程度越高,对政府治理能力的影响越大,反之亦然。参与方式可以划分为制度性参与和非制度性参与。制度性参与是民众在法律法规等国家正式制度框架范围内参与的活动。非制度性参与是民众在国家正式制度框架范围外寻求参与的活动。比较而言,非制度性参与频次越高,意味着政府治理能力现代化程度越低②。但在西部地区县域,民众制度性参与的难度和成本似乎没有减小。因此,从这个角度看,县级政府治理能力现代化就是引导县域民众在制度范围内参与县域治理。

---

①　参见薛明珠《农民政治参与和乡村治理能力现代化》,《南都学坛》2014 年第 6 期。

②　周志忍:《政府绩效评估中的公民参与:我国的实践历程与前景》,《中国行政管理》2008 年第 1 期。

第七章　H县政府治理能力现代化的思路和建议

推进 H 县县级政府治理现代化，既要坚持国家治理现代化的顶层设计，又要结合国家"一带一路"倡议、西部大开发战略等针对西部地区的政策框架；既要顺应"放管服"改革大背景，又要综合考虑 H 县县情，将宏观与微观层面相结合，从政府、社会、市场有效互动的角度提出发展思路和推进建议。

第一节　H县政府治理能力现代化的思路

思路决定出路。实现县级政府治理能力现代化，正确认识和准确把握我国现阶段的国家和社会发展实际、西部地区实际，特别是要全面正确认识 H 县的县情，准确估量 H 县政府的治理能力和社会对政府的诉求，切实提高其科学行政、民主行政和依法行政水平，推进其制度化、规范化和程序化进程。

一　面向宏观

从宏观上看，推进县级政府治理能力现代化，要把塑造服务型政府、培育法治化政府、建设信息化政府作为提升政府治理能力的基本努力方向。

（一）精心塑造服务型政府

服务型政府是县级政府治理能力现代化的旨归。塑造服务型政府，就是实现县级政府由"统治型""管控型""行政命令型"向"服务型"转变。党的十八大报告提出的职能科学、结构优化、廉洁高效、人民满意是塑造服务型政府的基本要求。

职能科学，就是科学定位政府职能进而实现科学行政，其本意是政府要按照科学规律施行其行政行为。各级政府既要履行法定职能，又要在履职过程中不越位、不错位、不缺位；既要有能，又不能"全能""逼能""超能"，也不能"无能"。职能科学的实质是理顺政府、市场（企业）、社会（个人）等一系列关系，做到政企、政社、政事、政资分开。在现阶段，为实现政府的职能科学，主要是做好以简政放权激发市场活力和社会创造力、以加强监管促进社会公正、以优化服务提高办事效率的行政体制改革（简称"放管服"改革）。总之，县级政府科学行政和服务型政府建设的前提条件是其职能的科学定位，将其职能定位在社会和市场等主体不愿做、做不到、干不好的领域。

结构优化，就是优化政府组织机构，其本意是政府内部治理机构精简化、统一化、高效化，决策、执行、监督科学化、规范化。其要求，一方面是通过理顺党委和政府、人大和政府、政协和政府、民众和政府关系，特别是通过理顺民众和政府关系，在决策、执行、监督等过程中要集中民智、体现民意、凝聚民心、吸纳民众广泛、多层次参与，以体现政府和民众的及时有效沟通，进而真正实现民主行政。另一方面要理顺上下级政府、政府部门间关系。现阶段，政府结构优化的基本方向是大部制改革①，具体到县级政府，就是按照中央政府机构改革要求，以提高政府履职能力为基本要求，以明确各部门职责、理顺部门间关系、理顺民众和政府关系为重点，因地制宜地对政府机构进行调整和优化。

廉洁高效，本是一个经济原则，运用在政府建设上，意味着政府越廉洁，群众越信任；政府越高效，人民越拥护。马克思曾强调过巴黎公社"对所有公务员，不论职位高低，都只付给跟其他工人同样的工资"②的"廉价政府"原则。现阶段，建设廉洁高效政府，既是"把权力关进制度笼子"的政治要求，也是政府代表人民群众"公共利益"的社会诉求，还是政府护持公信力的内在追求。具体到操作层面，就是要削减"三公"经费、严惩腐败、阳光行政、简政放权。

---

① 沈荣华、曹胜：《政府治理现代化》，浙江大学出版社，2015，第17~18页。
② 《马克思恩格斯选集》（第3卷），人民出版社，1995，第13页。

人民满意，就是把"人民满意不满意"作为判断政府行为的最重要标准。政府的性质决定政府"向谁服务"或"为了谁"的问题。中国各级政府都是人民政府，政府权力都是人民赋予的，人民性是政府性质最简明的回答。各级政府的人民性决定了其宗旨都是为人民服务，这也是政府公信力最基本的依据和民主行政最基本的追求。又由于各级政府是中国共产党领导下的人民政府，更要体现政府服务人民的宗旨和特色。

全面正确履行政府职能是服务型政府对各级政府的最基本要求。"全面"强调政府职能是多方面的，不仅仅是经济职能或某一方面的职能。"正确"强调政府履职的合规律性和政治性，政府履职的出发点要正确、理念要科学、方式要恰当、机制要健全、行为要公正、效果要良好。此外，实现公务员队伍特别是领导干部素质能力的现代化，是县级政府全面正确履行职能的前提性条件和关键性环节。

（二）重点培育法治化政府

法治是县级政府治理能力现代化的基本制度保证。培育法治化政府，就是实现政府由"人治型"向"法治型"转变，真正实现依法行政，这是提高政府治理能力最为困难的环节。公正是法治的生命线，推崇法律至上，通过法律限制公权力，实现社会公平正义和秩序化，保障公民自由、平等和各种合法权益不受侵犯是法治的基本价值。

依法治国对各级政府的要求表现在："党的领导"是培育法治政府的政治保障，是政府法治能力的首要体现；"法治轨道"是培育法治政府的基本遵循，是政府法治能力的根本方式；"创新执法体制，完善执法程序，推进综合执法，严格执法责任"是培育法治政府的基本路径，是政府法治能力的基本前提；"职能科学、权责法定、执法严明、公开公正、廉洁高效、守法诚信"是对法治政府的根本追求，是法治政府的基本内涵。"法定职责必须为、法无授权不可为"是法治政府的基本活动原则。

建设法治政府的重点是全面推进依法行政。具体而言，要健全依法决策机制，提高政府决策能力；要依法全面履行政府职能，提高政府执行能力；要深化行政执法体制改革，改进政府行政执法能力；要强化对行政权力的制约和监督，提高政府责任能力；要全面推进政务公开，提高政府"阳光行政"能力。

培育法治化政府的前提是强化法治理念。强化公务员队伍特别是领导干部的法治理念，提高其运用法治思维、法治方式认识和处理问题的能力，是法治化政府对其工作人员的内在要求。另外，县域社会是法治文化相对薄弱的环节，县级政府要运用各种渠道、采取多种形式，大力进行社会主义法治文化宣传教育，进而使依法行政有更好的社会基础。

（三）大力建设信息化政府

信息化的基本特征是数字化、网络化、智能化，没有信息化就没有现代化。《国务院关于印发促进大数据发展行动纲要的通知》指出，建立"用数据说话、用数据决策、用数据管理、用数据创新"的管理机制①。《国家信息化发展战略纲要》指出，要"持续深化电子政务应用，着力解决信息碎片化、应用条块化、服务割裂化等问题，以信息化推进国家治理体系和治理能力现代化"②。因此，以信息化驱动现代化是国家治理现代化的必然选择，建设信息化政府是政府治理能力现代化的重要抓手和技术支撑。

县级政府也要以大数据为支撑建设信息化政府。要在政府数据共享、公共数据资源开放、基础设施建设以及宏观调控科学化、政府治理精准化、商事服务便捷化、安全保障高效化、民生服务普惠化方面不断提高自身治理能力。一是培养专业的信息工作公务员队伍，既要做好互联网平台的维护、监督、技术保障，又要发挥他们在大数据采集、管理和运用方面的特长，尽量为政府决策部门和决策人员提供客观、全面的信息资源。二是建设电子化政府，做好政府网站、政务微博、微信平台等政务信息化平台的建设和管理；尽可能推进电子政务，为服务型政府建设和法治政府建设提供信息平台和技术保障。三是提高公务员队伍的信息安全意识和能力，做好涉及国家安全、影响社会稳定的重大情报、机密信息、个人隐私等的保密工作，做好网络舆情的分析、引导、疏通和回应工作。

（四）提高科学行政、民主行政和依法行政水平

"科学行政是行政机关依照科学规律和科学知识管理经济和社会，解决

---

① 资料来源：《国务院关于印发促进大数据发展行动纲要的通知》，中华人民共和国中央人民政府网，http://www.gov.cn/zhengce/content/2015－09/05/content_10137.htm。

② 《中办国办印发〈国家信息化发展战略纲要〉》，《人民日报》2016年7月28日。

经济和社会发展过程中出现的各种矛盾的行政行为。"[1] 要做到科学行政，各级政府的行政人员特别是主要领导干部必须具备求真、创新等科学精神，具备经济、政治、文化、社会、生态等领域的科学知识，具备决策、执行、监督等环节的科学方法。民主行政是民主政治的基础，其有别于"行政民主"的基本内涵主要有：民主行政是公民参与而非"内部人"参与、是公共利益最大化而非组织利益或组织成员利益最大化、是回应而非效率、是价值理性而非工具理性。基于此，中国行政改革的方向应该是政府向社会放权、扩大公民参与，同时应该谨慎推进行政民主[2]。依法行政是依法治国、建设法治政府的核心内容和基本要求，其内涵是行政机关及其人员必须依法行使行政权力。依法行政要求各级政府必须依法全面履行政府职能、健全依法决策机制、健全行政执法和刑事司法衔接机制、强化对行政权力的制约和监督并完善纠错问责机制[3]。

县级政府治理能力现代化需要县级政府的行政过程做到"合理合情合法"的有机统一。合理，主要是科学行政，是县级政府的行政行为符合行政管理的科学性；合情，主要是民主行政，是县级政府的行政行为符合公共行政的民主性；合法，主要是依法行政，是县级政府的行政行为符合行政过程的法律性。因此，科学行政、民主行政和依法行政既是政治民主化的三个基本面向，也是县级政府治理能力现代化的三个基本要求，它们统一于县级政府为县域社会服务或"为人民服务"的行政实践中。

（五）推进制度化、规范化和程序化进程

县级政府治理能力的制度化，是指县级政府的治理行为和治理过程要严格按照法律法规和规章制度办事，做到"法律授权必须为、法无授权不可为"，明确按照权力清单和责任清单进行治理；县级政府治理能力的规范化，是指县级政府的治理能力及其水平要有相应的现代化标准和规范性要求；县级政府治理能力的程序化，是指县级政府治理行为及其能力呈现的不同环节或步骤要符合规范、遵循流程、运行有序。它们三者的关系是：

---

① 陈曦：《浅谈科学行政的内涵及其意义》，《广东省社会主义学院学报》2006年第3期。

② 魏姝：《民主行政与行政民主——兼论中国行政改革的方向与困境》，《江苏行政学院学报》2012年第1期。

③ 胡敏：《依法治国　依法执政　依法行政》，《中国青年报》2014年11月3日第2版。

"制度化是前提，为规范和程序存在提供基础；规范化是手段，使制度有章可循、程序有条不紊；程序化是保证，确保制度的严肃性和规范的有效性。三者又相互渗透、相互作用，共同构成了制度建设的完整体系。"①

　　制度化、规范化、程序化是社会主义民主政治的根本保障，也是县级政府治理能力现代化的基本要求。县级政府治理的制度化、规范化、程序化，有利于县级政府规范行政权力，提高行政的科学性、有效性和合法性，预防行政过程中的庸懒散现象以及腐败，是建设民主政府、法治政府、阳光政府、责任政府、有效政府的必然要求。

二　面向微观

　　微观方面的思路，就是结合 H 县县情，通过观察、调研、查阅资料而总结或提炼出来的，已经具体适用于 H 县或在 H 县切实可行的本土化或地方化的发展经验或有效路向方面。具体而言，就是以 H 县教育精神塑造政府的行政文化；围绕解决缺水和贫困两大基本问题，提升服务型政府水平和政府社会治理能力；通过做强"金色教育、绿色农业、红色旅游"三个县域品牌，提升政府经济治理能力和文化治理能力；通过深化行政体制改革、加强基层自治、护持政府信用，提升政府政治治理能力；通过切实做好退耕还林、改善县域生态环境，提高政府生态治理能力。此处先强调两个方面，其余方面在本章第二节展开说明。

（一）切实做好县域战略规划

　　县域发展规划（简称县域规划），实质是县域发展的战略性政策。县域规划能力是县级政府（此处是广义政府）制定县域发展战略性政策的能力，这是县级政府政治治理最重要的能力之一。就 H 县而言，各届政府的规划或思路有相似之处，也有一定的差别，如第十二届政府提出了"南北战略"、"三大块"战略等②，第十三届政府提出了"六项县策"和"六大战

---

① 沈小平：《着力推进党的建设制度化、规范化、程序化》，《中国组织人事报》2012 年 8 月 7 日。

② 在发展县域经济上，确立了南田北水、南牛北羊、南杏北果、南来北往的"南北战略"；在扶贫攻坚中，确立了"三大块"战略；在农村经济发展中坚持因地制宜、分类指导的原则和"新三路"方针；在工商经济发展中，坚持"强管理、练内功、挖潜力、增效益"方针等（见 1995 年 H 县政府工作报告）。

略"等发展思路①，第十五届政府提出了"全面达小康，建设新H县"奋斗目标，确立了建设"三大基地"、落实"四项根本任务"、培育"四大产业体系"、建设"四县两城"的总体发展思路②。比较以上战略或思路可以发现，H县政府的县域规划及其思路不断完善和成熟，且能够在战略规划中始终围绕解决缺水和贫困两个基本问题，始终围绕"教育、农业、旅游"三个县域品牌要素。不过，从H县政府在三个县域品牌要素的组合顺序上可知，政府现阶段按照"旅游—农业—教育"的顺序排列三个县域品牌要素的思路值得商榷。笔者认为，弄清楚它们之间的关系是做好H县战略规划的关键，因此，建议三个县域品牌要素的组合顺序为"教育—农业—旅游"（当然，随着以上三种品牌要素及其相关联的产业的发展，它们之间的顺序可以调整）。理由如下。

历史上，H县的文化很重要的特点是"耕读"文化，即农业第一，教育第二，但由于自然条件等因素的影响，农业始终没有成为H县的强项，而教育却是（如明清两代H县有进士20人，文武举人115人，贡生396人，名列S省前茅，恢复高考制度以来则更具影响力），所以，"耕读"文化是家国同构的农业社会高层统治者国家治理理念在H县的表现，"一等人忠臣孝子，两件事耕田读书"是H县的一些有识之士对这种顺序的文化表达。就历史上的县政府而言，或许这是一种政治导向性选择。但在现代社会，在中央政府大力提倡教育优先发展战略的背景下，完全可以把二者的顺序颠倒过来，即教育第一，农业第二。

在教育和旅游的关系上，旅游是红色品牌，教育是金牌，两个要素的影响力都不小，两种要素都代表新兴产业。但关键问题是：若从"投资—收益—时间"的关系看，政府肯定首选旅游（县长的任期所致）；若从"文化传统—社会诉求—人力资本"的关系看，社会肯定首选教育。因此，从

---

① "六项县策"是：农业稳县、项目强县、产业富县、科教兴县、开放活县、依法治县。"六大战略"是：项目拉动、产业主导、品牌兴业、开放带动、红色旅游、可持续发展。

② 确立了建设红色旅游基地、绿色产业基地、金色教育基地"三大基地"，落实强化基础、振兴产业、改善民生、促进和谐"四项根本任务"，培育全膜种植、草畜产业、工业经济、红色旅游"四大产业体系"，建设产粮大县、草畜强县、梯田化县、××教育名县、全国红色旅游名城、国家历史文化名城"四县两城"的总体发展思路（见2016年H县政府工作报告）。

人民政府性质和服务型政府的建设方向角度看，教育和旅游的排序应该是教育第一，旅游第二。

从农业和旅游的角度看，尽管 H 县农业受自然条件特别是生产性缺水的约束大、"不经济"效应突出，但发展安全、绿色的有机农业具有相对优势（因为周边县区农业产业结构调整后，其重点不再是小杂粮，而是马铃薯、中药材、苹果、蔬菜、枸杞等）；另外，发展安全、绿色有机农业比发展红色旅游更符合现代社会的消费心理和消费趋向，因为按照中国文化和现代大多数人的理性选择，能够持续享用绿色健康食品，已经比偶尔在一个自然风景并不优美的旅游区参观旅游更会得到人们的"青睐"（需要说明的是：H 县的红色旅游品牌确实不小，但旅游基础设施建设和配套服务相对滞后，对红色文化基因的挖掘力度不大，对红色文化、教育文化、历史文化之间的内在逻辑有待梳理，对红色文化相对影响力持续性关注不够）。因此，农业和旅游的排序应该是农业第一，旅游第二（而且，随着农业产业化水平提升，可以更好地支撑旅游业发展）。

总之，从历史文化传承、人民政府性质、政府建设路向、比较经济效益、社会消费心理和消费趋向等角度看，在教育、农业、旅游三个县域品牌要素的关系中，教育无疑是 H 县最具有优势、最具持续开发价值的富矿。但近年来，支撑 H 县教育发展的教育精神正在悄然发生变化，艰苦奋斗精神和务实精神在一定程度上受到挑战，短视化和功利化倾向似乎越来越突出：教育行政主管部门在这方面没有带好头，过多地、无视规律地干预教育，存在沽名钓誉、自我感觉良好之嫌；教师队伍结构、水平有待持续完善、提高；教育外部性的校正力度有待进一步加大。

（二）用 H 县教育精神重塑政府行政文化

无论教育、农业、旅游三者之间的顺序如何排列，其根本目的都是解决 H 县的缺水和贫困两个根本问题。因此，这又要将教育、农业、旅游和缺水、贫困等看作相互联系的县域整体治理中的要素，应该重新思考和排列组合。关键问题仍然是梳理清楚它们之间的内在联系，笔者着重从教育和贫困的关系看这个问题。

H 县有艰苦奋斗的光荣历史，一直秉持"穷则思变""苦乐转化"的辩证法，奉行"人一之，我十之"的奋发有为、艰苦创业精神；加之"长征精神"的熏陶，H县各界在长期实践的基础上探索出的最佳出路（或选择）是教育扶贫。教育扶贫的理论基础是人力资本投资理论（产生于20世纪美国，以舒尔茨等为代表人物），从学科角度讲，教育经济学、公共经济学或政府经济学都将该理论作为自己学科的重要支撑。从认识论的角度看，重视教育就是相信"读书改变命运""知识改变生活"，教育扶贫就是相信贫困者并不一定熟知经济学理论但绝非不懂经济，人可以通过自身努力实现"苦乐"的辩证转变，进而实现脱贫和全面发展。

从H县教育精神和扶贫模式的形成过程看（以下模式均为简化形式，模式左右两边的关系是近似平衡或理想化转化关系，其他变量均省略），其过程是：

1. "学生苦学 + 家长苦供 ≈ 学生考上大学（或跳出农门）……脱贫……实现发展"（简称"两要素"模式，缩写为MI）；

2. "学生苦学 + 家长苦供 + 教师苦教 ≈ 学生考上大学（或跳出农门）……脱贫……实现发展"（简称"三要素"模式，缩写为MⅡ）；

3. "学生苦学 + 家长苦供 + 教师苦教 + 社会苦帮 ≈ 学生考上大学（或跳出农门）……脱贫……实现发展"（简称"四要素"模式，缩写为MⅢ）；

4. "学生苦学 + 家长苦供 + 教师苦教 + 社会苦帮 + 领导苦抓 ≈ 学生考上大学（或跳出农门）……脱贫……实现发展"（简称"五要素"模式1，缩写为MⅣ）；

5. "领导苦抓 + 学生苦学 + 家长苦攻 + 教师苦教 + 社会苦帮 ≈ 学生考上大学（或跳出农门）……脱贫……实现发展"（简称"五要素"模式2，缩写为MⅤ）；

6. "政府苦抓 + 学生乐学 + 家长苦攻 + 教师乐教 + 社会苦帮 ≈ 学生考上大学（或跳出农门）……脱贫……实现发展"（简称"五要素"模式3，缩写为MⅥ）。

尽管对H县教育模式（或教育扶贫模式）有很多质疑或批评的声音，但以上模式能够在H县长期存在并不断丰富和发展，意味着其可行性比一些理论家或专家的批评更有说服力（当然，随着环境的变化，特别是以上模式右边变量的不确定和不可控性的增加，如大学毕业即失业、好学校好专业毕业的不一定更有优势、上了大学的不一定更有优势等，每一种模式的近似平衡就会打破，相应地就会影响模式左边各因素的认知和行为）。以上诸模式的共同目标是让学生考上大学、跳出农门、实现脱贫，进而实现发展（其基本前提都假定农业的收益率均低于其他产业）。在每个模式两边的变量中，每增加一个要素或要素组合顺序发生变化，模式就更加复杂。左边变量中，主体顺序的变化意味着该模式在每个学生或每个家庭身上发生的不同故事或不同的治理过程，因而可能产生出更多具体模式或表现形式（右边变量变化亦是如此）。以上诸模式中，最复杂的是"五要素"模式，其中，M Ⅳ 是部分县级机构领导人意识到 H 县教育的社会影响力后的模式；M Ⅴ 是政府逐步认同和支持 H 县教育社会影响力后的新模式；M Ⅵ 是 M Ⅳ 和 M Ⅴ 受到批判或有"不同声音"后对 M Ⅳ 和 M Ⅴ 的修正和行政化。当论及以上模式的演变特别是 M Ⅵ 时，可以发现，模式的修正和行政化在其中具有重要影响力。因此，从治理的角度考虑，H 县教育模式或教育扶贫模式的生成和演化过程，就是教育治理现代化的过程，也是政府治理现代化的过程。受此启发，要实现政府治理能力现代化，用 H 县教育精神重塑政府行政文化就显得既有可能又有必要。

用 H 县教育精神重塑政府行政文化，一是仍然要从"苦抓"教育谈起。在这里，"苦抓"教育的主体不应该只是个别领导或部分领导，而应该是整个县域领导干部队伍和公务员队伍，让"苦抓"教育成为真正意义上的政府行为，而不是个人行为（个人无论是领导还是非领导）。这种塑造过程，无论其机理有多复杂，历史证明，其都是成功的（前文的能力测评和满意度调查也可以为证）。

二是从精准扶贫抓起。精准扶贫，就是让领导干部队伍和公务员队伍真正实现"走转改"，放下架子，深入百姓，了解民情、读懂民心，让公务员深入县域基层社会，特别是深入贫困村、贫困户，接触贫困人口，了解其贫困状况及其致贫原因，和贫困人口、贫困户一同寻找脱贫办法；就是让领导干部队伍和公务员队伍从"吃苦、识苦、怜苦"再到引领贫困者走出"贫困"，进而改变领导干部队伍和公务员队伍的思想意识直至行为习惯，改变对贫困人口、贫困户的认识，改变"官本位"意识。就会让领导干部队伍和公务员队伍把服务穷人看作自己的本分，把扶贫攻坚看作自己应该做好的本职工作，就会想方设法解决缺水问题，想方设法解决田、房、林、电、路问题，想方设法解决医疗卫生服务、基本生活保障、基层文化事业等问题。

三是将 H 县的教育精神渗入政府行为的方方面面。为此，要进一步强化忧患意识和危机意识，在建设良好生态、解决干旱缺水问题上，在加强基础设施建设、改善生产生活条件上，在加快工商经济发展、提高经济发展质量和效益上，在全面建成小康社会、基本实现现代化和实现中国梦的进程中，在发展社会事业、提高劳动者素质上……都要坚持和弘扬长期艰苦奋斗的精神。而当领导干部队伍、公务员队伍和县域民众的心往一块想、劲往一块使时，真正的善治就达成，也就实现了行政文化的现代转型和政府治理能力的基本现代化。

第二节　推进 H 县政府治理能力现代化的建议

推进 H 县政府治理能力现代化，在坚持正确思路的前提下，需要从全力解决缺水问题、逐步提高财政自给水平、切实做好精准扶贫、理顺政府市场关系以及加强安全生产监管等方面潜心发展县域经济；从优化公务员队伍、大力加强基层自治、提高政策执行能力、切实护持政府信用、提升县政顺通能力等方面深化行政体制改革；从矫正教育正外部性、适当增加科研投入、多方挖掘文化人才等方面提升文化治理层次；从关注农村养老保障、提升医疗保障能力、适度推进城镇建设、提高就业促进能力等方面巩固社会保障能力；从践行生态文明理念、切实重视环境治理、扎实做好退耕还林等方面加强县域生态治理。

一　潜心发展县域经济

县级政府的经济治理能力是其经济职能的重要表现，潜心发展县域经济是县级政府经济职能的内在要求。同时，"县财"是"县政"的基础，县域经济状况决定县级政府的财政能力，而县级政府财政能力决定县级政府各方面的治理能力。

（一）全力解决缺水问题

干旱缺水、自然灾害频发，是制约 H 县壮大经济规模和促进经济发展的瓶颈。因此，H县政府要着重把解决缺水问题（特别是生产性缺水）作为发展经济的先行性、基础性工作。

从历史上看，尽管1958年H县人民委员会提出，"当前应在加强已有的工程的基础上，保证完成当年任务3000平方公里，对其有世界意义的YT工程"，但该工程在当时的情况下无果而终。因此，H县在很长时期将解决缺水问题的着眼点放在人畜饮水上。最初是在地下水层较浅的地区，主要通过掏泉、打井（取地下水进行）；而在无泉无井地区，主要是通过打水窖、挖涝池（聚集雨水）等方式进行，如1980年县政府提出争取每年完成10000颗窖，水窖谁打谁有，一颗窖国家补助15元等办法，解决中北部缺水问题。在旱灾严重、人畜饮水特别困难的时候，政府还组织多种渠道供水，如1981年出动汽车75辆、大小拖拉机358台、架子车4427辆，劳动力15000多人，畜力4300多头，共拉水244000立方米，打井290眼，挖泉187处，政府为此支出107万元。缺水与缺粮等问题往往同时出现，如1980年，县政府为解决群众生活困难，大力进行救济，共给32个公社、1902个生产队、39000多户、226000多人供应口粮2025万斤，发放口粮救济款70万元。1988年给灾区农户和特困户回销粮食2435万斤，发放口粮救济款95万元，安排拉水款41万元。汽、柴油70吨，共拉水5.4万吨，以解决中北部缺水的15万人口及21万头猪、羊等的饮水困难。

1989年以来，随着国家大型水利工程技术能力的提升和对贫困地区扶持力度的逐渐加大，为彻底解决大旱之年中北部地区人畜饮水极度困难的问题，H县制定了《H县解决人畜饮水三年规划及分年实施计划》。从此，解决人畜饮水问题的思路和措施出现阶段性转折，由原来的以打窖、挖涝池为主，转向以建设固定供水设施和永久性骨干工程为主（其间同时进行"121"雨水集蓄工程，以及后来的世行改水项目等）。1992年，YT工程（再一次提）前期论证把H县列入重点建设范围和主要受益区。1993年，H县配合省、市水利部门对YT工程H县境内干渠的布设进行了线路勘测等前期准备工作。2006年H县提出要把YT工程作为"兴水立县"的头等大事。2007年H县又提出要把YT工程作为缓解农村饮水困难的生存工程，作为解决城镇工业用水、生活用水和农业灌溉用水的发展工程，并提出要千方百计呼吁、持之以恒争取、使全县人民的期盼早日变成现实。2012年YT一期H县北部供水工程开工建设（是2011年国务院支持S省经济发展的重点项目之一）。2016年3月，H县水利工程建设史上供水线路最长、覆盖面积最广、受益范围最大的YT一期H县北部供水工程实现通水（年输水量为1.2亿立方米）。这是各级政府为解决H县缺水问题的壮举①！至此，H县解决缺水问题的过程总体上经历了挖（井）、打（水窖）、集（集流、雨水集蓄）、提（提灌）、引（水）等方式和过程。其中，"引"的供水线路最长、覆盖面积最广、受益范围最大。

也可以看出，把解决缺水问题的着眼点放在人畜饮水上，确实可以解决眼前问题，但仍然没有彻底解决H县经济治理的根本问题：生产缺水。因此，解决生产缺水问题应为H县政府以后在县域治理过程中努力的一个基本方面。当然，这个问题的解决也需要分阶段、分步骤进行，需要各级政府、社会各界的共同努力。就笔者的认识而言，此方面的第一步可以结合国家西部大开发战略特别是生态建设战略，在积极争取上级政府项目的同时（如YT二期工程项目的落实），H县政府要调动全县人民的能动性，做好开源节流工作。具体如下。

一要通过多种渠道和方式，培育和强化全县居民的节水意识，建立节水型社会。二要持续做好以兴修梯田为主的改善农业基本条件建设，坚持改土造田，逐渐实现土地梯田化。三要持续做好以集雨补灌为主的水利建设，坚持"天上水、地下水、地表水"齐抓，"引、截、挖、蓄、节"等措施并举，综合运用现代科技发展现代农业，走"水、田、林、草、路"相互配套的旱作高效生态农业之路。四要持续做好以退耕还林还草为主的生态建设，抓好退耕还林还草、生态环境建设和农业产业开发，走安全、绿色的有机农业产业之路。五要切实做好YT二期引水工程。该工程以城乡生活、工业供水为主，兼顾农业灌溉，对解决H县等干旱缺水地区水资源匮乏问题、夯实本地区经济社会发展基础、改善生态环境和生活条件意义重大。

在全力解决缺水问题的同时，H县政府还要不断提高防灾、救灾、抗灾、减灾方面的认识水平和能力，尽量建立起合乎县情的应急救灾体制机制，尽量运用现代科学技术预报、预测、防范各类自然灾害，尽量动员全

---

① 另据统计：至2010年，H县已建成主要供水工程设施70多处（座），其中，小型水库11座，引水工程和提水工程各1处，机电井供水设施60多处。

社会力量进行自然灾害和风险防范，使自然灾害给人民群众生命财产安全带来的损害降到最低水平。不过，客观地看，从县级政府层面彻底解决一个县域的缺水问题，对县级政府特别是贫困县政府而言确实有些勉为其难。因此，要从根本上解决县域缺水等宏观性、深层次的经济和生态环境问题，中央政府和省级政府层面更应该从国家战略或顶层设计角度有计划、分步骤进行解决。

（二）逐步提高财政自给水平

财政问题，是决定经济发展和影响居民生活的关键问题，因此，政府要把财政工作作为经济发展的着眼点，调动各方面生财、聚财、理财的积极性，坚持开源与节流并重，治标与治本结合的原则，逐步扭转财政困难的状况，逐步提高财政自给水平。

一要搞好财源建设。从根本上解决财政困难问题，最关键的是建立稳固的财源基础，扩大税收增量。要切实把财源建设放在突出位置，因地制宜，发挥优势，扩展基础财源，壮大主导财源，开辟新兴财源。要大力发展以"两高一精"农业为主的粮食生产，加强基础财源建设；要切实搞好国有企业，夯实主导财源；要大力发展以规模种养业为主的支柱产业，进一步加强牧业税和农林特产税税源建设；要大力发展以资源开发、农副产品加工为主的乡镇企业，进一步加强企业所得税税源建设；要大力发展以商贸、旅游等服务业为主的第三产业，进一步扩大营业税税源建设；要大力发展个体、私营经济，进一步拓宽个人所得税税源建设；要大力开发利用土地资源，建设"财政田""财政林""报酬田"，努力培植新的经济增长点。

二要强化预算约束。县、乡政府都要严格按照《预算法》办事，优化财政支出结构。把减轻财政负担、控制财政支出同减少财政供养人员、分流行政事业单位人员等工作结合起来，通盘运作，推行机关、行政、事业单位公用经费和个人经费包干制，从根本上解决冗员过多、工资增长过快、财政负担过重的问题。

三要坚持依法理财。要加强税收征管，强化税收征管模式改革，使税收征管由单纯查征收缴向"申报、代理、稽查"三位一体的现代征管方式转变，做到依法征税、依法管税。下决心加强预算外资金管理，抓预算内保吃饭，抓预算外搞建设。要打破所有权、使用权不变的界线，预算外资金必须实行政府调控、财政管钱、部门管事。通过强化管理，确保把有限的财政收入切实用在刀刃上。

四要加强财税检查监督。要加强大检办和审计、监察等有关执法执纪部门的工作，加强预算内外资金收入与支出的监督检查，做到按预算执行收支，按标准列收列支，按制度规范收支，按税法征税管税，该收的钱要收回来，该支的钱要用到位，整顿财税秩序，维护财经纪律。

五要进一步理顺和完善乡级财政体制，强化乡级预算管理，建立健全管理制度和激励机制，发展和壮大乡级财政实力，不断提高乡财政自给率。

六要继续深化金融体制改革，各专业银行要按照商业化经营的运作机制，大力吸收存款，扩大信贷规模，努力盘活资金存量，优化增量，支持工农业生产；同时，要大力发展人、财保险事业。

（三）切实做好精准扶贫

贫困是 H 县的又一个基本县情，理应也是 H 县各届政府治理的重点工作，H 县政府的贫困治理工作在全国各界的积极支持和援助下解决了广大人民群众的基本温饱问题，这是一个了不起的成就。可以推想：如果 H 县真正能够走出贫困，那么中国的贫困面肯定会大幅度缩小甚至会消除贫困。不过，时至今日，H 县仍然没有改变贫困面大、贫困程度深的基本面貌。因此，切实做好精准扶贫，仍然是摆在 H 县政府和社会各界面前的重大课题。

精准扶贫是针对粗放扶贫而提出来的一个扶贫理念、扶贫思路和扶贫举措，精准扶贫、精准脱贫是脱贫攻坚的基本方略。就一些贫困地区的政府而言，在扶贫工作上还存在认识滞后、制度缺失、队伍缺位、工作缺如、措施不准等问题，甚至出现一些贫困县不愿脱贫、保贫困县帽子、套国家扶贫款、滥用国家扶贫政策、搞形象工程、扶富不扶贫等现象。就一些贫困户或贫困人口而言，存在心理脆弱、观念保守、技能缺乏、脱贫无望等情况。党的十八届五中全会提出全面建成小康社会的目标要求是实现贫困人口如期脱贫，贫困县全部摘帽。为此必须改革以往扶贫思路和方式，变大水漫灌为精准滴灌，变"输血"为"造血"，变重 GDP 为重脱贫成效，解决好"扶持谁""谁来扶""怎么扶"的一系列问题。

为此，根据笔者对 H 县扶贫工作的观察与思考，提出如下建议。

一是彻底解放思想，正确认识扶贫攻坚，全面落实扶贫政策。要结合本县县情和扶贫工作现状，系统学习、深刻领会、精准贯彻中央和上级政府关于精准扶贫的精神和政策。要虚心学习和借鉴在扶贫工作上思路和措施到位、取得较大成就的地区的扶贫工作先进经验和做法。政府部门和工作人员要切实树立以人为本和为人民服务理念，切实把对贫困人口的扶贫问题看作政府服务人民、赢得民心、护持政府公信力的民心工程。要认真总结和深刻思考本县政府在扶贫历程中取得了哪些成绩、如何取得这些成绩，以及存在哪些明显的问题和不足。与此同时，要深入调查研究本县公众在脱贫道路上究竟有什么认识、努力不努力、对扶贫工作究竟有哪些诉求等，要深刻分析本县县情，特别是贫困面和贫困程度究竟在什么层面和程度，对这些诉求和问题进行系统归类，在此基础上进一步厘清本县扶贫攻坚思路、做好扶贫攻坚规划。要彻底改变一些部门和工作人员在一定程度上存在的形式主义、教条主义、官僚主义和其他一些错误的政绩思想和滥用扶贫资金、滥上扶贫项目的行为，努力改变一些贫困户和贫困人口"甘贫乐道""等、靠、要"的陈旧思想观念，引导他们树立自力更生、艰苦创业、奋发有为的思想。

二是真正结合各方面实际，踏实推进精准扶贫。要成立懂县情、有耐心、有专长、有责任心的扶贫攻坚领导小组，加强对扶贫攻坚工作的组织领导。要动员社会各界力量参与扶贫，鼓励组建各类社会性扶贫组织（不是现在简单地靠一些临时性抽调人员组织的松散型组织，也不是把扶贫攻坚责任分解到每一个单位），建立一支稳定的志愿扶贫队伍。切实做好扶贫项目的论证、实施、评估和调整工作，让扶贫项目真正发挥好作用。要以提高群众生活质量为根本目标，推进城乡公共服务均等化，健全农村社会保障体系，优化城乡教育资源，提高基本医疗补助标准，落实各项惠农政策。要把培育富民产业、增加农民收入作为扶贫攻坚的核心任务，大力实施农业产业提升工程，集中力量做强县域优势产业，扶持县域特色产业。建设农村劳动力输转基地，切切实实开展诉求人群的实用技术、劳务技能和就业创业培训。要把项目建设作为扶贫攻坚工作的支撑，全力实施水、田、路、林、电、房六大工程，不断改善贫困地区、贫困户、贫困人口的生产生活条件。要着力发挥财政资金的引领撬动作用，整合部门项目资金。

要建立贫困户资金使用和项目建设跟踪监控机制，切实将有限的扶贫资金"用在刀刃上"，切实发挥项目和产业富民的功效。要按照"一村一策、一户一法"的方略，通过教育培训、项目资金、帮扶措施、跟踪管理，努力实现户户有产业项目、人人有发展门路，提升扶贫工作的综合效益。要通过府际合作，切实建立起劳务输出和促进本地籍贯各类人才回馈家乡的体制机制。另外，建议适当放宽贫困县摘帽和贫困人口脱贫的某些限制性条件，如时间限制。

（四）理顺政府与市场关系

"在社会主义市场经济条件下，政府调节与市场调节相互补充、相辅相成，市场调节机制的现代化离不开政府调节机制的现代化。为了更好地发挥市场调节作用，政府在生产领域不能以不合理、不合法的政策法规约束市场经济主体的自主行为；在分配领域不能以损害市场经济主体的行为盲目追求分配的平均主义。政府调节如果破坏了市场调节，将导致资源配置的失序、经济社会发展的失调。为了防止政府调节对市场调节的不当干扰，需要按照现代化的法治要求，梳理和明确政府的权力清单、职责清单和服务清单，做到依法行政，给市场调节以正确的预期，为市场调节让出合理的空间。在依法治国的背景下，市场调节机制的现代化就是建立健全全国统一开放的市场体系，在要素市场和商品市场领域最大限度地发挥市场调节的作用。"[1]

就H县而言，要正确处理好政府和市场关系，笔者的建议是：在理念上，要树立科学发展理念，改变一定程度上存在的"唯GDP主义"理念，提高政府对社会主义市场经济规律的认识和驾驭能力、提高政府促进H县教育精神升华为企业家精神的能力。在体制上，要做好政府向市场的放权工作，提高县域经济主体的适应、互动能力，要注重培育现代市场主体，合理引导企业、家庭和居民的经济行为。在职能上，要转变政府的短期行为，提高制度供给能力、科学决策能力、促进经济协调发展能力、提供公共物品能力和矫正外部经济能力。在方式上，要转变政府对经济的直接干预，提高政府依法行政能力和经济调控能力，扶持县域优势资源向特色产

---

[1]　刘承礼：《经济治理体系和治理能力现代化——政府与市场的双重视角》，《经济学家》2015年第5期。

业发展。在角色上，改变既当"运动员"又当"裁判员"的局面，提高政府对市场秩序的监管能力，保证市场在县域资源配置中起决定性作用。

（五）加强安全生产监管

安全为了生产，生产必须安全。在一个自然灾害相对频发、生产条件相对滞后的地区，对政府而言，安全生产管理工作面临的形势相对有一定的压力，因此，提出如下建议。

一要始终坚持"安全第一，预防为主"的方针。时刻保持高度的警惕，有效预防、尽量杜绝安全生产伤亡事故的发生。切实保护劳动者的合法权益，切实保障人民群众生命和财产安全。二要切实强化安全生产责任主体。强化和落实安全生产政府监管责任和企业主体责任，严格落实"党政同责，一岗双责，齐抓共管"制度，明确"属地管理"和"行业监管"的同等责任，加强劳动监督检查和安全生产，建立经常性监督检查机制，严格落实安全生产"五个一"工作机制，提升安全水平和监管能力。三要依法规范企业生产和经营行为。特别注重企业法治建设，将安全生产活动和"普法"活动有机结合起来，做好安全生产宣传培训服务工作，促进企业学法、守法和依法依规经营。督促企业进一步健全和严格执行安全生产制度，把安全生产作为企业考核的重要内容，对忽视安全生产、造成伤亡事故的，必须从严处理。四要突出工矿企业、建筑企业，危险化学品、道路交通、消防等重点行业、重点场所、重点领域的隐患排查和"打非治违"专项整治行动。特别是在交通安全监管方面，不能仅仅为了完成货运量、客运量、货运周转量、客运周转量等各项利税指标而放松对交通安全的监管，在客运高峰期、下雪、冻雨等情况下，更要加强安全监管。五要切实提高企业安全生产装备水平。要加大专项经费投入力度，加强安全监管和安监系统装备配置。尽量帮助企业解决用电紧张、供水不足、资金短缺等问题，要厉行节约，降耗节能，层层建账考核，层层签订责任书，杜绝"跑、冒、滴、漏"等现象，向严格、科学的管理要效益。六要加强队伍建设。将队伍建设与企业管理、达产达标、技术改造、安全生产、扩销增效等方面的工作结合起来，实现企业强管理、练内功、挖潜力、增效益等目标。七要严格安全生产执法。将安全生产监管与经济建设、环境保护、民主法治、防灾抗灾和勤政廉政建设等方面的工作结合起来，统筹推进。八要健全突发事件应急机制和社会治安防控体系，进一步发挥好县消防大队在推进平安县创建进程中的作用。

二　深化行政体制改革

改革进程中，各方面改革要相互配套。随着经济体制改革的深化和社会主义市场经济体制的建立和逐步完善，行政体制改革成为全面深化改革攻坚阶段的突破口。目前，为释放市场活力，行政体制改革按照简政放权、放管结合、优化服务的思路推进，以厘清政府与市场、政府与企业、中央与地方关系。

（一）优化公务人员队伍

一是把好公务员"入口"关，这是从源头上优化公务员队伍的基本要求。在制订公务员录用计划时，要结合国家就业政策和县域实际特别是各部门实际需求，科学、合理确定拟录用岗位，坚持"公开、平等、竞争、择优"和选贤用能原则，将考录和多方推荐、引进、借调等方式结合起来，引导优秀大学毕业生到基层、边远乡镇就业，切实解决基层特别是边远乡镇优秀公务员短缺的问题。

二是上好公务员"提质"课，这是从根本上优化公务员队伍的基本要求。公务员培训是学习型组织对组织成员提升整体素质和能力的基本做法，县级政府是国家政策执行的前沿阵地，国家的各项政策都要最终在县级政府及其公务员的实践操作中得以体现，而国家大政方针和政策中往往涵盖丰富的专业知识，这些专业知识大部分需要经过专业培训和学习才能为公务员所完全掌握和灵活运用。除此以外，公务员培训是经常性工作，要特别强调公务员队伍的思想道德素质提升，要把服务观念、法治观念、勤政观念、廉政观念作为思想道德素质提升的重要方面，通过组织学习和自学相结合的方式植入每一个公务员内心深处。

三是厘清公务员"进出"路。《党政领导干部选拔任用工作条例》第15条规定："可以把公开选拔、竞争上岗作为产生人选的一种方式。"竞争上岗也是打破"论资排辈"现象的最佳方式。因此，要畅通那些年轻、肯干、能干、上进心强的"老实本分"公务员的晋升之路，让他们在工作中得到肯定、看到希望。要创造条件和形成机制，鼓励年轻有为的公务员到基层接受锻炼，切实解决年轻公务员基层工作经验不足的问题。要加强府际合作和交流，让不同级别、不同区域政府的公务员在交流与合作中开阔视野、熟悉业务、提升素质。要完善能上能下、能进能出的公务员选人用人机制，将一部分思想倦怠、工作乏力、庸政懒政甚至失职渎职、贪污腐败的公务员及早清理出公务员队伍。要坚持用法治观念、法治方式依法行政，坚决反对官本位思想和衙门作风。要杜绝各种形式的跨域精英干预现象，创造公平、公正的公务员发展环境。要特别重视提升领导干部队伍素质和能力，要始终围绕创建学习型、创新型、服务型、法治型和廉洁型政府的要求，不断提高把握全局能力、行政决策能力、行政落实能力、服务群众能力、廉洁从政能力，努力建设一支勤政廉洁、高效务实的领导干部队伍。

（二）大力加强基层自治

基层群众自治制度，是依照《中华人民共和国宪法》《中华人民共和国城市居民委员会组织法》《中华人民共和国村民委员会组织法》等相关法律，由居民（村民）选举的成员组成居民（村民）委员会，实行自我管理、自我教育、自我服务、自我监督的一项基本政治制度。中国的基层群众自治组织主要有村委会、居委会和职代会等形式。

结合 H 县实际，提出如下对策。一是帮助农民选好村干部。特别建议在村干部选任方面不设年龄门槛，特别反对乡镇政府"物色"或"跨域干预"村干部人选的做法，特别防止"村霸""地头蛇"当选村干部。二是切实管好、用好村干部，发挥好党的农村基层组织的战斗堡垒作用，完善民主议事制度，在精准扶贫、惠农政策、退耕还林政策等落实方面，发挥好村民监督的作用。三是进一步健全农村民主管理制度，深化村务公开，真正实行民主选举、民主决策、民主管理、民主监督，实现村民自治制度化、规范化。四是切实加强城镇社区建设。五是不断完善企事业单位职代会制度。

（三）提高政策执行能力

县级政府执行力是县级政府治理能力的重要内容。政府执行力在执行活动前期主要表现为领会力、预测力、计划力；在执行过程中，主要表现为服从力、组织力、创新力；在执行活动后期主要表现为评估力、调整力、问责力。政府执行力的衡量标准可以从多角度进行确定：从公共政策学角度看，执行的及时性、合理性和实效性是其衡量标准；从社会学角度看，群体的认同度、群众的配合程度、人民的满意度是其衡量标准；而从经济学角度看，效率是其衡量标准之一。政府执行力可以从执行时刚度、执行力度、执行高度、执行速度、执行有效度五个方面进行测量。在全面深化改革过程中，新一届政府将职能转变作为深化行政体制改革的核心，将深化行政审批制度改革作为转变政府职能的突破口，将激发经济与社会活力作为深化行政审批制度改革的最终落脚点。按照"点""线""面""体"的思路科学进行行政体制改革，持续深化改革，继续转变政府职能。当前，行政审批制度改革已经不仅从"点"向"线"拓展，而且正在从"线"向"面"纵深，向"体"延展，逐步涵盖改革的全部要素。但H县政府在执行过程中存在"接不住""管不好""服务弱"等问题。

要提高县级政府的政策执行能力，需做好以下几个方面的工作。一是提高县级政府公务员整体素质和能力。特别是加强领导干部的领会力、预测力、计划力，从思想认识层面解决好"执行为谁、如何执行"的问题。二是加强县级政府的政策环境建设，杜绝各种形式的跨域精英干预。三是拓宽目标群体的政治参与途径。

（四）切实护持政府信用

诚信是社会文明的根基。国家信用的核心是政府信用，国家创建信用环境的前提是政府信用。党的十八大对中国诚信建设提出要深入开展道德领域突出问题的教育和治理，加强政务诚信、商务诚信、社会诚信和司法公信建设。2016年底，国务院印发《关于加强政务诚信建设的指导意见》指出，"加强政务诚信建设……是深化简政放权、放管结合、优化服务改革和加快转变政府职能、提高政府效能的必然要求"。

根据《关于加强政务诚信建设的指导意见》精神，借鉴范柏乃、张鸣对政府信用的研究[①]，结合H县实际，护持政府信用，需要做好以下几方面工作。一是加强正式制度建设，就是通过正式制度规范公共权力，增强政府行为的可信性，包括强化对政府及其公务员行为的法治约束、完善政府

---

① 范柏乃、张鸣：《政府信用的影响因素与管理机制研究》，《浙江大学学报》（人文社会科学版）2009年第2期。范柏乃、张鸣：《地方政府信用影响因素及影响机理研究——基于116个县级行政区域的调查》，《公共管理学报》2012年第2期。

失信惩戒机制、完善政府失信国家赔偿制度和行政诉讼制度等。二是完善政府信息公开制度，实施政务公开和阳光行政，包括建立政府征信制度、细化信息公开制度等。三是健全政府及其官员的利益激励机制，包括开展信用等级评估，健全政府首长产生、任用机制等。四是加强信用文化建设，营造守信重诺的文化环境，主要是营造良好的社会道德环境和风清气正的政府行政环境，结合机构改革重新设定政府部门权责、建立公务员信用档案，加大专项督导、横向监督、社会监督和第三方机构评估对政府的监督力度。五是提高政府能力和公务员素质等。

（五）提升县政疏通能力

实现政治治理能力现代化，需要疏通县级政府与相关主体之间的权能关系，处理好与上级政权机关、县级党委、人大、政协、纪委、乡镇政府以及公民等主体关系，核心是处理好党的领导、人民民主、依法治国之间的关系。

在理念上，要树立"民主""民本""民生""民权""服务""法治"等理念，提高政府的合法性和公信力；要具有政治大局观，正确把握维护稳定的内涵；要注重基层工作，打好县级政府维护稳定的社会基础。

在体制上，在坚持和不断完善中国特色社会主义根本政治制度和基本政治制度的前提下，进一步完善党的领导体制，加快行政管理体制改革，加大简政放权力度；全面推进政务公开、执法公开，全面实行权力清单、责任清单、负面清单，严格规范行政审批流程；努力加强党内监督、民主监督、法律监督、舆论监督，大力支持县域民主党派政治协商、民主监督、参政议政，拓宽和丰富县域基层民主的范围和途径，丰富基层民主的内容和形式，保障人民享有更多更切实的民主权利；建立多元、多向、多层有机协同的维稳体制。

在方式上，要注重依法行政，提高领导干部运用法治思维和法治方式化解矛盾、维护稳定的能力；要注重舆论宣传，提高政府的舆论引导能力；要深刻认识和把握社会发展过程中的主要矛盾，理性看待县域政治稳定，积极主动化解不稳定因素。

三　提升文化治理层次

提升政府的文化治理层次，实现政府文化治理现代化，就是要实现政府文化治理体系和文化治理能力现代化。因此，需要不断深化文化体制改革，切实转变政府文化职能，提高政府文化治理的有效性[①]。

（一）矫正教育正外部性

从公共经济学或教育经济学的角度看，教育是一种典型的公共物品，具有很大的正外部效应，农村义务教育更是如此。在中国现行环境体制下，农村义务教育的正外部性在一定程度上得到了矫正，如城乡义务教育免费就是政府矫正义务教育正外部性的一种典型行为（注：免费不是义务教育不产生成本或不发生费用，免费仅仅是接受义务教育的主体或享受义务教育的家庭没有承担或较少承担了一部分教育成本，大多数教育成本由政府提供或"政府埋单"）。

就笔者的认识而言，农村义务教育的正外部性主要有如下几个方面的表现。一是代际正外部性，即长辈给晚辈投资教育，晚辈获得的收益大于长辈，对于长辈而言，这既是一种家庭义务，也是一种伦理道德的体现；对于晚辈而言，在享受教育时，这是一种权利，在长大成人后，反过来又是一种义务，主要凭借家庭伦理和良心机制（如孝敬长辈）来矫正这种正外部性。二是区际正外部性，即农村或农民家庭投资教育，城市或投资教育以外的地区的收益大于农村地区。这种情况下的教育正外部性的矫正，从理想的层面看，应该是城市反哺农村（因为随着城市化进程，很多接受过农村义务教育的人更多地流入城市，对城市发展的贡献大于对农村发展的贡献）。这种情况的教育正外部性的作用机理同样适用于落后地区与发达地区，因此，发达地区应该反哺落后地区。但在现实中，如果完全按照市场机制，则往往会出现晚辈不一定（或来不及）反哺长辈、城市不一定反哺农村、发达地区不一定反哺落后地区的情况。因此，为了体现社会公正性和可持续性，政府应该及时出面矫正教育的正外部性。如果这种正外部性没有得到及时矫正，就会出现大量的"因教致贫"现象和"马太效应"，滋长"读书无用论"，也不符合人力资本投资的规律和人类社会发展大势。

（二）适当增加科研投入

对于经济、科技相对落后的H县来说，尽管成功创建全国科技进步先进

---

① 陈福今：《切实转变政府职能　提升文化治理能力》，《行政管理改革》2014年第9期。

县，科技工作覆盖面有所扩大，但大力增加科研投入在一定程度上是有较大困难的也不一定是合理的。但相对于科研投入现状而言，适度增加科研投入是大势所趋，也符合 H 县长远发展。据此，笔者提出如下建议。

一是牢固树立科学技术是第一生产力的思想，实施科教兴县战略。加强科普工作，特别加强科普组织（重要是科协）和科普队伍建设，完善科普设施和平台，通过多种形式的科普宣传教育，重点对青少年进行科技传播教育。坚持科技兴农方针，加强对农民的科技培训工作，推广应用农业、农村先进适用技术。建立以人才为根本的科技推广机制，发挥龙头企业科技推广和示范作用，逐步建立以龙头企业为主体的市场化科技服务机制。坚持典型引路、以点带面的思路，加强特色农产品新品种的引进、试验、转化、示范、推广工作。要重视科技扶贫，多途径提高贫困人口基本素质。

二是适度增加科技投入。要加强基础设施建设，特别是科技示范基地建设。逐步把农业科技示范园区建成规模化、标准化、多样化的种养业示范小区，提高科技对经济增长的贡献率。要加强建立以县乡农业技术推广机构和专业技术协会为主体的科技服务体系，为农业发展提供信息、中介、咨询和技术服务网络，提高农业科技含量。要抓好技术改造，强化节能降耗、污染减排，发展循环经济。

三是以技术创新为核心，加强与大专院校和科研院所的合作，建设以企业研发为主体的技术创新体系、以产学研联合为纽带的科技成果转化体系，用新技术改进企业生产工艺，提升产业技术含量，增强产品市场竞争力。启动实施一批节能降耗、循环经济技改项目。以培育品牌为目标，加快服务体系建设，建立质量控制体系，推行质量安全标准，加快农产品原产地认证进程，着力打造知名品牌。

四是以科技推广促进农业生产和生活方式转变，按照"资源—产品—废弃物—再生资源"的循环农业发展理念，重点在测土配方施肥、沼气建设、秸秆青贮氨化、病虫害防治、旱作农业、高效养殖、农产品保鲜深加工、品种改良等方面加大技术推广力度，降低生产成本，最大限度地提高资源利用率。

五是按照市场需求，围绕特色产业开发，坚持产学研结合，促进科技成果转化，提高产业技术水平，增强特色产品的市场竞争力。推进优势农产品产地认证和绿色认证工作。

六是加强工业产业链条各环节的科技推广和成果转化，加强种养新品种、丰产新技术的引进、示范。加快企业技术创新、产品创新与工艺创新。

七是实施良种工程、沃土工程、植保工程、高产创建工程和科技抗旱增收工程。牢固树立科学的防灾减灾理念，主动抗旱、科学抗旱、综合抗旱。

八是实行县乡农技人员定点承包、绩效利益挂钩的技术责任制度，建立"农技部门＋示范基地＋农户"的技术体系，提高农业生产力水平。开展科技特派员创业行动，推动科技进步。

九是重视人才引进和劳动力培训，完善科技领军人才引进机制、专业技术人才储备机制、企业急需用工特训机制，保证各类项目建设的人力资源需求。

十是优化项目建设办事环境，完善项目手续集中办理机制，简化程序，缩短时限，提高效率，推行上门办理和"保姆式"服务。

（三）多方挖掘文化人才

党的十七届六中全会决定指出，"基层文化人才队伍是文化改革发展的基础力量。要制定实施基层文化人才队伍建设规划，完善机构编制、学习培训、待遇保障等方面的政策措施，吸引优秀文化人才服务基层。配好配齐乡镇、街道党委宣传委员、宣传干事和乡镇综合文化站专职人员。设立城乡社区公共文化服务岗位，对服务期满高校毕业生报考文化部门公务员、相关专业研究生实行定向招录。重视发现和培养扎根基层的乡土文化能人、民族民间文化传承人特别是非物质文化遗产项目代表性传承人，鼓励和扶持群众中涌现出的各类文化人才和文化活动积极分子，促进他们健康成长、发挥作用。壮大文化志愿者队伍，鼓励专业文化工作者和社会各界人士参与基层文化建设和群众文化活动，形成专兼结合的基层文化工作队伍"[①]，这为加强基层文化人才队伍建设指明了方向。

"无才不兴"，办任何事情，人才是关键，县域文化治理也是如此，县级政府在县域文化治理中要发挥好贯彻执行党和国家的政策，引领主流文化、塑造公共文化、构建文化认同、维护文化安全、增强文化"软实力"

---

① 《中共中央关于深化文化体制改革推动社会主义文化大发展大繁荣若干重大问题的决定》，《前线》2011年第11期。

的职责和作用。就 H 县而言，一要破除不利于文化人才队伍建设的观念和认识，特别要改变视而不见、忽视、轻视甚至歧视文化人才的观念，更要改变压抑、打击文化人才的观念，切实留住本土文化人才。二要构建有利于文化人才流动的体制机制。深化文化事业单位体制改革，将培养、挖掘、宣传本土文化人才和聘用、引进高层次文化人才结合起来，利用好各类各层次文化人才。三要营造尊重劳动、尊重知识、尊重人才、尊重创造文化人才成长、发展的社会环境和人文环境。四要大力发展广播、电视、函授等各种业余教育，抓好青年职工的文化技术补课和农民的文化技术教育，培养一批熟悉县域风土人情的本土化文化人才。五要发挥好文化、艺术、广播、电影、戏剧、图书馆、文化馆、产学研等文化事业单位在文化人才发掘、培养、利用等方面的特殊作用，积极鼓励各类文化人才大胆创新。六是制定和完善文化人才开发政策，加大文化人才培养的投入力度。让各类、各层次文化人才在衣食无忧的基础上创作出更多更好的文化艺术作品。七是深入挖掘县域文化资源的特色和优势，培养县域文化产业开发、应用和管理人才。

四 巩固社会保障能力

相对而言，H 县政府的社会保障能力是县级政府治理能力中得分最高、社会满意度最高的能力。但客观地看，在农村养老保障扩面、医疗保障扩面提质、适度推进城镇化进程和政府促进就业等方面，仍然存在一定的困难。因此，巩固 H 县政府的社会保障能力尚需进一步努力。

（一）关注农村养老保障

一要加大宣传引导力度，进一步提高农村养老保险政策的知晓度、透明度，增进广大干部群众对农村养老保险的认知，扩大农村养老保险覆盖面。提高广大农民对社会保险制度的认识了解水平，扩大参保群体规模。加强相关部门间的配合，加大农村养老保险执法监察和稽核力度，强力推动农村养老保险扩面征缴，使农村养老保险扩面征缴取得一定成效。充分利用元旦、春节前外出务工人员返乡时间，加大工作力度，组织工作人员主动上门入户，做好数据采集工作，做到村不漏户、户不漏人、人不漏项。

二要落实好被征地农民养老保险工作。进一步加大工作力度，全面推进被征地农民养老保险工作。要强化工作责任，严把审核关，切实做到即征即保。要严格按政策要求，规范工作程序。根据国土等相关部门所核数据资料，各乡镇和项目单位缴清社会保险费用的，社保局要加快办理进程，确保失地农民缴费次月领取养老待遇。要积极探索新的工作机制，认真研究难点工作，让所有符合条件的被征地农民享受到养老政策带来的实惠。

三要加强社保工作人员的业务培训。把业务培训作为农村基本养老保险和基本医疗保险工作长期性的基础工作来抓，及时发现工作中存在的问题，及时组织召开各乡镇、社区及有关部门业务人员参加的完善业务工作培训会和协调会，对农村基本养老保险工作宣传、缴费、领取、报销环节及卡表册填写等工作流程中出现的一些问题及时通过培训解决处理，使全县农村基本养老保险工作人员在掌握基本政策、熟悉操作规程、增长业务知识、提高工作水平的同时，善于发现和解决工作中出现的新问题。

四要加强窗口建设和管理。以群众满意为标准，积极改进服务方式，树立良好社保形象。通过完善内部管理制度，提高工作效率，严格考勤管理，提高工作透明度，进一步公开办事程序、服务承诺、监督电话，设立意见箱、意见簿，广泛接受社会监督；杜绝"门难进，脸难看，话难听，事难办"的现象发生。争取对人员、编制、经费、设备、办公场所予以保障，增强服务能力。

五要不断建立完善各项规章制度，加强社会保险基金管理，做好基金专项治理工作，确保社会保险基金运行安全，并主动接受社会监督，严禁出现挤占、挪用社保基金和冒领养老金等现象。

（二）提升医疗保障能力

一要继续努力扩大社会保险覆盖面，做到应保尽保。养老、失业、工伤、生育保险应该以个体、私营等非公经济为扩面重点，医疗保险以不断完善政策和经办流程为工作重点，夯实基础，扩大社会保险覆盖面。继续加强基金的征缴和管理，确保各项待遇按时足额支付，努力使各项社会保险工作平稳运行，为全县经济社会又好又快发展创造良好的社会环境。积极推进城乡居民医疗保险制度整合。建立统一的城乡居民基本医疗保险制度；由一个部门统一管理；整合经办、基金管理、财务制度、药品目录、信息系统等基本公共服务。同时确保参保、参合人群待遇不降低，服务不中断。增强医疗保险经办风险意识，加大对定点医院与定点药店的管理力度。力争城镇职工大病保险早日顺利开展。

二要在结算方式上，建议保持现有市内结算方式不变。2015～2016年H县医疗保险基金支出较多，主要是由异地住院人数与金额太多造成的，而非市内定点医院结算方式问题造成的，也不是住院费用没有控制好造成的。医保刚开始时一刀切的定额结算方式在H县运行了三年时间，实践证明，那是一种对患者非常不利、医院可多收费的结算方式，定点医院肯定是拍手称赞的。这种结算方式让医院想办法从病人身上扣，有些该用的药不用，当住院费用快接近定额时医院就动员患者出院，时隔不长又会入院，分解住院情况很多，患者反应特别强烈。在参保患者的强烈要求下，相关部门改变了结算方式，不过定点医院又多出了一条创收途径，那就是想办法让定额盈余，即使超支，也由社保分担，这部分钱医院也是白赚，所以这种结算方式也不被看好。由此可见，没有哪一种结算方式是完美的，建议保持现有市内结算方式不变。

三要实行分级诊疗逐级转院制度。分级诊疗是国家提倡的，这是一种非常有效的管理办法，可以抑制过度医疗，控制小病大养。如同新农合那样，对于100多种普通病只限二级以下医院诊疗，实行定额结算，也就是单病种结算。如在三级医院或转异地住院，则执行同样的结算定额。居民医疗保险也应该改变现在不转院可以自由异地住院的状况，城镇居民不转院至少可以报销50%的政策也会让一些农民钻空子，社保部门无法实时实地监督管理，给医保基金造成很大压力，所以应该完善细化分级诊疗逐级转院制度。

四要扩大门诊特殊病种范围，提高部分病种门诊报销标准。特殊病种报销只限网络管理的公立定点医院，如可将慢性肾炎并发肾功能不全、血管支架植入术、耐药性结核病、慢性阻塞性肺疾病、甲亢等纳入门诊特殊病种范围，可将肝硬化失代偿期的患者纳入甲类特殊病种范围，同时提高乙肝等患者的门诊报销标准。目前慢性活动性乙肝等肝炎患者抗病毒用药主要有四种，最便宜的是拉米呋定，可以把测算得到的符合抗病毒治疗的这类病人一年能用拉米呋定的费用作为这类患者报销的封顶线，或者对在公立正规医院进行抗病毒治疗的患者的门诊的费用全部按比例报销，这样

确实能减轻这类患者的负担。其他特殊病种也可按常规治疗药测算一个较
为合理的封顶线。需强调说明的是，特殊门诊报销一定要限制在网络管理
的公立医院，不能报销定点药店的门诊票据，且每个患者只能选择一家，
公立定点医院的票据是真正取药看病的票据，定点药店的票据可以随便开，
会让很多人钻空子，给基金的监管带来很大的麻烦，这一点太重要了，事
关门诊管理的成败。

五要对于不转院擅自到异地住院的患者，建议给予极低的比例报销。
如可以设定减去起付标准、自费部分后按50%的比例报销，一定不能高，
这样可以减少社保、医、患之间的矛盾。

（三）适度推进城镇建设

城镇是推进农耕文明向工业文明和城市文明转变的有效载体，城镇建设
是集聚生产要素、优化发展环境的关键。H县确定的以县城为龙头、以重点
镇为支撑、以中心村为重点，加快城镇建设的思路，有利于推进其城市化进
程。但在推进城镇化的过程中，一定要注意适度推进，政府不应操之过急。
为此，一是抓好小城镇建设。把小城镇建设与调整产业结构相结合，深化土
地使用、户籍制度改革，适度推进居民向城镇集中、产业向城镇集群、项
目向城镇集聚。不断完善小城镇配套设施，利用好精准扶贫的政策加快公
共服务向小城镇延伸。以小城镇为基础，推进城乡一体化发展，逐步形成
建制镇重点突破、乡驻地梯度推进、新农村协调发展的新型城镇格局。二
是完善城市功能。利用好第三批国家新型城镇化综合试点地区的政策机遇，
结合H县历史、地理和人文等实际，完善城市规划，稳步推进棚户区改造，
统筹配置城市公益设施。鉴于H县位于中国较著名的地震带——南北地震
带区（该地震带的活动特点是频度高、强度大、周期短），加之H县地层多
为第四系黄土覆盖，因此特别建议将H县建筑物的层高严格控制在30米以
下。鉴于H县几条主干道幅面窄、上下班和上学放学高峰期道路比较拥堵
的实际情况，特别建议在H县城区学校集中的几条主干道的十字路口架设
天桥或建设地下通道，保障出行高峰期的行人安全和交通畅通。三是加强
城市治理。首先提高城市管理执法人员的素质，严格落实各项强制性规范
标准，推行网格化城市管理。要多渠道提高市民综合素质，实现人的素质、
能力的现代化。四是提升城市品位。建议H县在城市建设中尽量突出金色

教育、绿色农业和红色旅游三个基本主题，塑造既有深厚的历史文化底蕴，又有现代气息的良好城市形象。五是加强城市公共时空环境的治理。特别要加大对城市绿化、城市交通、城市污水、城市垃圾、城市噪声、城市空气的治理力度。特别关注县城段河道、城市环境的综合治理。

（四）提高就业促进能力

一要大力发展劳务经济。H县人口基数大、文化底蕴深、外地工作人员多、劳务输出起步早、劳动力资源充裕，加之劳动者勤劳朴实，人们"穷则思变"、"不甘落后"、"勇闯天涯"和"人一之我十之"的意识强等因素，H县具有较好的发展劳务经济的优势。有组织地大力发展劳务经济不仅可以增加农民收入、实现精准扶贫，而且使农民开阔眼界、收集信息、引进技术、锻炼自身。因此，政府要充分发挥在发展劳务经济和促进就业过程中的主导作用，把劳务经济作为发展项目、健全产业和发展县域经济的重点工作，在做好劳务经济发展规划，构建县、乡（镇）、村、能人等主体互动的组织机制，在劳务维权、组织培训、扩大基地、拓宽渠道、加强服务、开拓市场、提高水平等方面铆足劲头，在形成绿色产业、打造劳务特色、提升劳务品牌等方面做好工作，努力提高劳务经济质量和效益。

二要组建就业创业组织体系。建议根据H县近年大学生就业相对困难的实际，将提升教育品牌影响力和提升劳务品牌质量结合起来，组建由分管教育的副县长牵头，教育局、人社局、财政局等职能部门合作的人力资本开发和利用组织；组建由H籍贯的退休老领导、老教师、老专家等组成的研究、宣传、评估H县政府工作、社会事业的第三方组织；适度增加科研资金，制定和出台鼓励和促进大学生回本地就业创业的政策，建设和组建以未就业大学生为主体的就业组织体系、行业体系和创业实践平台体系，挖掘未就业大学生的创新、创业潜力。

三要努力拓宽就业空间。按照市场经济规律，坚持劳动力和人才市场双向选择的原则，引导劳动力在城乡、地区、行业间有序流动。切实做好大学应届毕业生、贫困家庭、就业困难群体、复转军人等群体的就业引导和促进工作，制定符合县情的就业政策，大力发展第三产业，引导和促进就业，安置下岗职工再就业。适度稳妥地推进城镇化，将新型城镇化、农业现代化和信息化结合起来，将扩大本地就业空间和加大劳务输出力度结合起来。

五　加强县域生态治理

客观地看，生态治理是一个非常宏观的"自然与社会"关系或"天人"关系的协调问题。但由于一方面，生态系统具有客观性，因此，谈治理就要从社会或人的角度考虑；另一方面，生态系统又由不同的具体系统构成，因此，谈治理就可以从具体的要素或要素系统角度进行，也因此，区域性或地域性生态治理是可能的。就H县而言，建议从践行生态文明理念和扎实做好退耕还林等方面进行。

（一）践行生态文明理念

面对资源约束趋紧、环境污染严重、生态系统退化的严峻形势，党的十八大报告指出：人类必须尊重自然、顺应自然、保护自然。把生态文明建设放在突出地位，融入经济建设、政治建设、文化建设、社会建设各方面和全过程。这是总结世界现代化历史得出的科学判断，对生态系统退化严重的H县进行生态治理具有重大的指导意义。为此，H县在生态治理进程中，必须树立和践行生态文明理念，确实改变现有的生态格局。

一要尊重自然。对政府而言，就是要树立"良好生态环境是最公平的公共产品，是最普惠的民生福祉"的观念，严格落实新《环境保护法》，大力开展生态环境修复与保护工程，履行生态文明建设的责任与义务。要巩固以往退耕还林成果，实施好新一轮退耕还林工程。建设生态文明教育示范基地，发展旱作高效农业文化、生态旅游文化。深入开展生态文明宣教工作，提高生态文明建设的社会认同水平，引导全社会自觉参与生态文明建设，形成建设和保护生态美丽家园的良好社会风尚。

二要顺应自然。要把握好国家生态安全屏障综合试验区机遇，以全域生态环境改善和生态宜居家园建设为总目标，探索干旱地区生态环境改善、扶贫开发攻坚与生态文明建设相结合，生态效益、经济效益和社会效益相结合，粮经林牧共举之路。要积极论证和争取生态农业示范项目，积极探索"水、田、林、草、路"相互配套的旱作生态农业发展模式，开发和利用好本地"亚麻"和"小杂粮"特色，运用好现代农业科技和现代化管理机制，做好灾害防治、种子培育、田间管理、精深加工和品牌培育、提升工作，实现种植业内涵式发展。适当控制化肥、地膜、农药的使用规模，鼓励种植业生产过程中更多投入有机肥，打造省级有机农业生产基地。把种草与养畜有机地结合起来，将饲料加工、病害防治、畜产品储藏加工、物流建设等有机结合起来，培育、宣传和做优本地肉羊、乌鸡等畜禽产品品牌，促进特色养殖业发展。利用本县离省城比较近、人口较多、种植业和畜牧业占比较大等特色，积极探索和开发有机肥产业。将退耕还林和发展林业经济结合起来，运用滴灌、喷灌等节水技术，开发适宜本地种植和有较高经济效益的经济林产品，发展林果（如杏子、苹果、桑葚等）经济和旅游经济；进行沿川、水浇地地区经济林园区建设，利用高效套种经验和技术，发展林下经济（如籽瓜、马铃薯、扁豆、莜麦、荞麦等）；将育林、护林、林木深加工和地域文化、丝路文化等结合起来，发展林木经济。要改变急于求成和过分注重政绩的短视倾向，坚持退耕还林还草过程中的"退还"辩证法。改变退耕还林中存在的在熟地、川地、平地、肥地等基本农田造林种草等思路和模式，尽量首先将荒山、坡地、沟壑、路边、河沿、宅基地周围等作为退耕还林还草的重点区域。修改和完善现有生态建设规划，研究制定和出台地方性生态文明建设法规，改变"一哄而上"和"一哄而下"的运动式治理模式，打好生态文明建设的攻坚战、阵地战、持久战。

三要保护自然。要严格执行全面封山禁牧制度，切实保护已有生态植被。开展县域生态治理，依法加强环境隐患排查和生态监管，进行生态违法违规责任追究，支持和维护人民群众的生态诉求和生态权益。加强环保基础设施建设，全面开展环境监测，强化水、气、噪声、垃圾等污染综合防治。加大饮用水源地保护和地下水污染防治力度，确保人畜饮用水安全。开展城乡垃圾常规化治理，重点推进生活污水治理和垃圾分类治理。强化农村面源污染治理，加强规模化畜禽养殖污染防治和废旧农膜回收与重复利用。将政府推动、企业自律和社会努力结合起来，实现政社合作共建共治。适度推进城镇化，识别、保护、利用和管理好一大批农业社会生态样式（原生态样式），留住"农根"，植密"乡愁"（随着现代化进程和工业文明的飞速发展，西部地区农业文明的一些原生态样式或许可以作为"集体回忆"、文明寻根的无价之宝和丰厚的不动产）。

（二）扎实做好退耕还林

生态治理能力现代化是县级政府治理能力现代化的重要条件。实现生态治理能力现代化，关键是处理好县级政府与县域人口、资源、环境可持续发展的关系，特别是提升县级政府构建多中心县域生态治理机制的能力。总体来看，一要提高认识水平，树立正确的生态观和国家安全观。改变"经济中心主义"的片面发展观和错误政绩观，树立生态安全是国家安全的新的国家安全观，树立生态红线意识，认识到节约资源是保护生态环境的根本之策，环境保护是功在当代、利在千秋的崇高事业。二要明确政府是环境保护的第一责任主体。无论是全球生态治理还是区域生态治理，其任务的艰巨性和政府自身治理能力的不足，都在一定程度上促使政府在生态治理中的中心偏离。但由于政府是公共利益最主要的代表，要求各级政府不仅要担当生态治理的第一责任主体，而且要推进社会多中心治理机制的形成①。三要调整县域经济结构和能源结构，促进县域企业依法履行治理污染的社会责任。四是从国家层面着手，建立科学合理、重在生态保护的县级政府政绩考核体系，"实行最严格的源头保护制度、损害赔偿制度、责任追究制度，完善环境治理和生态修复制度，用制度保护生态环境。"②。

就 H 县而言，现阶段生态建设的主要工作应该是扎实做好退耕还林工作。一是要认真、深刻地反省 H 县历史上生态治理工作中出现的各种失误特别是政策执行不力、不连续等方面的问题，扎扎实实地执行好国家的退耕还林政策。二是认真、深刻地认识严峻的自然条件特别是缺水对制约本县长远发展的瓶颈性影响，把退耕还林和解决干旱缺水问题结合起来、将退耕还林和农田水利设施建设特别是梯田建设结合起来、将退耕还林与农业产业结构调整结合起来、将退耕还林与精准扶贫工作结合起来作为 H 县任何一届政府施政的战略重点。三是下大力气巩固好已有退耕还林成果。建议制定退耕还林长远规划，成立由县委书记负总责、县长负直接责任的退耕还林领导小组，组建由林业专家、水利专家、森林公安人员、森林消防人员、志愿者等构成的育林护林队伍，大力宣传退耕还林工作的重大意义，严厉惩治退耕还林中的不作为、乱作为，做好退耕还林资金使用的审计和纪检工作。四是利用好第二轮退耕还林的政策契机，做细做好干旱地区经济林草的可行性论证、市场开发和产业化运营工作，适当恢复、学习

---

① 张劲松：《去中心化：政府生态治理能力的现代化》，《甘肃社会科学》2016 年第 1 期。
② 《中共中央关于全面深化改革若干重大问题的决定》，人民出版社，2013，第 52 页。

引进或推广在干旱地区易于种植、成活率高且有较好经济效益的林草品种；做好生态林、生态经济林的规划、建设、防护和巩固工作；以槐树、榆树、杨树等树种为主建设生态林，以杏树、果树、梨树为主建设生态经济林，以枸杞、沙棘、柠条、紫花苜蓿等为主建设季节性生态经济林草带。五是做好现有林地的普查、摸底、统计工作，做到心中有数。六是认真做好对梯田建设、治沙工作、抗旱工作有突出成绩地方的学习和考察。七是加强村级组织建设，特别要提高村委会负责人的思想道德素质、法纪观念和增强为村民服务的意识。

参考文献

一 著作类

[1] 〔美〕阿历克斯·英格尔斯等：《人的现代化》，殷陆君编译，四川人民出版社，1985。

[2] 〔丹〕埃里克·阿尔贝克等：《北欧地方政府：战后发展趋势与改革》，常志霄、张志强译，北京大学出版社，2005。

[3] 〔英〕安德鲁·海伍德：《政治学》，张立鹏译，中国人民大学出版社，2006。

[4] 〔美〕B.盖伊·彼得斯：《政府未来的治理模式（中文修订版）》，吴爱明等译，中国人民大学出版社，2013。

[5] 本书编写组编《世界社会主义 500 年（党员干部读本）》，新华出版社，2014。

[6] 〔澳〕布莱恩·多莱里：《重塑澳大利亚地方政府——财政、治理与改革》，刘杰等译，北京大学出版社，2008。

[7] 曹德本主编《中国政治思想史》，高等教育出版社，2004。

[8] 曹荣湘主编《生态治理》，中央编译出版社，2015。

[9] 〔丹〕曹诗弟：《文化县：从山东邹平的乡村学校看二十世纪的中国》，泥安儒译，山东大学出版社，2005。

[10] 陈春常：《转型中的中国国家治理研究》，上海三联书店，2014。

[11] 陈佛松：《世界文化史》，华中科技大学出版社，2002。

[12] 陈雪莲主编《效率政府》，中央编译出版社，2013。

[13] 陈振明主编《公共管理学》，中国人民大学出版社，2005。

［14］ 陈振明主编《政治学：概念、理论和方法》，中国社会科学出版社，2004。

［15］《辞海（缩印本）》，上海辞书出版社，1979。

［16］〔英〕戴维·威尔逊、克里斯·盖姆：《英国地方政府（第三版）》，张勇等译，北京大学出版社，2009。

［17］《邓小平文选》（第 3 卷），人民出版社，1993。

［18］ 邓正来主编《当代中国基层制度个案研究》，复旦大学出版社，2011。

［19］ 丁志刚、候选明：《政治学视野中的西北地区治理研究》，兰州大学出版社，2010。

［20］ 丁志刚、王宗礼：《西部开发与我国地缘经济安全研究》，甘肃人民出版社，2002。

［21］ 范柏乃、张鸣：《政府信用与绩效》，知识产权出版社，2012。

［22］ 范逢春：《县级政府社会治理质量测度标准研究》，中国人民大学出版社，2015。

［23］ 费孝通：《乡土中国》，生活·读书·新知三联书店，1985。

［24］ 费孝通：《乡土中国生育制度》，北京大学出版社，1998。

［25］ 费孝通：《乡土重建》，岳麓书社，2012。

［26］〔美〕费正清、刘广京编《剑桥中国晚清史（1800—1911 年）》，中国社会科学出版社，1996。

［27］〔美〕弗莱蒙特·E. 卡斯特等：《组织与管理——系统方法与权变方法》，傅严、李柱流等译，中国社会科学出版社，2000。

［28］〔美〕弗朗西斯·福山：《国家构建：21 世纪的国家治理与世界秩序》，黄胜强等译，中国社会科学出版社，2007。

［29］〔美〕弗里曼等：《中国乡村，社会主义国家》，陶鹤山译，社会科学文献出版社，2002。

［30］（清）顾炎武：《顾亭林诗文集》，中华书局，1983。

［31］ 郭小聪主编《行政管理学（第三版）》，中国人民大学出版社，2012。

［32］〔美〕哈罗德·D. 拉斯韦尔：《政治学：谁得到什么？何时和如何得到?》，杨昌裕译，商务印书馆，1999。

［33］〔美〕汉密尔顿等：《联邦党人文集》，程逢如等译，商务印书馆，1980。

［34］何增科、陈雪莲主编《政府治理》，中央编译出版社，2015。

［35］何增科等：《中国社会管理体制改革研究》，法律出版社，2013。

［36］贺恒信主编《政策科学原理》，兰州大学出版社，2003。

［37］贺雪峰：《乡村治理的社会基础》，中国社会科学出版社，2003。

［38］〔德〕赫尔穆特·沃尔曼：《德国地方政府》，陈伟、段德敏译，北京大学出版社，2005。

［39］胡鞍钢等：《中国国家治理现代化》，中国人民大学出版社，2014。

［40］胡宁生主编《中国政府形象战略》，中共中央党校出版社，1998。

［41］胡伟：《政府过程》，浙江人民出版社，1998。

［42］胡伟：《制度变迁中的县级政府行为》，中国社会科学出版社，2007。

［43］〔美〕加布里埃尔·A.阿尔蒙德等：《比较政治学：体系、过程和政策》，曹沛霖译，上海译文出版社，1987。

［44］《简明社会科学词典》编辑委员会编《简明社会科学词典》，上海辞书出版社，1982。

［45］《江泽民文选》（第1～3卷），人民出版社，2006。

［46］〔英〕杰弗里·帕克：《二十世纪的西方地理政治思想》，李亦鸣等译，解放军出版社，1992。

［47］金太军、施从美：《乡村关系与村民自治》，广东人民出版社，2002。

［48］〔德〕卡尔·曼海姆：《重建时代的人与社会：现代社会结构的研究》，张旅平译，生活·读书·新知三联书店，2002。

［49］〔美〕莱斯利·里普森：《政治学的重大问题——政治学导论（第10版）》，刘晓等译，华夏出版社，2001。

［50］雷志宇：《中国县乡政府间关系研究——以J县为个案》，上海人民出版社，2011。

［51］李元书主编《政治发展导论》，商务印书馆，2001。

［52］李月军主编《法治政府》，中央编译出版社，2013。

［53］李紫娟：《国家治理理论的马克思主义源流》，浙江人民出版社，2015。

［54］〔美〕理查德·D.宾厄姆等：《美国地方政府的管理：实践中的公共行政》，九洲译，北京大学出版社，1997。

［55］〔加〕理查德·廷德尔等：《加拿大地方政府》，于秀明等译，北京大

学出版社，2005。

[56] 连玉明主编《绿色新政：大国崛起的软实力》，中信出版集团，2015。

[57] 〔法〕列菲弗尔：《论国家——从黑格尔到斯大林和毛泽东》，李青宜等译，重庆出版社，1990。

[58] 《列宁选集》（第4卷），人民出版社，2012。

[59] 《列宁专题文集论辩证唯物主义和历史唯物主义》，人民出版社，2009。

[60] 刘超编著《县级政府决策力生成场域研究》，湘潭大学出版社，2012。

[61] 刘承礼主编《透明政府》，中央编译出版社，2013。

[62] 刘福刚：《县域统筹与统筹县域：中国县域经济十年发展报告》，中共中央党校出版社，2012。

[63] 刘少华、刘宏斌、余凯等：《国家治理体系现代化与政治治理》，湖南人民出版社，2015。

[64] 刘智峰：《国家治理论：国家治理转型的十大趋势与中国国家治理问题》，中国社会科学出版社，2014。

[65] （唐）柳宗元：《封建论》，广东人民出版社，1974。

[66] 〔美〕路易斯·亨利·摩尔根：《古代社会》，杨东莼等译，商务印书馆，2009。

[67] 〔美〕罗伯特·D. 帕特南：《使民主运转起来：现代意大利的公民传统》，王列等译，中国人民大学出版社，2015。

[68] 〔美〕罗伯特·阿格拉诺夫、迈克尔·麦圭尔：《协作性公共管理：地方政府新战略》，李玲玲、鄞益奋译，北京大学出版社，2007。

[69] 〔美〕罗纳德·J. 奥克森：《治理地方公共经济》，万鹏飞译，北京大学出版社，2005。

[70] 罗荣渠：《现代化新论——世界与中国的现代化进程》，北京大学出版社，1993。

[71] 马长寿主编《同治年间陕西回民起义历史调查记录》，陕西人民出版社，1993。

[72] 《马克思恩格斯全集》（第30卷），人民出版社，1995。

[73] 《马克思恩格斯文集》（第1、2、4、9卷），人民出版社，2009。

[74] 《马克思恩格斯选集》（第1~4卷），人民出版社，2012。

［75］〔德〕马克斯·韦伯：《经济与社会》，林荣远译，商务印书馆，1997。

［76］《马列主义经典著作选编学习导读》，学习出版社，2011。

［77］《毛泽东选集》（第 1～4 卷），人民出版社，1991。

［78］〔美〕梅格·惠特曼等：《价值观的力量》，吴振阳等译，机械工业出版社，2010。

［79］欧阳康主编《国家治理的"道"与"术"》，中国社会科学出版社，2015。

［80］彭国甫、颜佳华：《县级政府管理模式创新研究》，湖南人民出版社，2005。

［81］〔美〕乔尔·M. 卡伦、李·加思·维吉伦特：《社会学的意蕴》，张惠强译，中国人民大学出版社，2011。

［82］〔美〕乔万尼·萨托利：《民主新论》，冯克利、阎克文译，上海人民出版社，2009。

［83］乔耀章：《政府理论（续篇）》，苏州大学出版社，2013。

［84］〔法〕让－皮埃尔·戈丹：《何谓治理》，钟震宇译，社会科学文献出版社，2010。

［85］〔美〕萨缪尔逊：《经济学》，高鸿业译，商务印书馆，1979。

［86］〔美〕塞缪尔·P. 亨廷顿：《变化社会中的政治秩序》，王冠华等译，生活·读书·新知三联书店，1989。

［87］沈荣华、曹胜：《政府治理现代化》，浙江大学出版社，2015。

［88］施雪华：《政治现代化比较研究》，武汉大学出版社，2006。

［89］施雪华主编《政治科学原理》，中山大学出版社，2001。

［90］宋洁：《当代中国县级政府能力及其评估的实证研究》，光明日报出版社，2016。

［91］宋亚平：《中国县制》，中国社会科学出版社，2013。

［92］宋煜萍：《生态型区域治理中地方政府执行力研究》，人民出版社，2014。

［93］〔美〕托马斯·戴伊、哈蒙·齐格勒：《民主的嘲讽》，孙占平等译，世界知识出版社，1991。

［94］〔英〕托尼·本尼特：《文化与社会》，王杰等译，广西师范大学出版社，2007。

［95］汪玉凯：《如何建设一个公平正义廉洁有为的政府》，人民出版社，

2014。

[96] 王惠岩主编《政治学原理》，高等教育出版社，1999。

[97] 王浦劬：《国家治理现代化：理论与策论》，人民出版社，2016。

[98] 王浦劬：《政治学基础》，北京大学出版社，1995。

[99] 王绍光、胡鞍钢：《中国国家能力报告》，辽宁人民出版社，1993。

[100] 王圣诵：《县级政府管理模式创新探讨》，人民出版社，2006。

[101] 王希恩主编《当代中国民族问题解析》，民族出版社，2002。

[102] 王云五主编《周礼今注今译》，林尹注译，台湾商务印书馆，1992。

[103] 王宗礼等：《中国西北民族地区政治稳定研究》，甘肃人民出版社，
1998。

[104] 王宗礼等：《中国西北农牧民政治行为研究》，甘肃人民出版社，1995。

[105] 〔意〕维尔弗雷多·帕累托：《精英的兴衰》，刘北成译，上海人民
出版社，2003。

[106] 魏胜文、柳民、曲玮主编《甘肃县域社会发展评价报告（2013）》，
社会科学文献出版社，2013。

[107] 〔美〕文森特·奥斯特罗姆等：《美国地方政府》，井敏、陈幽泓译，
北京大学出版社，2004。

[108] 吴金群：《省管县体制改革现状评估及推进策略》，江苏人民出版社，
2013。

[109] 吴理财：《从"管治"到"服务"乡镇政府职能转变研究》，中国社
会科学出版社，2003。

[110] 武磊：《县区级地方服务型政府建设研究——以河南焦作市解放区为
个案》，中国社会出版社，2011。

[111]《习近平谈治国理政》，外文出版社，2014。

[112]《现代汉语词典（第7版）》，商务印书馆，2016。

[113] 向勇：《文化产业导论》，北京大学出版社，2015。

[114] 谢庆奎等：《中国政府体制分析》，中国广播电视出版社，1995。

[115] 谢庆奎主编《当代中国政府与政治》，高等教育出版社，2003。

[116] 辛向阳：《新政府论》，中国工人出版社，1994。

[117] 辛向阳：《中国特色社会主义与国家治理现代化》，浙江人民出版社，

2015。

[118] 徐勇：《中国农村村民自治》，生活·读书·新知三联书店，1997。

[119] 徐勇、吴理财等：《走出"生之者寡，食之者众"的困境：县乡村治理体制反思与改革》，西北大学出版社，2004。

[120] 阎刚平：《县域科学发展方法论》，中共中央党校出版社，2009。

[121] 燕继荣：《国家治理及其改革》，北京大学出版社，2015。

[122] 杨干忠主编《社会主义市场经济概论（第三版）》，中国人民大学出版社，2011。

[123] 杨耕主编《国家治理研究：活力与秩序》，北京师范大学出版社，2016。

[124] 杨雪冬：《市场发育、社会生长和公共权力构建——以县为微观分析单位》，河南人民出版社，2002。

[125] 姚慧琴、徐璋勇主编《中国西部发展报告》（2014）》，社会科学文献出版社，2014。

[126] 叶维钧、潘小娟主编《中国县级政府机构改革》，社会科学文献出版社，1996。

[127] 于建嵘：《抗争性政治：中国政治社会学基本问题》，人民出版社，2010。

[128] 于建嵘：《岳村政治：转型期中国乡村政治结构的变迁》，湖南文艺出版社，2013。

[129] 于群、李国新主编《中国公共文化服务发展报告（2012）》，社会科学文献出版社，2012。

[130] 俞可平：《敬畏民意：中国的民主治理与政治改革》，中央编译出版社，2012。

[131] 俞可平：《论国家治理现代化》，社会科学文献出版社，2014。

[132] 俞可平：《权利政治与公益政治——当代西方政治哲学评析》，社会科学文献出版社，2000。

[133] 俞可平：《治理与善治》，社会科学文献出版社，2000。

[134] 贠守勤：《H县通史》，香港华夏文化艺术出版社，2015。

[135] 〔美〕约翰·克莱顿·托马斯：《公共决策中的公民参与：公共管理者的新技能与新策略》，孙柏瑛译，中国人民大学出版社，2005。

[136] 〔美〕詹姆斯·N. 罗西瑙:《没有政府的治理》,张胜军等译,江西人民出版社,2001。

[137] 〔美〕詹姆斯·W. 费斯勒、唐纳德·F. 凯特尔:《行政过程的政治——公共行政学新论》,陈振明、朱芳芳译,中国人民大学出版社,2002。

[138] 张春根:《县域论》,中国文联出版社,1999。

[139] 张广智主编《西方史学通史(第六卷)》,复旦大学出版社,2011。

[140] 张国庆主编《行政管理学概论》,北京大学出版社,2000。

[141] 张明澍、田改伟、陈海莹编《国家治理问题研究》,中国社会科学出版社,2015。

[142] 张善恭:《行为法学》,上海人民出版社,2015。

[143] 赵树凯:《乡村治理与政府制度化》,商务印书馆,2010。

[144] 赵秀玲:《中国乡里制度》,社会科学文献出版社,2002。

[145] 赵永建:《把脉政府结构变革研究》,西南交通大学出版社,2014。

[146] 郑杭生主编《社会学概论新修(第三版)》,中国人民大学出版社,2003。

[147] 《中共中央关于全面深化改革若干重大问题的决定》,人民出版社,2013。

[148] 中共中央宣传部编《习近平总书记系列重要讲话读本(2016年版)》,学习出版社、人民出版社,2016。

[149] 《周恩来年谱(1949—1976)(上)》,中央文献出版社,1997。

[150] 周平:《民族政治学》,高等教育出版社,2003。

[151] 周庆智:《县政治理:权威、资源、秩序》,中国社会科学出版社,2014。

[152] 周庆智:《中国县级行政结构及其运行——对W县的社会学考察》,贵州人民出版社,2004。

[153] 朱光磊:《当代中国政府过程(修订版)》,天津人民出版社,2002。

[154] 朱光磊、郭道久编著《政治学基础》,首都经济贸易大学出版社,2007。

[155] 朱光磊主编《现代政府理论》,高等教育出版社,2006。

[156] 朱新山:《基层政治与地方治理》,上海大学出版社,2016。

[157] 竹立家、杨萍、朱敏:《重塑政府:"互联网+政务服务"行动路线

图（实务篇）》，中信出版集团，2016。

[158] Blecher Marc, Shue Vivienne, *Tethered Deer*：*Government and Economy in a Chinese County* (Stanford University Press, 1996).

[159] Public Sector Management, Governance, and Sustainable Human Development, UNDP, New York, 1995.

[160] Robert Agranoff, Michael McGuir, *Collaborative Public Management*：*New Strateges Local Governments* (Georgetown University Press, 2004).

[161] Ronald J. Oakerson, *Governing Local Public Economies*：*Creating the Civil Metropolis* (Ics Press, 1999).

[162] Sidney D. Gamble, *Ting Hsien*：*A North China Rural Community*, International Secretariat Institute of Pacific Relations, New York, 1954.

[163] The United Nation Development Programme, *Our Global Neighborhood*：*Report of the Commisionon Global Governance* (Oxford：Oxford University Press, 1995).

[164] Vivienne Shue, *The Reach of the State*：*Sketches of the Chinese Body Polittic* (Stanford Umiversity Press, 1990).

[165] William A. Welsh, *Leaders and Elites* (New York：Holt, Rinehart and Winston, 1979).

二　论文类

[166] 包国宪、郎玫：《治理、政府治理概念的演变与发展》，《兰州大学学报》（社会科学版）2009 年第 2 期。

[167] 薄贵利：《推进政府治理现代化》，《中国行政管理》2014 年第 5 期。

[168] 曹爱军：《政府转型、公共服务与"民生财政"》，《财政研究》2015 年第 12 期。

[169] 曹海军、韩冬雪：《"国家论"的崛起：国家能力理论的基本命题与研究框架》，《思想战线》2012 年第 5 期。

[170] 陈成文、赵杏梓：《社会治理：一个概念的社会学考评及其意义》，《湖南师范大学社会科学学报》2014 年第 5 期。

[171] 陈建平：《行政文化研究述评》，《上海行政学院学报》2008 年第

3 期。

［172］陈柳钦：《现代化的内涵及其理论演进》，《经济研究参考》2011 年第 44 期。

［173］陈文新：《政治资源基本理论初探》，《上海行政学院学报》2006 年第 1 期。

［174］陈伍文：《省管县体制下县级政府治理模式的研究》，西北大学硕士学位论文,2012。

［175］陈曦：《浅谈科学行政的内涵及其意义》，《广东省社会主义学院学报》2006 年第 3 期。

［176］陈志良、杨耕：《论马克思的社会有机体理论》，《哲学研究》1990 年第 1 期。

［177］储建国：《中国政治精英产生方式》，《人民论坛》2014 年第 27 期。

［178］单世联：《文化、政治与文化政治》，《天津社会科学》2006 年第 3 期。

［179］《地方政府财政能力研究》课题组、李学军、刘尚希：《地方政府财政能力研究：以新疆维吾尔自治区为例》，《财政研究》2007 年第 9 期。

［180］丁志刚：《论国家治理能力及其现代化》，《上海行政学院学报》2015 年第 3 期。

［181］丁志刚：《论国家治理体系及其现代化》，《学习与探索》2014 年第 11 期。

［182］丁志刚：《如何理解国家治理与国家治理体系》，《学术界》2014 年第 2 期。

［183］丁志刚、陆喜元：《论县级政府治理能力现代化》，《甘肃社会科学》2016 年第 4 期。

［184］丁志刚、陆喜元、胡志伟：《论民族自治县政府治理能力现代化建设》，《青海民族研究》2016 年第 2 期。

［185］董洪乐：《西部大开发以来中国共产党对西北民族地区政治治理研究》，兰州大学博士学位论文，2014。

［186］董琼华：《论人类社会政治治理的三个阶段》，《长江师范学院学报》2009 年第 4 期。

［187］ 杜飞进：《论中国特色政治治理现代化》，《社会科学研究》2016 年第 1 期。

［188］ 杜飞进：《中国现代化的一个全新维度——论国家治理体系和治理能力现代化》，《社会科学研究》2014 年第 5 期。

［189］ 杜玉华：《马克思社会结构理论视角下的国家治理体系构建》，《华东师范大学学报》（哲学社会科学版）2014 年第 6 期。

［190］ 范柏乃、张鸣：《政府信用的影响因素与管理机制研究》，《浙江大学学报》（人文社会科学版）2009 年第 2 期。

［191］ 范逢春：《县级政府社会治理质量价值取向及其测评指标构建——基于社会质量理论的视角》，《云南财经大学学报》2014 年第 3 期。

［192］ 付春香：《中国民族地区城乡一体化发展评价：实证的视角》，《科学经济社会》2012 年第 4 期。

［193］ 付阳：《再论政府与市场关系：从市场失灵到公共风险》，《财政科学》2016 年第 2 期。

［194］ 葛剑雄：《西部的历史与未来》，《同舟共进》2011 年第 1 期。

［195］ 龚培兴、陈洪生：《政府公信力：理念、行为与效率的研究视角——以"非典型性肺炎"防治为例》，《中共中央党校学报》2003 年第 3 期。

［196］ 顾功耘：《政府在经济治理中的职能》，《经济法研究》2015 年第 1 期。

［197］ 郭灵凤：《欧盟文化政策与文化治理》，《欧洲研究》2007 年第 2 期。

［198］ 郭蕊、麻宝斌：《全球化时代地方政府治理能力分析》，《长白学刊》2009 年第 4 期。

［199］ 郭伟川：《古"县"新考——与唐德刚教授商榷》，《汕头大学学报》2005 年第 2 期。

［200］ 郭小聪：《财政改革：国家治理转型的重点》，《人民论坛》2010 年第 5 期。

［201］ 韩庆祥：《制度建设与治理效能的关系》，《国家治理》2014 年第 5 期。

［202］ 郝群欢：《"周边经济合作新态势与我国的地缘经济战略"研讨会综述》，《国际关系研究》2014 年第 2 期。

［203］ 何显明：《市管县体制绩效及其变革路径选择的制度分析——兼论"复合行政"概念》，《中国行政管理》2004 年第 7 期。

［204］ 何增科：《政府治理现代化与政府治理改革》，《行政科学论坛》2014 年第 2 期。

［205］ 何增科：《治理评价体系的国内文献述评》，《经济社会体制比较》2008 年第 6 期。

［206］ 何政：《县域治理与县级政府职能调整研究》，电子科技大学硕士学位论文，2009。

［207］ 贺雪峰：《缺乏分层与缺失记忆型村庄的权力结构——关于村庄性质的一项内部考察》，《社会学研究》2001 年第 2 期。

［208］ 胡鞍钢：《明确良治的标准更为重要》，《国家治理》2014 年第 10 期。

［209］ 胡鞍钢：《如何理解"两只手"优于"一只手"——中国政治经济语境中的政府与市场关系》，《人民论坛》2014 年第 20 期。

［210］ 胡鞍钢、郑云峰、高宇宁：《对中美综合国力的评估（1990—2013 年）》，《清华大学学报》（哲学社会科学版）2015 年第 1 期。

［211］ 黄博、刘祖云：《精英话语与村民诉求——对乡村精英治理现象的双向透视》，《求实》2012 年第 3 期。

［212］ 霍春龙：《论政府治理机制的构成要素、涵义与体系》，《探索》2013 年第 1 期。

［213］ 贾俊雪、郭庆旺、宁静：《财政分权、政府治理结构与县级财政解困》，《管理世界》2011 年第 1 期。

［214］ 江易华：《县级政府基本公共服务绩效评估指标体系的理论构建与实证检测研究——基于社会公正的研究视角》，华中师范大学博士学位论文，2009。

［215］ 姜安：《和谐社会理性政治治理的价值向度》，《马克思主义与现实》2007 年第 1 期。

［216］ 姜崇辉：《从传统"政党管理"到现代"政党治理"——变化社会中的政党研究转型》，《学术探索》2008 年第 1 期。

［217］ 姜晓萍：《国家治理现代化进程中的社会治理体制创新》，《中国行政管理》2014 年第 2 期。

［218］ 蒋保信、俞可平：《"城管式困境"与治理现代化》，《同舟共进》2014年第1期。

［219］ 蒋均时、李铮：《中国特色社会主义国家治理体系和治理能力现代化的优势与着力点》，《毛泽东邓小平理论研究》2014年第7期。

［220］ 金太军：《村庄治理中三重权力互动的政治社会学分析》，《战略与管理》2002年第2期。

［221］ 景小勇：《国家文化治理体系及政府在其中的地位与作用》，《人民论坛》2014年第14期。

［222］ 景跃进：《比较视野中的多元主义、精英主义与法团主义——一种在分歧中寻求逻辑结构的尝试》，《江苏行政学院学报》2003年第4期。

［223］ 郎友兴：《政治吸纳与先富群体的政治参与——基于浙江省的调查与思考》，《浙江社会科学》2009年第7期。

［224］ 郎友兴、郎友根：《从经济精英到村主任——中国村民选举与村级领导的继替》，《浙江社会科学》2003年第1期。

［225］ 李成通：《无产阶级专政国家的本质与职能质疑》，《绍兴师专学报》（社会科学版）1989年第3期。

［226］ 李金花：《国家本质问题的历史回顾与现实反思》，《科学社会主义》2014年第2期。

［227］ 李莉：《政府治理模式的路径变迁与现实选择》，《岭南学刊》2009年第2期。

［228］ 李林倬：《基层政府的文件治理——以县级政府为例》，《社会学研究》2013年第4期。

［229］ 李强彬、向生丽：《转型社会中乡村精英的变迁与乡村社区治理》，《兰州学刊》2006年第4期。

［230］ 李瑞琦：《文化治理能力现代化的深圳样本》，《思想政治工作研究》2015年第12期。

［231］ 李少惠：《公共文化服务体系建设的主体构成及其功能分析》，《社科纵横》2007年第2期。

［232］ 李文彬、陈晓运：《政府治理能力现代化的评估框架》，《中国行政管理》2015年第5期。

[233] 李习彬：《"政治与行政二分"命题的组织整合理论解析——兼谈公共管理学科建设中国化与科学化的途径》，《学术研究》2006年第3期。

[234] 李晓玉：《中国市管县体制变迁与制度创新研究》，华中师范大学博士学位论文，2008。

[235] 李晓园：《县级政府公共服务能力与其影响因素关系研究——基于江西、湖北两省的调查分析》，《公共管理学报》2010年第4期。

[236] 李一萱：《政府治理的"三位一体"范式探析》，《管理观察》2016年第24期。

[237] 李壮：《当代中国社会治理体制变迁及转型构想——基于国家与社会关系的视角》，《山东农业大学学报》（社会科学版）2015年第2期。

[238] 廖胜华：《文化治理分析的政策视角》，《学术研究》2015年第5期。

[239] 林坚：《马克思的社会有机体理论及其对社会建设的启示意义》，《首都师范大学学报》（社会科学版）2010年第5期。

[240] 林建成、安娜：《国家治理体系现代化视域下构建生态治理长效机制探析》，《理论学刊》2015年第3期。

[241] 林婷：《"政府治理能力现代化"内涵解析》，《厦门理工学院学报》2015年第2期。

[242] 林修果、谢秋运：《"城归"精英与村庄政治》，《福建师范大学学报》（哲学社会科学版）2004年第3期。

[243] 林毅：《知识精英与政治变革——政治学视野中的一个知识分子问题》，中国社会科学院研究生院硕士学位论文，2008。

[244] 刘忱：《国家治理与文化治理的关系》，《中国党政干部论坛》2014年第10期。

[245] 刘承礼：《经济治理体系和治理能力现代化——政府与市场的双重视角》，《经济学家》2015年第5期。

[246] 刘程利、苏海新：《我国县级政府乡村环境治理能力探析》，《传承》2014年第7期。

[247] 刘吉发：《政治治理：当代中国政治实践的时代定位》，《社会科学家》2015年第9期。

[248] 刘俊祥：《中国政党治理研究的价值视角》，《人民论坛》2015 年第 23 期。

[249] 刘莉：《治理文化抑或文化治理？——文化治理研究的回顾与展望》，《浙江社会科学》2016 年第 9 期。

[250] 刘鹏九：《中国古代县官制度初探》，《史学月刊》1992 年第 6 期。

[251] 刘新林：《我国行政文化研究述评》，《云南行政学院学报》2006 年第 6 期。

[252] 刘毅：《整体性治理视角下的县级政府社会管理体制创新研究》，华中师范大学博士学位论文，2014。

[253] 刘宗义：《"地缘经济空间转型——多极世界中的中国与俄罗斯"国际研讨会综述》，《俄罗斯中亚东欧研究》2010 年第 2 期。

[254] 楼苏萍：《地方治理的能力挑战：治理能力的分析框架及其关键要素》，《中国行政管理》2010 年第 9 期。

[255] 陆喜元：《中国西部县级政府治理能力现代化研究》，兰州大学博士学位论文，2017。

[256] 路紫、王文婷：《社会性网络服务社区中人际节点空间分布特征及地缘因素分析》，《地理科学》2011 年第 11 期。

[257] 罗晓敏：《扩权强县视域下县级政府治理模式研究》，广西民族大学硕士学位论文，2009。

[258] 马得勇、孙梦欣：《新媒体时代政府公信力的决定因素——透明性、回应性抑或公关技巧？》，《公共管理学报》2014 年第 1 期。

[259] 马全中：《从政治理论的视角理解治理》，《中国社会科学院研究生院学报》2013 年第 3 期。

[260] 孟鑫：《推进国家治理体系和治理能力现代化是完善和发展中国特色社会主义制度的必由之路》，《科学社会主义》2014 年第 2 期。

[261] 米恩广、权迎：《政府治理能力现代化：政府"共谋行为"的运行机理及其治理》，《理论与改革》2014 年第 3 期。

[262] 慕良泽：《政治治理与社区治理的冲突——基于对甘肃省东部景张村的实证分析》，《理论与改革》2006 年第 4 期。

[263] 穆光宗：《中国传统养老方式的变革和展望》，《中国人民大学学报》

2000 年第 5 期。

[264] 欧阳康、钟林：《国家治理能力现代化进程中的政府问题》，《学术界》2015 年第 3 期。

[265] 彭国甫、盛明科：《行政文化创新：行政体制创新的核心》，《湘潭大学社会科学学报》2003 年第 3 期。

[266] 祁海军：《地方政府社会治理能力评估——以河南省为例》，《学习论坛》2015 年第 8 期。

[267] 乔耀章：《从"治理社会"到社会治理的历史新穿越——中国特色社会治理要论：融国家治理政府治理于社会治理之中》，《学术界》2014 年第 10 期。

[268] 邱志强、金世斌、于水：《地方政府治理能力结构与提升路径》，《发展研究》2015 年第 6 期。

[269] 荣剑：《对马克思的国家和社会理论的再认识》，《江汉论坛》1987 年第 4 期。

[270] 荣剑：《马克思的国家和社会理论》，《中国社会科学》2001 年第 3 期。

[271] 沈佳文：《公共参与视角下的生态治理现代化转型》，《宁夏社会科学》2015 年第 3 期。

[272] 施雪华：《政府综合治理能力论》，《浙江社会科学》1995 年第 5 期。

[273] 石国亮：《我国地方政府治理的四种模式及其评析》，《理论与改革》2009 年第 1 期。

[274] 石小虎：《对当前国外国家治理的几点看法》，《当代世界》2014 年第 7 期。

[275] 帅学明、童晓霞：《政府治理模式新探》，《中共四川省委党校学报》2010 年第 4 期。

[276] 宋洁：《县级政府能力及其评价体系研究》，南开大学博士学位论文，2013。

[277] 孙承叔、王东：《论马克思社会有机体学说的理论地位》，《学术月刊》1986 年第 8 期。

[278] 孙龙桦：《西方精英理论的政治学诠释》，《学习月刊》2010 年第 6 期。

[279] 唐娟：《政府治理模式变迁：理论范式和实践绩效》，《行政与法》（吉

林省行政学院学报）2004 年第 10 期。

[280] 唐眉江：《董仲舒国家治理思想：历史观的创新与大一统思想的重构》，《云南师范大学学报》（哲学社会科学版）2014 年第 1 期。

[281] 唐天伟、曹清华、郑争文：《地方政府治理现代化的内涵、特征及其测度指标体系》，《中国行政管理》2014 年第 10 期。

[282] 陶勇：《县级政府提供基本公共服务的困境——基于地方政府治理结构的视角》，《公共经济与政策研究》辑刊，2014。

[283] 田发、周武星：《经济治理能力指标体系的构建及测算——基于公共财政的视角》，《西安财经学院学报》2016 年第 3 期。

[284] 田千山：《几种生态环境治理模式的比较分析》，《陕西行政学院学报》2012 年第 4 期。

[285] 仝志辉：《精英动员与竞争性选举》，《开放时代》2001 年第 9 期。

[286] 仝志辉：《农民选举参与中的精英动员》，《社会学研究》2002 年第 1 期。

[287] 万昌华：《郡县制起源理论的历史考察》，《齐鲁学刊》2000 年第 5 期。

[288] 汪波、宋胜洲：《市场失灵与政府干预的必要性及措施》，《中国国情国力》2008 年第 5 期。

[289] 汪仕凯：《后发展国家的治理能力：一个初步的理论框架》，《复旦学报》（社会科学版）2014 年第 3 期。

[290] 汪仕凯：《论政治体制的能力与国家治理》，《社会主义研究》2016 年第 2 期。

[291] 汪永成：《中国现代化进程中的政府能力——国内学术界关于政府能力研究的现状与展望》，《政治学研究》2001 年第 4 期。

[292] 王春福：《行政文化与国家治理能力的提升》，《阅江学刊》2014 年第 5 期。

[293] 王沪宁：《转变中的中国政治文化结构》，《复旦学报》（社会科学版）1988 年第 3 期。

[294] 王菁：《民主治理的绩效评价维度：基于民主质量理论的建构》，《华东经济管理》2011 年第 12 期。

[295] 王敬尧：《财政与庶政：县级政府治理能力研究》，华中师范大学博

士学位论文，2008。

[296] 王浦劬：《国家治理、政府治理和社会治理的含义及其相互关系》，《国家行政学院学报》2014 年第 3 期。

[297] 王浦劬：《国家治理、政府治理和社会治理的基本含义及其相互关系辨析》，《社会学评论》2014 第 3 期。

[298] 王骚、王达梅：《公共政策视角下的政府能力建设》，《政治学研究》2006 年第 4 期。

[299] 王小颖：《一些外国政党提升治理能力的做法及面临的挑战》，《党政研究》2014 年第 5 期。

[300] 王艳红：《县级政府治理的探讨——以右玉县为例》，山西大学硕士学位论文,2010。

[301] 卫欢：《中国公民社会组织的政治功能》，《吉首大学学报》（社会科学版）2011 年第 4 期。

[302] 魏姝：《民主行政与行政民主——兼论中国行政改革的方向与困境》，《江苏行政学院学报》2012 年第 1 期。

[303] 文魁：《社会主义市场经济的经济治理——党中央治国理政的政治经济学领悟》，《前线》2016 年第 6 期。

[304] 文云朝：《关于地缘研究的理论探讨》，《地理科学进展》1999 年第 2 期。

[305] 吴澄秋：《中国经济治理模式的演进：路向何方？——基于全球化时代主要经济治理模式的比较分析》，《外交评论》2012 年第 6 期。

[306] 吴勇：《马克思主义范式下的"治理逻辑"》，《中国行政管理》2007 年第 8 期。

[307] 吴月：《政治精英与地方政府的制度创新行为——一个分析框架》，《中国行政管理》2014 年第 4 期。

[308] 夏雪：《"社会"的概念演进及马克思的"社会"新解》，《学术交流》2016 年第 4 期。

[309] 萧鸣政、郭晟豪：《国家治理现代化的能力结构与建设》，《前线》2014 年第 4 期。

[310] 肖扬伟：《政府治理理论兴起的缘由、特征及其中国化路径选择》，

《清江论坛》2008 年第 3 期。

[311] 辛向阳：《国家治理体系和治理能力现代化的基本内涵》，《马克思主义文摘》2014 年第 7 期。

[312] 辛向阳：《推进国家治理体系和治理能力现代化的三大路径》，《江西社会科学》2014 年第 2 期。

[313] 辛向阳：《推进国家治理体系和治理能力现代化的三个基本问题》，《理论探讨》2014 年第 2 期。

[314] 徐礼红、刘焕明：《现代经济条件下经济治理模式的辨思》，《江西社会科学》2011 年第 10 期。

[315] 徐平：《文化治理现代化的可行路径》，《国家治理》2014 年第 16 期。

[316] 徐小龙：《帕累托的精英理论评析》，《理论观察》2007 年第 5 期。

[317] 徐勇：《"接点政治"：农村群体性事件的县域分析——一个分析框架及以若干个案为例》，《华中师范大学学报》（人文社会科学版）2009 第 6 期。

[318] 徐勇：《农民改变中国：基层社会与创造性政治——对农民政治行为经典模式的超越》，《学术月刊》2009 年第 5 期。

[319] 徐勇：《由能人到法治：中国农村基层治理模式转换——以若干个案为例兼析能人政治现象》，《华中师范大学学报》（哲学社会科学版）1996 年第 4 期。

[320] 徐勇、吕楠：《热话题与冷思考——关于国家治理体系和治理能力现代化的对话》，《当代世界与社会主义》2014 年第 1 期。

[321] 许耀桐：《从五个角度理解"国家治理"》，《国家治理》2014 年第 9 期。

[322] 许耀桐：《习近平的国家治理现代化思想论析》，《上海行政学院学报》2014 年第 4 期。

[323] 许耀桐、刘祺：《当代中国国家治理体系分析》，《理论探索》2014 年第 1 期。

[324] 许正中：《国家治理现代化中的经济治理创新》，《国家治理》2015 年第 4 期。

[325] 薛明珠：《农民政治参与和乡村治理能力现代化》，《南都学坛》2014

年第 6 期。

[326] 闫恩虎：《中国传统县制的历史分析》，《社会科学论坛》2010 年第 16 期。

[327] 严书翰：《以改革总目标为指引　实现国家治理体系和治理能力现代化》，《毛泽东邓小平理论研究》2014 年第 4 期。

[328] 颜佳华、欧叶荣：《提升地方政府文化治理能力的价值目标》，《邵阳学院学报》（社会科学版）2015 年第 5 期。

[329] 颜佳华、欧叶荣：《有效的政府治理：基于行政文化创新视角的分析》，《河南师范大学学报》（哲学社会科学版）2016 年第 3 期。

[330] 杨光斌：《"国家治理体系和治理能力现代化"的世界政治意义》，《政治学研究》2014 年第 2 期。

[331] 杨光斌：《用"国家治理"引领时代的话语权——"国家治理体系与治理能力现代化"的世界政治意义》，《乡音》2014 年第 10 期。

[332] 杨庆育：《我国西部开发政策轨迹及其效应》，《改革》2016 年第 5 期。

[333] 杨雪冬：《论"县"：对一个中观分析单位的分析》，《复旦政治学评论》2006 年第 1 期。

[334] 杨振武：《准确把握国家治理及其现代化》，《国家治理》2014 年第 1 期。

[335] 冶芸、郑志峰：《西方精英理论的源起与发展》，《人民论坛》2012 年第 11 期。

[336] 易学志：《善治视野下政府治理能力基本要素探析》，《辽宁行政学院学报》2009 年第 4 期。

[337] 于建嵘：《国家治理能力与地方治理的困境》，《东南学术》2014 年第 6 期。

[338] 于建嵘：《知识精英又现贫困现象分析》，《人民论坛》2010 年第 1 期。

[339] 余逊达：《民主治理是最广泛的民主实践》，《浙江社会科学》2003 年第 1 期。

[340] 俞可平：《政府善治——通往幸福之路》，《西部广播电视》2011 年第 1 期。

[341] 俞可平：《中国治理变迁 30 年（1978—2008）》，《吉林大学社会科学

学报》2008 年第 3 期。

[342] 禹华松：《试论县级政府综合环境治理的能力——从绥宁县创优经济发展软环境说起》，《湘潮（下半月）》（理论）2008 年第 5 期。

[343]《怎样理解"国家治理"——知名专家对国家治理概念的深入讨论（上）》，《国家治理》2014 年第 9 期。

[344] 曾凡军：《西方政府治理模式的系谱与趋向诠析》，《学术论坛》2010年第 8 期。

[345] 张成福：《信息时代政府治理：理解电子化政府的实质意涵》，《中国行政管理》2003 年第 1 期。

[346] 张劲松：《去中心化：政府生态治理能力的现代化》，《甘肃社会科学》2016 年第 1 期。

[347] 张康之：《行政文化在行政人格塑造中的作用》，《青海社会科学》1999 年第 6 期。

[348] 张康之、张乾友：《论精英治理及其终结》，《北京行政学院学报》2009 年第 2 期。

[349] 张利明、戴桂斌：《精英理论视角下的农村基层民主选举——以陕西省 Y 村为个案》，《湖北文理学院学报》2013 年第 3 期。

[350] 张明军：《国家治理模式的现代化选择》，《国家治理》2014 年第 7 期。

[351] 张明霞、范鑫涛：《经典马克思主义的"国家－社会"关系理论要义》，《人文杂志》2015 年第 6 期。

[352] 张鸣：《服务理念、治理绩效抑或行政过程？——治理转型背景下县级政府公信力影响因素研究》，《中共浙江省委党校学报》2015 年第 5 期。

[353] 张铭：《乡土精英治理：当下农村基层社区治理的可行模式》，《兰州大学学报》（社会科学版）2008 年第 1 期。

[354] 张勇、杨光斌：《国家自主性理论的发展脉络》，《教学与研究》2010年第 5 期。

[355] 赵理文：《制度、体制、机制的区分及其对改革开放的方法论意义》，《中共中央党校学报》2009 年第 5 期。

[356] 折晓叶、陈婴婴：《超级村庄的基本特征及"中间形态"》，《社会学

研究》1997 年第 6 期。

［357］钟哲明：《用科学理论引领国家治理体系和治理能力现代化》，《中共贵州省委党校学报》2014 年第 3 期。

［358］周根才：《走向软治理：基层政府治理能力建构》，《学术界》2014 年第 10 期。

［359］周红云：《国际治理评估指标体系研究述评》，《经济社会体制比较》2008 年第 6 期。

［360］周平：《西部地区县级政府能力分析》，《思想战线》2002 年第 2 期。

［361］周平：《县级政府能力的构成和评估》，《云南行政学院学报》2002 年第 5 期。

［362］周维现：《中国欠发达县域经济发展研究》，武汉大学博士学位论文，2013。

［363］周文彰：《用行政文化创新推动行政体制改革》，《北京联合大学学报》（人文社会科学版）2013 年第 2 期。

［364］周武星、田发：《公共财政视角下的社会治理能力评估》，《重庆社会科学》2015 年第 4 期。

［365］周志忍：《政府绩效评估中的公民参与：我国的实践历程与前景》，《中国行政管理》2008 年第 1 期。

［366］竹立家：《国家治理体系重构与治理能力现代化》，《中共杭州市委党校学报》2014 年第 1 期。

［367］祝猛昌、张冬、刘明兴：《政治精英的权力结构与经济自由化改革——台湾的历史经验及其与中国大陆的比较》，《世界经济文汇》2015 年第 1 期。

［368］左高山：《论拉斯韦尔的精英理论》，《中南大学学报》（社会科学版）2004 年第 5 期。

三　报纸类

［369］本报评论员：《准确把握国家治理现代化》，《人民日报》2014 年 2 月 20 日第 1 版

［370］胡惠林：《国家文化治理需让更多公民参与》，《光明日报》2013 年 11

月 14 日第 2 版。

[371] 胡敏:《依法治国　依法执政　依法行政》,《中国青年报》2014 年 11 月 3 日第 2 版。

[372] 沈传亮:《建立国家治理能力现代化评估体系》,《学习时报》2014 年 6 月 2 日。

[373] 陶希东:《治理能力现代化的衡量标准》,《学习时报》2014 年 12 月 8 日。

[374] 田青:《全面认识传统文化的内涵》,《光明日报》2015 年 12 月 4 日第 5 版。

[375] 王利明:《善治是法治之目标》,《北京日报》2015 年 6 月 8 日第 17 版。

[376] 温铁军:《新农村建设话语权归属之辨》,《第一财经日报》2006 年 4 月 11 日。

[377] 张黎:《加强文化产业的公共治理》,《贵州日报》2014 年 4 月 24 日第 7 版。

[378] 张文凌:《阳宗海污染　当地环保官员不知情》,《中国青年报》2008 年 9 月 22 日第 12 版。

[379] 张英魁、李兆祥、孙迪亮:《重视乡村精英在新农村建设中的作用》,《光明日报》2008 年 1 月 26 日。

[380]《中共中央国务院关于打赢脱贫攻坚战的决定》,《人民日报》2015 年 12 月 8 日第 1 版。

[381] 周尚君:《法治中国应激发社会活力》,《人民日报》2013 年 12 月 27 日第 5 版。

[382] 朱尔茜:《经济治理的若干问题》,《湖南日报》2015 年 10 月 8 日第 7 版。

[383] 朱佩娴、叶帆:《关于信任机制的研究综述》,《人民日报》2012 年 4 月 5 日第 7 版。

[384]《走向经济治理现代化的中国探索——深入学习习近平总书记经济思想述评》,《经济日报》2016 年 2 月 15 日。

四 网络类

［385］《2000 年全国 R&D 资源清查主要数据统计公报》，中华人民共和国
国家统计局网站，http://www. stats. gov. cn/tjsj/tjgb/rdpcgb/qgkjjftrtjgb/
200203/t20020331_30472. html。

［386］《2016 年意大利社会保障支出占 GDP 的 29%》，中华人民共和国商
务部网站，http://www. mofcom. gov. cn/article/i/jyjl/m/201701/20170
102498361. shtml。

［387］《关于深化"放管服"改革工作的几点思考?》，人民网，http://theo-
ry. people. com. cn/n1/2016/0901/c40531 – 28682262. html。

［388］《国家数据》，中华人民共和国国家统计局网站，http://data. stats. gov.
cn/easyquery. htm? cn = C01&zb = A010502&sj = 2013。

［389］《国务院办公厅：运用大数据提高政府公共服务能力》，中国新闻网，
http://www. chinanews. com/gn/2015/07 – 01/7377269. shtml。

［390］《国务院办公厅关于加强安全生产监管执法的通知》，中华人民共和
国中央人民政府网站，http://www. gov. cn/zhengce/content/2015 – 04/
13/content_9600. htm。

［391］《胡鞍钢：我国已进入"教育红利期"》，人民网，http://politics. peo-
ple. com. cn/n/2015/1210/c70731 – 27911179. html。

［393］《"教育优先"要在"全面"上下功夫》，人民网，http://edu. people.
com. cn/n/2015/0506/c1053 – 26955916. html。

［394］《精准扶贫脱贫的基本方略是六个精准和五个一批》，中华人民共和
国国务院新闻办公室网站，http://www. scio. gov. cn/xwfbh/xwbfbh/wq-
fbh/2015/33909/zy33913/Do-cument/1459277/1459277. htm。

［395］《屡屡折桂诺贝尔奖，日本科研为什么强》，新华网，http://news. xin-
huanet. com/world/2017 – 02/15/c_129480117. htm。

［396］《南方日报：切记城镇化不是盲目"造城"》，人民网，http://opinion.
people. com. cn/n/2013/0904/c1003 – 22806253. html。

［397］《祁述裕：推进国家文化治理体系和治理能力现代化需要完成三大任
务》，人民网，http://politics. people. com. cn/n/2014/0415/c30178 –

24896188. html。

[398]《宋晓梧：地方政府应向社会组织放权》，财新网，http://china. caixin. com/2013 – 10 – 24/100595257. html。

[399]《习近平：在庆祝全国人民代表大会成立60周年大会上的讲话》，中国共产党新闻网，http://cpc. people. com. cn/n/2014/0906/c64093 – 25615123. html。

[400]《县级农村社会养老保险基本方案（试行）》，中华人民共和国中央人民政府网站，http://www. gov. cn/banshi/2005 – 08/04/content_20283. htm。

[401]《新型城镇化的内涵与发展路径》，人民网，http://theory. people. com. cn/n/2015/0819/c40531 – 27483371. html。

[402]《中国国家治理现代化》，人民网，http://theory. people. com. cn/n/2014/0825/c388253 – 25533300. html。

[403]《中国贫困县数量27年只增未减 六成分布在西部》，中国新闻网，http://www. chinanews. com/gn/2014/01 – 29/5797938. shtml。

[404]《中国文化部：五方面着力推进文化治理能力现代化》，中国新闻网，http://www. chinanews. com/gn/2014/01 – 03/5696504. shtml。

[405]《中国意识形态安全面临的威胁与对策思考》，中国网，http://guoqing. china. com. cn/2014 – 12/11/content_34290658. htm。

[406]《中华人民共和国主席令 第七十号》，中华人民共和国中央人民政府网站，http://www. gov. cn/flfg/2007 – 08/31/content_732597. htm。

图书在版编目（CIP）数据

西部地区县级政府治理能力现代化：以 H 县为例 /
陆喜元，丁志刚著. —— 北京：社会科学文献出版社，
2020.1
（西部地区治理研究丛书）
ISBN 978 - 7 - 5201 - 5204 - 4

Ⅰ.①西…　Ⅱ.①陆…②丁…　Ⅲ.①县 - 地方政府
- 行政管理 - 研究 - 中国　Ⅳ.①D625

中国版本图书馆 CIP 数据核字（2019）第 150524 号

西部地区治理研究丛书

西部地区县级政府治理能力现代化
——以 H 县为例

著　　者 / 陆喜元　丁志刚

出 版 人 / 谢寿光
组稿编辑 / 高　雁
责任编辑 / 颜林柯
文稿编辑 / 王春梅

出　　版 / 社会科学文献出版社·经济与管理分社（010）59367226
　　　　　　地址：北京市北三环中路甲 29 号院华龙大厦　邮编：100029
　　　　　　网址：www.ssap.com.cn
发　　行 / 市场营销中心（010）59367081　59367083
印　　装 / 三河市龙林印务有限公司

规　　格 / 开　本：787mm × 1092mm　1/16
　　　　　　印　张：21.5　字　数：341 千字
版　　次 / 2020 年 1 月第 1 版　2020 年 1 月第 1 次印刷
书　　号 / ISBN 978 - 7 - 5201 - 5204 - 4
定　　价 / 158.00 元